영산강유역 고분의 축조 연구

榮山江流域 古墳 築造 研究

진인진

일러두기

본문의 그림과 표는 원본으로 사용하였으나 글자 식별이 어려운 경우만 글자를 따로 삽입하였다.

영산강유역 고분의 축조 연구

1판 1쇄 발행 | 2018년 11월 6일
2판 1쇄 발행 | 2019년 11월 1일

지 음 | 한옥민
발행인 | 김태진
발행처 | 진인진
등 록 | 제25100-2005-000003호
본문편집 | 배원일
주 소 | 경기도 과천시 별양상가 1로 18 614호(별양동 과천오피스텔)
전 화 | 02-507-3077~8
팩 스 | 02-507-3079
홈페이지 | http://www.zininzin.co.kr
이메일 | pub@zininzin.co.kr

ⓒ 진인진 2019
ISBN 978-89-6347-425-0 93900

* 책값은 표지 뒷면에 있습니다.

책머리에

 고등학교를 졸업하고 서울로 진학을 꿈꾸었던 1990년은 여러 상황이 나를 짓눌렀던 한 해였다. 이전 시간까지는 느껴보지 못했던 장녀라는 중압감이 어느 때보다도 무거웠다. 이상보다는 현실을 선택할 수밖에 없었던 나에 영혼은 내 몸을 청계골 캠퍼스에 내려놓았다. 적잖은 친구들이 그러했듯이 낯설지 않은 역사 과목은 나에게도 흥미로움을 유발시켰다.

 톱머리라는 해수욕장이 가까운 까닭에 난 방학 때마다 할머니 동네를 찾았던 기억이 있다. 그때마다 상자처럼 만들어진 돌 사이를 뛰어다니고 숨바꼭질의 가림막으로 삼았던 큰 굄돌이 있었다. 그런데 그 굄돌이 목포대 캠퍼스를 처음 밟았을 때 내 눈에 들어왔다. 그래서였을까, 시골스런 풍경에 자리한 대학 캠퍼스가 그렇게 낯설지는 않게 느껴지는 위로도 받았다. 첫 만남인데도 불구하고, 지금 생각해보면 지금의 삶이 꾸려지게 된 첫 번째 인연이 아니었나 싶다. 물론 욕심을 내자면 어릴 적 굄돌이 나에 미래를 운명짓게 한 출발점이었는지도 모르겠다.

 이렇게 시작된 대학 시절은 박물관이란 곳에서 고고학을 본격적으로 접하게 되었다. 선배들의 관심과 선생님들의 가르침은 강의실과는 또 다른 두근거림을 주었다. 실측이란 걸 배우고, 영화의 한 장면처럼 넓은 들녘에서 땅속에 숨은 과거의 숨결을 찾는 발굴조사는 내 존재감을 불러일으키기에 충분했다. 좀 뭐한 소리지만 수업과 시험, 그리고 발굴장에서 쌓여간 내 이미지는 낮지 않았다. 나름 누구에게도 뒤지지 않는 결과를 얻고자 늘 노력했고 결실을 맺었던 기억이 크다. 그래서인지 졸업이 다가온 4학년 겨울, 진로를 결정해야 하는 고민에 다시 빠져들었다. 고고학이라는 학문을 선택해야 할지, 부모님을 따라 사업을 시작해야 할지의 시점에 나를 끌어당기는 무엇인가에 이끌렸던 것 같다. 바로 고고학이었다. 막상 돌아서려 하니 뿌리칠 수 없는 힘이 느껴졌다.

 그렇게 졸업 후 본격적인 고고학을 시작했고, 목포대 박물관에서 연구원 생활을 했다. 얼마 후 고고학적 시야를 넓히기 위해 모교가 아닌 전북대 대학원에 진학했다. 대학원 강의를 들으면서 고분에 대해 관심을 갖게 되었고, 영산강유역 고분만의 독특한 특징들이 매우 흥미

롭게 느껴졌다. 수업 시간에 발표를 위해 준비했던 고분 자료들은 석사학위를 쓰는 데 소중한 밑거름이 되어 있었다. 지도교수님과 선배들의 도움 속에 '전남지방 토광묘 연구'로 석사학위를 받게 되었다.

이 무렵 또 한 번의 전환점이 있었다. 계획에 없었던 결혼을 했고, 주변 선후배로부터 좋은 소식이 함께 있는 것이 아닌가라는 관심을 받았다. 다행히 결혼 생활 중에 무안 인평고분군, 영광 군동고분군 발굴조사를 참여하면서 원삼국·삼국시대 고분에 대한 고민할 수 있었다. 목포대 박물관 선임연구원이자 남편 이영철 선생의 도움이 컸다. 그로부터 얼마 후, 목포대 고고학과 조교를 맡게 되었다. 조교직을 수행하면서 행정일을 조금 알게 되었고, 서류 작성이 주요 업무가 되면서 문장력 향상에 도움이 컸던 것 같다.

그러나 예상치 못한 고비가 생겼다. 어느덧 결혼 7년이 지나가고 있었고, 바라던 2세가 생기지 않아 전문병원에 다니게 되었다. 이곳저곳 유명하다는 병원을 찾아다니느라 잠시 고고학을 쉬었다. 다행히 노력 끝에 결혼 9년 만에 예쁜 딸을 얻게 되었다. 이후 동북아지석묘연구소에 취직하면서 발굴현장과 발굴보고서 작업이라는 고고학의 일상을 이어갈 수 있었다. 공백이 있었던 터라 이전의 고고학을 대하는 자세와 마음가짐이 달랐다. 육아와 직장을 병행기하면서 힘들었을 법도 한데 재미가 컸다. 이 무렵 목포대 박사과정에 진학하였고, 수업시간에 고민했던 주제를 논문으로 완성시켜 '분구 축조에 동원된 노동력 산출과 의미'를 호남고고학보에 게재하면서 스스로 자존감을 북돋아 갔다. 이를 시작으로 박사학위논문의 첫 단추가 끼워졌고, 1년 반의 노력 끝에 박사학위 취득을 할 수 있게 되었다.

이 단행본은 박사학위논문을 수정하고 보완한 것이다. 마음을 가다듬고 읽고 있자면 필력의 부족함을 느껴져 쑥스러운 측면이 많으나, 영산강유역 고분 축조에 대해 고민하고 있는 고고학 연구자에게 도움이 되었으면 좋겠다. 앞으로 고분의 분구에 대한 관심이 높아지는 계기가 되었으면 좋겠다.

필자의 박사학위논문과 이 단행본은 주변의 도움 없이는 가능한 일이 아니었다. 학부생이던 꿈 많던 시절, 단행본이라는 저서를 집필한 선학들은 공자, 맹자보다 높은 성인처럼 느껴졌다. 나는 언제 저런 경지에 오를 수 있을지 도저히 상상이 되지 않았다. 학부 1년부터 박사학위 취득까지, 고고학 기초부터 논문의 완성에 이르기까지 헤아릴 수 없는 가르침을 주신 지도교수 최성락 교수님, 늘 따뜻한 격려를 아끼지 않으시면서 부족함을 채워주신 이영문 교수님, 논리 보완뿐만 아니라 얻기 어려운 고고 자료를 아낌없이 내어주신 이헌종, 김건수, 이정호 심사위원님들께도 머리 숙여 감사드린다. 그리고 부족한 글을 단행본으로 낼 수 있게

책머리에

물심 양면으로 지원해 주신 대한문화재연구원 이영철 원장님을 비롯한 여러 이사님(설인택, 권오영, 홍보식, 정영희, 박천수, 성정용, 이동희, 정인성, 조윤재)께 감사드린다. 낯설기만 했던 고고학에 대해 함께 고민해준 여러 선배님(박철원, 조근우, 박광수, 안재철, 이수진), 후배(이범기, 김진영, 정일, 최미숙, 김영훈, 김미연, 문지연, 이정아, 이혜연, 임지나, 강귀형, 고경진)들의 도움도 잊을 수 없다. 또한 진상 필자를 무한한 도량으로 이해하면서 기꺼이 출판을 맡아주신 진인진 김태진 대표님, 배원일 팀장님을 비롯한 관계자들께도 고마움을 전한다.

마지막으로 양가 부모님께 이 책을 바치고 싶다. 최고의 아빠상을 몸소 보여주셨던 친정아버지(故한웅진), 자녀 사랑이 각별한 친정어머니(임금순), 다정다감하셨던 시아버지(故이재국), 각종 먹거리를 살뜰히 챙겨주신 따뜻한 성품을 지닌 시어머니(김영자), 제대로 된 내조를 받지 못하고 오히려 역으로 외조를 해준 인생의 반려자(이영철), 그리고 눈에 넣어도 아프지 않다는 말의 진정한 의미를 알게 해준 딸(라희), 논문을 핑계로 늦은 귀가를 할 때 늘 딸과 함께 있어준 강아지(코코), 든든한 나의 동생(정민, 옥태, 국민)에게도 사랑하고 고맙다는 말을 전한다. 난 이제 고고학 여정 2막을 시작하려 한다.

2019년 10월
담양 도개안길 연구실에서
한옥민

목차

책머리에   3

Ⅰ. 서론   15
  1. 선행연구 검토   16
  2. 연구목적 및 방법   23

Ⅱ. 고분의 제요소 검토   25
  1. 고분 개념   25
  2. 고분의 제요소   31
    1) 분구   31
    2) 주구   38
    3) 매장주체시설   40
    4) 부장품   64
  3. 고분 분류   68

Ⅲ. 제형분의 성립과 전개   73
  1. 제형분 출현 전야기   73
    1) 방형 분구의 조영   73
    2) 분구 축조 사회의 성립   78
  2. 제형분의 축조와 전개 양상   82
    1) 제형분의 성립과 동인   82

2) 매장주체시설의 변화 　　　　　　　　　　　　　　　　88
　　3) 축조기술과 공정 　　　　　　　　　　　　　　　　　　98
　　4) 노동력 　　　　　　　　　　　　　　　　　　　　　　116
　3. 제형분의 축조 의미 　　　　　　　　　　　　　　　　　　121

Ⅳ. 고총고분의 등장과 전개 　　　　　　　　　　　　　　　　127
　1. 방대형분 　　　　　　　　　　　　　　　　　　　　　　　128
　　1) 매장주체시설 　　　　　　　　　　　　　　　　　　　128
　　2) 축조기술 　　　　　　　　　　　　　　　　　　　　　134
　　3) 노동력 　　　　　　　　　　　　　　　　　　　　　　139
　　4) 방대형분의 성립 　　　　　　　　　　　　　　　　　　146
　2. 원(대)형분 　　　　　　　　　　　　　　　　　　　　　　153
　　1) 매장주체시설 　　　　　　　　　　　　　　　　　　　153
　　2) 축조기술 　　　　　　　　　　　　　　　　　　　　　164
　　3) 노동력 　　　　　　　　　　　　　　　　　　　　　　166
　　4) 원(대)형분의 지역성 　　　　　　　　　　　　　　　　170
　3. 전방후원형분 　　　　　　　　　　　　　　　　　　　　　174
　　1) 매장주체시설 　　　　　　　　　　　　　　　　　　　174
　　2) 축조기술 　　　　　　　　　　　　　　　　　　　　　178
　　3) 노동력 　　　　　　　　　　　　　　　　　　　　　　186
　　4) 전방후원형분의 출현 배경 　　　　　　　　　　　　　187

Ⅴ. 고분 변천을 통해 본 영산강유역 고대사회 　　　　　　　　190
　1. 분구로 본 고분 변천 　　　　　　　　　　　　　　　　　　190
　2. 고분의 출현과 전개 　　　　　　　　　　　　　　　　　　194
　　1) 분구 성토와 주구토광묘 성립 　　　　　　　　　　　　194
　　2) 고분의 출현과 확산 　　　　　　　　　　　　　　　　196

3. 고총고분 출현과 고대사회 변동　　　　　　　　　　　　　　210
      1) 고총고분이 갖는 사회적 의미　　　　　　　　　　　　210
      2) 분구 축조기술의 혁신　　　　　　　　　　　　　　　214
      3) 고대사회의 변동　　　　　　　　　　　　　　　　　220
      4) 분구묘 인식 재고　　　　　　　　　　　　　　　　225

Ⅵ. 결론　　　　　　　　　　　　　　　　　　　　　　　　　230

참고문헌　　　　　　　　　　　　　　　　　　　　　　　　233

그림목차

그림 1	고분의 구성 요소	27
그림 2	영암 자라봉고분의 치환법	34
그림 3	토제의 하중 분산	35
그림 4	나주 신촌리 9호분의 교호성토	36
그림 5	성토재의 위치별 양상	38
그림 6	고분 주구의 평면형태 유형	44
그림 7	전방후원분의 형성과정	45
그림 8	영산강유역 고분의 형성과 변천	71
그림 9	곡성 대평리의 분구(주구) 변화과정	74
그림 10	영광 군동고분군 유구 배치도	76
그림 11	광주 외촌 3호 주구토광묘	80
그림 12	영산강유역 제형분의 분포 현황	83
그림 13	나주 용호 12호분 목관묘 토층도	100
그림 14	나주 용호 17호분 목관묘 토층도	101
그림 15	화순 용강리 1-1호 목관묘 토층도	102
그림 16	함평 향교 1호분 목관묘 토층도	103
그림 17	함평 만가촌 13호분 13-6호 목관묘 토층도	104
그림 18	영암 내동리 초분골 2호분 3호 목관묘	106
그림 19	영암 옥야리 14호분 옹관묘 토층도	108
그림 20	무안 인평 1호 목관묘 토층도	109
그림 21	제형분 축조공정 복원도	110
그림 22	나주 용호 13호분의 분구 및 분구 모식도	117
그림 23	제형분의 유구 분포도	123

그림 24	나주 복암리 3호분	131
그림 25	영암 옥야리 방대형 1호분 축조 모식도	135
그림 26	가야지역 고분에서 보이는 구획성토	136
그림 27	구축묘광 조성 고분	138
그림 28	나주 신촌리 9호분의 분구 및 성토과정	141
그림 29	나주 신촌리 9호분의 분구 모식도	141
그림 30	나주 정촌고분 전경 및 축조 모식도	151
그림 31	영암 옥야리 14호분 및 나주 화정리 마산 5·6호분	154
그림 32	나주 덕산리 3~5호분 분구 측량 비교도	156
그림 33	광주 산정동 1호분 분구 및 출토유물	158
그림 34	담양 서옥 2호분 석곽	159
그림 35	담양 서옥 12호분 전경	165
그림 36	나주 덕산리 3호분의 분구 및 옹관	166
그림 37	나주 덕산리 3호분 분구 규모	167
그림 38	나주 덕산리 3호분 분구의 수학적 모식도	167
그림 39	광주 원두·월전 취락유적 고분 분형 변동 양태	173
그림 40	반남고분군의 집단고분과 변천	173
그림 41	한반도 전방후원형분 분포도	175
그림 42	영산강유역 초기횡혈식석실의 분류 및 변천	177
그림 43	고창 칠암리 전방후원형분 석실 위치 및 구조	178
그림 44	전방후원형분 정지층 및 토제성토	180
그림 45	일본 봉분 구축 유형	181
그림 46	영암 자라봉고분의 분구 성토 방식	183
그림 47	광주 월계동 1호분 원부·방부 결합 방식	184
그림 48	영암 자라봉고분 묘광	185
그림 49	영광 군동고분군 유구 배치도 및 유물 출토 현황	195
그림 50	함평 순촌고분군 유구 배치도 및 유물 출토 현황	196
그림 51	영암 옥야리 14호분 배치도 및 옹관과 부장유물	197
그림 52	함평 순촌고분 32호분·39호분	198

그림 53	함평 만가촌 13호분 및 부장유물	200
그림 54	남해안지역 고분 분포도	204
그림 55	고흥 길두리 안동고분	205
그림 56	해남 신월리고분	206
그림 57	신안 배널리 3호분	206
그림 58	전형전용옹관의 형식별 분포	213
그림 59	영암 자라봉고분의 교호성토	218
그림 60	성토부 달고질 흔적	218
그림 61	영암 옥야리 방대형 1호분	220
그림 62	영산강유역 방대형분 분포도	223

표목차

표 1	연구자별 옹관 형식 분류 안	52
표 2	영산강유역권의 목관묘·옹관묘 조사현황	52
표 3	영산강유역권 석곽분의 구조적 특징	58
표 4	영산강유형석실에 대한 기존 편년 안	62
표 5	분구 양상과 횡혈식석실의 상관관계	62
표 6	영산강유역 초기대형석실의 특징	63
표 7	영산강유역 출토 토기의 변천	65
표 8	영산강유역 시기별 철기유물 현황표	66
표 9	분구묘의 변천을 통해 본 영산강유역권의 사회 변화	69
표 10	묘제의 중층적 전개 및 발전 단계의 설정	70
표 11	영산강유역 고분 분류	72
표 12	영산강유역 제형분의 형식 분류	89
표 13	고분 형식 간 중복양상	95
표 14	분형과 매장형태의 상관관계	97
표 15	분형과 분구규모의 상관관계	97
표 16	영산강유역권 제형분 분석 현황	99
표 17	제형분의 축조 방식에 대한 인식 비교	109
표 18	영산강유역권 제형분의 동원 노동력 산출	120
표 19	영산강유역 방대형분 발굴조사 현황	132
표 20	나주 신촌리 9호분의 노동력 산출값의 변동 비교	140
표 21	영산강유역 방대형분의 동원 노동력 산출	146
표 22	영산강유역 원(대)형분 발굴조사 현황	161
표 23	영산강유역 원(대)형분의 동원 노동력 산출	169

표 24	영산강유역 전방후원형분의 노동력 산출	187
표 25	분구로 본 영산강유역 고분 변천	191
표 26	영산강유역 분형별 분구 축조기술 비교	216

I. 서론

고분은 생물학적 활동을 멈춘 시신을 매장하는 본래의 기능 뿐만 아니라 상장의례(喪葬儀禮) 등 당대의 내세관을 반영한다.[1] 상장의례는 묘제의 변화를 추동하며, 내세관은 상장의례를 변형시키는 중요한 변수이기도 하다.[2] 과거 문화 복원의 기초적 대상 자료를 과정(process)과 결과(result)적 산물로 구분할 때 고분은 후자에 해당하므로 필요충분조건을 만족시키기에는 한계점을 가질 수밖에 없다.[3] 그럼에도 불구하고 중요한 연구 대상이 된 것은 무덤 속에 당시의 문화가 함축적으로 담겨 있고, 또 무덤이 각 시기별로, 지역별로 변화되기 때문이다.[4]

인간이 태어나면 누구나 죽음을 맞는 것이 인생의 경로이다. 한 시대의 위대한 왕도 영웅도 결코 피할 수 없다. 그러나 인간은 죽음에 순응하면서도 죽음을 맞는 방식은 선택하고 있다. 죽음이란 산 자들은 도저히 경험할 수 없는 불가능의 영역이기 때문인지 사회마다 각각 서로 다른 방식으로 표현한다. 고분은 죽음이라는 추상적이고 관념적인 것을 대상물에 적용시킨 결정체로써 당시 사회 구성원들이 추구했던 수많은 의미들을 반영한다. 또한 그러한 의미를 담아서 고유한 묘·장제 문화를 만들어낸다. 그러나 고분에 남겨진 자료들은 장제(葬制)가 모두 끝난 결과물이기 때문에 당시의 다양한 의미들을 추출하기에는 어쩌면 불가능할지도 모른다. 다만, 고고자료들 가운데 공통된 요소들을 한데 묶어 조합하거나 서로 대응시킴으로써 시간, 영역, 계통 차이의 식별이 가능하다는 이점이 있다. 고분은 바로 이 때문에 고대사회 구조를 이해하는 데 중요한 키워드로 주목받는 것이다.

이제까지 고분 연구는 매장시설과 부장품을 중심으로 이루어지면서 많은 성과를 이룩했으나, 필자의 연구 주제인 분구에 관련한 부분은 상대적으로 뒤늦은 출발로 아직 본궤도에 올라있다고 보기 어렵다. 고분을 바라보는 인식도 그렇고 매장시설과 부장품이라는 장막에

---

1 한옥민, 2010, 「분구 축조에 동원된 노동력의 산출과 그 의미」, 『호남고고학보』34, 호남고고학회, p.100.
한옥민, 2019a, 「고고자료로 본 마한의례」, 『삼한의 신앙과 의례』, 국립김해박물관, pp. 69~74.
2 권오영, 2000, 「고대 한국의 상장의례」, 『한국고대사연구』20, 한국고대사학회, p.27.
3 이영철, 2015, 「영산강유역 고대 취락 연구」, 목포대학교 박사학위논문, p.8.
4 최성락, 2009, 「영산강유역 고분연구의 검토」, 『호남고고학보』33, 호남고고학회, p.108.

가려져 있어 미진했던 측면이 있다. 최근 들어 분구에 대한 면밀한 조사가 이루어짐에 따라 다양한 축조기술의 파악 등으로 고분에 대한 이해가 한층 깊어지게 되었다. 이는 고분 연구에 있어서 분구, 매장시설, 부장품 중 어느 특정 하나에 치우치지 않는 연구 여건을 갖출 수 있게 하였다는 점에서 매우 긍정적이라고 생각된다.

여기에서는 기왕의 연구 성과들을 참조하되 영산강유역 고분의 분구에 관해 새로운 정보들을 적용시킴으로써 그동안의 의구심에 대한 해답을 찾아가고자 한다. 특히 대세론적 시각에 가려져 다소 소홀했던 고분의 개념, 분구 축조공정, 분구묘 인식 등을 검토하여 문제점을 파악하고 필자 나름의 안을 제시해보고자 한다. 본 연구는 영산강유역 고분의 성격을 확인하고, 당시 고대사회의 모습이 어떤 과정 속에서 변천해갔는가를 복원하는데 목적을 둔다.

1. 선행연구 검토

어떤 학문의 역사란 과거의 학문적인 행위를 되짚어봄으로써 현재의 지평을 확인하고 바람직한 방향을 모색하는 일이다.[5] 과거 연구를 바라보는 시각에 있어서 크로체(Croce)는 모든 역사는 현대의 역사라 했고,[6] 콜링우드(Collingwood)는 자서전에서 역사·고고학적 해석은 사상의 동향 속에서 재구성할 수 있다고 했으며,[7] 코언(Cohen)은 복잡한 문제 해결은 과거-현재의 관계가 '심오한 역사적 연속선'에 있음을 간과해서는 안 된다고 하였다.[8] 현재의 진전을 위해서는 과거 연구의 재조명 과정이 필요함을 공통적으로 언급하고 있다. 좋은 성과를 내는 글 한편을 쓰는 것만큼 선행 연구의 여정을 이해하는 일이야말로 기초적인 성취이며, 지시적 사고를 지양할 수 있는 작업이라고 생각한다.

여기에서는 영산강유역 고분에 관해 그동안 이룩된 논고 가운데 필자의 연구 주제와 관련된 것을 중심으로 살펴보고자 한다.

---

5 성춘택, 2015, 「한국 구석기고고학사 시론」, 『한국의 고고학사』Ⅰ, 한국상고사학회, p.9.

6 Croce, Benedetto, 1941, *History as the Story of Liberty*, Engl. transl, p.19.

7 Collingwood, R.G. 1939, *An Autobiography*, Oxford, Oxford University Press, p.132.

8 Cohen, 1987, *Folk Devils and Moral Panics*, The Creation of the Mods and Rockers, new edn, Oxford: Blackwell.

I. 서론

먼저, 고분의 용어 및 범주에 관한 논의를 보자. 고분을 지칭하는 용어로 초창기에는 주구(토광)묘, 목관고분, 옹관고분, 석곽분, 석실분 등이 주로 쓰였다. 대략 2000년대를 기점으로 원삼국~삼국시대 무덤을 포괄하여 분구묘라는 용어가 고분을 대신하여 빈번하게 사용되는 경향을 보이고 있다.

성낙준[9]은 호남지역의 고분 연구자 중 처음으로 '분구'라는 용어를 사용하면서 영산강유역 옹관고분 축조 방식을 '先墳丘造成 後甕棺埋葬'으로 규정하였다. 현재 분구묘 연구자들의 인식처럼 분구가 봉분과 대비되는 용어로 사용하지는 않았다.

강인구[10]는 우리 학계에서 처음으로 분구묘라는 용어를 사용하였다. 이는 墳을 갖춘 일본 彌生時代 분구묘에서 차용한 것이다. 삼국시대의 봉토분 등 墳을 가진 고분을 모두 분구묘로 통칭하면서 영산강유역의 영암 시종면, 나주 반남면 일대의 옹관고분이 지상에 매장시설을 두는 특징에 주목하여 이를 '土築墓'로 명명하였다.

최완규[11]는 90년대에 들어 충청과 서해안일대에서 조사된 주구가 둘러진 무덤[12]에 대해 매장주체시설이 불명확하므로 외부시설인 주구를 염두에 두어 이를 '주구묘'로 지칭했다. 주구가 있는 모든 무덤에 적용하기보다는 청당동 유형의 눈썹형 주구와 구분하면서 방형계 주구인 관창리 유형만을 주구묘로 부를 것을 제안하였다. 이는 지하식의 봉토묘적 성격의 무덤과 구분하기 위한 것으로 지상식을 지향하는 무덤에 대해서만 주구묘로 보는 것이다. 즉, 분구묘 축조 원리와 주구묘가 동일하다고 인식하였다.

이성주[13]는 한반도를 포함한 동북아시아의 고분이 축조 순서에서 현저한 차이를 보인다고 이해하면서 고분 축조 방식을 크게 두 갈래로 나누었다. 봉토분은 '선매장후봉토'이고, 분

---

9 성낙준, 1982, 「영산강유역 옹관묘의 연구」, 전남대학교 석사학위논문, p.14
10 강인구, 1984, 『삼국시대 분구묘 연구』, 영남대학교 민족문화연구소, pp.25~36.
11 최완규, 1996a, 「익산 영등동 주구묘」, 『제39회 전국역사학대회 발표요지』, 한국고고학회. p.350.
12 주구가 부가된 고분에 대해 크게 '주구토광묘'와 '주구묘'라는 용어로 부르고 있다. 천안 청당동 보고자는 3차 보고서(국립중앙박물관, 1992, 「천안 청당동 제3차 발굴조사보고서」, 『고성패총』, p.210)에서 '주구가 딸린 묘'라고 지칭하였고, 4차 보고서(국립중앙박물관, 1993, 「천안 청당동 제4차 발굴조사보고서」, 『청당동』, p.140)에서 '주구를 갖춘 분묘'로 지칭한 것을 시작으로 용어에 대한 논의가 이루어졌다. 현재 주구토광묘는 봉토묘적 성격으로, 주구묘는 분구묘의 출발 묘제라는 개념으로 구분하여 영산강유역에서는 고총고분으로 발전된다고 보는 경향이 강하다.
13 이성주, 2000, 「분구묘의 인식」, 『한국상고사학보』32, 한국상고사학회, pp.79~90.

구묘는 '선분구후매장'으로 규정하였다. 분구묘의 특징인 선분구 조성은 금강유역의 후기 백제나 영남지역 고총에서 볼 수 없음을 염두에 둔 것이다. 이 논고를 계기로 영산강유역 고분이 분구묘 방식으로 조성된다는 연구가 연속되었다.

최병현[14]은 분구묘란 지상에 先-낮거나 높은 분구를 축조하고, 後-분구 중에 매장주체부를 설치한 무덤의 총칭으로 정의하면서, 분구묘는 봉토묘와 대립되는 개념으로 사용될 수 있다고 하였다. 이러한 개념을 바탕으로 저분구묘에서 분구 고총으로 발전된다고 보았다.

임영진[15]은 전남지역의 주구묘는 예외 없이 성토 분구묘에 해당되며 주구묘-대형옹관묘-석실분 순으로 이어진다고 보면서 그 범주를 주구묘에서 전방후원형분(장고분)까지로 설정했다. 주구를 갖춘 전형적인 분구묘는 영산강식석실분에 국한되는 특징임을 강조하였다.

김낙중[16]은 주구를 돌리고 분구에 대한 매장시설의 설치 순서가 동시성 또는 후행성을 나타내며 이에 따라 다장의 특징을 수반하고 분구 확장이라는 현상이 자주 관찰되는 묘제를 분구묘로 정의하였다. 또한 주구의 유무는 적석 계열의 분구묘와 성토 계열의 분구묘를 구분하는 중요한 속성이라고 하였다.

최성락[17]은 호남지역에서는 분구묘, 주구묘 등 다른 지역에서는 잘 사용하지 않는 용어가 무덤 혹은 고분을 나타내는 용어로 사용되고 있다고 지적하면서 분구묘와 봉토묘가 본질적으로 차이가 없다고 보았다. 호남지역의 경우, 분구묘로 분류되는 무덤 중에서 매장주체부 위치가 구지표의 아래에서 확인되는 점은 분구를 쌓은 후, 되파기 방식의 공정이 아닌 점을 근거로 제시하였다.

다음으로 고분의 조영 주체 및 계통문제에 대해 살펴보자. 영산강유역 고분은 매장시설뿐 아니라 분형에서 다양함을 특징으로 하는 만큼 이에 대한 연구자 간의 이견이 분분한 상황이다.

성낙준[18]은 옹관고분의 주체를 백제가 아닌 마한과 일치시키면서 5세기 후반까지 존속했

---

14 최병현, 2002, 「주구묘·분구묘 관견-최완규 교수의 전북지방 주구묘 토론에 붙여-」, 『동아시아의 주구묘』, 호남고고학회, p.47.

15 임영진, 2002, 「전남지역의 분구묘」, 『동아시아의 주구묘』, 호남고고학회, pp.56~64.

16 김낙중, 2006, 「분구묘의 전통과 영산강유역형 주구」, 『나주 복암리 3호분』, 국립나주문화재연구소, p.360.

17 최성락, 2007a, 「분구묘의 인식에 대한 검토」, 『한국고고학보』62, 한국고고학회, p.123.

18 성낙준, 1982, 「영산강유역 옹관묘의 연구」, 전남대학교 석사학위논문, p.63.

던 마한 제소국 지배층의 무덤으로 규정하였다. 이는 옹관고분을 백제 중앙 무덤과 분리시켜 인식하였다는 점에서 이 지역 묘제의 정체성 연구에 영향을 주었다. 이후 연구에서도 문헌기록이 전무한 상황에서 옹관고분을 중심으로 그 실체를 밝히려는 시도[19]가 이어졌다.

최몽룡[20]은 중부지역에 있던 마한의 목지국이 백제의 성장에 따라 나주 반남면으로 중심지를 옮겼다는 주장을 하였다. 신분의 권위를 상징하는 금동관, 금동신발 등 이전에 없던 화려한 부장품의 출현 등을 증거로 들었다.

이정호[21]는 옹관을 Ⅰ~Ⅲ유형으로 구분하면서 옹관고분이라는 전통이 5세기 말까지 유지되는 것으로 보았다. 옹관고분을 가리키는 정치체는 신미국일 가능성이 많다고 보았다. 나주 신촌리 9호분에서 금동관 등 위세품이 출토되었지만 백제의 영역으로 이해하지 않고, 백제와 느슨한 지배-피지배의 관계로 해석했다.

임영진[22]은 마한의 존속 시기를 기원전 3세기부터 6세기 초까지로 설정하면서 백제와는 전혀 다른 전통을 기반으로 거대한 고분을 축조한다고 보았다. 금동관과 금동신발의 부장 또한 독립된 왕권의 상징으로 해석하였다. 특히 5세기 중엽에서 6세기 초에 이르는 초기석실분, 6세기 중엽 이후에 사용되기 시작하는 후기석실분 두 가지로 구분하면서 초기석실분은 백제와 다른 계통으로 해석했다. 그는 후고[23]에서 신미국을 남해안의 침미다례와 다른 세력으로 보면서, 신미국은 20여 국을 인솔하여 중국에 견사할 정도의 세력이며 『梁職貢圖』에 등장한 '止迷'와 동일체로 파악했다.

19　최몽룡, 1988, 「반남고분군의 의의」, 『나주 반남고분군』, 국립광주박물관, p.206.
　　이정호, 1996, 「영산강유역 옹관고분의 분류와 변천과정」, 『한국상고사학보』22, 한국상고사학회, pp.54~60.
　　이영철, 2001, 「영산강유역 옹관고분사회의 구조 연구」, 경북대학교 석사학위논문, pp.85~95.

20　최몽룡, 1988, 「반남군 고분군의 의의」, 『나주반남고분군』9, pp. 201~203.

21　이정호, 1996, 「영산강유역 옹관고분의 분류와 변천과정」, 『한국상고사학보』22, 한국상고사학회, pp.54~61.

22　임영진, 1997a, 「나주지역 마한문화의 발전」, 『나주 마한문화의 형성과 발전』, 전남대학교박물관, pp.53~55.

23　임영진, 2012, 「3~5세기 영산강유역권 마한 세력의 성장 배경과 한계」, 『백제와 영산강』, 학연문화사, pp.115~116.

최성락[24]은 영산강유역의 고분이 백제계 횡혈식 석실이 등장하는 6세기 중엽에 마감되는 것으로 이해하는 데는 동의하나, 이를 마한으로 지칭하는 것에는 의문을 제기하였다. 즉 당시 어느 나라 기록에서 300년 이후에는 마한의 기록이 없기 때문에 과연 369년까지 혹은 그 이후에도 마한이 잔존하였는지에 대하여 재검토되어야 한다고 보았다. 후고[25]에서도 이 지역의 고대문화 주인공이 마한인의 후예라고 하더라도 마한인으로 부르기는 데는 검토가 필요하다고 피력했다.

김낙중[26]은 영산강유역 묘제를 복합제형분, 옹관분, 석실분으로 구분하면서 은제관식이 상징하듯 6세기 중엽에 백제로 편입된다고 보았다. 초기대형식설의 피장자는 대외교섭의 직접 담당 집단인 왜계인-배후 중소 현지집단-지역의 중추적 대수장(나주 복암리, 해남 장고봉, 함평 신덕 등)으로 이루어진 구조가 상정되며, 고분이 해안의 거점지역에 입지하는 것도 이를 뒷받침한다고 보았다.

이영철[27]은 영암 옥야리 방대형 1호분의 조성 주체를 백제로 이해하면서 일반적인 다장 풍습과 다른 점, 재지계 묘역과 분리된 영산내해 초입부에 조성된 점, 신 공법(구획성토와 구축 묘광)이 구사된 점, 옹관 성행기에 수혈계횡구식석실을 조성한 점, 1인 중심의 중앙 배치 구도 등의 질적인 변화를 수반한다고 보았다.

영산강유역 고분은 연구자에 따라 분구묘 전통,[28] 영산강유역 고분의 특징,[29] 영산강유역권 분구묘의 특징[30]으로 지칭되는데 문화적으로 가장 활발한 시기라 할 수 있다. 대략 5세기 중엽에서 6세기 전반까지 해당되며, 이 시기의 해석에 대해 고고학계와 문헌사학계의 상반

---

24 최성락, 2002, 「삼국의 성립과 발전기의 영산강유역」, 『한국상고사학보』37, 한국상고사학회, p.100.
25 최성락, 2006, 「영산강유역의 고대문화」, 『우리 역사로의 초대』, 목포대학교 박물관, p.217.
26 김낙중, 2009a, 『영산강유역 고분 연구』, 학연문화사, pp.343~353.
27 이영철, 2014a, 「백제의 지방지배-영산강유역 취락자료를 중심으로-」, 『2014 백제사 연구 쟁점 대해부』제 17회 백제학회 정기발표회, pp.125~131.
28 김낙중, 2006, 「분구묘의 전통과 영산강유역형 주구」, 『나주 복암리 3호분』, 국립나주문화재연구소, p.360.
29 최성락, 2009, 「영산강유역 고분 연구의 검토」, 『호남고고학보』33, 호남고고학회, pp.125~127.
30 임영진, 2011, 「영산강유역권 분구묘의 특징과 몇 가지 논쟁점」, 『분구묘의 신지평』, 전북대학교 고고문화인류학과 BK21사업단 국제학술대회, pp.155~156.

된 견해가 도출되었다. 영산강유역이 백제 체제 속으로 완전하게 편입된 시기에 관련한 연구는 다음과 같다.

이병도[31]는 일찍이 1950년대부터 마한-백제고분 교체기에 대한 직접적인 근거로 『일본서기』 신공기 49년조 '忱彌多禮' 기사를 인용하면서 4세기 후반에 통합된 것으로 이해하였다. 이 견해는 많은 문헌사학계 연구자들의 지지를 얻었다.[32] 이와 다르게 고고학계는 1996년 8월에 조사된 나주 복암리 3호분의 발굴조사를 계기로 백제 편입은 6세기 중엽경으로 인식하게 되었다.

임영진[33]은 초기석실분의 구조가 백제식과 뚜렷한 차이가 있다고 보아 이를 '영산강식 석실봉토분'으로 명명하였다. 초기석실분은 입지, 평면형태, 천장 결구방식, 장축방향 등에서 백제와 구분된다고 설명하면서 이는 마한세력의 전통이 유지되는 증거로 보았다.

최성락[34]은 전기석실분(5세기 말에서 6세기 전반)이 옹관고분의 전통을 유지한다는 점에서 여전히 토착세력에 의해 축조되었음을 보여주는 것으로 이해하였다. 또한 이 시기에 다양한 고분 양식과 유물들이 출토되고 있어 백제의 직접적인 지배하에 있다고 볼 수 없으며, 다소 독립적인 위치에서 외부지역과의 교류가 활발했던 것으로 해석하였다.

김낙중[35]은 석실분이 백제의 영향 아래에 축조된 것은 6세 중엽 이후에 시작된다고 언급했다. 이를 백제식과 구분하기 위하여 대형인 점을 강조하면서 '초기대형석실'로 명명하였다. 초기대형석실을 매장주체시설로 삼은 고분은 대부분 저평한 구릉에 입지한다. 또한 석실이 지상이나 분구 중에 위치하여 옹관분의 전통을 잇고 있다고 보면서, 백제계로 분류되는 영광 학정리, 장성 영천리 등은 구릉의 능선이나 산록에 입지하는 차이로 설명했다.

---

31   이병도, 1959, 『한국사-고대편-』, 을유문화사, p.362.

32   노중국, 1988, 『백제 정치사 연구』, 일조각, pp.117~121.
     천관우, 1991, 『가야사 연구』, 일조각, pp.23~25.
     전종국, 1997, 「마한의 형성과 변천에 관한 고찰」, 『한국 고대의 고고와 역사』, 학연문화사, p.317.

33   임영진, 1997a, 「전남지역 석실봉토분의 백제계통론 재고」, 『호남고고학보』 6, 호남고고학회, p.137.

34   최성락, 2006, 「영산강유역의 고대문화」, 『우리 역사로의 초대』, 목포대학교 박물관, pp.214~218.

35   김낙중, 2009a, 『영산강유역 고분 연구』, 학연문화사, p.163.

고분 연구에 있어서 또 하나 주목할 점은 2010년대에 들어서 본격적으로 분구 조사가 이루어지면서 그동안 파악되지 못했던 새로운 정보를 얻게 되었다는 것이다. 이를 통해 고분의 분구는 입체식 공법에 반드시 수반되어야 할 축조 기술이 집약된 토목구조물임을 인지할 수 있게 되었다. 분구 축조에 관한 연구는 아래와 같다.

전용호·이진우[36]는 영암 옥야리 방대형 1호분의 조사를 통해 고분 축조 방식(구축묘광 구조, 토괴·토낭·점토블록 등의 점성이 강한 성토재 사용, 매장주체시설의 기반을 위한 小丘 조성, 지망상의 분할성토 방식 등)이 파악함으로써 이러한 축조 기술의 반영은 가야, 신라, 왜와의 교류관계를 시사한다고 보았다.

임지나[37]는 영암 자라봉고분의 축조 방식을 통해 기초부의 정지작업, 다양한 성토재 이용, 구축묘광, 토제 방식, 방부와 원부의 성토 관계 등을 확인함으로써 고총고분을 조성하기 위해서는 체계적인 평면기획과 더불어 여러 성토재를 적절한 지점과 시점에 사용된 것으로 보았다. 후고[38]에서 한반도와 일본에 특정된 전방후원형분 축조를 고찰하면서 토제성토의 경우 전방후원형분의 고유한 방식이 아니라 그 이전의 영암 옥야리 방대형분 1호분 등 방대형분부터 확인되는 것으로 파악했다.

한옥민[39]은 제형분의 축조 공정의 파악을 통해 최초 피장자(중심매장시설)는 지상식이 아니라 '동시성토를 통한 지하식 구조'에 매장된다는 사실을 새로이 확인하였다. 그동안 성토층 내에서 묘광 굴광선을 찾기가 어려웠던 이유에 대해 별도의 굴광을 하지 않고 분구 외연을 따라 선축된 참호형상의 성토를 이용했던 막쌓기 방식에서 비롯된 것으로 보았다. 즉, 굴광의 마감면은 낮은 성토 높이에 연동하여 중심매장시설의 보호를 위해 정지층~기반층에 한정된 일부 층을 굴착한 후, 바닥 내측 경사면 정도만 다듬는 정도로 마무리함으로써 성토층 내에서 묘광선을 찾기 어렵게 한 것으로 파악했다.

---

36 전용호·이진우, 2013, 「영암 옥야리 방대형고분의 조사방법과 축조기술」, 『삼국시대 고총고분 축조기술』, 진인진, pp.118~123.

37 임지나, 2013, 「영암 자라봉고분의 조사 방법과 축조기술」, 『삼국시대 고총고분 축조기술』, 진인진, pp.187~201.

38 임지나, 2014, 「전방후원형 고총고분 축조기술」, 『영산강유역 고분 토목기술의 여정과 시간을 찾아서』, 대한문화재연구원, p.67.

39 한옥민, 2016, 「축조공정을 통해 본 영산강유역 제형분구의 성격과 의미」, 『한국상고사학보』91, 한국상고사학회, pp.63~67.

I. 서론

이상에서 살펴본 고분 연구의 성과들은 오늘날의 고고학을 학(學)으로서 존재하는 데 크게 기여했다고 할 수 있다. 다만 고분의 분구와 관련된 연구가 상대적으로 미진했던 이유는 무엇보다도 자료 부족이겠지만, 연구자의 인식 문제도 주요한 원인으로 볼 수 있다. 앞으로 이에 관한 연구는 분형이나 규모 등 형태적·계측적 분류를 지양하고 매장관념과 연동된 축조기술, 축조방식 등 보다 새로운 관점으로 바라볼 때 그간의 한계점을 극복할 수 있다고 본다.

2. 연구목적 및 방법

영산강유역에서 고분을 구성하는 제요소가 완성체를 갖추어 전성기를 맞이한 시기는 5세기 중엽~6세기 전반대이다. 이 시기는 이전까지 볼 수 없었던 거대한 규모의 고총고분이 다양한 분형으로 조영된다. 내부의 매장시설은 재지계의 묘제인 옹관뿐만 아니라 외래계인 석곽·석실이 새로이 조성되는 모습을 보임으로써 지역사회 구성원들의 외부관계의 일면을 드러내주고 있다. 이러한 고고자료를 통해 연구자들은 고분의 출자 및 정체에 대해 마한과 백제로 나누려는 시도가 진행되어 왔다.

재지계의 대표 매장시설 중 하나인 옹관은 석실 등장 이후에도 연속적으로 조영된다는 점에 근거하여 외래 요소를 적극적으로 수용한 것으로 보는데 반해, 전통사회에서 볼 수 없는 새로운 요소들이 보인다는 점에서 그 주체를 백제나 백제와 관련된 외부세력으로 해석하기도 한다. 옹관에서 석실로의 전환기는 연구자들의 시각 차이가 가장 많은 부분이다. 특히 후자의 입장은 제형이 아닌 방대형·원대형·전방후원형이라는 이질적인 분형의 출현, 새로운 토목기술의 적용, 다장이 아닌 1인 중심 구도, 고총고분 조성 시의 노동력 범위가 축조집단이 활동했던 취락뿐 아니라 그 주변 지역의 협조와 참여가 필요할 정도로 크게 확대되는 점을 들고 있다. 더욱이 영산강유역 고총고분의 등장보다 약간 앞선 5세기 전반대는 서남해 연안에 신안 배널리, 고흥 안동 등 이질적인 고분이 등장하는데 연구자들은 현지인으로 보기 어렵다는 견해를 대세로 굳혀가는 경향이 짙다.

필자는 현행대로 매장시설이나 부장품 위주의 연구에서는 한계를 갖는다고 인식하며, 고분의 외부 요소(분구)에 대한 종합적인 연구가 진행될 시점이라고 느꼈다. 고분 연구는 문헌 등 참고자료가 빈약한 상황에서 연구자의 관점에 따라 다른 해석으로 귀결될 수 있기 때문에 상당부분 주관적일 수도 있다. 때문에 소프트웨어적인 속성보다는 하드웨어적인 속성인 분구 자료를 통해 보다 넓은 관점으로 바라보아야 한다고 생각한다. 특히 고총고분 분구는 당대 전개된 고난도의 토목기술이 종합적으로 반영된 구조물이므로 영산강유역 고대사회의 성격과 변천과정에 대한 이해를 높일 수 있을 것이다. 따라서 내부 요소에 집중된 고분 연구는 외부 요소에 담겨진 내용들에 의해 수정되고 보완될 사항이 많다. 분구는 고분을 이루는 3대 구성요소이고, 무덤이라는 공간의 목적성을 분명하게 해주는 기능을 하는 만큼 매장시설이나 부장품보다 하부의 의미로 취급해서는 안 된다고 본다.

Ⅰ장은 선행연구 검토를 통해 연구 현황 및 문제점을 파악한 후 글의 연구 방향을 설정하고자 한다. 시간적인 범위는 분구 출현 단계부터 백제화로 진행되기 이전까지인 B.C. 2세기경~A.D. 6세기 중엽으로 설정한다. 공간적인 범위는 고창, 영광지역으로부터 탐진강 수계를 포함한 전남 서남부 일원의 영산강 고대 문화권을 대상으로 한다.

Ⅱ장은 영산강유역 고분의 분형별 검토에 앞서, 연구 인식의 기초가 되는 고분 개념에 대해 정리할 것이다. 아울러 분구·주구·매장주체시설·부장품에 대한 제 요소들도 점검하여 논지에 필요한 틀을 마련하겠다.

Ⅲ장에서는 영산강유역 고분의 출발 묘제라 할 수 있는 마한 시기의 대표적 분형인 제형분에 대해 살펴보겠다. 제형분은 고총고분으로 이행되는 선행 묘제이며 마한의 표지적 고분이기에 그 분포 범위 및 성격 파악이 무엇보다 중요하다. 때문에 제형분의 축조와 전개 과정을 검토하여 이후 등장하는 고총고분과의 비교 기준을 마련하고자 한다.

Ⅳ장은 5세기 중엽 이후에 출현한 고총고분의 등장과 전개에 대해 살펴볼 것이다. 이를 위하여 각 분형별 매장시설, 축조기술, 노동력, 성립과 출현 배경 등을 검토하여 종전과 다른 고총고분의 변화들을 파악해 보겠다.

Ⅴ장은 Ⅲ~Ⅳ장의 분석을 바탕으로 고분 그리고 고총고분을 조영하면서 지역 세력이 담으려 했던 사회적 의미를 확인하여 영산강유역 고대사회의 모습이 어떤 과정 속에서 마한으로부터 백제시대로 변천해갔는지를 복원하고자 한다. 먼저 분석 자료의 내용을 토대로 고분 변천에 대한 필자의 안을 제시하겠다. 다음으로 고총고분에서 다양한 분형의 존재, 새로운 축조기술 등이 성공적으로 발현·확산될 수 있었던 배경은 지역집단의 대응전략 과정으로 설명될 수 있음을 정리할 것인데, 백제·가야·왜 등의 외부와의 관계 속에서 특정에 한정하지 않은 고분 자료들이 그러한 과정의 증거라는 관점에서 살펴보고자 한다.

Ⅵ장은 이제까지 살펴본 내용을 정리할 것이며, 영산강유역 고분의 성격과 변천에 대한 필자의 견해를 언급하면서 마무리하도록 하겠다.

II. 고분의 제요소 검토

1. 고분 개념

'고분'이라는 용어는 일반적으로 옛 무덤이란 의미로 쓰이고 있다. 이를 한자로 옮기면 古墳으로 쓸 수 있지만, 한문에는 존재하지 않는 말이다. 그래서인지 고분의 용어뿐 아니라 부속된 세부 용어 사용에 있어서도 그 차이가 명확하게 구분되지 못한 상태로 사용되고 있다. 즉 고분, 주구묘, 분구묘 등 무덤과 관련된 용어는 일본고고학에서 이미 사용되었던 것으로 이들 용어가 한국고고학에 차용되어 쓰이면서 혼돈을 주고 있다.[40]

한국고고학에서 고분이란 고고학적 연구 대상이 되는 모든 옛 무덤을 칭하는 것으로 인식[41]되기도 하지만 일반적으로 삼국시대의 지배층 무덤을 포괄적으로 지칭하는 용어로 사용되고 있다.[42] 무덤을 지칭하는 데 있어 원삼국 이전의 무덤을 묘나 분묘로, 삼국 이후의 무덤에 대해서 원칙적으로 묘보다는 분이라는 용어를 사용하여 원삼국 이전과 구분이 필요하다고 보았다. 적석목곽묘가 아니라 적석목곽분, 횡혈식석실묘가 아니라 횡혈식석실분, 수혈식석곽묘가 아니라 수혈식석곽분이 원칙에 부합한다.[43]

한국고고학사전에는 "고분(古墳)이란 글자 그대로 옛 무덤을 뜻하기도 하지만, 고고학에서는 개념적으로 엄격히 한정하여 특정 시기의 무덤양식을 지칭한다. 넓은 의미에서 고분이란 과거 사회에서 죽은 이를 위해 수행된 매장의례의 행위가 물질적인 증거로 남은 것이라 할 수 있다."라고 정의하고 있다.[44] 한국고고학전문사전에서는 "고분은 지하 또는 지상의 매

---

40   최성락, 2007a, 「분구묘의 인식에 대한 검토」, 『한국고고학보』62, 한국고고학회, p.121.
41   임영진, 2002, 「전남지역의 분구묘」, 『동아시아의 주구묘』, 호남고고학회, p.57.
42   김낙중, 2009a, 『영산강유역 고분 연구』, 학연문화사, p.137.
     최성락, 2009, 「영산강유역 고분연구의 검토」, 『호남고고학보』33, 호남고고학회, p.112.
     권오영, 2011, 「喪葬制와 墓制」, 『동아시아의 고분문화』, 서경문화사, p.48.
     김진호, 2012, 『과학이 깃든 고대고분』, 진인진, p.21.
     박형열, 2014, 「영산강유역 3~5세기 고분 변천」, 동국대학교 석사학위논문, pp.2~3.
43   권오영, 2011, 「喪葬制와 墓制」, 『동아시아의 고분문화』, 서경문화사, p.48.
44   국립문화재연구소, 2001, 『한국고고학사전』, 학연문화사, p.63.

장시설을 만들어 시신을 안치하고 그 위에 흙을 높이 쌓아 올려서 만든 오래된 무덤을 통칭한다. 이런 의미에서 고분이란 과거 사회에서 매장의례 행위가 물질적인 증거로 남은 것이라 할 수 있을 것이다."라고 정의하였다.[45] 또한 연구자에 따라 "낮거나 높거나 지상에 봉분을 축조한 무덤의 총칭"으로 정의[46]하기도 하며, 어느 정도 봉분을 가진 무덤으로서 왕이나 수장급이 출현한 시기, 즉 사회의 계층화가 이루어진 3세기 후반 이후의 무덤을 총체적으로 지칭[47]하기도 한다. 연구자들은 공통적으로 외형적 요소인 墳의 존재에 큰 의미를 두어 고분 발생의 지표로 보고 있다.

1980년대 이후 한반도에서 원삼국시대 이래의 분묘·고분의 조사와 연구가 활발해지면서 한국과 일본 고분문화 전개과정의 차이점이 부각되고, 이에 따라 고분문화와 관련된 용어의 선택과 그 정의가 한층 엄격해졌다.[48] 이후 1990년대에 들어와서 고분의 개념에 대한 논의가 본격적으로 이루어졌는데 무덤의 변천과정에 따른 발전 단계가 설정되기도 하였다. 고분이란 단순히 고대의 분묘라는 말을 줄인 것이 아니며 고대의 분묘 전부를 가리키는 것도 아니다. 대체로 한정된 시대에 몇 가지 요소를 구비한 지배층의 분묘로 보았다.[49] 영남지역 연구자들을 중심으로 지상에 융기된 표식에 입각하여 墳墓-古墳-高塚,[50] 墓-墳-塚[51] 순으로 단계화를 상정하였다. 호남지역 연구자도 동일한 맥락에서 이해를 같이하여 平墓-古墳-高塚,[52] 墓-墳-塚[53] 등으로 구분하고 있다.

墓는 광의적으로 무덤의 모든 시설물을 가리키는 가장 포괄적인 개념으로 이해되고 있

---

45 김길식, 2009, 「고분」, 『한국고고학전문사전-고분편-』, 국립문화재연구소, p.68.
46 최병현, 2002, 「주구묘·분구묘 소관-최완규교수의 전북지방 주구묘 토론에 붙여」, 『동아시아의 주구묘』, 호남고고학회, p.47.
47 최성락, 2009, 「영산강유역 고분연구의 검토」, 『호남고고학보』33, 호남고고학회, p.109.
48 최병현, 2011, 「한국 고분문화의 양상과 전개」, 『동아시아의 고분문화』, 서경문화사, p.11.
49 김기웅, 1991, 『고분』, 대원사, p.6.
50 김용성, 1998, 『신라의 고총과 지역집단-대구·경상의 예-』, 춘추각, p.319.
51 이희준, 1997, 「신라 고총의 특성과 의미」, 『영남고고학』20, 영남고고학회, pp.3~4.
52 임영진, 2002, 「전남지역의 분구묘」, 『동아시아의 주구묘』, 호남고고학회, p.55.
53 김낙중, 2009a, 『영산강유역 고분 연구』, 학연문화사, pp.98~99.
    최성락, 2009, 「영산강유역 고분연구의 검토」, 『호남고고학보』33, 호남고고학회, p.123.

다. 현재 일반적으로 통용되고 있는 고유의 매장시설을 지칭할 경우에도 목관(곽)묘, 옹관묘 등으로 부를 수 있다. 협의적으로는 매장시설을 포장하고 있는 분구나 봉분의 흔적이 뚜렷하지 않는 무덤을 墓로 지칭할 수 있다. 墳은 지상에 성토한 봉분 내지는 분구라는 두드러진 시설물이 있는 무덤을 가리키고, 塚은 墳이 있는 무덤 중에서 규모가 대략 3~3.5m[54]이상의 고대한 성토가 시설된 무덤을 지칭할 수 있다.

　이상에서 살펴본 논자들의 공통점은 고분이 고고학적으로 피장자나 축조 집단의 정치적·사회적 위치를 잘 반영해주는 물적 자료이며, 고분에 묻히는 것이 그것을 실증해 주는 것으로 이해하고 있다. 그렇기 때문에 고분은 형태적인 의미와 사회적 의미가 조합된 무덤으로써 지배층이 출현하는 특정 시기에 등장한 것으로 보고 있다. 고분 개념에 대한 선행 연구를 살피기에 앞서 고분의 구성 요소를 보자.

　고분의 구성 요소는 〈그림 1〉처럼 관람자의 입장에서 볼 때, 크게 외부 요소와 내부 요소로 나눌 수 있다. 외부 요소는 분구(봉분)·주구가 있고, 내부 요소는 분구에 담겨져 있어 눈에

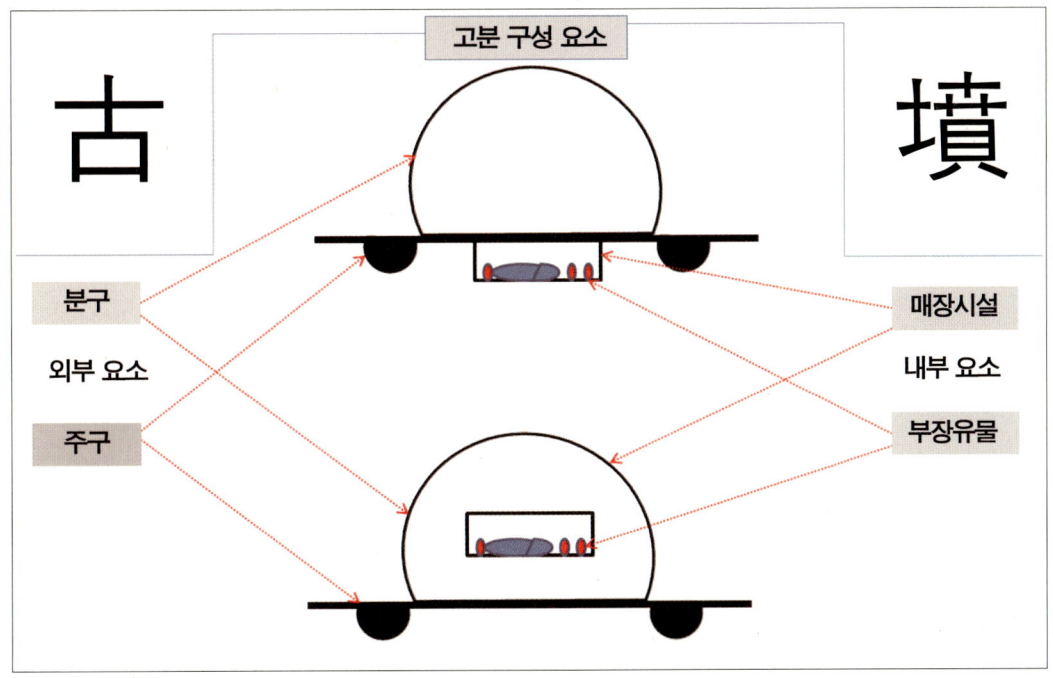

그림 1　고분의 구성 요소

54　김낙중, 2009a, 『영산강유역 고분 연구』, 학연문화사, p.100.
　　한옥민, 2010, 「분구 축조에 동원된 노동력의 산출과 그 의미」, 『호남고고학보』34, 호남고고학회, p.126.

띄지 않지만 매장시설과 부장유물을 포함하고 있다. 이러한 구성 요소는 봉분묘이든 분구묘이든 축조 순서에 상관하지 않으며, 매장시설의 위치가 지하식이든 지상식이든 공히 공통되는 요소이다.

이제까지의 고분 연구는 내부 요소인 매장시설과 부장유물을 중심으로 진행되는 경향을 보였다. 그 결과, 매장시설은 크게 재지적, 외래적 성격으로 분류하고 해석을 시도해 왔다. 전자에 해당하는 묘제가 목관(곽)묘와 옹관묘이고 나머지는 후자로 분류하고 있다. 부장유물은 여러 가지 종류가 들어가는데 외래계 유물 존재 여부와 위세품 부장 정도를 중심으로 피장자의 지위나 위세를 판단하는 기준으로 삼아왔다. 이에 반해 분구는 주로 외형적 형태 분류 정도에 그치고 있고, 출자 해석에 치중되어 있다. 영산강유역의 분형은 크게 제형, 방대형, 원대형, 전방후원형으로 나누면서 이중 재지사회의 표징적인 분형은 제형이라는 견해로 모아졌다.

이렇듯 고분의 구성 요소는 내부·외부 요소로 나눌 수 있지만, 피장자나 축조 집단의 출신과 정체, 위세의 차이를 해석하는 자료로 이들 요소를 함께 이야기 할 수 있다. 그러므로 구성 요소는 서로 연동되고 상관관계를 이루어 완벽하게 얽혀 있으므로 어느 하나를 떼어내거나 부각시켜서 말하기는 어렵다.

필자는 이러한 논의 속에서 고분의 개념에 담긴 의미에 대해 형태적 의미와 사회적 의미를 표현한 것으로 분류할 수 있다고 본다. 먼저, 고분의 개념 규정에서 "흙을 높이 쌓아 올려서 만든"이라는 부분은 형태적 의미를 담고 있다. 이는 고고학적으로 분구·주구라는 시설을 가리키고 있으며 고분의 구성 요소 중 외부 요소와 관련되는 부분이다. 또한 외부 시설이므로 관람자에게 시각적으로 눈에 띄는 일정한 형태와 규모로 조성되었다는 의미가 있을 것이다.

다음으로, 사회적 의미는 고분의 개념 규정에서 "몇 가지 요소를 구비한 지배층의 분묘", "왕이나 수장급이 출현한 시기, 즉 사회의 계층화가 이루어진 3세기 후반 이후의 무덤"이라는 내용을 통해 알 수 있다. 영산강유역 고분은 수장층 내지는 지배층이 출현하면서 그들의 권위와 위용을 과시하는 기념물이 본격적으로 축조되는데 3세기 후반의 고고학 자료에서 확인할 수 있다는 것이 주된 논지였다.

필자는 고분이란 본래 학술적 용어이기 때문에 연구자마다 개념 규정이 제각각이어서 다양하게 제안될 수 있지만, 그 사용 범위는 고고학적·역사학적·문화적인 의미와 가치가 있는 무덤에 적용되어야 한다. 고분은 몇 가지 구성 요소를 갖추고 있고 이들 요소가 서로 상관되어 완성되어진 구조물임을 인식할 필요가 있다. 단순히 당대의 수장층을 매장한 결과가 아니라 고고학적 자료에 내재된 사회적 의미가 있기 때문에 구성 요소가 별개로 반영될 수 있는지, 그렇지 않으면 모든 요소가 구비되어진 완전한 상태로 반영되었는지에 대한 검토가 필요하다.

하지만, 실제 고분 자료를 들여다보면 이들 요소가 동시에 모두 발현되지 않는 사례들이 상당하다. 무덤에서도 어떤 것은 손색이 없지만 묘로 지칭되고, 반대로 구성 요소 등에서 구비가 다소 미흡하지만 고분으로 불리는 것이 있다. 이는 삼국시대라는 시간에 맞춰서 묘와 분[55]으로 구분하고 있기 때문이라고 할 수 있다. 대략적으로 삼국시대 이후라는 기준은 무덤에서 계층화 요소가 보이는 시기로 이해되어 왔다.

고분이라는 용어는 나라와 지역에 따라 동일하게 적용되지 않으며, 구성 요소에서도 서로 다르게 나타나고 있기도 하다. 이와 관련하여 권오영[56]은 신라와 가야는 매장주체시설 내부에서 유물의 다량 부장과 순장이 행해졌지만 고분의 외관을 고대하게 하지는 않았는데 반해, 왜는 내부 매장시설보다 분구 외형을 키우는 데에 주력하였고, 그 결과 거대한 외형에도 불구하고 내부 부장품은 상대적으로 빈약한 모습을 보인다고 하였다. 松木武彦[57]는 고구려의 대형분묘는 규모보다 고도의 석공기술을 중시하는 것으로 위용을 과시하는 데 비해, 일본열도는 흙과 자갈 운반이라는 단순 노동력을 집적함으로써 기술보다는 규모를 통해 과시하는 대형 전방후원분이 조성되었다고 해석하였다. 이들 연구자들은 동시대의 고분이라도 각 지역마다 다른 여건에 대해 설명하고 있다. 따라서 논리적인 근거가 결여된 채 대세론적 시각에서 이해되어온 개념을 그대로 대입시키기에는 곤란하다.

영산강유역의 고분의 중요한 기점은 영암 옥야리 방대형 1호분이 조성되는 5세기 중엽을 기준으로 전후의 양상이 크게 달라진다. 이는 영산강유역 고분 축조집단 역시 정치·사회·경제적 등의 조건과 상황에 따라 취사선택한 일면이 고고학적 자료에 잘 반영되었기 때문이

---

55 예로, 원삼국 초기의 창원 다호리 1호 무덤은 제아무리 후장이고 수장묘라 하더라도 목관묘인 이상 1호분이 아니라 1호묘로 불리어야 한다는 견해(권오영, 2011, 「喪葬制와 墓制」, 『동아시아의 고분문화』, 서경문화사, p.48)에 필자 역시 동의한다.

56 권오영, 2009, 「고분과 고대사회」, 『한국 매장문화재 조사연구방법론』5, 국립문화재연구소, pp.24~25.

57 松木武彦, 2002, 「日本列島における大形墳墓の出現」, 『동아시아의 大形古墳의 出現과 社會變動』, 國立文化財研究所, p.165.

다. 후술하겠지만, 5세기 중엽을 기점으로 영산강유역 고분 축조집단들이 능동적인 선택[58]을 한 결과로 이해할 수 있다. 고분에 여러 요소들이 서로 섞여 배합된 방향에 있어서 문헌기록과 고고자료에 관한 상호보완적 역할이 요구된다. 이 단계의 영산강유역 고분은 구성 요소에서 모두 구색을 갖추게 되고 더불어 외형적인 변화가 가시화되는 시점이다.

필자는 고분이란 분구(봉분), 매장시설, 부장유물이라는 3가지 구성 요소를 갖춘 삼국시대 이후의 지배층 무덤을 일컫는 용어로 쓰고자 한다. 고고자료를 통해 볼 때 이들 요소가 모두 갖춘 단계는 5세기대의 고총단계에 들어서부터이다. 3가지 구성 요소는 어느 시점에 일시적으로 시작된 것이 아니므로 변화의 획기 설정이 필요하다고 본다. 고분인지의 판별 여부에 대한 평가에 있어서 외부·내부 요소가 각기 다른 시간적인 위치에 서 있다는 것을 염두할 필요가 있다. 이를 해체시키듯 따로따로 적용시킬 수 없으므로, 발현이 시작되거나 접점을 이루는 단계[59]를 찾아 설정하는 것이 바람직하다.

고분의 개념 규정하는데 있어 일반적인 무덤과 같은 개념으로 사용하는 것은 적절하지 못하다. 이러한 용어로는 이미 무덤 혹은 분묘가 사용되고 있고, 반면 일본에서는 전방후원분 혹은 고분시대의 무덤을 지칭하는 고총고분만을 고분으로 보고 있지만 한국고고학에 적용하는 것도 어려움이 있다. 따라서 고분이란 왕이나 수장급이 출현하여 사회의 계층화가 뚜렷이 나타나는 시기로써 삼국시대의 무덤을 포괄적으로 지칭[60]하는 것이 타당하다. 여기에서는 영산강유역 고분이 늦어도 3세기 후엽·말에 출현한다는 것을 기점으로 하여 그 이전은 묘, 이후는 고분으로 지칭한다.

---

58 선택이라는 말은 크게 수동적, 능동적인 측면이 있다. 선택은 어떤 행위를 하기 위해 여러 가지 중에서 가능한 것을 골라내는 것인데 3세기 후반대라는 상황은 다른 지역의 고분의 봉분(분구)에서도 고대화가 보이지 않는 단계이다. 그러므로 고분의 형태적, 사회적 의미를 결정짓는 동기에서 분구는 표식과 경계, 신성성에 치중해야 한다는 무의식적 힘이 작용했거나 매장시설, 부장품을 중요한 요소로 인식하는 관념적인 측면의 작용이 컸다고 본다. 따라서 이미 어느 정도 결정되어진 사안 내지는 가치 속에서 이루어진 결과이기에 수동적인 측면에 더 비중이 있는 것으로 볼 수 있다.

59 영산강유역 고분은 3세기 중엽 이후에 주구묘에서 분구묘로 변화가 시작된다고 보는 견해를 참고할 수 있다(김낙중, 2009a, 『영산강 유역 고분 연구』, 학연문화사, p.109).

60 최성락, 2009, 「영산강유역 고분연구의 검토」, 『호남고고학보』33, 호남고고학회, p.112.

2. 고분의 제요소

1) 분구

'墳丘'는 사전적인 의미로 주검이 안치된 매장주체시설을 보호하기 위하여 흙이나 돌 등을 이용하여 쌓아 외관상 標識을 한 외부 시설을 말한다. 고분을 조성하는 데 있어서 기술적인 부분이 가장 많이 요구되는 시설이 분구이다. 탁월한 규모를 형성하도록 돌보다 안식각이 낮은 흙의 취약점을 극복하기 위해서는 복잡한 축조기술이 무엇보다 중요하다. 특히 고총고분에 적용된 새로운 축조기술은 기술사적으로 제방, 성, 수로 등과 궤를 같이하므로 토목기술의 발전과 확대를 의미하는 고고자료이다.

고분뿐만 아니라 토기 등 생산에 적용되어진 새로운 기술에 대해 많은 고고학자들은 기술의 혁신이 사회진화의 주요 동인이 아닐까 하여 주목해 왔던 것이 사실이다. 예컨대 야금술, 교통·운반기술, 농업기술, 제도술 등은 진화주의, 기능주의 입장에서 생산력을 향상시켜 경제와 사회의 복잡한 조직을 낳았다고 보는 것이다. 이에 비해 우리 학계에서는 그동안 기술혁신의 현상을 흔히 신기술 소유집단, 제작공인을 포함한 이주민 집단의 도래에 초점을 맞추어 설명하려는 입장을 견지해 온 듯하다. 그것이 아니면 이웃한 지역의 신기술이나 그에 의해 제작된 유물이 모델이 되어 모방되는 경우를 상정해 왔다.[61]

고분의 '분구'에 대한 본격적인 관심은 2000년대에 들어서 시작되었다. 영산강유역의 분구는 그 규모에 있어서 방대함뿐만 아니라 주구를 통해서 더욱 가시화되고, 무덤이라는 공간의 목적성을 분명하게 한다는 특징이 있다. 발굴조사 방법과 자료 축적 등의 성과는 분구에 대한 연구자들의 인식 변화를 가져왔다. 매장주체시설을 보호한다는 단순한 기능적인 측면뿐 아니라 이전에 없던 새로운 축조기술의 정보를 갖춘 구조물이라는 시야로 확대되었다.

분구의 가장 기본적인 목적은 주검을 안치한 매장주체시설을 보호하기 위해 지면 위에 둔덕처럼 시설물을 쌓아 밀봉하는 것이라 할 수 있다. 영어의 mound에 해당하는 용어로는 봉토, 분구, 봉분 등이다.[62] 그런데 한국 고고학에서는 2000년에 들어와서 이 개념에 대해 세부적으로 분구와 봉토로 구분하려는 연구자[63]가 많아졌다. 반면, 분구와 봉토 구분에 대한

---

61 이성주, 2014, 『토기제작의 기술혁신과 생산체계』, 학연문화사, p.180.

62 최성락, 2007a, 「분구묘의 인식에 대한 검토」, 『한국고고학보』62, 한국고고학회, p.122.

63 이성주, 2000, 「분구묘의 인식」, 『한국상고사학보』32, 한국상고사학회, p.79.

유효성 문제에 근거하여 이를 작위적인 구분으로 보고 구분의 불필요성을 견지하는 연구자[64]도 상당수 있다.

고총고분의 분구는 매장시설의 일부분이자 당시의 선진적이면서도 다양한 토목기술이 구현된 토목 구조물이다.[65] 토목기술로 볼 때, 지석묘는 상석이 지상에 올라와 있으므로 매장시설의 보호하는 목적에 있어서는 분구묘와 동일한 것이지만 커다란 돌 하나를 덮은 것으로 쌓았다고 할 수 없다.[66] 고분이 성벽과 다른 점은 성벽이 길게 이어지는 구조물인데 비하

성정용, 2000, 「백제 한성기 저분구분과 석실묘에 대한 일고찰」, 『호서고고학』3, 호서고고학회, p.3.

최완규, 2000, 「호남지역의 마한분묘 유형과 전개」, 『호남고고학보』11, 호남고고학회, p.120.

임영진, 2002, 「전남지역의 분구묘」, 『동아시아의 주구묘』, 호남고고학회, pp.55~56.

최병현, 2002, 「주구묘·분구묘 소관-최완규교수의 전북지방 주구묘 토론에 붙여」, 『동아시아의 주구묘』, 호남고고학회, pp.47~48.

김낙중, 2006, 「분구묘의 전통과 영산강유역형 주구」, 『나주 복암리 3호분』, 국립나주문화재연구소, p.359.

이택구, 2008, 「한반도 중서부지역 마한 분구묘」, 『한국고고학보』66, 한국고고학회, p.51.

김승옥, 2009, 「분구묘의 인식과 시공간적 전개과정」, 『한국 매장문화재 조사연구방법론』5, 국립문화재연구소, p.272.

[64] 이 훈, 2006, 「서산 부장리고분과 분구묘」, 『분구묘·분구식 고분의 신자료와 백제』, 제48회 전국역사학대회 고고학부 발표자료집, 한국고고학회, p.24.

이주헌, 2006, 「토론요지」, 『분구묘·분구식 고분의 신자료와 백제』, 제48회 전국역사학대회고고학부 발표자료집, 한국고고학회, p.112.

김용성, 2006, 「소위 분구묘·분구식 고분의 개념과 관련된 의문」, 『분구묘·분구식 고분의 신 자료와 백제』, 제48회 전국역사학대회 고고학부 발표자료집, pp.115~116.

최성락, 2007a, 「분구묘의 인식에 대한 검토」, 『한국고고학보』62, 한국고고학회, pp.122~126.

최성락, 2009, 「영산강유역 고분연구의 검토」, 『호남고고학보』33, 호남고고학회, pp.110~112.

박형열, 2014, 「영산강유역 3~5세기 고분 변천」, 동국대학교 석사학위논문, p.3.

한옥민, 2016, 「축조공정을 통해 본 영산강유역 제형분구의 성격과 의미」, 『한국상고사학보』91, 한국상고사학회, p47.

[65] 홍보식, 2013, 「고총고분의 봉분 조사 방법과 축조기술」, 『삼국시대 고총고분 축조기술』, 진인진, p.60.

[66] 성낙준, 1997, 「옹관고분의 분형」, 『호남고고학보』5, 호남고고학회, pp.41~42.

여 고분은 평면적으로는 원형, 방형, 전방후원형, 외형적으로는 원대형, 방대형, 방추형 등의 형태를 취한다는 점이다. 성벽처럼 저습한 지점을 통과할 일도 없고 제방처럼 횡방형으로 수천 톤의 압력을 받을 일도 없다. 성과 제방이 실용적 기능 위주인데 비하여 고분은 남에게 과시한다는 기능이 추가된다. 이런 까닭에 고분에서만 보이는 고유한 축조기술이 존재하며 반대로 고분에서는 보이지 않는 기술도 존재한다. 예를 들어 부엽공법, 석회의 사용 등은 고분 봉토 혹은 분구 축조에서는 확인되지 않는다.[67] 고분 축조에는 재화의 측면에서 보더라도 막대한 노동력이 동원된다. 고총단계는 이전의 제형분구 단계에 드는 노동력보다 최소 8.5배가 더 필요한 고비용이 요구된다는 점에서 단순한 외형의 변형을 의미하는 것이 아니라 지역단위간의 계층화가 이루어진 사회구조 속에서 광역적인 인력 동원이 이루어졌음을 반영한다.[68]

영산강유역 고분 조성에 반영된 토목기술은 정지작업, 성토방식, 묘광조성 방식, 성토재 사용, 안식각의 인지 등을 통해 알 수 있다.

정지작업이란 종전의 지반을 고분 조성에 알맞은 상태로 만들기 위한 것으로서 본격적인 분구 성토가 이루어지기 전에 가해지는 기초부의 작업이다. 정지작업의 목적은 성토 분구의 변형 방지이며, 치환법과 삭토법이 확인되고 있다.

치환법은 연약지반을 보강하기 위해 양질의 재료로 치환해 줌으로써 토질 개량을 하는 것을 말한다. 고분 보고서에서 흔히 구지표층으로 일컫고 있는데, 구지표면은 인간 활동의 생활이나 생육하고 있는 식생에 의해 오염되어 연약 지반에 해당한다. 이 위의 구조물의 붕괴를 막기 위해서 오염층을 모두 제거해야 하기 때문에 엄밀히 말하면 구지표층 또는 구지표면이라는 지칭은 적절하지 않다.[69] 실제로 영암 자라봉(그림 2)·옥야리 방대형 1호분, 나주 복암리 3호분·가흥리 신흥고분 등 고총고분뿐 아니라 저분구인 함평 향교 1호분, 무안 인평 1호분 등을 보면 오염층을 제거하여 床面이 깨끗하다. 이는 치환법이 제방, 성 등의 실용적인 구조물뿐 아니라 고분 성토의 안정성을 위해 저분구 단계부터 고총에 이르기까지 공통적으로 행해졌음을 알 수 있다.

삭토법은 자연지세를 이용하여 원하는 방향으로 깎아낸 후 그 위에 고분 조성을 하기 때

---

67 권오영, 2014, 「토목기술과 도성조영」, 『삼국시대 고고학개론』1, 진인진, p.32.

68 한옥민, 2010, 「분구 축조에 동원된 노동력의 산출과 그 의미」, 『호남고고학보』34, 호남고고학회, p.126.

69 홍보식, 2013, 「고총고분의 봉분 조사방법과 축조기술」, 『삼국시대 고총고분 축조기술』, 진인진, pp.60~62.

그림 2 영암 자라봉고분의 치환법(대한문화재연구원 2011)

문에 인력 및 비용 절감 등 노동 비용 측면에서 이점이 있다. 가야 고총고분에서 보이고 있는 공법인데, 영산강유역에서는 2014년에 조사된 나주 가흥리 신흥고분을 통해 확인할 수 있었다. 고분은 부분조사가 실시되었으며, 조사단은 이를 전방후원형분으로 추정하였다. 이영철[70]은 성토된 높이는 2m에 못 미치지만 구릉 정상을 절삭하여 축조함으로써 가시적 높이가 6m 이상의 고대화(高大化)된 분구 효과를 낸 것으로 보았다. 자연 구릉의 가장 높은 지점을 수평으로 절삭하여 매장주체시설 위치를 선정한 축조방법은 일본의 '削出しの墳丘築造'와 유사한 공법이다.

성토방식은 고분의 분구를 조성하기 위한 목적으로 종전의 지반이나 정지층 위에 흙을 쌓아 올리는 흙쌓기 방식을 말한다. 수평형, 내구형, 제방형으로 나눌 수 있다.

수평형성토는 원 지형을 그대로 이용하여 수평에 가깝게 쌓는 방식으로 대개 1~2가지의 물성이 다른 흙을 이용한다. 저분구인 주구토광묘와 제형분에서 주로 이용되고 있다.

내구형성토는 분구 내에 또 하나의 작은 小丘 또는 內丘를 조성하는 방식이다. 내구는 중심매장시설을 안치하기 위한 것이 주목적으로 분구 중앙에 있는 것, 측면에 단을 이루듯 형성하여 밋밋한 곳에 매장시설을 안치하는 것이 있다. 주로 고총고분 중 방대형분에서 보이는 것으로써 영암 옥야리 방대형 1호분은 중앙에, 나주 신촌리 9호분은 한쪽에 치우친 측면[71]에

---

70 이영철, 2015, 「영산강유역 고대 취락 연구」, 목포대학교 박사학위논문, p.199.

71 연구자(오동선, 2009, 「나주 신촌리 9호분의 축조과정과 연대 재고-나주 복암리 3호분과의 비교검토-」, 『한국고고학보』73, 한국고고학회, pp.59~60)에 따라 1차 분구 조성은 구지표면 정지 후 북서쪽만 높은 기단부가 조성되고 반대인 남동쪽은 낮게 성토한 것으로 보기도 한다. 발굴조사 보고서 〈도면 50〉 동-서토층도를 보면 하층 옹관 매장 지점에 경사저내려가는 형태와 함께 점토괴가 쌓여 있다. 이를 필자는 구축묘광으로 이해한다. 이와 대응되는 반대면에서 보이지 않는 것은 그 형태만 갖추고 동질의 성토재로 채운 양상일 가능성이 크며, 상층 옹관 매장 과정 역시 토층도에 기준할 때 하층 옹관과 동일한 것으로 추정된다. 일제강점기 발굴조사 광경이 담긴 사진

조성되어 있다.

제방형성토는 단면형태에 따라 토제성토, 복발형성토, 제방형성토, 삼각형성토 등으로 불리고 있다. 토제는 분구 외연을 따라 둑처럼 쌓은 시설을 말한다. 일본의

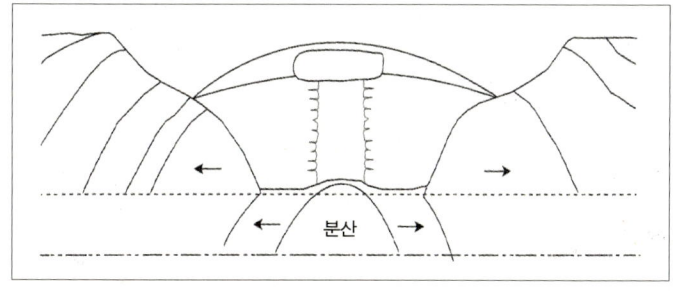

그림 3 토제의 하중 분산(김진호 2012)

전방후원분 성토방식으로 알려져 왔는데 영산강유역뿐 아니라 남해안지역에 이르고 있다. 광주 월계동 1·2호분, 함평 신덕고분, 나주 가흥리 신흥고분, 영암 자라봉고분, 해남 용두리고분 등이 있다. 분포 범위로 보아 5세대 이후의 고분에 일반적으로 사용된 공통기술일 가능성이 많다.[72] 조성위치는 분구 하부 외에도 중심매장시설 주위, 성토층 중간에서 확인된다. 일반적으로 이를 토제로 통칭하고 있다. 그러나 분구 하부에 도넛형으로 둘러진 것과 중심매장시설 주위의 것은 기능적으로 분리가 될 필요가 있다. 토제의 주된 기능은 분구 하부에 시설하여 하중을 분산시켜 구조적인 안정성을 높이기 위한 것이기 때문이다(그림 3).

성토기술은 성토방식을 토대로 기본적인 분구 성토가 이루어지는데 그 과정에서 교호성토, 분할·구획성토, 유사판축 등의 여러 가지 세부 성토기술이 확인된다.[73]

교호성토의 교호(交互)란 사전적인 의미가 서로 어긋나게 맞춘다는 뜻이다. 단어에서 알 수 있듯이 토성이 다른 흙을 엇갈리게 상하·좌우로 쌓아 흙의 결합력과 점력을 높이고, 취약점인 인장력을 향상시키는 공법이다(그림 4). 고총고분 축조의 공통기술로 볼 수 있다.

분할·구획성토는 토층 평·단면상에 확인되는 구획재(토괴열이나 석열)의 확인과 그것의 규칙성 정도에 따라 치밀하면 구획성토로 보는 경향이 있다. 고분에서 논의되는 분할·구획

에서 옹관 바닥 레벨이 모두 동일하다는 점도 이를 뒷받침한다. 따라서 엄밀히 말하면 한쪽이 높은 丘형태로 내구를 먼저 구축한 것으로 볼 수 없고, 옹관과 분구 성토를 동시에 진행했다.

72 김진호, 2012, 『과학이 깃든 고대고분』, 진인진, p.54.
홍보식, 2013, 「고총고분의 봉분 조사 방법과 축조기술」, 『삼국시대 고총고분 축조기술』, 진인진, p.69.
권오영, 2014, 「토목기술과 도성조영」, 『삼국시대 고고학개론』1, 진인진, p.34.

73 임지나, 2016, 「호남지역 고분 축조기술의 연구-분구 축조기술을 중심으로-」, 목포대학교 석사학위논문, p.68.

그림 4 나주 신촌리 9호분의 교호성토(국립문화재연구소 2001)

성토는 분구의 평면상 중앙으로부터 방사상으로 뻗어나가는 선과 열이 확인되는 것으로 인식되고 있다. 홍보식[74]은 분할이란 일정 부분으로 나눈다는 의미로서 위아래의 분할이 일치하지 않을 수도 있지만, 구획은 당초부터 설계도 같은 것에 근거해서 구획된 부분을 완성한다는 의미로서 차이가 있다고 하였다. 물론 구획은 분할과 다르게 점토괴나 석재를 이용하여 각 분면을 정확히 나누는 골조와 같은 경계가 있음은 인정한다. 그러나 필자는 분할성토와 구획성토가 분구를 견고하게 쌓기 위한 기능, 작업 효율을 높이는 노동 단위의 구분 등 기능상에서 기본적으로 공통되므로 구분하는 데 큰 의미가 없다고 본다. 실제 고분에서 각 분면의 경계지점 성토는 서로 어긋나게 맞물리므로 분할·구획성토는 교호성토와 세트관계라고 할 만하다.

유사판축은 정확한 개념규정이 이루어지지 않았지만, 교호성토와 판축의 중간적인 형태로서 물성이 다른 흙이 교호로 성토되면서 달구질의 흔적이 확인된 경우를 유사판축, 층다짐, 항토라고 부를 수 있다. 교호성토 → 유사판축 → 판축으로 단계화시킬 수 있다.[75] 이에 비해 판축(版築)은 한자를 풀어보면 흙을 댈 수 있는 널판자가 필요하고, 축은 널판자의 내부에 있는 흙을 다지는데 필요한 절구공이와 같은 도구를 필요로 하는 공법이다. 따라서 유사판축은 널판자와 나무 기둥(영정주)을 갖추지 않아 판축과 구분된다. 영산강유역 고분에서 아직 판축법이 알려진 사례는 없다. 유사판축은 방대형분과 전방후원형분에서 주로 확인되고 있다.

묘광조성 방식은 피장자를 보호할 매장시설과 분구와의 유기적 관계를 가장 잘 드러내주는 것으로써 분구 높이와 밀접하게 상관된다. 참호형, 동시형, 굴착형으로 나눌 수 있다.

---

74 홍보식, 2013, 「고총고분의 봉분 조사 방법과 축조기술」, 『삼국시대 고총고분 축조기술』, 진인진, p.71.

75 권오영, 2014, 「토목기술과 도성조영」, 『삼국시대 고고학개론』1, 진인진, p.15.

Ⅱ. 고분의 제요소 검토

참호형은 주구에서 퍼 올린 흙을 이용하여 분구 외연 성토를 선축하는 방식이다. 분구 외연의 선축이 이루어짐에 따라 분구 중앙부는 빈 공지로 남겨지는 형상을 띤다. 주로 제형분의 중심매장시설을 안치하는 묘광조성 방식으로 나주 용호 12호분, 함평 만가촌 13호분 등에서 확인된다.

동시형은 정지층 위에 분구를 어느 정도 쌓은 후 중심매장시설이 들어설 지점부터 분구와 매장시설을 동시에 조성하는 방식이다. 고총고분의 영암 옥야리 방대형 1호분·자라봉고분, 나주 가흥리 신흥고분, 광주 명화동고분 등이 해당된다.

구축묘광은 분구 축조과정에서 중심매장시설이 안치될 공간을 공지로 남겨둔 채 진행된 묘광조성 방식을 말한다. 분구 중앙이 공지를 형성한다는 점에서 참호형과 유사한 형상을 띤다. 그러나 참호형은 분구 성토를 위한 외부의 선축이 주목적이라면, 구축묘광은 성토재를 이용한 중심매장시설의 공간 마련이라는 구별할 수 있다. 제형분을 제외한 고총고분에서 공통적으로 확인되고 있다.

굴착형은 분구를 모두 완성한 이후, 중심매장시설이 들어설 공간을 굴착하여 조성하는 방식이다. 굴착형의 매장시설이 들어서기 전에 분구가 미리 조성되었으므로 수묘(壽墓) 고분의 성격을 띠게 된다. 영암 자라봉고분이 대표적이며, 나주 횡산고분과 무안 고절리고분도 이 범주로 이해할 수 있다.

성토재는 흙덩어리, 점토덩어리, 토괴, 점토괴 등으로 불리고 있는데 성토를 위해 가공한 인공재이다. 특히 고분을 성토하는 과정에서 사용되는 다양한 성토재는 주로 가야고분에서 주로 확인되는 것으로 알려졌는데 최근 조사를 통해 영산강유역 고총고분에서 일반적으로 이용되었고 있음을 보여주고 있다(그림 5). 영암 자라봉·옥야리 방대형 1호분이 대표적이다. 흙덩어리의 정형과 비정형에 따라 점토브릭과 점토블럭으로 나누기도[76] 하지만 실제 고분 사례에서는 습윤상태로 사용된다면 이를 구분하기가 어렵다는 점에서 여기에서는 통칭하기로 한다. 표토블록은 식물체 등의 유기물이 부착되거나 그 흔이 남은 점토덩어리를 말한다.

안식각은 일명 휴식각으로 불리며, 흙을 쌓아올렸을 때 흘러내리지 않고 수평면과 사면이 이루는 경사각을 말한다. 영산강유역 고분의 경우, 제형분구의 기울기가 12~25° 사이인데 반해, 방형계(고총고분 단계)는 16~34°를 보이고 있다.[77] 대체로 분구가 남아 있는 삼국시대

---

[76] 권오영, 2014, 「토목기술과 도성조영」, 『삼국시대 고고학개론』1, 진인진, pp.23~25.

[77] 한옥민, 2010, 「분구 축조에 동원된 노동력의 산출과 그 의미」, 『호남고고학보』34, 호남고고학회, p.110.

① 석실하단부: 하중 분산

② 분구 성토 구획지점: 구획토

③ 석실 벽석 뒤: 구축토

④ 분구 성토과정: 접착력 증가

그림 5 성토재의 위치별 양상(임지나 2016)

고분 대부분이 각도가 25~30°를 유지한다는 것에서[78] 분구 높이와 비례하여 인식각이 커짐을 알 수 있다. 이와 상관되어 분구 부피(체적)도 커진다.

2) 주구

영산강유역에서 주구에 대한 관심은 일제강점기에 조사된 나주 대안리 9호분과 덕산리 3호분으로부터 시작되었다. 본격적인 관심은 1985년 영암 내동리 초분골고분의 조사를 계기로 시작되어 이후 영암 신연리·만수리·옥야리고분군, 함평 예덕리 만가촌고분군, 나주 반남 고분군이 조사되면서 이 지역 고분에서는 거의 예외 없이 주구가 설치된 것을 알 수 있게 되었다.[79]

---

78 김진호, 2012, 『과학이 깃든 고대고분』, 진인진, p.58.
79 국립나주문화재연구소, 2006, 『나주 복암리 3호분』, p.338.

Ⅱ. 고분의 제요소 검토

　　주구의 기능은 일반적으로 배수, 묘역구분, 채토[80]와 더불어 담수 등의 기능적인 측면이 있다. 또한 분구의 고대성, 묘역의 신성성, 제의, 현세와 격리, 벽사(辟邪) 등의 관념적인 측면도 있다. 이중 채토는 주구토광묘 단계부터 분구의 성토가 주된 목적인 것으로 이해되었는데, 고총단계에서도 여전히 주구에서 퍼 올려서 쓰는 사례들이 확인되고 있어 흙 조달이 주된 기능이었음을 알 수 있다. 바로 이런 점 때문에 분구(봉토)가 멸실되었더라도 주구의 존재가 곧 분구의 존재로 인정될 수 있다.

　　주구의 굴착 시점에 대한 논의는 분구의 성토보다 선행된 것으로 보는 것이 일반적이다. 그러나 제형분의 굴착 단면이 대상부 쪽에서 경사가 급하다는 사실에서 성토가 이루어진 후의 최종 단계 어느 시점에서 이루어졌을 것으로 보는데[81] 이때는 묘역구분과 분구의 고대성이라는 기능이 고려된 것으로 생각된다. 필자는 주구의 굴착은 기획 단계에서 이미 계획되어져서 성토 단계뿐 아니라 완성 단계에서도 빈번하게 이루어졌을 것으로 이해한다. 무덤의 다른 시설과 다르게 주구는 언제든지 필요에 따라 손쉽게 조정할 수 있다는 용이점에서 답을 찾을 수 있다.

　　고분에서 주구 굴착 전통은 기원전 어느 시점부터 기원후 7세기대까지 지속된다. 주구 설치는 주구토광묘 단계부터 지속적으로 계승된 영산강유역 고분의 주요한 특징으로 인식되고 있다. 또한 나주 신촌리 9호분과 무안 고절리고분에서 보이는 웅덩이형(영산강유역형) 주구가 함평 신덕고분에 적용되었는데, 일본 전방후원형분의 특징적 주구인 방패형이 아니라는 점에서 축조 주체가 재지세력임을 말해주는 것으로 이해하였다.[82]

　　영산강유역 주구의 또 하나의 특징은 형태가 다양하다는 점이다. (장)방형, 말굽형(마제형), 제형, 원형, 전방후원형 등이 있다. 특히 다른 지역에서 찾아볼 수 없는 독특한 형태로 제형과 전방후원형을 들 수 있다. 제형은 한국뿐만 아니라 세계적으로도 보기 드문 형태이고 영국 신석기시대의 長墳(long barrow)에 불과하여 이러한 특이한 분형에는 무엇인가 특별한

80　임영진, 1997c, 「영산강유역의 이형분구 고분 소고」, 『호남고고학보』5, 호남고고학, p.22.

81　김영희, 2014, 「제형 고분 축조기술」, 『영산강유역 고분 토목기술의 여정과 시간을 찾아서』, 대한문화재연구원, p.16.

82　김낙중, 2006, 「분구묘의 전통과 영산강유역형 주구」, 『나주 복암리 3호분』, 국립나주문화재연구소, pp.377~378.

의미가 담겨 있을 것으로 추정된다.[83] 제형 주구는 주구토광묘에서 처음 나타난 이후 목관고분과 옹관고분에 이르기까지 지속된다. 반면 전방후원형 주구는 전기 석실분, 즉 전방후원형 고분에서 단기적으로 나타난다.[84]

3) 매장주체시설

영산강유역을 중심으로 한 전남 서남부지역 고분의 매장주체시설은 주로 목관, 옹관, 석(곽)실이 있다. 고분은 매장주체시설에 따라 대체로 목관-옹관-석실(곽) 순으로 변화되지만 일정기간 병존하면서 목관에서 출발하여 석실로 진행된다.

(1) 목관

목관은 현재 영산강유역 고분에서 가장 먼저 중심매장시설로 이용된 것으로 이해되고 있다. 초기철기시대의 적석목관묘에서 원삼국시대의 주구토광묘(또는 주구묘)에 이르기까지 무덤의 외형적 형태에 관계없이 주검을 직접 담아 보호하는 용기로 이용되었다. 원삼국시대의 주된 매장시설은 목관묘로 볼 수 있다.

그런데 목관은 영산강유역에서 아직 실물 자료가 확인된 적은 없다. 다만 묘광과 그 내부의 장방형 윤곽 사이에 充塡土가 확인되거나 목관으로 추정되는 회백색점토띠를 통해 사용된 것으로 추정할 뿐이다.[85]

목관은 목재를 주원료로 하고 있기 때문에 특성상 부식이 필연적이므로 구조를 온전하게 파악할 수 없다는 점이 수반된다. 때문에 대개 직장토광묘, 목관토광묘, 목곽토광묘 등의 묘제를 토광묘 범주로 설명되고,[86] 목관 흔적의 여부에 따라 보이면 목관토광묘·목곽토광묘로

---

83 김낙중, 2015a, 「마한 제형분구묘의 성립 과정과 의미」, 『마한 분구묘의 기원과 발전』, 마한연구원, p.95,

84 최성락, 2009, 「영산강유역 고분연구의 검토」, 『호남고고학보』33, 호남고고학회. pp.126.

85 김낙중, 2009a, 『영산강유역 고분 연구』, 학연문화사, pp.55~56.

86 전남지역 토광묘에 대한 연구는 다음과 같다.
   임영진, 1989, 「전남지방 토광묘에 대한 고찰」, 『전남문화재』2, 전라남도.
   조현종·박중환·최상종 1996, 「전남의 토광묘·옹관묘」, 『전남의 고대묘제』, 목포대학교박물관.
   박중환 1997, 「전남지역 토광묘의 성격」, 『호남고고학보』6, 호남고고학회.

구분하고 그렇지 않으면 직장토광묘로 구분하는 것이 일반적이다.[87]

현재 관·곽에 대한 구분은 규모와 유물부장 양상으로 구분하려는 시도가 있어 왔다.[88] 필자 역시 관·곽을 구분할 수 있는 구조가 명확히 확인되지 않는다는 점에서 유물부장 양상을 통한 구분법이 아주 용이하다고 생각한다. 목질 흔과 충전토 내측에서 확인되는 니질계점토띠를 통해 목관으로 추정할 수 있는데 목관계 목곽의 특이한 경우는 한계도 발생되지만, 공정이라는 부분에서는 보면 납득될 수 있다. 유물 부장방식은 얼핏 보면 내부구조와 직접적인 관계로 보이지 않을 수 있으나 무덤을 만드는 공정인 治葬의 차이가 반영되었다는 측면에서 현재로써는 가장 현실적인 대안이 될 수 있을 것이다.

유물부장 양상을 통해서 보면, 목관묘로 분류된 것 중에서 목곽묘일 가능성이 발생되는데, 그 사례로 나주 용호 12-1호·15호분 등을 들 수 있다. 부장위치가 니질점토띠를 기준으로 할 때 내측에서 확인되고, 단벽쪽의 호형토기가 정치된 상태로 놓았다는 점에서 알 수 있다. 이는 목관묘인 영광 군동 B-3호의 경우와 비교할 때, 정반대 양상을 보인다는 점에서 가능성이 높다. 또한 나주 용호 15호분의 매장주체시설의 경우는 목곽구조를 지탱하기 위한 원공이 장벽을 따라 대칭적으로 6개가 확인되는 점은 목곽 구조임을 말해주는 것으로 이해된다.

영산강유역은 목관묘에서 발전하여 목관고분이 된다. 목관고분이란 주구토광묘가 발전된 것으로 사다리꼴의 주구를 가지고, 그 중심에 토광묘(목관)를 매장되어 다장을 이루는 고분을 말한다. 이를 분구묘 혹은 복합제형분으로 부르기도 하지만 매장주체시설 대부분 목관이기에 옹관고분에 대비하여 목관고분으로 부를 수 있다.[89] 목관고분의 소멸은 제형분이 종

    한옥민, 2000, 『전남지방 토광묘 연구』, 전북대학교 석사학위논문.
    한옥민, 2001, 「전남지방 토광묘 성격에 대한 고찰」, 『호남고고학보』13, 호남고고학회.
    김영희, 2004, 『호남지방 주구토광묘의 발전양상에 대한 고찰』, 목포대학교 석사학위논문.

87 한옥민, 2001, 「전남지방 토광묘 성격에 대한 고찰」, 『호남고고학보』13, 호남고고학회. p.70.

88 국립광주박물관, 1990, 『영암 만수리 4호분』, p.74.
    성정용, 2010, 「중·서남부지역의 목관묘」, 『목관묘 조사연구법』, 한국문화재조사연구기관협회, pp.23~24.
    박형열, 2014, 「영산강유역 3~5세기 고분 변천」, 동국대학교 석사학위논문, p.24.

89 최성락, 2009, 「영산강유역 고분연구의 검토」, 『호남고고학보』33, 호남고고학회, pp.113~116.

언을 맞는 시점(5세기 중엽)[90]과 대체로 일치되나 옹관과의 병존기에 대해서는 별다른 논의가 없는 실정이다. 영암 신연리 9호분(옹관 4기, 목관 3기), 영암 만수리 4호분(목관 10기, 옹관 5기)처럼 중심매장시설이 혼재된 단계의 고분 하한을 근거로 하여 5세기 전반을 마감 시점으로 보고 있다. 영산강유역 외곽지역에서는 5세기 후반 늦게는 6세기대까지 지속한다.[91] 옹관에서 석실로의 전환 시점에 초점이 맞춰진 연구의 경향이 강하여 목관고분은 고총화에 편승하지 못하고 일정 수준에 머물렀던 것으로 이해되고 있다.

반면, 5세기 후엽으로 편년되고 있는 나주 신촌리 9호분에서 목관묘의 존재 가능성이 있다는 주장이 제기되기도 하였다. 옹관 11기로만 구성된 것이 아니라 목관도 공존한다는 것이다. 그 근거로 실측도상 옹관에 부장된 토기로 보기에는 간격이 너무 이격되었고, 토기가 2점씩 세트를 이루며 놓여 있어 공간적으로 목관이 충분히 배치될 수 있는 여유를 가진다고 하였다.[92] 이는 반남고분군에 소재한 고총고분에서 덕산리 3호분이 옹관 3기, 덕산리 5호분이 다수의 옹관 매장으로 추정, 대안리 9호분이 옹관 9기로 알려지면서 옹관 일색으로 바뀐다는 인식에서 비롯된 것으로 보이는데, 최근의 자료[93]를 참고할 때 가능성이 있다고 생각한다.

목관은 고총단계에 고총을 조성하지 않는 외곽지역에서 존속하는 묘제뿐 아니라 비록 옹

---

90 영산강유역에서의 5세기 중엽이라는 시점은 대형 옹관묘 조영 집단이 위세품을 매개로 백제와 동맹관계를 맺었고, 고창 등지의 호남지역에 대한 금제이식이 분여되고, 거점취락 간 위계화가 성립되며, 백제토기 기종들이 확산되고, 고총고분이 출현하는 등의 고고학 물질자료의 변화가 일어나는 중요한 기점으로 논의되고 있다(이영철, 2015, 「영산강유역 고대 취락 연구」, 목포대학교 박사학위논문, p.105).

91 이영철, 2008, 「탐진강유역 마한·백제 취락 구조와 변화상」, 『탐진강유역의 고고학』, 호남고고학회, p.132

92 성낙준, 1998, 「나주 반남면 금동관의 성격과 배경에 대한 토론요지」, 『나주지역 고대사회의 성격』, 목포대학교박물관, p.94.

93 영산강유역에서 가장 이른 단계의 고총고분인 5세기 중엽경의 영암 옥야리 방대형 1호분은 중심에 횡구식석실(곽)을 갖추면서 분구 외연은 되파기(5세기 중엽~6세기 전엽)하여 석곽묘-옹관묘-목관묘가 옹위 배치되고 있다. 반면 층서관계가 잘 남아있는 나주 복암리 3호분의 경우, 목관묘는 5세기 중엽까지만 조성되다가 자취를 감추는 것으로 파악되었다(국립나주문화재연구소, 2006, 『나주 복암리 3호분』, p.19; 최성락, 2009, 「영산강유역 고분연구의 검토」, 『호남고고학보』 33, 호남고고학회, p.116).

Ⅱ. 고분의 제요소 검토

관보다 수적으로 우위를 점하지 못하지만, 고총고분에서도 1~2기 정도로 존재했을 것으로 본다. 즉, 하나의 분구 상에 가족 및 가계와 관련된 묘를 모아 조성하여 '집단성'을 표현하는 구조였을지라도 위세품을 부장하든, 옹관이나 석실을 매장시설로 채택하든, 피장자의 '개인성'을 각기 다르게 드러내는 방식이 허용된다는 자율성도 함께 고려될 필요가 있다. 설사 고분의 중심매장시설로 옹관과 석실로 구성되어졌더라도 목관의 조성이 존재한다는 것은 기존 질서 거부가 아니기 때문이다. 일분다장(一墳多葬) 풍습의 장법이라는 공동성 속에서 무리없이 피장자 고유의 특성을 표현하는 '개인성'의 의미를 부과할 수 있지 않나 생각한다.

한편 목관고분은 주구토광묘가 발전한 것으로 그 중심에 토광묘(목관)를 여러 기 매장하여 다장을 이루는 고분으로 정의하거나[94] 장제적 관념에 따라 분구를 미리 조성하는 특징에 대응하여 분구묘 혹은 복합제형분으로 부르고 있다.[95] 필자는 이와 같은 선행 연구에 덧붙여 목관고분의 개념을 살펴보겠다.

목관고분은 주구토광묘가 발전한 것으로 제형의 주구를 갖춘다는 부분과 관련하여 주구묘와 분구묘를 구분할 필요가 있다는 지적이 있다.[96] 그에 따르면 "주구묘는 평면이 방형 혹은 마제형이고, 매장시설이 지상이나 자하에 얕게 설치되어 이를 피복하기 위한 성토가 이루어졌지만 거의 확인되지 않을 정도로 매우 낮은 분묘이다. 분구묘는 분형이 사다리꼴로 변화되면서 성토 높이가 높아지고 매장시설이 복수화되는 분묘이며, 영산강유역에서 알려진 주구묘가 거의 분구묘이다."라고 정의하였다. 이 부분을 정리해보면, 평면형태의 차이, 다장의 여부, 성토 정도를 기준함을 알 수 있다. 이러한 내용을 하나씩 검토해 보겠다.

평면형태와 관련해서 주구묘는 마제형, 분구묘는 사다리꼴로 구분하였다. 사다리꼴은 제형이라는 점에서 마제형과 제형으로 나눈 것으로 볼 수 있는데, 주구의 한 변이 열린 상태이거나, 모두 두른 경우를 기준한 개념인 듯하다. 주구는 분구의 형태와 상관되는 요소로써 열려 있다는 현상에 대한 해석은 매우 중요하다고 볼 수 있다.

한 예로 일본 전방후원형 분구의 형성과정을 잠시 살펴보자. 주구의 일부가 단절되어 통

---

94 최성락, 2009, 「영산강유역 고분연구의 검토」, 『호남고고학보』33, 호남고고학회, p.113.

95 김낙중, 2006, 「분구묘전통과 영산강유역형 주구」, 『나주 복암리 3호분』, 국립나주문화재연구소, p.361.

96 김낙중, 2006, 「분구묘전통과 영산강유역형 주구」, 『나주 복암리 3호분』, 국립나주문화재연구소, pp.363~364.

로와 같이 열린 개구부가 있는 것은 야요이시대 전기 후반부터 세도나이내(瀨戶內)지역의 주구묘에서 확인되는데, 이후 주구묘에서는 개구부가 폐쇄된 통로(突出部)로 변화된다. 일본 분묘 자료에서도 통로라는 의미는 매우 중시되는데, 사우돌출형분구묘(四隅突出型墳丘墓)와 같은 자료를 보면 이해되기 쉽다. 결국 일본의 경우, 동일본지역에서는 네 모서리 부분이 개방된 유형에서 폐쇄된 유형으로 변화되며,[97] 한 변이 개방된 경우는 야요이 종말기에 조성된 후 고분으로 이행하고 있다고 정리된다.

국내에서도 주구가 단절된 통로(돌출부)는 일종의 육교(陸橋)로써 주구 개방부의 중요성이 일찍이 지적되었다.[98] 최완규는 Ⅲ유형(變開放形)에서 Ⅳ유형(閉鎖形)으로의 변화를 상정하였는데, 김낙중이 분류한 주구묘와 분구묘의 구분과 변화 내용과 같은 의미로 볼 수 있다. 국내 연구자들은 단절된 육교 부분과 관련해 별다른 견해를 제시하지 않고 있지만, 분구 형태와 불가분의 관계에 있음을 직시할 필요가 있다. 주구묘와 분구묘를 구분하는데 있어 분명 주구 형태를 근거함에도 불구하고 단절된 육교부의 의미가 과소평가된 부분이 있다(그림 6). 필자는 주구가 일부 단절된 육교부는 분구로 오르는 통로(기능적 측면) 내지는, 제단과 같은 의미(사상적 측면)를 갖는 요소로 보고자 한다.

최완규와 김낙중이 변개방형(주구묘)에서 폐쇄형(분구묘)로 이행된다는 시간성 주장은 최성락이 방형에서 타원형으로 다시 제형으로 변화된다는 주장과도 일치되는 견해이다. 그러

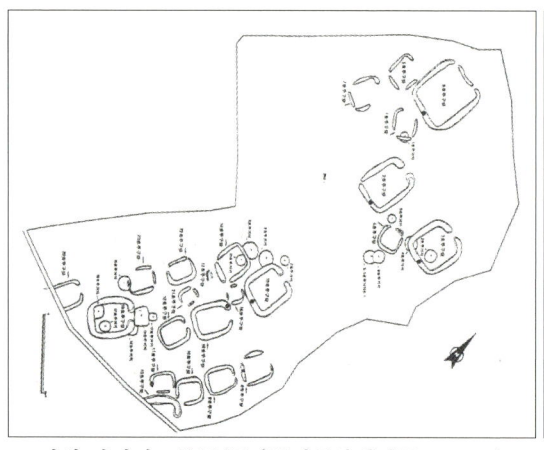
서천 당정리고분군(국립부여문화재연구소 1998)

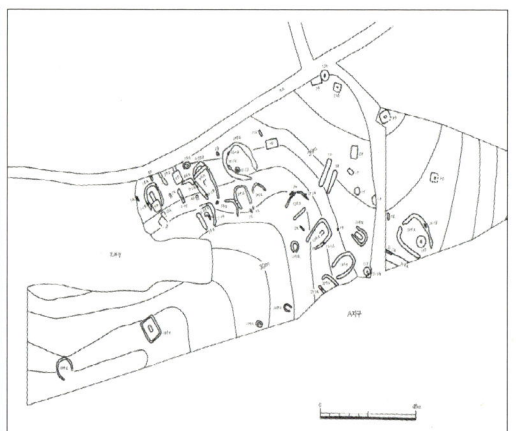
영광 군동고분군(목포대학교박물관 2001a)

그림 6 **고분 주구의 평면형태 유형**

97 藤田憲司 2016 『邪馬台國とヤマト王權』, えにし書房, p112.
98 최완규, 2002, 「전북지방의 주구묘」, 『동아시아의 주구묘』, 호남고고학회, pp.26~27.

나 모두의 주장에서 왜 변화되었는가에 대한 설명은 충분하지 못했다고 판단된다. 필자는 이 부분에 주목해 영산강유역 목관고분의 특징을 설명코자 하는데, 결론부터 정리하자면 두 유형의 변화는 거시적으로는 시간성을 전제하지만 축조 집단의 성격이 달랐을 가능성이 있다고 생각한다.

분구를 갖춘 고분이 출현한 이후, 그곳에 묻힌 피장자를 상대로 한 의식은 연속되었을 것이다. 기능적 측면에서 접근해보면, 주구가 단절된 통로와 같은 육교부를 통해 시신이 운반되고 애도하는 이들의 추모 행렬이 이어졌을 것이다. 그리고 사상적 측면에서 보면, 통로가 아니더라도 단과 같은 시설을 설치해 제물을 놓아 피장자의 죽음을 애도하는 공간으로 활용되었을 가능성이 높다. 일본지역에서 주구묘로부터 분구묘 그리고 전방후원분으로 변화되면서 폐쇄된 통로(突出部)에 대한 인식이 바뀌는 정황을 참조할 필요가 있다(그림 7).

때문에 목관고분 단계에서 확인되는 주구 폐쇄 지점에 대한 이해가 필요하다. 방형에서 타원형으로 다시 제형으로 변화되는 모습을 단순히 직관적 관찰 결과에 그쳐서는 안 될 것이다. 목관 계통의 매장시

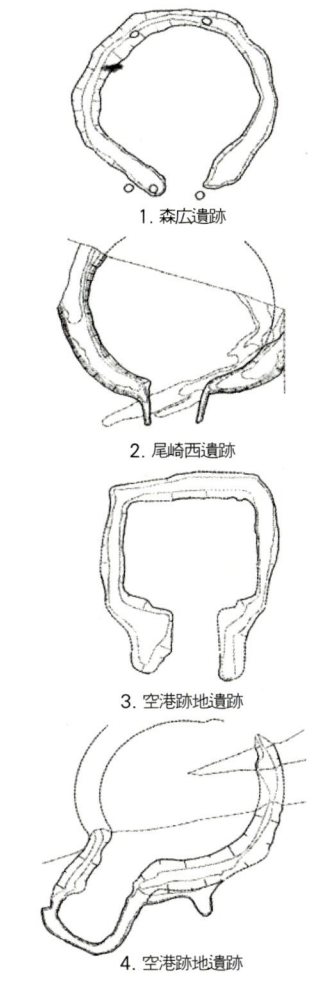

그림 7 전방후원분의 형성과정(藤田憲司 2016)

설이 안치된 영광 군동 18호가 장방형 주구를 갖춘 이후로 축조되는 타원형 계통의 분묘를 연속선상에서 볼 경우, 주구는 폐쇄형에서 개방형으로 바뀌게 된다. 그리고 이후 연속된다고 보는 장제형 단계에서는 다시 주구가 폐쇄됨으로써 군동 18호와 같은 현상으로 회귀하고 있다.

이에 대해 주구 변화의 현상이 순환된다는 유형 변화가 전제한다는 것인데, 이를 어떻게 설명하는지에 대한 연구 성과는 전무하다. 이와 관련해 필자는 장제의 변화나 관념을 달리한 집단 차이에서 접근할 필요가 없는지 묻고 싶다. 왜냐하면, 주구 폐쇄형 고분이 축조된 이후에도 변이 개방된 타원형이나 제형 분구들도 확인되기 때문이다. 주구의 단절된 부분이 통로이거나 분구 돌출부이든 아니면 제단이든 이후 출현한 장제형분 단계에서는 다시 폐쇄된다

는 점에서 연속된 단일 계통만으로 접근하는 것은 곤란하다.

　폐쇄된 주구를 갖춘 제형분에서는 다장이라는 특성상 불가피하게 분구에 재진입해야 하는데, 이럴 경우 불편함이 초래된다. 그렇다면 주구는 과연 어떤 의미를 갖는 것일까? 채토결과 내지는 묘역 구분의 현상에 그쳤다면, 기능적 측면에서 왜 불편하게 주구를 폐쇄하였을지 의문이 든다. 당대 사람들에게 주구는 삶과 죽음의 공간을 구분하고, 죽은 자의 공간에 진입하는 통로로써 인식되었을 것이다. 때문에 사상적 의미를 담고 있는 주구 단절 여부는 축조집단의 성격에 따라 달리 표현되었을 가능성이 높아 보인다. 또한 주구 평면행태를 통한 필자의 추론을 전제한다면, 주구묘와 분구묘 단계를 구분하는 요소로써 채택하기 어렵다고 볼 수 있다.

　주구의 폐쇄 여부를 기준할 때, 집단의 차이 가능성과 관련해 영산강유역 집단의 독자적인 요소의 하나로 볼 필요성을 제기해 본다. 이는 다장이라는 특징과도 연결된다고 볼 수 있다. 다장의 보편화는 목관고분 단계부터 나타나는데, 대부분이 주구를 완전히 두른 형태를 갖추고 있다. 여기에서 주구의 단절 부분이 없다는 점에 주목할 수 있다.

　분구 외연에 주구를 두른 고분의 출현은 주구가 갖는 의미의 전환 및 의미 형성에서 시작된다고 볼 수 있다. 즉, 주구라는 고분의 요소가 축조 집단 가계의 묘역 범위를 표시하는 경계의 의미로써 인식되기 시작한 것이다. 동일 가계에 뿌리를 둔 특정 세력의 묘역 설정은 분구 내에 다장이라는 장법의 전환 단계의 출현을 보여주는 것으로써, 앞선 단계부터 축조된 타원형이나 제형분에 1인 중심의 피장자가 안치되는 장법과는 분명 다르다. 분구에 1인의 피장자를 안치한 타원형과 제형분에서 한쪽(또는 미부) 변의 주구를 폐쇄하고 일종의 육교부를 갖춘 것은 사상적 측면의 장례의식과 관련하지만, 주구를 네 변에 모두 두른 다장의 목관고분 출현은 피장자 관련 집단의 묘역을 설정한다는 의미로 전환됨으로써, 영산강유역 세력의 독자적인 고분 유형을 출현시켰다.

　이는 다장이라는 장법의 내용에서도 확인된다. 다장은 분구 대상부에 여러 피장자가 순차적으로 안치되는 것을 의미한다. 주구나 분구 외연을 따라 추가적으로 피장자가 안치되는 현상과 분명 차이가 있다. 후자의 경우는 영산강유역 뿐만 아니라 금강유역의 공주 장원리를 비롯하여 익산 율촌리, 고창 성남리·만동고분 등지에서 확인되고 있다. 반면, 전자는 영암 내동리·만수리, 함평 만가촌고분 등 영산강유역에 집중되고 있다. 따라서 영산강유역 목관고분 자료에서 유독 드러나는 다장 현상은 제형이나 장제형 분구가 보편화되는 지역적 특수성을 보여주는 것으로 이해된다. 이는 매장시설이 옹관으로 대체되는 단계에서도 이어지며, 이후 분구가 고총화된 나주 신촌리 9호분 단계까지 지속된다는 점에서 영산강유역 고분의 정체성을 보여준 대표적 요소로 이해할 필요가 있을 것이다.

따라서 옹관고분에 앞서 목관고분 유형을 설정코자 한 연구[99]는 선견적인 견해로 볼 수 있으며, 영산강유역 지역사회의 고분 연구는 이 단계부터 검토되어야 한다고 본다.

한편, 주구의 한 변이 개방된 고분은 분구가 대부분 유실되어 매장시설의 종류를 확인하기 어렵지만, 목관이 안치되었을 가능성이 높다고 볼 수 있다. 따라서 목관고분 계통의 폐쇄형 주구를 갖춘 유형은 영산강유역 지역사회가 나름의 고분 유형을 완성하기에 앞서 출현한 것으로 보이며, 이들의 일부는 일본에까지 영향을 끼쳤던 것으로 판단된다.

영산강유역의 목관고분은 함평 순촌·만가촌고분, 영암 금계리·옥야리·초분골고분 등으로 대표된다. 이들 고분에 앞서 조성된 주구토광묘에는 광주 외촌, 영광 군동, 곡성 대평리 등이 있는데 광주 외촌과 곡성 대평리로 볼 때, 영산강유역을 포함한 전남지역의 주구 기원이 송국리문화단계 이후에 등장했을 가능성을 시사해 주고 있다.[100] 광주 외촌 3호 토광묘에서는 토광 내부에서 유경식석검, 주구에서 무문토기 저부편이 출토되었다. 곡성 대평리에서는 세장방형 주구를 갖춘 석개토광을 중심매장시설로 조성하였다. 영광 군동 18호의 흑도단경호에 근거하여 기원전 2~1세기대,[101] 기원전 2세기~기원전후,[102] 하한은 기원전후까지 내려갈 수 있다는 견해[103] 등이 있다. 이후 영산강유역에서는 목관고분으로 발전하는데 대체로 3세기 후반부터 횡혈식석실분이 유행하였던 6세기 전반까지 계속 축조된다.[104] 특히 폐쇄형의 주구부를 갖춘 목관 다장분이라는 영산강유역 지역사회의 대표 유형을 성립시키는 방향으로 작용했다.

---

99 최성락, 2009, 「영산강유역 고분연구의 검토」, 『호남고고학보』33, 호남고고학회, p.113.

100 한옥민, 2014, 「전남지역 마한 분구묘 사회의 연구 성과와 과제」, 『한국고고학의 신지평』, 한국고고학회, p.302.
김낙중, 2015a, 「제형분구묘의 성립 과정과 의미」, 『마한 분구묘의 기원과 발전』, 마한연구원, p.99

101 최완규, 2000, 「호남지역의 마한분묘 유형과 전개」, 『호남고고학보』11, 호남고고학회, p.140.

102 김승옥, 2009, 「분구묘의 인식과 시공간적 전개과정」, 『한국 매장문화재 조사연구방법론』5, 국립문화재연구소, p.275.

103 한옥민, 2001, 「전남지방 토광묘 성격에 대한 고찰」, 『호남고고학보』13, 호남고고학회, p.76.

104 최성락, 2009, 「영산강유역 고분연구의 검토」, 『호남고고학보』33, 호남고고학회, pp.113~116.

(2) 옹관

영산강유역의 무덤 연구에서 가장 많은 논의가 이루어진 것이 바로 옹관묘·옹관고분[105]이라고 할 수 있다. 영산강유역 옹관묘의 주요 특징 중 하나는 목관묘와 공존관계를 이루는 다장성에서 출발하였다. 이 때문에 3~4세기대 고분의 경우, 매장시설에서 목관과 옹관을 따로 떼어내어 설명하기 어렵다. 중심매장시설로서 무엇이 조성되었는지에 따라 중심묘와 추가묘로 판별하고 있다. 이제까지 발굴조사가 이루어진 목관~옹관고분 유적을 정리하면 〈표 2〉와 같다. 분포 위치에 따라 크게 영산강유역권(상·중하류역), 서남해안권, 전남 동부권으로 나눌 수 있다.

영산강유역 옹관묘의 조사는 일본인 谷井濟一, 小場恒吉, 小川敬吉, 野守健 등에 의해 1917년 나주 신촌리 9호분과 덕산리 4호분이 최초로 발굴조사가 시작되고, 1918년에는 같은 유적의 발굴이 재개하면서 대안리 8호분·9호분과 덕산리 1호분 등이 추가로 발굴조사되었다. 1938년에는 有光教一과 澤俊一 등이 신촌리 6호분·7호분과 덕산리 2호분·3호분·5호분 등 발굴조사가 행해졌다.[106]

---

[105] 옹관묘·옹관고분에 대한 연구는 아래와 같다.
성낙준, 1982, 「영산강유역 옹관묘의 연구」, 전남대학교 석사학위논문.
성낙준, 1983, 「영산강유역의 옹관묘 연구」, 『백제문화』15, 공주사범대학 백제문화연구소.
성낙준, 1996, 「영산강유역의 원·방형 분구」, 『호남지역 고분의 분구』, 호남고고학회.
성낙준, 1997, 「옹관고분의 분형-방대형과 원형분을 중심으로-」, 『호남고고학보』5, 호남고고학회.
성낙준, 2009, 「마한 옹관묘의 시종」, 『한국의 고대 옹관』, 국립나주문화재연구소.
徐聲勳, 1987a, 「榮山江流域 甕棺墓의 一考察」, 『三佛金元龍教授 停年退任紀念論叢』, 一支社.
이영철, 2001, 「영산강유역 옹관고분사회의 구조 연구」, 경북대학교 석사학위논문.
이영철, 2004, 「옹관고분사회 지역정치체의 구조와 변화」, 『호남고고학보』20, 호남고고학회.
李正鎬, 1996, 「榮山江流域 甕棺古墳의 分類와 變遷過程」, 『韓國上古史學報』第22號, 韓國上古史學會.
이정호, 1997, 「전남지역의 옹관묘-대형옹관고분 변천과 그 의미에 대한 시론」, 『호남고고학보』6, 호남고고학회.
오동선, 2008, 「호남지역 옹관묘의 변천」, 『호남고고학보』30, 호남고고학회.
정기진, 2000, 「영산강유역 옹관묘의 변천과 장제」, 목포대학교 석사학위논문.

[106] 정기진, 2000, 「영산강유역 옹관묘의 변천과 장제」, 목포대학교 석사학위논문, pp.2~3.

Ⅱ. 고분의 제요소 검토

해방 후 1960년에 우리 연구자인 김원용에 의해 전남지역의 최초 발굴조사인 영암 내동리 7호분이 실시되었다. 이후, 잠시 소강상태를 지나 1978년 12월 국립광주박물관이 개관하면서 영암 만수리 1호분·2호분(81~82년), 무안 사창리(84년), 영암 내동리 초분골 1호분·2호분(85년), 영암 만수리 4호분(89년) 등이 조사되었다. 이를 통해 분구상에 이종의 매장시설(목관과 옹관) 혼용, 목관과 옹관이 병렬구도로 배치되었음이 파악되었다.

1990년대에 들어 구제 발굴뿐만 아니라 학술조사, 정비복원, 재발굴, 수습조사 등 조사의 목적이 다양해졌고, 영암·나주 이외의 지역에서도 고분 조사가 이루어졌다. 이처럼 고분에 대한 관심과 조사가 활기를 띠면서 다장 풍습, 지상식의 매장 구조, 목관과 옹관의 공존, 목관에서 옹관으로의 전환, 제형분의 성행, 주구 굴착의 일반화, 추가장의 방법, 분구 확장 등의 특징들이 밝혀졌다. 이러한 현상들은 이 지역 삼국시대 고분의 주요한 특징으로 설정되었다.

2000년대에는 영산강유역뿐 아니라 탐진강유역, 해남반도, 동부지역 등에서의 조사가 시작되면서 옹관의 분포범위가 확인되었고, 아울러 대형옹관고분이 영산강중핵지역에 한정되는 발전상을 보인다는 것을 알게 되었다. 특히 옹관고분뿐 아니라 고총고분의 분구조사가 이어지면서 분구에 반영된 토목기술(구축묘광 구조, 다양한 성토재 사용, 분할성토 등)이 파악되는 성과가 있었다.

영산강유역 고분의 등장에 대해 아래와 같이 크게 네 가지의 견해로 정리할 수 있다. 주로 옹관고분을 통해서 파악되고 있는데 이전의 주구토광묘 또는 목관고분과 밀접한 관계 속에서 계기적으로 연결되는 것으로 해석하고 있다.

첫째, 1980년대에 형성된 해석으로써 한강유역 고분의 영향 하에 영산강유역 옹관고분이 발생되었다고 보는 것이다. 고분의 구조적인 특징인 분형, 다장, 지상식, 공동묘적인 성격, 주구의 존재 등이 서로 관련된다고 보았다.[107]

둘째, 주구(토광)묘 조사가 활발히 이루어진 1990년대 이후의 해석으로써 중서부지역의 주구묘 영향을 받아 영산강유역에서 점차 고대한 옹관고분으로 발전되었다는 주장이다. 보

---

107 성낙준, 1982, 「영산강유역 옹관묘의 연구」, 전남대학교 석사학위논문, p.15.
강인구, 1984, 『삼국시대 분구묘 연구』, 영남대학교 민족문화연구소, pp.83~104.
안춘배, 1985, 「한국 옹관묘에 관한 연구」, 『부산여대논문집』18, pp.271~273.
서성훈, 1987b, 「영산강유역 옹관묘를 통해 본 전남지방의 고분문화」, 『전남고문화의 현황과 전망』, 국립광주박물관 광주박물관회, pp.122~129.

령 관창리, 익산 영등동 주구묘가 호남지역 분구묘의 조형으로 인식하면서,[108] 마제형·방형·원형주구토광묘가 제형 분구묘 → 타원형 분구묘로 계기적인 변화를 거쳐서 옹관고분으로 발전된다고 보거나,[109] 호남지역에서는 관창리유형의 것이 점차 지상화되면서 분구묘화되어 거대한 옹관고분으로 발전된 것으로 해석하고 있다.[110]

셋째, 유적의 시간적인 선후관계를 고려할 때, 중서부에서 서남부로 확산되기보다는 동시다발적으로 발생했을 가능성이 있다는 견해가 제기되었다. 그 근거로 관창리와 당정리, 영등동 분구묘의 연대가 불확실하고 호남지역의 시원형으로 보고 있는 영광 군동 18호에 비해 충남-전북 서부가 영산강유역에 비해 빨랐다고 보기 어렵다는 점을 들고 있다.[111]

넷째, 초기의 전용옹관은 호남 전 지역에서 만들어졌으나 옹관고분의 발생은 영산강유역에서 처음 발생되는 것으로 보았다.[112]

이제까지의 연구에서 영산강유역 옹관 형식의 변화를 파악할 수 있는 속성은 기형상의 특징인 명목적 속성(구연·동체·저부의 형태), 계측적 속성(구경:길이의 비율, 구연 높이:동체 길이의 비율)으로 나누면서 주로 3~4형식으로 파악하는 경향이 있다. 이중 내동리식~반남식은 사용기간이 4세기 중엽에서 6세기 전반까지 상당한 시간동안 지속되기 때문에 형식 내에서의 세부적인 변화를 모두 반영하기 어려운 점이 있다. 오동선[113]안에 의하면 신산식~송산식은 중심 사용 연대와 마감 연대간의 차이가 상당하다고 합구관계에 의하면 보완될 수 있는 연대 폭이 30~100년이 지속될 수 있다는 점도 유의하여 살펴야 한다.

일반적으로 옹관의 형태 변화는 일상용토기를 모티브로 시작되어 처음에는 굴곡도가 심한 대형 옹에서 최종적으로 U자형으로 변화되는 것으로 이해되어 왔다. 이는 주검을 안치하

---

108 최완규, 1996a, 「전북지방 고분의 분구」, 『호남지역 고분의 분구』, 호남고고학회 제4회 학술대회, p.11.
박광열, 2014, 「영산강유역 3~5세기 고분 변천」, 동국대학교 석사학위논문. p.81.

109 이호형, 2004, 「중서부지역 주구토광묘 연구」, 공주대학교 석사학위논문, p.81.

110 성정용, 2011, 「목관묘와 목곽묘」, 『동아시아의 고분문화』, 서경문화사, p.193.

111 권오영, 2015, 「마한 분구묘의 출현 과정과 조영 집단」, 『마한 분구묘의 기원과 발전』, 마한연구원, p.86.

112 최성락, 2002, 「삼국의 성립과 발전기의 영산강유역」, 『한국상고사학보』37, 한국상고사학회, pp.94~95.

113 오동선, 2008 「호남지역 옹관묘의 변천」, 『호남고고학보』30, 호남고고학회, pp.129~130.

기 위한 편리성의 증대와 관련되는 기능성 측면에서 해석되고 있다. 김낙중[114]은 대형 옹이 3세기 중엽에 범마한적으로 유행하는데 이는 백제와 구별하기 위한 대외적 요구의 충족, 내부적으로는 계층화를 위한 상징적 양식으로 사용되었다고 보았다. 즉 옹관의 형식 변화를 통해 전용관으로써 기능성 측면과 함께 범마한지역에서의 양식적 통일이라는 정치적인 측면의 해석을 이끌어 내고 있다. 오동선[115]은 발생기(선황리식, 3C전중엽~3C중후엽) 옹관 중 ⅠB식은 서울 풍납동 경당지구 101호 출토품과 매우 유사하고, 파주 주월리 주거지, 청원 송대리, 공주 하봉리 등의 옹관을 참고할 때 모티브는 호남 이북지역에서 영향을 받아 직접적인 발생은 고막천 상류지역에서 시작된다고 설명했다. 그러나 대형 옹관을 제작하기 위한 가마 구조, 토기 제작 등 기술체계와 관련된 부분의 연구는 아직 진전을 보지 못한 실정이다.

한편, 옹관의 형식 분류는 선황리식 옹관에 대한 재인식에서 시작된 것으로 볼 수 있다. 대략 2000년대 이전까지는 막연히 초기철기시대부터 연이어져 온 무문토기 제작 전통의 잔영으로 이해되면서 형식 분류에서 제외시켜 왔다. 그러다가 나주 복암리 3호분 21호 옹관, 나주 용호 18호분 등에서 옹관이 단독으로 중심매장시설로 안치된다는 사실이 밝혀진 것을 계기로 옹관고분의 발생에 직접적으로 연결되는 것으로 보기 시작했다. 이후, 선황리식 옹관부터 형식 분류 안에 설정하면서 전용관의 발생 내지는 옹관고분의 시작이라는 의미 부여가 되고 있다. 다만, 선황리식 옹관은 소성도가 낮은 연질이면서 구연·동체·저부의 형태가 신산식이나 송산식 옹관과 상통된다고 볼 수 있겠으나, 태토질에서 차이를 보인다는 것은 면밀한 연구가 요구된다고 본다.

옹관의 형식 분류에 대한 연구는 서성훈·성낙준의 분류안[116]이 제시된 이후 꾸준히 진행되어 왔다. 옹관의 시작을 신창리식 옹관, 선황리식 옹관, 신산·송산식 옹관 등 연구자간의 이견이 있으나, 변화 과정에 대해서는 대체로 선황리식-신산·송산식-내동리식-반남식-수산리식으로 나열하는 데는 일치되고 있다. 형식 변화에 관여되는 속성은 명목형 속성(구연·견부·동체·저부 형태)과 계측형 속성(구연 직경, 구연 외반각도, 동체 직경, 동체 세장도, 기고 등)을 통해서 파악되는 경향이다. 이제까지의 형식 분류에 대한 연구자별 인식을 정리하면 〈표 1〉과 같다.

---

114 김낙중, 2009a, 『영산강유역 고분 연구』, 학연문화사, pp.135~137.

115 오동선, 2008, 「호남지역 옹관묘의 변천」, 『호남고고학보』30, 호남고고학회, p.133.

116 서성훈·성낙준, 1986, 「Ⅴ. 살핌」, 『영암 내동리 초분골고분』, 국립광주박물관, pp.98~110.

표 1 연구자별 옹관 형식 분류 안

구분	서성훈·성낙준 (1986)		이정호 (1996)		이영철 (2001)		김낙중 (2007·2009)		오동선 (2008)	
신창리식	B.C. 1~A.D.1		-		-		-		-	
선황리식	3C전반		-		1형식	3C중반~4C전후	1형식	3C중엽~4C전반	I식 (발생기)	3C전중엽~4C전중엽
신산식	3C중반	I 유형	3C후반~4C전반	2형식	4C전반~4C후반	2형식	3C후엽~4C전반	II식 (발전기)	3C중후엽~5C전엽
송산식	3C후반									
내동리식	3C말~4C전반	II 유형	4C전반~5C전반	3형식	5C전반~5C후반	3A형식	4C중엽~5C전엽	III식 (성행기)	5C중엽~6C초엽
반남식	4C중엽~5C중엽	III 유형	5C전반~5C말	4형식	5C말~6C전반	3B형식	5C중엽~6C전엽	" (쇠퇴기)	6C전엽~6C중엽
수산리식	5C중반									

표 2 영산강유역권의 목관묘·옹관묘 조사현황(한옥민 2015, 일부 추가)   *추정:( )

분포	유적명	조사연도	입지	기수	분구 형태		매장시설		출토유물	조사기관	비고 (보고서 연대)
					분구	주구	중앙	주위			
영산강 상류권	담양 태목리	04~05	충적대지	91		방형, 마제형, 제형	목2	목13, 옹10	호, 발, 이중구연호, 양이부호, 개배, 경배 등	호남문화재연구원	
	장성 야은리	06	구릉사면	1		제형		목1	호, 발, 선형철부, 철겸	호남문화재연구원	
	장성 환교	08	구릉사면	23		마제형, 제형	목26, 옹-1	목7, 옹-11	호, 발, 광구호, 이중구연호, 철겸, 철촉 등	호남문화재연구원	
	광주 외촌	03~04	구릉사면	1		ㄷ자형	목1		유경식석검 1점	호남문화재연구원	B.C. 4C~3C 매장시설:석개토광묘 가능성
	광주 쌍촌동	97	구릉사면	2		(원형)			경질토기편多, 연질기대편	전남대박물관	
	광주 산정동	05~06	구릉말단	3	원형	원형	목1		호, 완, 유공광구소호 등	호남문화재연구원	
	광주 하남동	05~06	구릉말단	14	제형	제형	목2, 옹-1	목1	호, 발, 이중구연호, 개배 등	호남문화재연구원	3호(확장):1차방형 → 2차제형,
	광주 기용	06	구릉사면	5	제형	제형		옹-1	호, 이중구연호 등	호남문화재연구원	5호목탄:AD260년
	광주 평동 (원두, 월전)	08~09	충적평지	85	마제형, 방형, 원형, 제형		목2	목2	호, 발, , 장경호, 완, 개배 등	호남문화재연구원	원두:제형 → 방형 월전:제형 → 원형
	광주 선암동	09~10	구릉말단	18		원형			호, 개배, 유공광구소호 등	호남문화재연구원	5C후반
	광주 용강	06~07	구릉사면	4		원형			호, 발, , 개배 등	호남문화재연구원	5C말

Ⅱ. 고분의 제요소 검토

분포	유적명	조사 연도	입지	기수	분구 형태		매장시설		출토유물	조사기관	비고 (보고서 연대)
					분구	주구	중앙	주위			
영산강 상류권	광주 금곡	06~07	구릉 말단	5	제형	제형	목5, 옹1	목1, 옹2	호, 이중구연호, 철겸 등	호남문화재 연구원	
	광주 용곡B	06~07	구릉 정상	6		제형	목3	목1	호, 발, 흑색마 연토기 등	호남문화재 연구원	3C후~4C초
	광주 운남동	01	충적지	1		(원형)			평저단경호, 완 등	전남대 박물관	5C말
	화순 용강리	08~09	산 말단	5		제형	목4	목2	호, 이중구연호, 철겸 등	동북아지석 묘연구소	3C후~4C전후
	화순 품평리 봉하촌	11~12	평지	1		(제형)			호, 양이부호 등	동북아지석 묘연구소	
	화순 품평리 앞들	11	산 말단	38	방형, 원형, 마제형, 제형		목1	옹4	호, 발, 이중구연호 등	동북아지석 묘연구소	
	화순 석정리	01	구릉 말단	2		(제형)	목2		원저호, 발, 철겸	호남문화재 연구원	
	화순 내평리	08~11	구릉 정상~사면	31	마제형, 제형		목13, 옹3	옹2	호, 발, 양이부호, 대각편 등	동북아지석 묘연구소	
영산강 중하류권	나주 송월동	08	구릉 말단	2		(제형)		옹1	호, 평저호 등	전남문화재 연구원	
	나주 동곡리 횡산	06~07	구릉 말단	1	방형			옹3, 횡석1	호, 개배, 유공광구소호 등	국립나주 문화재 연구소	수묘, 6C전후
	나주 영천	05	구릉 말단	5		제형		목2, 옹1	호, 발, 경질토기편 등	호남문화재 연구원	
	나주 장등	04~05	구릉 정상~사면	14	방형, 제형		옹1	목8, 옹12	호, 유공광구소 호, 개배 등	호남문화재 연구원	
	나주 용호	00~01	구릉 사면	19	제형	원형, 마제형, 제형	목12, 옹5	목1, 옹8, 석곽2	호, 발, 조형토기, 철부 등	호남문화재 연구원	수평확장 (12호),
	나주 이암	06	구릉 사면	11		(원형), 마제형, 제형	옹3	옹2	직구호, 평저호 등	호남문화재 연구원	3~4C
	나주 대안리 1·3·7·9호분	18, 94, 97	구릉 능선~말단	8	제형, 장방형방대형,		옹-13		단경호, 광구호, 고배 등	국립광주 박물관, 전남대 박물관	1918년: 6~9호(谷井齊一발굴)
	나주 대안리 방두	07	구릉 말단	1	(방형)		옹-3		장경호, 완, 부형철기 등	국립나주 문화재 연구소	5C중후엽~6C 전엽
	나주 복암리 1~8호주구	07, 09~11	구릉 말단	8		제형		목2, 옹-4	호.심발,, 개배, 완, 병 등	국립나주문 화재연구소	
	나주 복암리 1, 2, 4, A, B호분	96	구릉 말단	1	원(대)형, 방(대)형	제형	횡석1, (옹, 석실)	옹-5	개배, 유개소호, 대호, 완 등	전남대 박물관	
	나주 복암리 3호분	96~98	구릉 말단	1	방대형		96석실을 중심으로 총41 (옹-22,목1,석실13, 석곽 5)		96석실:금동신 발, 개배 등	전남대 박물관, 국립문화재 연구소	3C중~7C초

분포	유적명	조사 연도	입지	기수	분구 형태		매장시설		출토유물	조사기관	비고 (보고서 연대)
					분구	주구	중앙	주위			
영산강 중하류권	나주 복암리 다시들	08	구릉 말단	1		제형	옹-10		완, 고배, 철도자 등	동신대 문화박물관	3C후~5C전반
	나주 영동리	06~07	구릉 말단	8	제형, (원형)		옹28, 석실8, 석곽6		호, 양이부호, 조형토기 등	동신대 문화박물관	
	나주 장동리 1호분	08	구릉 정상	1	원형			옹-1, 석곽1	옹:인골, 철부, 철검	동신대 문화박물관	
	나주 신촌리 4~7호분	18, 39, 96~97	구릉 능선~사면	4	제형, 장고형, 방형, 방대형		옹5	옹-1	원저호, 직구호, 개배 등	국립광주 박물관	일제강점기 조사
	나주 신촌리9호분	17~18.99	구릉 정상	1	방대형		옹-10	옹-1	금동관, 분주토기 등	국립문화재 연구소	일제강점기 조사, 기관은 묘광없음
	나주 화정리마산 3호분	06	구릉 사면	1	(제형)		옹-4		호, 고배, 유공광구소호 등	동신대 문화박물관	5C후반
	나주 화정리마산 4~6호분	07	구릉 상	3		원형	옹-4		직구단경호, 평저호 등	국립나주 문화재 연구소	4C전후(4-2옹-), 4C말(5-1옹, 5-2호, 4-1옹), 5C말-6전반(6호분)
	나주 덕산리 1~9, 11, 13, 14호분	17~18, 39, 96~02	구릉 정상~말단	14	제형, 방대형, 원대형	제형, 방형, 원형	옹-12, 횡석2	옹-2	평저호, 고배 등	국립광주 박물관, 전남대 박물관	
	나주 신가리 당가	02	구릉 사면	2	(제형)				원저호, 완 등	동신대 문화박물관	
	나주 장산리	05~06	구릉 사면	1	제형					마한문화 연구원	
	나주 정촌	13~16	산사면	1	방대형		석실1	석실2, 석곽4, 옹관6, 목관1	금동신발, 금동관, 개배, 마구류 등	국립나주 문화재 연구소	5C 3/4, 석축식 호석
	나주 도민동	09	구릉 정상	3		제형	목1		단경호, 대옹편 등	전남문화재 연구원	
	함평 만가촌	94~95, 01	구릉 능선	14	방형 제형		목26, 옹-7	목-2, 옹-5	단경호, 경배 등	전남대 박물관	
	함평 소명	99~00	구릉 사면	1		원형			평저호, 원저호 등	전남대 박물관	5C말
	함평 향교	03~04	산 말단	1		제형	목1		호, 평저광구호	호남문화재 연구원	4C전반, 치환공법
	함평 신흥동	08	구릉 정상~사면	16		제형	목-2, 옹-1		광구호, 분주토기 등	대한문화재 연구원	
	함평 중랑	99	산 능선	1	방대형				분주토기80, 대호 등	목포대 박물관	5C말~6C전반
			산 정상	1		제형		목2	호, 발, 대옹편 등		
	함평 순촌	99~00	구릉 사면	46	방형, 마제형, 제형		목9, 옹-3	목-2, 옹-8	광구호, 발 등	목포대 박물관	2~3C후반

Ⅱ. 고분의 제요소 검토

분포	유적명	조사 연도	입지	기수	분구 형태		매장시설		출토유물	조사기관	비고 (보고서 연대)
					분구	주구	중앙	주위			
영산강 중하류권	함평 고양촌가	02~03	구릉 정상	3	원형, (제형)				경질토기편, 고배 등	호남문화재 연구원	
	함평 성남	99	구릉 사면	2	(방형, 마제형)		목1		단경호, 옹관편 등	목포대 박물관	
	함평 반암	04~05	구릉 정상~사면	9	원형, 마제형, 제형		목2, 옹1	목2, 옹2	호, 시루, 철도자 등	호남문화재 연구원	
	함평 송산	04~05	구릉 정상	8	타원형, (방형), 제형		목5	목1	호, 이중구연호, 철도자 등	호남문화재 연구원	
	무안 고절리	99~00	구릉 말단	1	방대형			옹-1, 석곽1	호, 개배, 분주토기편 등	목포대 박물관	옹관6C, 수묘
	무안 덕암	10	구릉 말단	2	패형, 방형		옹8	옹4	원저호, 평저호 등	대한문화재 연구원	5C 3/4~4/4, 구축묘광
	무안 사창리	84	구릉 정상	1	?		목1, 옹3		호, 양이부호, 철착 등	국립 광주박물관	
	무안 인평	97	산 사면	1	방형		목1, 옹-1	목2, 옹-2	호, 철부, 철촉 등	목포대 박물관	밀폐형의 방형주구, 참호형상의 묘광
	무안 구산리	97	급산 사면	1	○	방형	옹6		호, 발, 개배, 고배 등	목포대 박물관	분구 수직확장
	영암 태간리 일곱뫼	85	구릉 말단	1	? (파괴 심함)		옹-1		호	국립 광주박물관	
	영암 금계리	01~02	구릉 사면	26	방형, 제형		목3	목2, 옹9	호, 발, 개배 등	목포대 박물관	하한: 6C 전후.
	영암 월송리 송산	85	구릉 사면	1	원형		옹-1		직구호, 광구호 등	국립 광주박물관	
	영암 선황리 계양	85	구릉 상	1	?		옹3			국립 광주박물관	
	영암 양계리 금동쇠똥	85	구릉 말단	1	? (파괴심함)		옹3		평저호, 원저호, 옥류	국립 광주박물관	
	영암 만수리 4호분	89	구릉 정상	1	제형		목8, 옹3	목1	호, 완, 유공광구소호 등	국립 광주박물관	
	영암 내동리 초분골 1~2호분	85	구릉 말단	2	방형, 제형		목2, 옹3	목1, 옹3	호, 양이부호, 철도자 등	국립광주 박물관	
	영암 내동리 1~6호분	67	구릉 상	6	원형, 타원형, 방대형		옹11		호, 광구호, 경배 등	경희대 박물관	5-1옹: 인골1개체
	영암 내동리 7호분	60	구릉 상	1	방형		목1, 옹6		평저호, 개배 등	국립박물관	
	영암 옥야리 방대형1호분	09~11, 13	구릉 정상	1	방대형		횡구석1	목1, 옹4, 석1	장경호, 동물형상토제품, 철갑편 등	국립 나주문화재 연구소	석실(5C중엽)
	영암 옥야리 6호분	90	구릉 말단	1	제형		옹3	옹1	광구호, 양이부호 등	목포대 박물관	

55

분포	유적명	조사연도	입지	기수	분구 형태		매장시설		출토유물	조사기관	비고 (보고서 연대)
					분구	주구	중앙	주위			
영산강 중하류권	영암 옥야리 14호분	90	구릉말단	1	원형		옹-1	옹-1	연질호편, 철도자 등	목포대 박물관	3C후반
	영암 옥야리 17~19호분	99	구릉말단	1	제형				개배, 옹관편 등	목포대 박물관	
	영암 옥야리 신산	85	구릉정상	1	? (파괴심함)		옹-1		광구호, 철부 등	국립광주박물관	
	영암 신연리 9호분	91	구릉정상	1	방형		목3, 옹-4		호, 발, 완 등	국립광주박물관	제형 → 방형 개축
	영암 신연리 연소말	15	구릉상	1	방형		옹-1		호, 유리구슬 등	전남문화재연구소	5C중후엽, 점토블록으로 정지
	영암 만수리 1~2호분	81~82	구릉사면	2	원형		목1, 옹4		호, 장경호, 철촉 등	국립광주박물관	
	영암 와우리 서리매리제 (여천)	85	구릉말단	1	? (파괴심함)		옹-1		호, 철편	국립광주박물관	
서남해안권	영광 군동	99	구릉사면	22	방형, 마제형, 제형,		목4	목3, 옹7	흑도단경호, 호, 발 등	목포대 박물관	
	무안 두곡	09~10	구릉능선	29	방형, 제형		목10, 옹-1	목5, 옹6	호, 양이부호, 발, 완 등	전남문화재연구원	
	무안 평림	04	구릉사면	1	방형				연질옹관편	전남대 박물관	
	무안 고읍	96	산사면	1	? (파괴심함)	? (일부 확인)	옹-1		철도자, 두개골	목포대 박물관	4C전~중
	무안 연리 오봉산	85	구릉말단	1	(원형)		(옹-)		직구호, 개배 등	국립광주박물관	
	무안 연리	09~10	구릉사면	1	방형				연질토기편, 미완성석기	전남문화재연구원	
	신안 압해도 학동	11~12	산사면	6	제형		목1		호, 옹관편, 연질토기편,	목포대 박물관	
	해남 황산리 분토	05~07	구릉능선~사면	14	방형, 제형, 원형		목11, 옹5, 석곽1	옹2, 석곽1	호, 대호, 양이부호, 경배 등	전남문화재연구원	3C후~5C후
	장흥 상방촌B	01~02	평지	19	방형, 원형, 제형		목13	목11, 옹2	호, 장경호, 개배, 경배 등	호남문화재연구원	4C~5C전반 제형 → 방형
	장흥 신풍	01~02	산말단	12	방형, 원형, 마제형, 제형		목5	목10, 옹7	호, 발, 광구호, 완 등	호남문화재연구원	
	고흥 장덕리 장동	09	구릉능선	2	제형		목곽4	목곽1	단경호, 철정, 철모 등	대한문화재연구원	5C 5/1~5C 2/4
	고흥 신촌	08~09	구릉정상	2	일자형			목1	발, 대호편, 철도자	마한문화연구원	
동부권	곡성 대평리	11	충적대지	25	방형, 원형, 마제형, 제형		목12	목3, 옹-1	무문토기호, 점토대토기 등	영해문화유산연구원	주구 두른 석개토광 2기
	보성 거석리 구주	06	산사면	2	제형		목3		직구소호, 경배, 철모 등	전남문화재연구원	
	보성 용정리 활천	07	구릉정상	5	ㄷ, ㅡ자형		목5		호, 양이부호, 철부 등	동북아지석묘연구소	

(3) 석곽

최근 옹관고분이 가장 전성기를 맞이했던 5세기대에 다소 이질적인 성격의 고분 자료들이 조사되면서 출자와 배경에 관한 재검토가 진행되고 있다. 영산강유역과 전남 서남해안을 따라 5세기 전반에 신안 배널리, 해남 외도·신월리, 고흥 길두리 안동·야막, 무안 신기, 목포 초당산고분 등 남해안에서 이질적인 매장주체시설이 출현하고, 5세기 중엽에는 영암 옥야리 방대형 1호분,[117] 나주 가흥리 신흥 전방후원형분[118]이 축조된 정황들이 알려지게 되었다. 이러한 신출 자료는 공히 분구 및 매장주체시설, 출토유물 내용에서 다원적 출자를 가지며, 전방후원형분과 초기횡혈식석실분이 출현하기 이전인 5세기 전·중엽에 집중되어 다시 한번 학계의 논쟁을 예고하고 있다.[119]

영산강유역에서 석곽은 횡혈식석실보다는 조금 이른 시기에 나타난다. 석곽은 크게 수혈식과 횡구식으로 구분할 수 있다(표 3). 수혈식은 담양 서옥 2호분, 무안 신기고분, 해남 분토리·해남 만의총고분, 신안 배널리 고분 등이 있고, 횡구식은 영암 옥야리 방대형 1호분·자라봉고분 등이 해당된다.[120] 수혈식과 횡구식의 차이는 연도·묘도라는 구조적 차이로 이해하기보다는 그것이 내포하는 묘·장제적인 차이로 보는 것이 타당하다.

지금까지 영산강유역권에서 조사된 석곽분 중에서 축조연대가 가장 빠른 시기로 확인된 유적은 신안 배널리를 들 수 있다. 신안 배널리, 해남 만의총 1호분 등과 같이 석관형석실로 불리는 유형이 다수 조사되었고, 내륙에서는 담양 서옥고분군이 확인되고 있다. 서남해안에서 조사된 고분의 경우 다량의 무구류, 특히 이 지역에서는 출토 예가 희소한 갑주가 다량으

---

[117] 매장주체부에 대해 조사단은 묘도가 갖춰진 구조라는 점에서 장법상 시신이 묘도를 통해 안치되었을 것으로 보고 있다. 석축형태가 수혈식석곽요소와 석실묘의 요소가 복합적으로 작용된 점을 고려하여 수혈계횡구식석실로 명명하였다(국립나주문화재연구소, 2014, 『영암 옥야리 방대형고분 제1호분』Ⅱ, p.271).

[118] 나주 가흥리 신흥고분의 매장주체부에 대해서 수혈계횡구식석실과 목곽으로 논의되고 있는데 보고자는 후자로 파악했다. 그 근거로 바닥의 치석 기술을 보유하고 있음에도 불구하고 벽석재를 불규칙하게 쌓은 점, 마지막 공정에서 판석을 세워 막음한 폐쇄석 뒷부분에도 동일한 할석의 벽석재가 채워진 점, 개석 위의 성토부가 반파되어 석실 중앙에 함몰된 점, 개석의 너비가 목주 골조보다 좁다는 점 등을 들고 있다(이영철, 2014b, 「나주 가흥리 신흥고분의 대외교류상과 연대관」, 『고분을 통해 본 호남지역의 대외교류와 연대관』, 국립나주문화재연구소, p.103).

[119] 이영철, 2015, 「영산강유역 고대 취락 연구」, 목포대학교 박사학위논문, p.260.

[120] 최성락, 2013, 「고고학에서 본 침미다례의 위치」, 『백제학보』9, 백제학회, pp.105~106.

표 3 영산강유역권 석곽분의 구조적 특징(최성락·김민근 2015, 일부 보완)

유구명	입지	석곽규모(cm) (길이×너비×깊이)	장·단벽 축조형태	바닥 형태	평면 형태	매장 방법	비고	
담양 서옥 고분 2-1호	구릉 말단	260× 100~110× 36~40	장벽: 할석을 가로와 세로로 눕혀쌓기 단벽: 판상석 1매 사용	천석과 점토 이용	장방형	수혈식	할석+판석형, 5C후엽	
담양 서옥 2-2호		290×60~70× 56~60	장벽: 할석과 천석을 이용해 세로로 눕혀쌓기 단벽: 세로로 눕혀쌓기	생토면 이용	세장방형	수혈식	할석형, 5C후엽	
담양 서옥 4호		206×80~90× 40	장벽: 판석 위에 할석을 쌓거나 할석과 천석을 이용해 세워쌓기 단벽: 2장의 판석을 세우거나 할석과 천석을 이용해 세워쌓기	생토면 이용	장방형	수혈식	할석+판석형, 5C후엽	
나주 가흥리 신흥	구릉 말단	272~281× 120~126×140	장벽: 할석과 점토를 이용해 축조 남쪽단벽: 대형 판석 1매 사용	대형판석 2매 사용	장방형	횡구식	할석+판석형 목주시설, 뒷채움석(단벽), 5C중엽	
영암 옥야리 방대형고분 주매장시설	구릉 정상	300× 100~110×140	장벽: 할석을 이용해 가로쌓기를 하고 부분적으로 세로쌓기나 세워쌓기 단벽: 할석을 이용해 가로쌓기	할석 사용	장방형	횡구식	할석형 목주시설, 주칠, 5C중엽	
〃 추가장		170×59~70× 50	장벽: 할석을 이용해 7~8단을 가로쌓기 단벽: 판석 1매 사용과 할석을 6~7단 가로쌓기	넓은 판석과 할석 혼용	장방형	횡구식	할석+판석형, 5C후엽	
해남 황산리 분토 가지구 4-1호	구릉 말단	255× 75~103×55	장벽: 판석을 2겹 이상 세워쌓기 단벽: 판석 1매를 세워 쌓은 후 그 뒤에 겹쳐쌓기	생토면 이용	장방형	수혈식	판석형, 뒷채움석, 5C전엽	
무안 신기	구릉 말단	197×45×46	장벽: 할석을 가로방향으로 세워 쌓은 후 2~3열을 가로나 세로로 세우거나 눕혀쌓기 단벽: 장대석 1매 사용 후 소형 할석을 이용하여 가로나 세로로 쌓기	생토면 이용	세장방형	수혈식		할석형, 5C중엽
신안 배널리	구릉 정상	200×45×70	장벽: 장대석 1매 사용 후 할석 마감 단벽: 판석 1매 사용	생토면 이용	세장방형	수혈식	서남해안 연안	판석형, 5C전엽
해남 신월리	구릉 말단	270×74×50	장벽: 판석 2매 세워쌓기 단벽: 판석 1매 세워쌓기	소형의 천석 사용	세장방형	수혈식		판석형, 즙석분, 주칠, 5C 중엽
해남 외도	구릉 정상	210×63×60	장벽: 판석 2매 세워쌓기 단벽: 판석 1매 사용	생토면 이용	장방형	수혈식		판석형, 5C전엽

로 출토되었다.[121]

　5세기대에 접어들어 영산강유역과 전남 서남해안 일대에서는 옹관고분이 아닌 새로운 고분이 출현한다. 고분 피장자는 석관(석곽)에 묻히고 분형은 원형과 방형을 축조하는데, 그 위치가 해상 교통로의 주요 기항지에 자리하다는 공통점을 보인다.[122] 이에 대해 피장자는 백제와의 관계 속에서 왜와 통교하는 교통로를 방비하기 위해 거점지에 그 역할을 수행했던 북부 구주의 왜와 관련된 왜계 도래인,[123] 왜계 도래인 집단은 서남해안지역에 형성된 네트워크 관계망을 형성하여 백제-왜-영산강유역과의 교류를 하면서 기항지나 항해의 안내 역할을 수행하는 주체로써 요충지에 일정기간 체재하면서 재지집단과 잡거(雜居)했다는 견해,[124] 백제가 396년의 고구려에게 일시적 한성 함락이 되는 상황 속에서 해상 교통로의 안정적 확보는 매우 중요한 사안이었으므로 실행 주체는 왜의 무장들이 담당했을 가능성이 있다고 보면서 서남해안 고분들이 전지왕 통치 기간의 종말과 더불어 역할이 마감된 여정[125]이 증명해 준다고 보았다. 연구자들은 서남해안 고분에 대해 단절적이고 일회적인 성격으로 이해하여 재지고분에 대한 영향력은 미미했던 것으로 보는 데는 일치된다.

　석곽분의 변화는 대체적으로 5세기대에 해안지역과 영산강 상류지역에서 대부분 단독분으로 분포하다가 6세기대가 되면 내륙지역으로 파급되면서 집단적으로 분포하는 양상으로 바뀐다. 이는 6세기대에 상위계층의 무덤으로 횡혈식석실분이나 전방후원형분이 채택됨에 따라 석곽분은 그보다 하위계층의 무덤으로 확산되었음을 말해주는 것으로 보고 있다.[126] 5세기 후엽에 조성된 담양 서옥 석곽분은 횡구식 구조임이 확인되었다. 이는 5세기 전반대 신안 배널리 등 서남해안고분에서 일반적으로 보이는 수혈식 구조와 가장 큰 차이점이다. 이로 비추어 볼 때, 5세기 중엽 영암 옥야리 방대형 1호분의 조성 이후 영산강유역에서는 횡방향의 묘·장제가 확산된 것으로 이해된다.

121　이범기, 2015, 「영산강유역 고분출토 철기 연구」, 목포대학교 박사학위논문, pp.31~33.

122　이영철, 2015, 「영산강유역 고대 취락 연구」, 목포대학교 박사학위논문, p.264.

123　이정호, 2014, 「신안 배널리고분의 대외교류상과 연대관」, 『고분을 통해 본 호남지역의 대외교류와 연대관』, p.32.

124　高田貫太, 2014, 「5·6세기 한반도 서남부 '왜계고분'의 조영 배경」, 『영산강유역 고분 토목기술의 여정과 시간을 찾아서』, 대한문화재연구원, p.118.

125　이영철, 2015, 「영산강유역 고대 취락 연구」, 목포대학교 박사학위논문, p.266.

126　최성락, 2013, 「고고학에서 본 침미다례의 위치」, 『백제학보』9, 백제학회, pp.105~106.

(4) 횡혈식석실

횡혈식석실은 옹관에 연이어 나타나는 매장시설이다. 이런 양상을 잘 보여주는 것이 나주 복암리 3호분 96석실이다. 석실 내부에서 관으로 옹관 4기를 이용하고 있는 양상에서 잘 드러났을 뿐만 아니라 전기 석실로부터 사비기의 백제식 석실이 하나의 분구에 연속적으로 구축되어 층서적으로 변화의 양상이 파악되었다.

횡혈식석실은 시기적으로 크게 전기와 후기로 구분할 수 있다. 전기 석실이 재지계이면서 5세기 말~6세기 전반에 해당되며, 후기는 백제계로 이해하면서 연대는 6세기 중엽 이후에 등장한 것으로 보고 있다. 전기 횡혈식석실분의 특징은 구릉부 입지, 지상식, 문틀식 구조, 장방형의 현실, 사벽조임식 등을 들 수 있다. 이는 백제계가 산록 입지, 지하식, 개구식, 판상석 사용에 따른 사벽조임의 약화라는 차이를 보이는 점에서 알 수 있다. 또한 전기 횡혈식석실은 주류가 재지계 양상을 띠고 있지만, 백제 요소와 더불어 왜계 요소도 보이고 있어[127] 취사선택한 일면을 엿볼 수 있다. 후기 석실분은 백제고분의 영향을 받아 지하식과 반지하식이 주류를 이루며,[128] 천정의 형식이 平斜天井式과 平天井式이 있다. 이 시기는 무덤의 양식뿐만 아니라 유물에서 백제적인 영향이 증대된 반면에 문화의 다양성이 줄어들고 있다. 이것은 백제가 지방통치를 강화한 결과로 해석할 수 있다.[129]

석실분의 명명에 대해서는 구조가 백제식과 뚜렷한 차이가 있다고 보아 '영산강식 석실봉토분'으로 부르기도 한다.[130] 1998년에는 전기 석실분의 등장을 웅진기 이래의 백제계로 이해하면서 '月松里型石室'로 이름 붙였다.[131] 백제계 영향 아래에 축조된 6세기 중엽 이전에 해당하는 전기 석실분이 백제식에 비해 대형이라는 점에서 '초기대형석실'로 명명하였다.[132] 연구자의 시각에 따라 명칭을 달리하지만 임영진과 김낙중은 전기 석실분을 백제식과 엄밀히 구분하고 있다.

---

127 吉井秀夫, 1997, 「횡혈식석실분의 수용양상으로 본 백제의 중앙과 지방」, 『백제의 중앙과 지방』, 충남대학교백제연구소.

128 이범기, 2015, 「영산강유역 고분출토 철기 연구」, 목포대학교 박사학위논문, p.35.

129 최성락, 2013, 「고고학에서 본 침미다례의 위치」, 『백제학보』9, 백제학회, p.108.

130 임영진, 1997b, 「전남지역 석실봉토분의 백제계통론 재고」, 『호남고고학보』6, 호남고고학회, p.137.

131 박순발, 1998, 「4~6세기 영산강유역의 동향」, 『백제사상의 전쟁』, 충남대학교백제연구소, p.101.

132 김낙중, 2009a, 『영산강유역 고분 연구』, 학연문화사, p.163.

현재, 전남지역에서 백제식석실은 6세기 중엽 이후에 등장한다고 보는 것이 다수설이 되었다.[133] 그 근거로 전형적인 백제 석실묘 등장(平斜天井式, 平天井式)과 함께 은제관식 등의 고고학적 현상을 백제 체제의 완료로 보고 있다.

<표 4>에서 보는 바와 같이 영산강유형 석실인 전기 횡혈식석실의 편년 안은 5세기 3/4분기~6세기 2/4분기에 분포하지만, 서기 500년 직전부터 6세기 1/4분기(5세기 말~6세기 전엽의 30년 내외)에 집중되는 양상이어서 개별 고분의 상대적 순서에 대해 의견의 일치를 보지 못하고 있다. 짧은 기간에 급속히 퍼진 것으로 지역공동체별로 계통을 밟아 지속적으로 발전한 것이 아니기 때문에 속성의 연속적인 변화를 관찰하여 형식학적으로 상대편년하기는 매우 어렵다.[134] 그동안 연구자들은 편년 수립의 인정 과정이 석실 구조 등에서 추출되는 몇 가지 공통된 속성을 이용하여 일정한 방향성을 가지고 변화된다는 점에서 시간적 서열을 위치 지워왔다. 연구자가 어떤 기준에 따라 분류하는지에 따라 횡혈식석실분의 편년이 달라지며, 논리의 전개를 위해 때로는 과도하게 세분화된 형식 분류에는 근본적으로 무덤이라는 전체 맥락보다는 횡혈식석실에 치중한 데서 요인이 존재한다고 생각된다. 연구자들의 분류는 실제 자료와 어떤 유기적 관계가 있는지도 모호한 경우도 종종 볼 수 있다. 영산강유역 전기 횡혈식석실의 경우, 일정 지역에 다원적 계보에 바탕을 둔 문화적 양상이 공존하고 있어 형식 분류를 통한 일원화된 의미 추출을 어렵게 한다는 것을 단적으로 보여준다.

필자는 현행대로 석실 구조 하나에 의존한 형식 분류보다는 분구와 유기적인 관계 속에서 바라볼 필요가 있다고 생각한다. 기왕에는 횡혈식석실이라는 공통 분모를 중심에 놓고 보았다. 그러면서 분구에 대해서는 방대형, 원대형, 전방후원형 등 외피시설로써 다양한 분형을 선택했으며 이를 계통 및 출자, 규모의 차이에 따른 위세, 지역적 차이 등을 보여준다고

---

[133] 이정호, 1996, 「영산강유역 옹관고분의 분류와 변천과정」, 『한국상고사학보』22호, 한국상고사회, p.50.
임영진, 1996, 「나주 복암리 3호분의 옹관석실」, 『한국고고학전국대회발표요지』, 한국고고학회, p.323.
조근우, 2007, 「나주 복암리 고분의 석실분 도입 배경과 성격」, 『영산강유역 고대문화의 성립과 발전』, 학연문화사, p.116.
김낙중, 2007, 「영산강유역 대형옹관묘의 성립과 변천과정」, 『영산강유역 대형옹관 연구 성과와 과제』, 국립나주문화재연구소, p.66.
오동선, 2008, 「호남지역 옹관묘의 변천」『호남고고학보』30, 호남고고학회, p.129.

[134] 김낙중, 2009a, 『영산강유역 고분 연구』, 학연문화사, p.175.

표 4 영산강유형석실에 대한 기존 편년 안(김낙중 2009)

	475	500	525	550년		
林永珍 (2000a)	조산	복암리 3호 월계동 1호	신덕, 월계동 2호	영천리, 송제리, 명화동		
柳澤一男 (2002)		조산 장고봉	쌍암동 - 명화동 신덕 - 복암리 3호분 영천리 월계동 1·2호		北部九州型系 〃 肥後型系 發展型系	直接 關聯 型
洪潽植 (2005)		조산 복암리 월계 1호 - 월계 2호 장고봉	쌍암동 - 명화동 신덕 영천리	각화동		
柳澤一男 (2006)		조산 쌍암동 장목 자라봉 학정리 송제리	신덕 영천리 복암리 장고봉	월계동	移植型 複合型 百濟系	
徐賢珠 (2007a)		월계동 1호분 복암리 월계동 2호 영천리 학정리 3호	자라봉 영동리 1호 쌍암동 신덕 1호 조산	장고봉 명화동		
金洛中 (2008)		조산 복암리 3호 장고봉 월계동 1호	신덕 월계동 2호 영천리			

표 5 분구 양상과 횡혈식석실의 상관관계

분류 형식	분구 분포 양상		재지계 분구와의 관계		해당 고분
	단독	복수	연속	불연속	
Ⅰ형	○		○		-
Ⅱ형	○			○	장성 영천리, 나주 송제리, 해남 조산, 광주 명화동, 해남 용두리
Ⅲ형		○	○		나주 복암리 3호분·정촌, 나주 영동리, 함평 표산
Ⅳ형		○		○	광주 월계동, 영광 학정리

이해하였다. 여기에서 간과하고 있는 점은 석실이 매장시설로 쓰이는 단계는 고총고분이 본격적으로 조성되는 점이다. 오히려 가장 강조되어야 하고 비중 있게 다루어져야 할 분구에 대해서 횡혈식석실 구조적 조형을 찾는데 초점을 맞추다보니 부수적으로 다루어지는 측면이 강했다. 고총고분 단계는 분구의 고대화 및 다양화, 매장시설의 다양화 등 이전 양상과 차이가 확연하다. 때문에 고총이전 단계처럼 매장시설 위주로 바라보는 시각은 한계를 가지기 마련이다.

필자는 크게 2가지로 속성으로 나누어 서로의 상관관계를 파악해 보았다. 분구의 분포 양상에 따라 단수와 복수 형태로 나누고, 재지계 분구와의 관계 형성에 따라 연속과 불연속의 속성으로 나누었다. 횡혈식석실을 내는 분구는 크게 Ⅰ~Ⅳ형식으로 나눌 수 있다(표 5).

먼저, Ⅰ형식은 분구가 단독으로 분포하면서 재지계 분구와의 연속성이 있는 것, Ⅱ형식은 분구가 단독으로 분포하나 재지계 분구와 불연속되는 것, Ⅲ형식은 분구가 2~3기로 군집되면서 재지계 분구와 연속성이 있는 것, Ⅳ형식은 분구가 2~3기로 군집되면서 재지계 분구와 불연속성을 이루는 것으로 나눈다. Ⅰ형식은 아직 사례가 확인되지 않고 있다.

표 6 영산강유역 초기대형석실의 특징(김낙중 2009, 일부 추가)

고분명	입지	분형	석실위치	현실 규모	현실 장폭비	현문구조	구축석재	구축방법	현실고/연도고	비고
해남 월송리 조산	저평구릉	원형	성토지상	365×204×185~196	1.69	문틀	하장대석 상할석	사벽 조임	1.6~1.8	연도없음
해남 창리 용두고분	저평구릉	전방후원형	〃	343×238~217×현180	1.58~1.44(1.51)	〃	〃	〃	〃	
나주 복암리 3호 96석실	평지	방대형	〃	380×260~240×260	1.58	〃	〃	〃	2.16	개석연도 묘도
나주 정촌	산사면	방대형	〃	485×360×310	1.34	〃	하장대석 상판상석	〃	-	개석연도
함평 예덕리 신덕	저평구릉	전방후원형	〃	288~299×224~239×240~261	1.25~1.32(1.27)	〃	〃	〃	2.04	개석없는 연도
함평 마산리 표산1호	구릉말단	전방후원형	〃	523×244~266×?	1.78	〃	〃	〃	-	
광주 명화동	저평구릉	전방후원형	〃	?~180×?	?	〃?	〃	〃	?	
광주 쌍암동	평지	원형?	〃	현330×190~220×?	?	〃?	하판석 상할석	?	?	
광주 월계동 1호	평지	전방후원형	〃	455×330×300(추정)	1.52	〃	판상할석	〃	1.66(추정)	개석연도
광주 월계동 2호	평지	전방후원형	〃	390×240~245×?	1.59	〃	판상할석	?	?	
해남 방산리 장고봉	저평구릉	전방후원형	〃	460×240~210×190~180	2.00	문틀	할석 하장대석 상판상석	양벽 조임	1.12	벽면주칠

고분명	입지	분형	석실 위치	현실 규모	현실 장폭비	현문 구조	구축 석재	구축방법	현실고/연도고	비고
장성 영천리	구릉 정상	원형	〃	280~290×220~240×170~200	1.23	문틀	판상할석	사벽 조임	1.54	개석없는 연도
나주 영동리 1호분 1호	저평 구릉	제형	〃	360×230	1.56	開口?	할석	?	-	다장 복합묘
〃 3호분	〃	원형	〃	310×226	1.37	開口?	할석	사벽 조임	-	
영광 학정리 대천 3호	구릉	원형	지상	361×277×?	1.3	開口	할석	〃	?	
고창 봉덕리 1호분 1호	저평 구릉	방대형	지상	310×260?	1.19	開口	할석	〃	-	현실연도 단차
〃 3호	〃	〃	〃	307×265×?	1.16	開口	할석	〃	-	
〃 5호	〃	〃	〃	346×210×현160	1.60	開口	할석	〃	-	묘도경사
나주 송제리	저평 구릉	원형	지상	297~306×252~262×230~240	1.15	開口	할석	변형 궁륭식	2.66	개석연도
고창 죽림리 5호	산록	원형	지상?	296×196×178	1151	開口	하장대석 상할석	사벽 조임	1.84	

4) 부장품

고분은 매장시설, 피장자, 부장품(표 7~8)으로 구성된다. 그 중 매장시설과 함께 주요한 연구대상이 부장품이다. 그런데 함께 묻히게 되는 사정은 여러 가지이다. 우선 장송의례를 집행할 때 음식을 넣는데 사용한 토기 등 본래의 용도와 다르지 않으며 피장자와 관련하여 특별한 의미가 없는 기물이 있다. 다음으로 피장자가 입거나 착장하고 있던 의복·장신구·장식무기류가 있다. 마지막으로 무덤에 넣는데 특별한 의도가 있는 물품이 있다. 넓은 뜻으로 말할 때는 위의 모든 경우가 부장품에 해당되지만 좁은 의미로는 마지막 물품만 부장품이라고 할 수 있을 것이다. 고분에 부장된 물품은 피장자가 평소에 관리·사용하던 것 중에서 정치적·사회적 의미를 가지며 그것이 후계자와도 관련된 것이 중심을 이룬다.[135] 부장품은 그 성격상 일상품, 위세품, 身分表象品의 세가지 유형으로 분류할 수 있다.[136]

고분에서 출토된 유물에 대한 연구는 토기를 중심으로 이루어졌는데 여러 종류의 유물을 함께 다루어 시간적·지역적 차이를 살펴본 것과 특정 유물을 중심으로 살펴본 것으로 구분할 수 있다. 고분의 분구와 매장시설에 대한 기존의 연구들은 영산강유역 고분의 시간적인

---

[135] 김낙중, 2009b, 「부장품」, 『한국고고학전문사전-고분편-』, 국립문화재연구소, pp.546~547.

[136] 김낙중, 2009a, 『영산강유역 고분 연구』, 학연문화사, p.32.

II. 고분의 제요소 검토

표 7 영산강유역 출토 토기의 변천(서현주 2006)

표 8 영산강유역 시기별 철기유물 현황표(이범기 2015, 재편집)

遺物	形式	I期 3C 후반 ~4C 전반 후기 토광묘 목관고분	II期 4C 전반~5C 전반 초기 옹관고분	III期 5C 전반~5C 후반 옹관고분 발전기	III期 5C 전반~5C 후반 옹관고분 최성기	IV期 5C 말~6C 전반 전기 석실	V期 6C 중엽 이후 후기 석실	備考
裝身具	冠帽				○	○		
	銀製冠飾					○		
	金銅飾履				○	○		
	帶金具					○		
	耳飾				○	⊙		
馬具類	轡					○		
	杏葉					⊙		
	鐙子					○(1쌍)		
	雲珠					⊙		
	馬鈴					⊙		
	鉸具					⊙		
武具類	裝飾大刀				⊙	⊙		
	大刀/鐵劍	○		○	○	⊙		
	裝飾刀子				○	○		
	鐵鉾	○		○		⊙		
	鐵鏃	○				◆		
	盛矢具				○	○		
	甲冑					○		
生活用具	板狀鐵斧		○					
	斧形鐵器	▲	⊙					
	鐵鋌	⊙	⊙	⊙				
	鐵鎌	⊙	○	○	○	⊙		
	鐵斧	○	○	○	○	⊙	○	
	鐵刀子	⊙	○	○	○	⊙	○	
	U字形 삽날					⊙		
	鍛冶具		○(1set)					
其他	銅鏡					○		
	貝殼				○	○		

* 수량(○ : 1점 ⊙ : 2~3점 ▲ : 4~9점 ◆ : 10점 이상)

변화나 지역적인 차이에 대한 전반적인 이해를 가능하게 하였다. 그런데 이러한 연구 성과들을 세밀하게 보완해줄 수 있는 출토유물에 대한 연구는 아직 부족한 상태이다.[137]

고분 연구는 문헌 자료가 부족하여 당대의 사회·문화상을 파악하는데 많은 어려움이 있

---

[137] 서현주, 2006, 『영산강유역 고분 토기 연구』, 학연문화사, pp.14~17.

다. 부장품은 많은 고고자료 중 이 부분에 기여하는 바가 매우 크며, 많든 적든 부장유물을 내고 있기 때문이다. 부장품의 조합상은 각 나라마다, 각 지역마다 구성이 다르며, 변화도 다양하여 피장자와 축조집단의 성격을 비교적 예민하게 반영한다. 영산강유역의 부장품 연구는 후장성과 박장성의 대조, 유물 조합상, 유물 배치, 위세품의 존재 여부, 유구별 출토 양상, 편년 설정 등을 통해 지역색, 계급, 계통 등을 구별하려는 시도가 있었다.

부장품의 연구는 토기 연구라고 하여도 과언이 아닐 것이다. 부장품 중 토기의 비율이 가장 높고, 고분뿐만 아니라 주거지 등의 취락유적에서도 출토된다는 이점이 있다. 우선 토기를 통해 유적의 편년적 위치를 설정할 수 있는데, 층서적인 출토상황에서도 안정적인 논리를 제공하고 있어 자료의 활용이 높다. 또한 다른 유물에 비하여 따라서 연구자들은 토기의 기종을 통해 형식학적으로 늘어놓아 그 배열을 통해 시간의 차이와 계통의 차이를 유추한다. 토기에서 동일 기종이 분포하는 범위에 대해 사회 성원들 사이에 일정한 동질성, 일체성을 갖는 것으로 이해하여 이를 동일문화권으로 보아 토기문화라는 말로 표현하기도 한다. 대체로 고총고분 단계에 들어서면 이를 정치적인 관점으로 보고 있다. 기종이나 형식이 동일하지 않다는 점에 근거하여 정치적으로 미포함 상태 즉, 영산강유역-백제와의 관계에서 독자성이 6세기 전엽까지 유지되었음을 보여준다는 데에 기여[138]한 측면이 크다.

특히 고분에서 출토되는 부장품은 다양한 성격을 띠는데, 이중 위세품은 백제의 지역지배 확대 혹은 지방 통치와 관련하여 주목을 받고 있다. 위세품이란 실용성에서 벗어나 사회적 관계를 주로 표현할 목적으로 만든 것 중에서 중앙 왕관과 지역집단이 우열의 관계에 있지만 완전한 지배-피지배 관계가 형성되지 않은 단계에 양자의 정치·사회적 관계를 표현하기 위한 상징적 도구로 금동관 등과 같이 당사자 사이에만 거래되어 일반인이 입수하기 어려운 물건으로 정의하고 있다.[139]

이제까지의 연구로 볼 때, 위세품은 비실용적이면서 상징화가 극대화된 물건으로 인식되는 데는 연구자 간의 이견이 없는 듯하다. 주로 지역집단 간의 정치관계, 중앙-지방과의 관계(영산강유역에 대한 백제 중앙권력의 확산 정도) 등을 파악하는 중요 자료로 활용되고 있다. 그러

---

138 4세기 이후 지배방식과 관련된 문헌기록도 분명하지 않고 영산강유역권에서는 옹관분을 중심으로 독특한 묘제가 더욱 발전하는데 비해 백제의 문물은 토기 일부에 그치고 있다. 이에 대해 직접지배체제에 영산강유역이 편입되었다고 단정할 수 없는 근거 중 하나라고 언급하였다(김낙중, 2015, 「백제고고학사」, 『한국의 고고학』 I, 한국상고사학회, p.175)

139 김낙중, 2015b, 「백제고고학사」, 『한국의 고고학』 I, 한국상고사학회, p.171.

므로 위세품의 성격은 정치적 관계에 가장 비중을 두고 있음은 재론의 여지가 없다. 한 국가(백제)의 성립에 대한 고고학적 지표 3가지에 대해 특정 토기양식의 형성 및 그에 의한 공간적 통일성의 출현, 대형 분묘의 등장 및 특정 지역에의 집중, 성원 취락의 출현을 들면서[140] 고대국가의 영역을 고고자료에 대응시키고 있다. 직접지배영역은 낮은 등급의 위신재로 구성되고, 간접지배영역과 영향권은 상대적으로 높은 등급의 위신재로 구성된다고 보는 견해[141]를 참고하더라도 한정된 시기에 유행했던 최고급 유물인 위세품은 한 국가의 영역 확장 내지는 지배방식을 살피는데[142] 중요하게 다뤄지고 있다.

3. 고분 분류

현재 호남지역 연구자 중에는 고분을 대신하여 분구묘라는 용어를 사용하기도 한다. 여기에는 고분의 외형과 축조 원리를 설명하는 데 이점이 있기는 하나 내부의 매장주체에 대한 설명은 결여되어[143] 있기 때문에 고분을 지칭하기에는 다소 미흡한 측면이 있다. 사실 그 기저에는 영산강유역권을 중심으로 한 마한고분의 중요한 특징을 분구묘로 규정하면서 백제고분과의 구분을 강조하기 위한 것이다.

필자는 영산강유역 고분을 정리하는 데 있어, 분형을 기준한 분류를 시도하였다. 영산강유역 고분의 분형은 제형, 원대형, 방대형, 전방후원형 등으로 구분되는데, 연구자마다 분류안이 각기 다르게 이루어지고 있다.

영산강유역 고분을 분구묘라는 개념 속에서 정리한 임영진[144]의 분류 안은 방형목관분구

---

140 박순발, 2001, 『한성백제의 탄생』, 서경문화사, pp.39~46.

141 박순발, 2003, 「웅진 사비시기 백제의 영역에 대하여」, 『고대 동아세아와 백제』, 충남대학교 백제연구소.

142 반면, 가야나 일본열도처럼 최고등급의 위세품이 영역을 넘어 영향권에서도 나올 수 있기 때문에 일률적으로 판단하기에는 어려움이 있다고 보기도 한다.(서현주, 2013, 「백제의 서남방면 진출-고고학적 측면-」, 『근초고왕 때 백제 영토는 어디까지였나』, 한성백제박물관, p.121).

143 권오영, 2015, 「마한 분구묘의 출현 과정과 조영 집단」, 『마한 분구묘의 기원과 발전』, 마한연구원, p.89.

144 임영진, 2014, 「전남지역 마한 제국의 사회 성격과 백제」, 『전남지역 마한 제국의 사회 성격과

표 9 분구묘의 변천을 통해 본 영산강유역권의 사회 변화(임영진 2014)[145]

區分	紀元前後-2c末	2c末-4c中葉	4c中葉-5c末	5c末-6c初
方形木棺墳丘墓	─── ----			
梯形木槨墳丘墓		═══════════		
方臺形甕棺墳丘墓			═══════════	
圓形石室墳丘墓 長鼓形石室墳丘墓				═══════════
墳丘 規模	低墳丘(低墳丘墓)	中墳丘(墳丘古墳)	高墳丘(墳丘高塚)	高墳丘(墳丘高塚)
墳丘 形態	方形	梯形	(長)方臺形	圓(臺)形
中心埋葬主體	木棺	木槨	專用甕棺	石室
埋葬 方式	單葬-多葬	多葬(水平的)	多葬(垂直的)	合葬
祭祀(周溝內廢棄)	未詳	小規模	盛行	弱化
分布 特徵	多地域 散在	多核 中心圈	多核 階層化	多核 階層化 弛緩
社會 統合度	(小國)分立	圈域別 統合 (圈域別 中心)	流域圈 統合 (大中心地)	統合 弛緩 (圈域別 副中心)
變化 背景	(錦江流域圈 墳丘墓 波及)	百濟의 建國과 牙山灣圈 倂合에 따른 圈域別 結集	百濟의 錦江下流圈 倂合에 따른 榮山江 流域圈의 統合 對應	百濟의 熊津 遷都에 對 應한 日本 九州와의 連 繫 以後 百濟의 泗沘 遷都에 連繫된 倂合

묘, 제형목곽분구묘, 방대형옹관분구묘, 원형석실분구묘, 장고형석실분구묘로 구분하고 있다(표 9). 분형에 매장주체시설의 종류를 부기해 분구묘를 분류한 것이다. 그런데 제형목곽분구묘 단계에 분형이 제형이면서 목관이나 옹관이 매장주체시설인 자료가 대부분인데, 그에 관한 설명은 다루어지지 않고 있다. 목관에서 목곽으로 매장주체시설이 바뀐다는 전제를 부각시킴으로써 매장주체시설의 다양성을 희석시키고 있다. 그의 주장에서 영산강유역 고분의 중요한 점은 축조 원리가 동일한 방식을 따르는 것으로 이해하여 분형과 매장주체시설의 명칭 뒤에 공통적으로 붙이고 있는 분구묘로 보는 듯하다. 김낙중[146]은 분형을 기준해 위

백제』, 학연문화사, p.41.

145 고분 변천 표는 이전의 글에서도 제시된 바 있지만, 여기에서는 2014년의 것을 인용하였다.(임영진, 2002, 「전남지역의 분구묘」, 『동아시아의 주구묘』, 호남고고학회, p.66; 2009, 「영산강유역 마한사회의 해체」, 『마한 숨쉬는 기록』, 국립전주박물관; 2014, 「전남지역 마한제국의 사회 성격과 백제」, 『전남지역 마한 제국의 사회 성격과 백제』, 학연문화사, p.41).

146 김낙중, 2009a, 『영산강유역 고분 연구』, 학연문화사, p.102.

표 10 묘제의 중층적 전개 및 발전 단계의 설정(김낙중 2009a)

묘제\시기		250　　　300　　　　　400　　　　　500　　　　　600				
매장시설	목관					
	옹관					
	석실					
대표적인 분형		제형		원대형 방대형	전방후원형 원형 방대형	원형(반구형)
분구규모	고중저					
묘제의 특징		목관 1·2형식 옹관 복합제형분 I·II형식 제형·(타)원형옹관분	목관(곽) 3A형식 옹관 출현 복합제형분 III형식 원형옹관분 분구 원형·방형화 경향	3B형식 옹관 성행	3B형식 옹관 존속 I형식 횡혈식석실	II·III형식 횡혈식석실분 유행 은제관식 장식대도
부장품	토기	I~II기 범마한양식(원저단경호, 이중구연호 등)	III~IV기 영산강유역양식의 성립	V기 영산강유역양식의 성행	VI기 영산강유역양식의 절정	VII~VIII기 백제양식으로의 전환 및 일원화
	금속제품	1기 소형농공구, 철정, 환두도를 비롯한 소량의 무기류		2기 무기류 증가 장식성 위세품	3기 부장품 종류 급증 장식마구류 등장	4기 부장량 감소하며 백제의 관등제와 관련된 은제관식 등 신분표상품, 棺材類 출토
段階		複合梯形墳		高塚		百濟式石室墳
		複合梯形墳1 (木棺中心)	複合梯形墳2 (木棺甕棺並用)	甕棺墳 (高塚)	初期 石室墳	

와 같이 제형, 원대형, 방대형, 전방후원형, 원형(반구형)으로 구분하면서도 발전 단계 과정에서 정리할 때는 복합제형분 단계(복합제형분1-목관중심, 복합제형분2-목관옹관병용)와 고총(옹관분-고총, 초기석실분)단계로 양분하고 있다(표 10). 현상과 해석에 있어 용어의 사용이 다소 혼란스럽다. 분구묘의 하위 분류 개념으로 세분시킨 점에서도 이해가 쉽지 않지만, 복합제형분 개념에서는 매장주체시설 유형과 분형에 기준하고 고총 개념에서는 분구 규모와 매장주체시설 유형을 기준함으로써 분류의 기준이 각각 다르다. 반면, 최성락[147]은 고분 변천을 매장

---

147 최성락, 2009, 「영산강유역 고분연구의 검토」, 『호남고고학보』33, p.125.

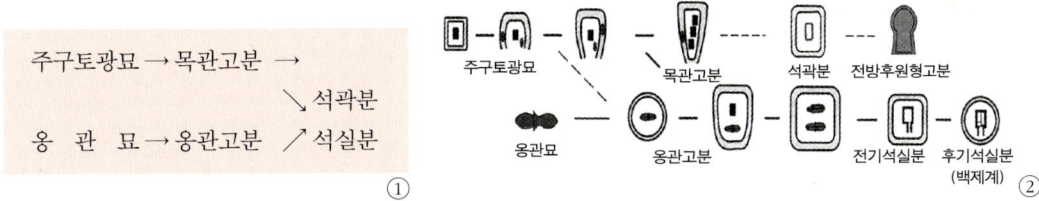

그림 8 영산강유역 고분의 형성과 변천(① 최성락 2009, ② 최성락 2013)

주체시설에 가장 비중을 두는 것이 타당한 것으로 이해하면서 주구토광묘와 옹관묘에서 목관고분과 옹관고분으로 발전되었고 뒤이어 석곽분이 등장한 이후 석실분과 전방후원형분이 시작되었다고 보았다(그림 8).

이렇듯 고분 연구자들의 분류 안에 혼란스러운 것은 영산강유역 고분의 다양성에서 비롯된 문제라 할 수 있다. 필자는 그 대안으로 분구 형태에 초점을 맞춰 고분의 분류 안을 제시하는 것이 필요하다고 판단하였다.

따라서 영산강유역 고분은 초현하는 제형분을 비롯하여 방대형분, 원(대)형분, 전방후원분으로 분류하였다. 더불어 방대형분과 원(대)형분, 전방후원분의 경우는 분구 규모가 고총화된 단계부터 출현한다는 점에 입각해 제형분과 장을 달리하여 정리하였다. 고분은 분형에 따라 제형분에서 전방후원형분까지의 시간성을 가지는데, 대략 3~6세기대로써 백제에 편입되기 이전까지의 흐름을 보여준다.

제형분은 평면이 사다리꼴인 관계로 단축에도 길이의 차이가 있으므로 가장 긴 쪽과 짧은 쪽을 구분하여 상대적인 비율로 구분하였다.[148] 제형분의 가장 특징적인 것을 주구 하단에 존재하는 개방부의 유무에 따라 개방형(단제형)과 밀폐형(장제형)으로 나눌 수 있다.[149]

방대형분은 분구 기저부가 대칭되게 네 변을 이루고 변과 변이 만나는 지점에 모서리를 갖으면서 법면이 안식각의 기울기를 유지한 채 성토되어, 편평하거나 기울기를 갖는 분정이 마련된 고분을 칭한다. 방대형분은 5세기 중엽 영산강유역에 최초 출현하는데 분구 규모가

최성락, 2013,「고고학에서 본 침미다례의 위치」,『백제학보』9, 백제학회, p.103.

148 김낙중, 2015a,「마한 제형분구묘의 성립 과정과 의미」,『마한 분구묘의 기원과 발전』, 마한연구원, pp.96~97.

149 오동선, 2011,「호남지역 제형분의 변천」,『분구묘의 신지평』, 전북대학교 고고문화인류학과 BK21사업단 국제학술대회, p.35.

고대화됨으로써 고총고분의 등장을 보여준 대표적 자료이다.

　원(대)형분은 분구의 대상부 중앙 지점을 기준으로 사방이 대칭을 이룬 채 분구 외연이 둥글게 마련되고, 분구 범면이 안식각을 갖은 채 성토되어 분정부를 갖춘 형태의 고분을 칭한다. 원(대)형분 또한 방대형분에 뒤이어 출현하는데, 분구 규모가 역시 고대하게 축조됨으로써 고총고분의 범주 속에서 다루고자 한다. 다만 분정이 편평하거나 기울기를 갖는 면이 조성되었는지에 대한 정확한 자료가 빈약해 단면형태가 반구형인지 원대형인지를 단정하기 어렵다. 이를 고려하여 여기에서는 원(대)형분으로 정리하였다.

　전방후원형분은 분구 평면형태가 앞이 제형이거나 방형에 가깝게 마련되고, 매장주체시설이 설치되는 뒤쪽이 원형으로 완성된다는 점에서 전방후원형분으로 칭하였다. 영산강유역에 집중된 전방후원형분은 길이가 30m이상이며, 후원부의 높이가 3m 이상의 규모를 띠고 있어 역시 고총고분의 범주에서 정리하였다.

　이상과 같이 분류된 영산강유역 고분은 <표 11>의 정리와 같다. 이와 같은 분류 안을 통해 각 고분의 분형별 내용들을 구체적으로 Ⅲ·Ⅳ장을 통해 살펴보기로 하겠다. 표에서 보듯 분구를 갖춘 무덤의 변화과정은 분묘-고분-고총고분 순으로 진행된다. 분형 변화도 시간의 흐름에 따라 선호가 변화되고 있다.

표 11 영산강유역 고분 분류

구분	주구토광묘	제형분	방대형분	원(대)형분	전방후원형분
단계	분묘	고분	고총고분		
점유 시기	기원전 3C 이후	3C 후엽 이후	5C 중엽 이후	5C 후엽 이후	6C 전후
매장주체 시설	목관	목관·옹관	옹관·석실(곽)	목관·옹관·석실	석실
매장 방식	단장	단장·다장	단장·다장	단장·다장	단장(동시장)
분구 규모	저분구	저분구	고총분구·저분구	고총분구·저분구	고총분구

Ⅲ. 제형분의 성립과 전개

1. 제형분 출현 전야기

1) 방형 분구의 조영

영산강유역 (장)방형 분구의 출현 시점에 대해 논의는 아직 구체화되지 못한 상태이다. 보령 관창리, 완주 상운리, 영광 군동, 곡성 대평리 등 몇 개소의 유적이 조사되었고, 무문토기, 두형토기, 원형점토대토기 등 출토유물은 주구에서 확인됨으로써 대략적인 시간성을 부여하는 정도의 한계를 지니고 있다.

영산강유역에서 이제까지 조사된 자료 중 대표 사례는 영광 군동 18호를 들 수 있다. 유적은 와탄천과 묘량천이 만나는 삼각주 지점의 구릉지에 자리한다. 남쪽 구역을 A지구, 북쪽 구역을 B지구로 나누어 조사하였다. 분구형태가 방형을 띤 18호는 A지구의 구릉 말단부에 자리하는데, 그 위쪽에는 송국리형 수혈주거지 12기를 비롯하여 초기철기~원삼국시대의 주구토광묘 23기가 군집되어 있다. 주구토광묘는 분구가 모두 멸실되고 주구만 남은 상태인데, 주구의 평면 형태는 마제형과 제형이 확인되었다. 18호의 경우는 말단부에 독립적으로 조성되어 있으면서 네 변이 모두 막혀 있는 장방형의 주구를 갖추고 있다. B지구에서는 주구를 갖추지 않은 단독 목관묘와 옹관묘가 확인되었다. 유물 가운데 주목되는 것은 3호 출토 점토대토기로 18호와 함께 비슷한 시기에 조성되었음을 말해주고 있다.

(장)방형 분구에 대한 또 하나의 정보를 제공하는 곳으로 곡성 대평리유적을 들 수 있다 (그림 9). 묘역 내에서 주구의 평면형태는 방형에서 제형으로의 변화 과정을 거치고 있는데 고창 성남리, 영광 군동 등의 서남부지역과 상통되고 있어 주목된다. 유적은 곡성읍에서 가장 넓은 충적지에 자리하며, 동쪽에는 섬진강과 남원시를 관통하는 요천이 합류하고 있다. 조사 결과, 주구의 네 변이 모두 막혀 있는 밀폐형의 (장)방형 주구, 모서리 일부가 개방된 마제형의 주구, 한 변이 완전히 열린 제형 주구가 공존한다. 또한 이들 주구보다 이전에 조성되었을 가능성이 큰 석개토광을 매장주체시설로 둔 16호와 20호도 조사되었다. 유물은 16호의 개석 사이에서 관옥 1점, 20호의 주구에서 삼각형석도편 1점이 출토되었다. 이들 주구는 공통적으로 매장부에 비해 대상부의 규모가 상대적으로 큰 편인데, 영광 군동 18호 단계 이전의 양상을 파악할 수 있는 자료가 될 수 있다. 다만, 유적 내에어서 주구 간 일정 간격을 유지

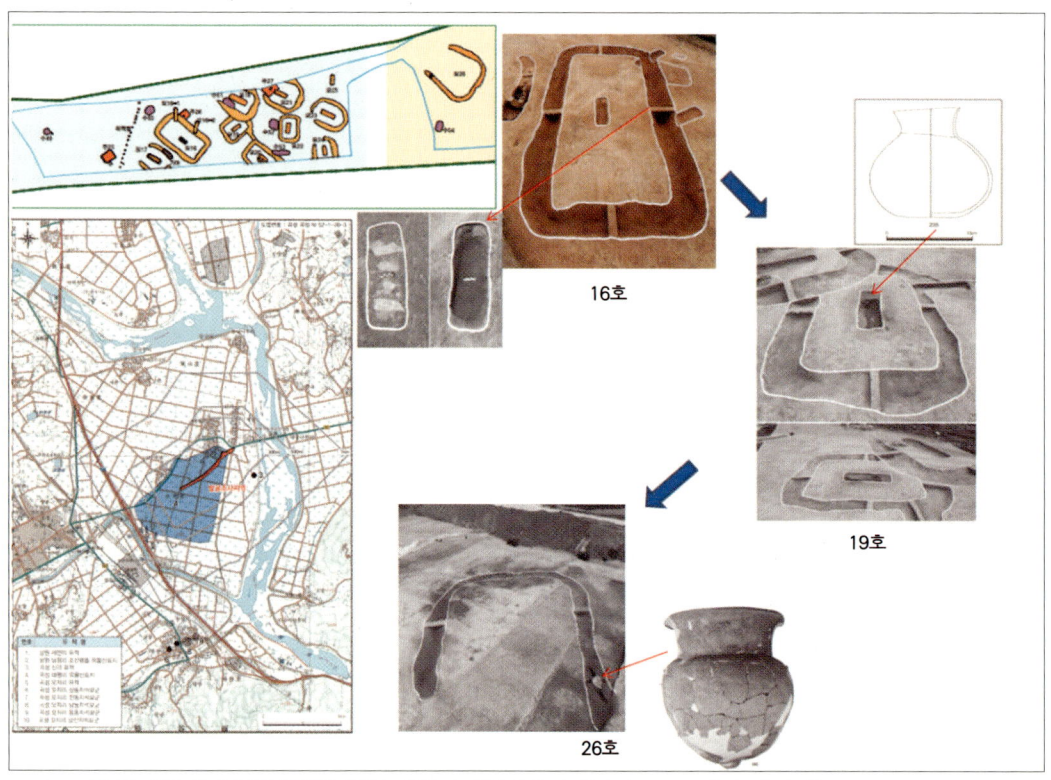

그림 9 곡성 대평리의 분구(주구) 변화과정(영해문화유산연구원 2012에서 재편집)

한 채 동일 묘역 내에 조성되었다는 점에서 보고자가 주목했던 선후관계[150]로만 파악할 것이 아니라 동시성의 가능성도 고려되어야 할 것이다.

  석개토광묘는 기왕의 연구에서 송국리문화와 관련된 것으로 알려졌다. 석개토광묘를 재지의 묘제로 본다면 목관묘는 외래의 묘제로 한반도에 유입된 것으로써 이후 재지 묘제들은 서서히 소멸해 간다. 석개토광묘가 중국의 大石蓋墓와 후기 목관묘와의 절충형이든 석관묘에서 파생되었든지 간에 초기철기단계의 목관묘는 이질적인 묘제로 대부분 청동유물이 출

---

[150] 대평리유적에서 확인된 석개토광(16·20호)은 기왕의 연구에서 보면 송국리문화와 밀접한 관련을 보이는 것으로 이해되어 왔다(김승옥, 2001, 「금강유역 송국리형 묘제의 연구-석관묘·석개토광묘·옹관묘를 중심으로-」, 『한국고고학보』45, 한국고고학회, p.69). 이로 볼 때, 영광 군동 18호묘 단계의 장방형주구토광묘(19호·22호)보다 앞선 묘제로 볼 수 있으므로 주구(토광)묘의 출발 시점 논의에 시사하는 바가 크다. 다만, 김낙중(2015a, 「마한 제형분묘의 성립 과정과 의미」, 『마한 분구묘의 기원과 발전』, 마한연구원, pp.99~101)의 지적처럼 매장주체시설에서 출토 자료가 부족하여 지속기간 및 상호 연계성이 명확치 않다는 점도 염두에 둘 수 있다.

토되지만 석개토광묘에서는 아직 청동유물이 출토된 예가 없다. 이런 양상에 대해 상호 묘제간의 분명한 차이점으로 이해하기도 한다.[151] 목관묘를 매장주체시설로 둔 주구토광묘의 경우는 철기문화의 시작과 함께 나타난 것이라는 시각[152] 역시 동일한 맥락에서 인식하고 있다. 주구토광묘에서 일반적으로 보이는 주구-중심매장시설간의 거리는 일정한 비례로 조성되는데 반해, 곡성 대평리의 석개토광묘는 장축길이가 단축길이에 비해 상당히 긴 형태로써 19호 주구토광묘를 기준으로 본다면 비례성에서 벗어나 있다.

곡성 대평리유적에서 가장 주목되는 부분은 석개토광묘의 주위로 둘러진 주구의 성격이다. 주구는 춘천 천전리 4호나 천안 운전리에서 보듯이 청동기시대 전기부터 보이는 주구석관묘와 계기적으로 관련된 것인지, 그렇지 않으면 분구를 조성하기 위해 채토를 위해 주구를 파는 과정에서 처음부터 잘 짜여진 완성형으로 어딘가에서 들어온 것인지에 대해 명확히 알 수 없다. 석개토광묘의 주구는 담장을 연상시킨다는 점에서 청동기시대의 구획묘적 성격이 강한 모습이다. 반면 19호 등 방형 주구토광묘의 주구는 매장주체부와 동시에 굴착되었을 가능성이 크다. 무덤이 외형의 유사성에도 불구하고 다르게 구분하는 이유도 여기에 있다.

다음은 영산강유역에서의 (장)방형 분구의 출현 의미를 살펴보자. 방형 분구의 분묘가 출현하기 이전까지 지석묘 축조가 일반적이었다. 지석묘는 청동기시대에 수백년간 전성기를 누리다가 기원전 4~3세기[153]나 2세기[154]에는 소멸의 길로 접어든다. 문화적으로는 기원전 4세기에 적석목관묘 등장, 토기는 송국리형에서 단면원형점토대토기로, 동검은 요녕식에서 한국식동검으로 변화되었다.[155] 이러한 일련의 변화는 외부의 영향 속에서 전개된 결과이고 기왕의 청동기시대 묘제에 영향을 미쳤을 것이다. 이는 기존 사회 구조에 급변의 상황을 맞이했다는 증거이다.

영산강유역에서도 방형 분구를 갖춘 주구토광묘가 출현할 무렵 적석목관묘, 목관묘 등

---

151 김규정, 2013, 「호남지역 청동기시대 취락 연구」, 경상대학교 박사학위논문, pp.179~183.

152 최성락, 2009, 「영산강유역 고분연구의 검토」, 『호남고고학보』33, 호남고고학회, p.113.

153 국립김해박물관, 2003, 『변진한의 여명』, 특별전 도록, p.8.

154 이영문·신경숙, 2009, 『세계유산 고창 고인돌』, 고창군·동북아지석묘연구소, p.82.

155 국립중앙박물관, 1998, 『한국 고대국가의 형성』, 특별전 도록, pp.8~15.
이양수, 2003, 「지석묘사회에서 목관묘사회로-변·진한의 사회발전-」, 『변진한의 여명』, 국립김해박물관, 특별전 도록, p.140.

새로운 무덤이 조성된다. 주지하는 바대로 지석묘는 외형 조형에 막대한 재원과 에너지가 소요되는 집단 기념물적 성격을 띠는데 반해 목관묘계는 비용적인 측면에서 상대적으로 이점이 많다. 특히 주구토광묘는 유력자 1인을 위한 성토 단장묘의 출현을 보여주는 가시적인 효과가 있어서 지석묘의 상석처럼 표식의 역할을 대신할 수 있었을 것이다. 지석묘 축조 중단은 행위가 가지는 설득력의 상실을 의미이므로 재생보다는 다른 이미지의 생산을 추구하는 사회 구조로 변화되었을 것으로 여겨진다. 목관묘계의 등장이 韓이라는 새로운 정치체를 탄생시키는 배경이 된 것으로 인식한 견해[156]도 이에 대한 다른 표현으로 생각된다.

영광 군동 18호나 곡성 대평리 19호·22호 주구토광묘는 고분 제요소의 내용에 근거한다면 고분 발생기와 별다른 차이를 보이지 않는다. 분구에 1인 피장자를 안치하고 그 위를 흙으로 덮는 주구토광묘가 조성되었는데, 새로운 묘제의 등장이라는 사회적 의미를 부여할 수 있다. 다만, (장)방형 주구토광묘는 아직 사례가 많지 않다는 점에서 확산·유행한 묘제로 말하기는 어렵다. 이 단계에 단독목관묘의 존재(영광 수동·나주 구기촌 등)도 간과할 수 없기 때문이다.

주구토광묘와 공존했던 단독목관묘의 경우, 영광 군동 18호묘가 흑도단경호 1점(그림 10)을 내는 데에 비해 영광 수동·군동 B-3호·나주 구기촌 등에서는 수 점의 부장유물을 내

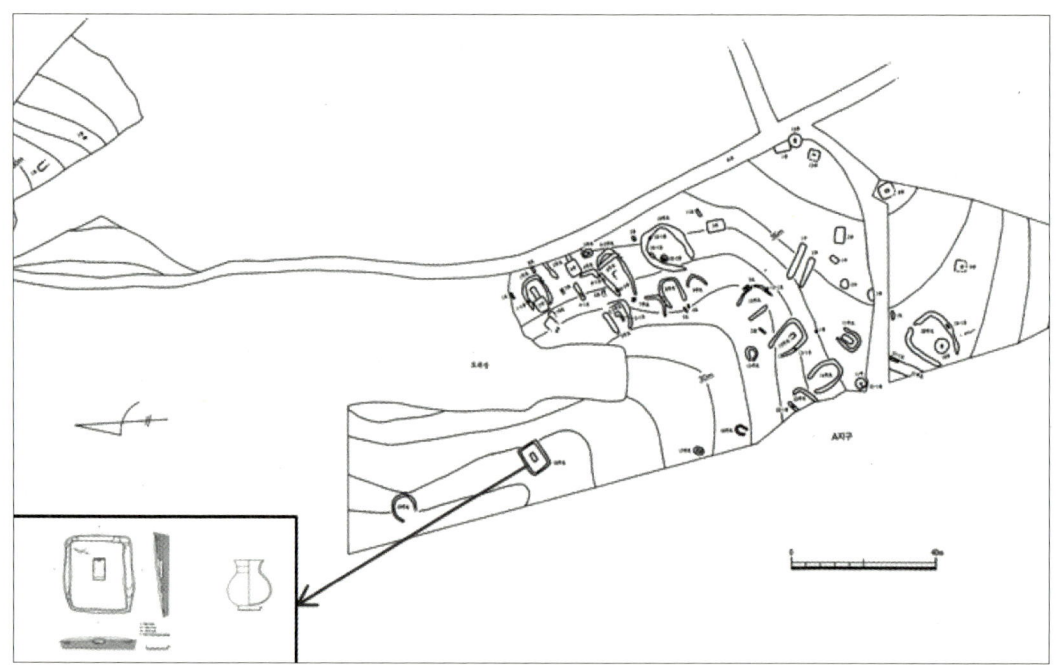

그림 10 영광 군동고분군 유구 배치도(목포대학교박물관 2001)

156 김규정, 2013, 「호남지역 청동기시대 취락 연구」, 경상대학교 박사학위논문, p.180.

고 있다. 단독목관묘의 부장품이 청동류, 철기류 등으로 다양하여 부장품에 한정하여 본다면 오히려 우월적으로 보이기까지 한다. 필자는 이러한 원인을 계통적 차이에서 찾고자 한다. 즉, 묘제 간 계층화된 현상을 찾기 어렵다는 점에서 분구와 같은 외부 요소에 비중을 둔 축조 집단, 내부 요소인 부장품에 비중을 둔 축조 집단이 공존했다고 보는 것이 적절하다.

영산강유역에서 분구를 갖춘 무덤의 출현은 영광 군동이나 곡성 대평리 단계에 시작된 (장)방형의 대상부를 갖춘 유형들이다. 그런데 (장)방형 분구는 이후로 보편적인 분구 유형으로 자리 잡지 못하는 양상을 띤다. 영광 군동, 곡성 대평리 단계 이후 지금까지 알려진 방형 분구는 기원후 3세기 중·후엽의 무안 인평 1호 목관묘 정도에 불과하다. 즉, 방형(계) 분구는 원삼국기에 들어서서 크게 유행하지 못한 유형이다.

무안 인평고분의 경우 사변이 막힌 밀폐형 주구라는 점에서 이후의 고분들과 차별성이 상정되는 하나의 단서를 제공한다. 이 무렵 영산강유역권에서는 마제형·단제형의 제형분이 유행하면서 미부쪽 단변이 완전히 열리는 것이 일반적이다. 말하자면, 방형 분구는 영산강유역권에서 가장 먼저 등장한 분형이지만, 어떤 이유에서인지 오랜 기간 유지되지 못하고 단절 현상이 생기고 만다. 주구가 밀폐형이라는 공통점에서 개방부를 갖는 이후의 고분들과는 기본 요소가 다른 묘·장제의 차이를 보일 가능성이 크다. 영광 군동의 방형 분구 이후에 조성된 것은 대부분 단변이 개방되어 있고, 함평 순촌에서도 2세기대[157]에는 변이 열린 개방형이 주류를 이룬다. 만약, 무안 인평 등의 방형분이 제형분과 다른 계통이라면 이후 널리 확산되지 못한 정황으로 볼 때, 방형 분구를 갖춘 무덤이 기존의 재지 사회에 미치는 영향은 미미했을 것이다.

필자는 주구토광묘의 변화는 주구의 개방 여부가 중요한 의미를 가진다고 본다. 주구토광묘에서 주구의 한쪽 단변이 열린 유형의 무덤 출현이 이후 독자적인 영산강유역 고분 등장에도 유지된다는 점에서 모태적인 성격으로 이해한다. 이 같은 주장의 근거는 제형분과 같이 주구를 개방하는 묘·장제를 선호한 영산강유역 지역사회의 주체적 의지에서 찾을 수 있다. 함평 순촌유적에서 양 단변 개방형의 (장)방형 주구로부터 제형 주구로 이행되는 과정에서 말해주고 있다.

[157] 함평 순촌고분은 구릉 사면부에서 평지부로 이어지는 분묘군인데 유물과 주구 중복관계를 보았을 때 위에서 아래쪽으로 내려오는 방향성을 보이고 있다. 이로 보아 구릉 사면의 가장 위쪽에 자리한 1~7호 주구토광묘, 다음 그룹인 8~10호 주구토광묘, 11호의 제형 주구 순으로 이행됨을 알 수 있다. 가장 선행 무덤인 1~10호 주구토광묘는 밀폐형의 주구가 아니라는 점에서 영광 군동 18호 단계보다 늦고 제형 주구보다는 이른 것으로 이해할 수 있다.

2) 분구 축조 사회의 성립

분구의 기원[158]에 관한 논의는 1980년대부터 시작되었다. 그러나 분구의 출현 배경이 현지적 선택인지 외부와의 접촉을 통해 발현된 것인지에 대한 접근은 구체적으로 제시되지 않고 있다. 다만 축조 집단이 마한이라 불린 세력 중 일부이거나,[159] 백제와는 구별되는 원래 마한의 묘제 가운데 하나였거나,[160] 백제 이전의 '범마한 지역의 특징'으로 인식된 정도이다.

이와 관련한 보다 적극적인 논의를 진행하기 위해서는 분구 출현 단계의 무덤 구조를 명확히 파악하는 것이 관건인데, 그 시점을 논할 수 있는 유적은 보령 관창리, 완주 상운리, 영광 군동, 곡성 대평리 등 몇 개소에 지나지 않는다.

이제까지 영산강유역에서 청동기시대 주구토광묘(또는 주구묘)의 발견 사례가 없었다는 점에서 광주 외촌 3호 주구토광묘의 존재가 주목된다. 필자는 외촌의 존재에 대해 송국리문화 단계인 기원전 4~3세기대에 조성된 가장 시원적인 주구토광묘로 이해한 바 있다.[161] 이는

---

[158] 현재까지 영산강유역에서의 분구 조성에 관한 기원에 대해서는 자생적으로 발전했다고 보는 입장과 외부에서 유입된 것으로 보는 입장으로 나뉘고 있다. 전자는 주구라는 공통된 속성에서 청동기시대 주구석관묘로부터 발전되었을 가능성이 많다고 보고 있다(이호형, 2004, 「중서부지역 주구토광묘의 조형」, 『금강고고』창간호, 충청문화재연구원, pp.77~78; 최성락, 2009, 「영산강유역 고분연구의 검토」, 『호남고고학보』33, p.113). 후자는 세 가지 입장으로 나누어진다. 하나는 토돈묘와 관련된다고 보는데 (오월)토돈묘의 지상식 구조·다장·분구확장·주구 등에서 공통점에 근거한다(강인구, 1984, 『삼국시대 분구묘 연구』, 영남대학교 민족문화연구소, pp.83~106; 임영진, 2013, 「호남지역 삼국시대 고고학 연구의 현황과 과제」, 『호남고고학회 20년, 그 회고와 전망』, 제21회 호남고고학 회술대회, p134; 胡繼根, 2013, 「중국 한대 토돈묘」, 『전남지역 마한 제국의 사회성격과 백제』, p117). 다른 하나는 토돈묘가 주구를 갖추지 않는 것이 대부분이라는 점에서 주구라는 외부 요소에 준거하여 전국 秦國의 圍溝墓에 기원이 있다고 보기도 한다(俞偉超, 1996, 「方形周溝墓」, 『季利考古學』54, 雄山閣). 마지막으로 분구묘를 비중원식 매장방식으로 이해하면서 중국의 주변이나 북방계로 인식하고 있다(성낙준, 1996, 「영산강유역의 원·방형 분구」, 『호남지역 고분의 분구』, 호남고고학회 제4회 학술대회, p.39; 이성주, 2000, 「분구묘의 인식」, 『한국상고사학보』32, 한국상고사학회, pp.76~100).

[159] 권오영, 2015, 「마한 분구묘의 출현 과정과 조영 집단」, 『마한 분구묘의 기원과 발전』, 마한연구원, p.88.

[160] 최병현, 2011, 「한국 고분문화의 양상과 전개」, 『동아시아의 고분문화』, 서경문화사, p.18.

[161] 한옥민, 2014, 「전남지역 마한 분구묘 사회의 연구 성과와 과제」, 『한국고고학의 신지평』, 제38회 한국고고학전국대회, p.302.

주구토광묘의 상한을 설정할 수 있는 자료라 생각되는데, 영광 군동 18호·곡성 대평리 19호에서 홍도형 무문토기 호가 매장주체부 내에서 출토된 것과 비교된다. 군동 18호에 대해 기원전 2세기~기원 전후[162]로 보고 있다. 특히 군동 단계는 초기철기시대에 들어서 유물의 부장 양상이 전환되고 있음을 보여준다는 점에서 시사하는 바가 크다. 청동기시대의 관내 부장 전통을 잇고 있는 외촌은 관외 부장을 한 군동·대평리보다 시간적으로 이를 가능성이 높기 때문이다. 외촌에 대해 굳이 연대를 언급하면 영산강유역 무덤의 교체 현상이 일반적으로 종언과 시작이 일정기간 공존하고, 기존 묘제인 지석묘의 종언 등을 참고하여 기원전 3세기경이 적절하다고 본다.

영산강유역을 포함한 한반도 분구 축조의 시작에 대해 주변국의 고고자료를 보더라도 납득할만한 증거들이 더해지고 있다. 일본 초기의 분구묘에서 한국의 송국리(계) 토기들이 출토되며,[163] 일본의 분구묘가 기원전 3세기 말~2세기 초 筑箭 東小田峰 1호분을 위시하여 九州 지역에서부터 시작된다는 점,[164] 근래에 중국 강남지역 북부의 절강성에서 一墩多墓 유형의 한~육조 토돈묘가 조사됨으로써[165] 한반도와 시간 격차가 좁혀지고 있는 상황도 연대 조정에 긍정적이라고 본다.

광주 외촌 3호 주구토광묘[166]는 매장주체시설로 토광 또는 석개토광[167]을 두고 있다. 유

---

162 최완규, 2000, 「호남지역의 마한분묘 유형과 전개」, 『호남고고학보』11, 호남고고학회, p.140.
  목포대학교박물관, 2001a, 『영광 군동유적』, p.291.
  김승옥, 2009, 「분구묘의 인식과 시공간적 전개과정」, 『한국 매장문화재 조사연구방법론』5, 국립문화재구소, p.274.
  성정용, 2010, 「중·서남부지역의 목관묘」, 『목관묘 조사연구법』, 한국문화재조사연구기관협회, p.30.

163 최완규, 2002, 「전북지방의 주구묘」, 『동아시아의 주구묘』, 호남고고학회, p.30.

164 임영진, 2015, 「한·중·일 분구묘의 비교 검토」, 『마한 분구묘의 기원과 발전』, 마한연구원, p.15.

165 胡繼根 2013, 「中國的汉土墩墓」 『全南地域 馬韓 諸國의 社會性格과 百濟』, 百濟學會, p.102.

166 천안 운전리나 사천 이금동 47호 주구묘의 잔존 평면형이 마제형이지만 이를 주구토광묘로 간주할 수 없는 것처럼 외촌의 사례 역시 주구토광묘의 범주로 이해하기는 아직 이르다고 지적하였다(권오영, 2015, 「마한 분구묘의 출현 과정과 조영 집단」, 『마한 분구묘의 기원과 발전』, 마한연구원, p.84).

167 조사단은 매장시설을 토광묘로 보았으나, 조성된 위치가 급경사면인 점, 유경식석검을 부장하

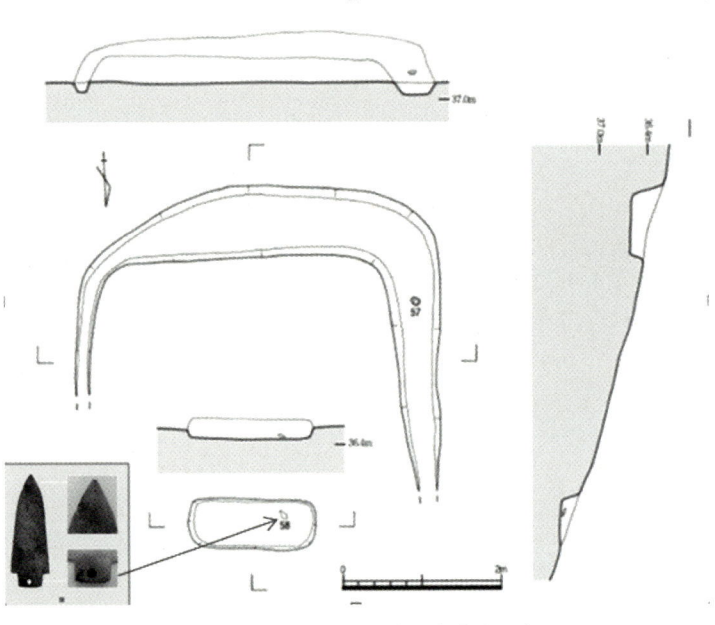

그림 11 광주 외촌 3호 주구토광묘(호남문화재연구원 2005)

물은 토광묘 내부에서 자루를 장착하면 유병식과 동일한 효과를 내는 유경식석검[168] 1점이 출토되었다. 주구에서는 무문토기 저부편 1점이 수습되었다. 구릉 능선부에는 동시대의 토광묘 2기(1호·2호)가 나란히 조성되었는데 주구를 갖추지 않는 단독 토광묘이다. 반면, 3호는 이들 토광묘와 떨어진 구릉 북사면에 단독으로 조성되었다. 이러한 이격 거리와 무덤의 외형이 다른 것은 무엇인가 구별하기 위한 의도가 반영된 것임을 엿볼 수 있다(그림 11).

　이러한 정황은 외촌 주구토광묘가 조성되었던 청동기시대 후기는 주구라는 외부 요소가 유행하지도 않았고 성토 분구라는 개념이 아직 갖추어지지 못했던 사회적 환경에서 찾아지는데, 분묘가 단독으로 분포한 점은 집단 내의 개인이 중시되는 사회로 전환되었음을 시사한다. 구릉의 급경사면에 자리하는 관계로 원래부터 ㄷ자형이었는지에 대해서는 정확히 알 수 없으나 모서리에서 이어지는 장변의 방향성으로 볼 때 장방형이었을 가능성이 엿보인다. 조사단이 폐쇄형 주구로 추정한 견해[169]도 참고가 된다. 지상의 성토부는 매장주체시설이 표식을 남길 정도로 아주 낮았을 것인데, 기반토를 파고 조성된 매장주체시설의 조성위치의 정황에서도 찾아진다. 무덤을 조성하는 데 있어서 새로운 요소의 채용은 사회적인 측면에서 받아들일 수 있으나 그 속에는 이를 수용할 수 있는 사상적인 뒷받침이 필요하다. 왜냐하면 기왕

였다는 점에서 석개토광일 가능성도 열어둘 수 있다고 본다.

168 조사단은 유경식석검의 형식을 근거로 기원전 4~3세경으로 추정하고 있다.
169 호남문화재연구원, 2005, 『광주 외촌유적』, p.47.

의 장제 관념[170]의 변화를 필수적으로 수반하기 때문에 새롭고 의미 있는 질서 부과를 통해 이전 양식의 포기를 문제없이 해결할 수 있어야 한다. 3호 주구토광묘에는 이런 상황이 내포되었을 것이다.

영산강유역에서 현재까지 드러난 자료에서 보면, 분구를 조성하는 갖춘 무덤은 영산강 상류역(광주)과 그 이북(곡성, 영광)에서 가장 먼저 나타나서 이후 점차 서남부로 확산된다. 주지하듯, 지석묘는 당시 일반적인 무덤이기는 하나 축조하는 데 특히 경제적인 측면에서 한계 요인을 내포하고 있으므로 그것의 종언을 가져오게 한 명분으로 작용했을 가능성이 크다. 지석묘 조성 시 석재를 다루고 무덤을 조성하는 등의 숙련된 기술이나 조직력, 필요이상의 소요시간 등도 그러하다.

분구를 갖춘 주구토광묘는 이전의 지석묘에 비해 사회·경제적으로 한층 자유로워졌고, 분구와 주구라는 외부 요소를 통해 현실 세계와 분리된 구획선을 표시함으로써 분명한 표식을 남기는 공통선상에서 대체해 나갈 수 있었다고 본다. 이는 묘·장제의 변화를 이끌어가기는 데에 성공적인 요인으로 작용했을 것이다. 새로운 요소의 등장은 기왕의 것과 차별성의 강조부터 시작된다. 그 변화를 반영하는 것이 기원전 3세기경의 광주 외촌이고 이것이 안착되는 과정을 보여주는 곳이 기원전 2세기경의 곡성 대평리, 영광 군동유적으로 대표된다. 이들 무덤은 단독 또는 1~2기 정도의 소규모 분포, (추정)장방형 주구, (추정)밀폐형 주구를 갖추었다는 공통점이 연속된다는 것도 이런 논의를 뒷받침한다.

---

170 관념을 가장 중요하게 여기는 학자들은 문화의 변동은 인간이 그들의 행동을 이끌어내는 어떤 관념을 가지는 데어서부터 시작된다고 주장한다(유태용, 1999, 『문화란 무엇인가』, 학연문화사, p.109).

2. 제형분의 축조와 전개 양상

1) 제형분의 성립과 동인

(1) 자료 현황[171]

이제까지 조사된 영산강유역의 제형분은 모두 60여 개소에 이른다. 이 중 50여 개소의 고분유적이 영산강유역에 집중·분포되어 있다. 조사된 제형분의 분포 현황을 토대로 공통된 분형을 축조한 권역을 세분하면 영산강 상류권, 영산강 중·하류권, 서남해안권, 동부지역권으로 나눌 수 있다(그림 12).

영산강 상류권은 장성(황룡강), 담양(본류), 광주 광산구~서구(본류), 화순(지석강)지역을 포함하는데 대부분 2000년대 들어와 확인되기 시작하였으며, 도심 개발과 관련되어 광주에서 가장 많은 수가 조사되었다. 다음으로 화순, 장성, 담양지역 순인데 대체로 고른 분포상을 보여주고 있다. 상류역권에서는 모두 13개소(그림 12의 1~13)가 확인되었다.

영산강 중·하류권은 나주, 함평(함평천·고막원천), 무안, 영암, 목포지역을 포함한다. 일찍이 영산강유역에서 가장 많은 고분이 밀집·분포하는 지역으로서 일제강점기부터 조사가 이루어졌다. 중·하류역의 제형분 조사는 1938년 나주 덕산리 2호분, 1939년 나주 신촌리 6호분이 有光教一에 의해 실시된 바 있다. 4~5세기대 고분유적이 주로 분포하는 영암 시종면 일대는 '영산내해'의 초입부에 위치한 지리적 이점 속에서 고대문화를 꽃필 수 있었던 곳이다. 영산강유역 중·하류권에서는 모두 38개소(그림 12의 14~52)가 확인되었다.

서남해안권도 제형분이 확인된다. 제형분이 확인되는 분포 현황은 영광-무안-신안-해남-장흥-고흥으로 이어진다. 이들 지역은 고분의 분포나 입지환경이 해안에 인접하고 있어 친수적 환경과 관련될 가능성이 크다. 다도해권에 위치함으로서 해상 교통상의 기항지로 이해되는 곳이다. 특히 호남지역 주구(토광)묘의 시원형으로 인정받고 있는 영광 군동유적 18호(Ⅰ-A형)가 자리하고 있으며, 고흥반도에서 확인된 장동유적을 통해 5세기 전반까지 다장장법을 고수한 제형분 축조 집단이 남해안 일대까지도 존재했음이 밝혀진 점은 의미 있는 성과로 받아들여지고 있다. 서남해안권에서는 모두 9개소(그림 12의 53~61)가 조사되었다.

---

[171] 제형분의 자료 현황, 축조기술과 공정, 축조의미에 대한 부분은 필자(한옥민, 2016, 「축조 공정을 통해 본 영산강유역 제형분의 성격과 의미」, 『한국상고사학보』91, 한국상고사학회, pp.48~64)가 학보에 발표한 글을 기초로 작성되었으며, 여기에 일부 내용을 보완하였다.

Ⅲ. 제형분의 성립과 전개

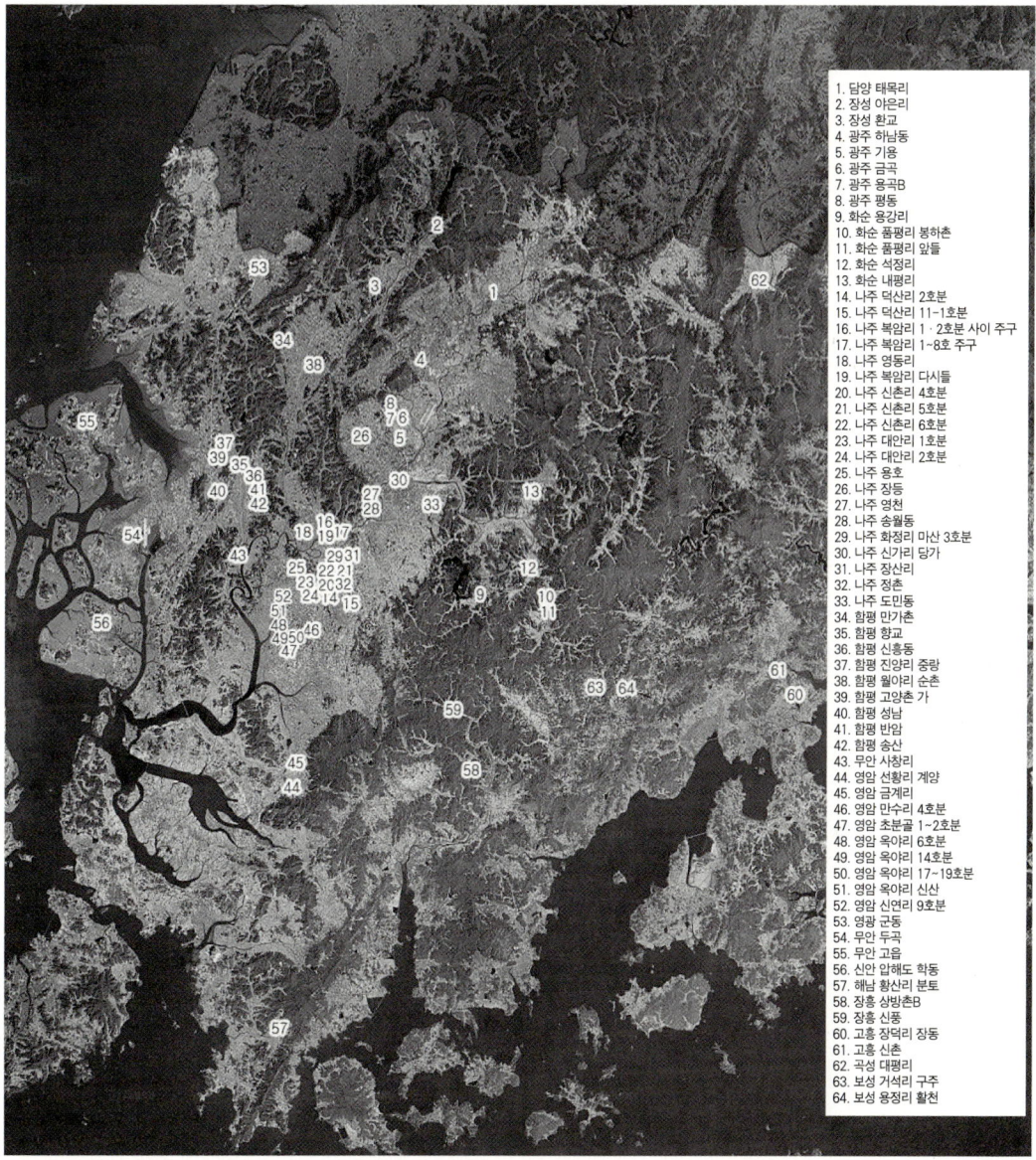

그림 12　영산강유역 제형분의 분포 현황(한옥민 2016)

　　마지막으로 동부지역권을 보면, 여기에는 섬진강과 보성강이 흐르는 곡성, 순천, 여수 일원이 해당된다. 고분은 2000년대에 들어서 조사가 시작되었다. 분포지역은 현재까지 곡성과 보성지역에 국한되는데, 보성 거석리 구주(06년), 곡성 대평리(11년)유적이 있다. 섬진강변의 충적대지에 자리한 곡성 대평리유적의 경우, 목관 중심의 매장시설을 갖춘 것에서 점차 선황리식 옹관이 매장된 제형분으로의 변화가 확인됨으로써 영산강유역권의 양상과 상통된다는 것을 알 수 있었다. 또한 영광 군동 18호보다 앞선 단계의 석개토광 주체의 세장방형 주구가 조사된 점은 전남지역에서 주구(토광)묘의 출현과 전개과정을 이해하는 데 중요한 자료로 평가되고 있다. 현재까지 동부지역권에서 모두 3개소(그림 12의 62~64)가 확인되었다.

(2) 제형분의 등장과 전개

영산강유역에서 확인되는 제형분은 사다리꼴이라는 평면형태를 띠는데, 한반도 전체에서도 충청, 전북 서해안 일원에서 일부 확인되지만 유독 영산강유역권에 집중되는 독특한 분형이다.

고분 분구의 평면형태 구분은 평면의 장축과 단축의 비율에 기준하는데 평면이 사다리꼴인 관계로 단축에도 길이의 차이가 있으므로 가장 긴 쪽과 짧은 쪽을 구분하여 상대적인 비율로 나눌 수 있다.[172] 제형분의 가장 특징적인 것을 주구 하단에 존재하는 개방부의 유무로 보아 개방형과 밀폐형으로 구분하며, 모서리가 말각인 것을 마제형으로 나머지는 대부분 제형으로 포괄하고 있다.[173] 마제형과 단제형의 구분이 모호한 경우가 많은데, 필자도 장변·단변이 이어지는 모서리 형태가 유형 구분의 중요 요소라 본다.

제형분은 독특한 형태만큼 고고학적으로 많은 의미를 내포한다. 동일 분구 내 다장에 따른 분구의 수형확장, 매장시설인 토광묘와 옹관묘의 시기에 따른 매장위치의 변화를 특징으로 한다. 이것은 동시기 천안, 청주, 충주 등 한국 중서부 지역의 고분이 대부분 평면 방형에 토광묘가 단독 혹은 합장되는 것과는 다른 양상이다.[174]

성행 시기는 본격적으로 분구 상에 다장이 이루어지는 3~5세기이며, 일부는 고총고분 출현 이후 석실분이 조성되는 6세기 전엽까지 지속된다. 나주 장등, 광주 산정동, 영암 금계리 일원이 대표적이다. 반면, 무안 하묘리, 함평 중랑, 장흥 상방촌B에서는 제형에서 방형으로 교체되고, 광주 월전, 화순 내평리, 해남 분토리에서는 제형에서 원형으로 교체된다. 즉, 제형이라는 공통된 분형을 조성하다가 방형이나 원형이라는 전혀 다른 분형으로 전환해버리는 양상을 보임으로써 그 조영 배경, 집단의 위계 정도, 계통성 등을 어떻게 해석할 수 있을

---

172 김낙중, 2015a, 「마한 제형분묘의 성립 과정과 의미」, 『마한 분구묘의 기원과 발전』, 마한연구원, p.96.

173 김영희, 2014, 「제형 고분 축조기술」, 『영산강유역 고분 토목기술의 여정과 시간을 찾아서』, 대한문화재연구원, p.12.

174 오동선, 2011, 「호남지역 제형분의 변천」, 『분구묘의 신지평』, 전북대학교 고고문화인류학과 BK21사업단 국제학술대회, p.35.

III. 제형분의 성립과 전개

지에 대한 고민을 안겨주고 있다. 이에 대해 김낙중[175]은 반남고분군의 사례를 통해 지역공동체 내부에 한정된 피장자 집단간의 차별화에 대한 필요성에 기인한 것으로 해석하였다.

따라서 제형분의 성격에 대한 논의는 전통적 재지사회 외부세력간의 관계를 밝히는 실마리를 제공할 수 고고학적 지표가 될 수 있다. 또한 신 요소를 수용하여 변화와 발전을 이루는 현상이 보일 때 '진보'와 '보수'라는 관점에서 서로 대응시켜 비교할 수 있는 성격을 가진다. 주지하는 바와 같이 제형분은 전남 서남부지역에서 가장 많이 조성되고, 고총고분인 방대형·원대형의 조성에 앞서는 재지계의 분형으로 이해되고 있다. 제형분의 특징은 아래와 같이 정리할 수 있다.

첫째, 원삼국 후기에 들어서 분형 변화가 방형에서 제형으로 진행된다. 전북 서남부의 일부지역으로부터 영산강유역 전역에까지 확산된다. 고창 성남리III유적, 영광 군동유적 등에서 확인된다. 이곳에서는 주구를 사방에 돌린 주구묘, 한 변만 터진 ㄷ자형 주구묘와 함께 짧은 사다리꼴 분구묘가 공존하기 시작한다. 이중구연호, I형식 전용옹관(선황리식) 등 공반유물로 보아 대략 3세기 중엽경에 시작[176]됨을 알 수 있다.

이보다 앞선 2세기대[177]의 양상을 살필 필요가 있다. 이 시기는 영산강유역권에서 영광 군동, 함평 순촌유적과 같은 집단 성토분이 출현한다.[178] 함평 순촌유적에서는 구릉 사면의 가장 위쪽에 조성된 1호~9호 주구토광묘의 경우, 3세기대의 마제형·단제형과 차이를 보이고 있다. 평면형이 방형(II자형), 주구 양 단변이 개방형, 주구간의 일정한 간격 유지, 단독분 조성 등을 들 수 있다. 방형(II자형) 주구토광묘는 유구간의 중복이 없이 근접 조영된 집단분인데 2호 목관묘(적색마연호 출토),[179] 10호·11호의 중복관계가 분형 변화과정을 증명해 준다.

---

175 김낙중, 2009a, 『영산강유역 고분 연구』, 학연문화사, pp.158~159.

176 김낙중, 2009a, 『영산강유역 고분 연구』, 학연문화사, p.109.

177 최병현(2011, 「한국 고분문화의 양상과 전개」, 『동아시아의 고분문화』, 서경문화사. pp.18~19) 역시 성토 분구묘의 집단화는 3세기 이전에 시작되는 것으로 보고 있다. 즉, 성토 분구묘는 서산 예천동과 같이 철단검과 검초구가 출토된 기원 1~2세기대에는 단독분으로 존재하는데 서해안지역도 처음에는 단독분으로 조성되다가 집단화되는 것은 2세기 후반 이후로 파악하였다.

178 이영철, 2005, 「영산강유역의 원삼국시대 토기상」, 『원삼국시대 문화의 지역성과 변동』, 한국고고학회, p.85.

179 적색마연호의 연대에 대해 이영철(2005, 「영산강유역의 원삼국시대 토기상」, 『원삼국시대 문화의 지역성과 변동』, 한국고고학회, p.76)은 기원후 2세기대로 추정하고 있다. 저부는 말각평

이로 볼 때, 방형(∥자형)으로부터 제형으로 변화를 거치고 있다는 사실을 인정할 수 있다. 적어도 2세기 후반에는 시작된 것임을 의미한다.

여기에 또 하나의 중요한 정보를 보여주는 유구는 함평 신흥 8호 제형 주구이다. 함평 신흥에서는 낙랑계[180] 또는 산동계[181]로 인식되고 있는 백색토기 옹 1개체가 수습됨으로써 연대의 상향조정 가능성을 높여주고 있다. 신흥 출토품 역시 김포 운양동 27호[182]과 마찬가지로 주구에서 출토되었다. 이에 근거할 때 제형 분구의 상한을 2세기대로 가늠할 수 있다는 점에서 주목된다.

둘째, 분형이 제형으로 이행되면서 개방부가 새로 생겨났다. 이는 단순히 분형의 변화라기보다는 묘·장제적인 관념의 변화를 반영한다. 영광 군동, 곡성 대평리와 같은 (장)방형은 주구의 개방부가 없는 밀폐형인데 반해, 제형(마제형, 단제형)부터 주구의 단절이 생기는 개방

저이며, 기벽이 얇고 고르며 마연기법이 유지되었다. 이 기종은 이후 홍도나 흑도 기형에서 벗어난 변이를 갖는 것으로 추정되는데 영광 군동 13호 주구토광묘의 주구 출토품과 연결 가능하다고 보았다.

180 이나경, 2012, 「중부지역 출토 낙랑계토기 연구」, 서울대학교 석사학위논문, p.86.
김기옥, 2014, 「경기지역 마한 분구묘의 구조와 출토유물」, 『경기지역 마한 분구묘 사회의 비교 검토』, 마한연구원, p.10
김낙중, 2015a, 「마한 제형분구묘의 성립 과정과 의미」, 『마한 분구묘의 기원과 발전』, 마한연구원, p.103.

181 정인성, 2012, 「한강 하류역의 한식계 토기」, 『중부지역 원삼국시대 외래계 유물과 낙랑』, 숭실대학교 박물관

182 최근 들어 한반도 중서부지역에서 2세기 중후엽에 축조된 것으로 추정되는 분구묘의 사례가 늘어나고 있는데 대표적으로 김포 운양동 27호, 서산 예천동 18호,

보령 관창리 KM-423GH, 부여 증산리 6호, 공주 덕지리 12호 등이다(김낙중, 2015a, 「마한 제형분구묘의 성립 과정과 의미」, 『마한 분구묘의 기원과 발전』, 마한연구원, p.103). 이 중 김포 운양동 27호(上의 그림)는 목관 내에서 세형동검과 길이 107cm의 철제장검, 철모, 철촉, 철도자와 함께 주구에서 백색 옹이 출토되어 주목받고 있다. 유물을 근거로 2세기 중엽경으로 비정하였다(김기옥, 2014, 「경기지역 마한 분구묘의 구조와 출토유물」, 『경기지역 마한 분구묘 사회의 비교 검토』, 마한연구원, p.10).

부(통로)를 두는 경우가 대부분이다. Ⅱ장에서도 언급했듯이 분구 평면형의 변화가 시간성을 보여주는 것이기도 하지만 개방부의 유무는 묘·장제의 절차가 달라졌을 정황과 밀접히 관련되는 자료이다. 필자는 주구가 일부 단절된 육교부는 분구로 오르는 통로 마련의 기능적 측면, 의례를 위한 제단과 같은 사상적인 측면의 필요성에서 변화된 것으로 보고자 한다.

셋째, 제형분은 하나의 분구에 여러 기의 매장시설을 담는 것을 특징으로 한다. 이는 이전 분형인 (장)방형에서는 보이지 않는 특징이자 차별적인 요소이다. 추가장이 분구 외연과 주구에 조성되는 관계로 다장에 대한 현실적인 필요성에 의해 발생된 분형임은 분명하다. 이에 반해, 밀폐형의 방형주구는 1인만을 안치한 단독장으로 조성되는 차이를 보인다.

넷째, 제형분은 중심매장시설이 목관 위주에서 옹관으로 대체되는 양상을 띠는데 이 지역 고유의 무덤 유형을 이끄는 주체가 변화되고 있음을 의미한다. 대표적으로 나주 용호 12호분을 들 수 있다. 목관 중심에서 옹관 중심으로 변화되는 양상을 잘 보여준다.

제형분은 최초 목관 단장분이 유행한 이후, 옹관 단장분이 등장하는데 범마한계의 옹관 유형인 선황리식 단계부터 시작된다. 예로 영암 선황리 옹관, 나주 용호 18호 옹관, 함평 성남 1호 옹관 등이 있다. 선황리식 옹관은 여전히 목관 중심의 무덤에 부가되는 추가묘로서 분구 외연과 주구에 조성된다(영암 금계리 7-2호 옹관, 함평 순촌 39-1호 옹관, 나주 장등 6-2호 옹관 등). 이후 옹관은 중심매장시설의 주위를 감싸는 형태가 아닌 중심축을 따라 분구 중앙을 공유하는 일렬구도를 보인다(4세기 중엽). 대표적으로 함평 순촌 32호분에서 확인할 수 있다. 또한 이 즈음에 취락에서도 주거 평균면적의 확대 현상(4세기 중엽)이 발생되고 읍락과 같은 소국 규모를 관장할 수 있는 거점취락을 출현하여 5세기 전반까지 양적인 성장을 지속해 갔다는 주장[183]을 참고할 수 있다. 묘제의 변화도 사회 변화의 흐름에 연동한 것으로써 취락의 변화와 별개로 떼어 볼 것이 아니기 때문이다.

이상의 내용을 종합해 보면, 제형분 축조에 있어 가장 큰 변화는 단장 → 다장으로 변화이며, 주구가 개방부를 갖는다는 점이다. 매장주체시설을 중심으로 나열하면, 단장(분구 중심 1기) → 단장(분구 중심 1기+분구 외연과 주구에 추가장) → 다장(분구 대상부에 복수)의 과정이 확인된다. 또한 이전의 (장)방형 주구에 기준하여 차이점을 언급하면 평면형태의 차이도 분명하지만, 주구가 밀폐형에서 개방형으로 변화된다.

제형이라는 특이한 분형의 조성, 주구에 개방부를 갖춘 형태로의 변화는 다장과 관련된

---

[183] 이영철, 2015, 「영산강유역 고대 취락 연구」, 목포대학교 박사학위논문, p.69.

개방형의 주구를 갖춘 구조를 지향했던 결과로 이해된다. 고대사회는 새로운 묘·장제를 반영하기 위한 수단의 일종으로 특정한 형태를 만들어 하나의 원리로 설명하려는 일원적인 방식을 행했을 가능성이 높다. 이것이 아니고서는 동일 묘역에서 갑작스럽게 등장한 제형이라는 분형과 개방형의 주구를 설명하기 어렵다. 이는 김낙중[184]이 제형분은 다장묘를 조성한 단위집단 내의 서열(위계)구분의 표상이며, 기초 또는 지역공동체 내의 정치적 권력이 계열화, 세습화되는 현상을 보여주는 것이라고 이해한 맥락과 동일하다. 필자는 함평 순촌유적의 연속된 조영으로 볼 때, 늦어도 기원후 2세기 후반경에는 제형 분구라는 평면형태가 성립되었다고 본다.

다만, 제형분의 변화는 외부(외형)적인 부분에 한정된다. 내부 요소는 쉽사리 바꾸기 어려웠던 정황으로 이해된다. 중심매장시설의 조성 위치가 지하식 방식이 오랫동안 유지되고, 유물 부장에서의 박장 풍습, 목관계통의 선호도가 높다는 내용들이 이를 뒷받침한다.

2) 매장주체시설의 변화

(1) 형식 분류

제형분 단계는 이전의 (장)방형주구토광묘 단계와 다른 양상을 보인다. 이는 매장주체시설, 분구 형태, 추가묘의 결합 양상에서도 잘 드러난다. 주요 특징에는 ① 매장주체시설이 단수에서 복수로 변화되는 점, ② 추가묘의 매장위치가 분구 외연이나 주구에서 점차 분구 중앙으로 옮겨지는 점, ③ 목관 위주의 매장시설에서 목관과 옹관의 혼용 매장으로 변화되는 점, ④ 목관 중심에서 옹관 중심으로 변화되는 점, ⑤ 주구에 개방부를 두는 점을 들 수 있다.

주지하듯, 분형이 (장)방형에서 제형으로 변화되고, 분구를 확장하는 발상이 생겨나면서 분구가 높아지는 방향으로 전개됨은 이미 알려진 사실이다. 제형분은 (장)방형 주구, 밀폐형 주구, 단독 입지, 목관 중심, 분구의 미조정, 추가묘의 부재를 특징으로 하는 (장)방형주구토광묘와 차이가 있다. 분포 범위가 도서지역뿐 아니라 동부지역, 해안지역까지 넓게 확산되는 점에서 영산강 상류역 북부와 동부 내륙에 한정되는 (장)방형주구토광묘와 비교할 수 있다.

김낙중[185]은 제형분을 분류하는 주요한 속성으로 중심매장시설의 종류·수, 부속적인 매장시설의 종류와 위치, 매장시설간의 배치관계, 분형, 분구 높이 등으로 상정했다. 이들 속성

---

[184] 김낙중, 2009a, 『영산강유역 고분 연구』, 학연문화사, p110.

[185] 김낙중, 2009a, 『영산강유역 고분 연구』, 학연문화사, pp.111~113

의 조합 양상에 따라 모두 Ⅰ형식~Ⅲ형식으로 구분하였다. 필자도 그의 분류 안에 대한 큰 틀은 공감하는 바이며, 이러한 속성은 제형분의 성격을 잘 드러내준다.

필자는 형식 분류에서 가장 유효성을 갖는 속성으로 매장시설과 분구(주구)로 파악했다. 매장시설은 조성 위치, 매장 기수, 배치구도에 따라 나누었다. 이를 다시 분구 중앙부에 안치된 중심묘의 기수에 따라 단장·다장으로 나누고, 추가묘의 배치구도에 따라 옹위, 중앙점유, 일렬구도로 구분했다. 이들 요소가 분구의 변화에 민감하므로 분구의 일부 속성도 포함시켰다. 조합 양상은 상호간 분절적인 의미를 내포한다는 전제 하에 크게 Ⅰ~Ⅲ 3형식으로 나누고, 여기에 7개의 형식으로 세분하였다(표 12).

Ⅰ-A형은 분구(대상부)와 주구를 통틀어 매장시설이 오직 대상부 중앙에 단독으로 1기만 안치된다. 1인 주체의 단독묘로써 추가묘가 부가되지 않는다. 여기에서 무덤의 외부시설로써 주구가 새로이 부가되는데, 분묘의 외형이 성립되었음을 말해준다. 이전인 청동기시대에도 매장시설 주위로 주구를 갖춘 주구석관묘 양상이 있었으나, 상대적으로 매장시설 : 주구

표 12 영산강유역 제형분의 형식 분류

구분	매장시설			분구(주구)		유구
	중심묘	추가묘	매장 기수 (추가묘의 배치구도)	형태	길이	
Ⅰ-A	목관	-	단장 (-)	장방형	10m 미만	영광 군동 A-18호 곡성 대평리 19호·22호
Ⅰ-B	목관>옹관	목관, 옹관	단장 (옹위 배치)	마제형	10m 미만	영광 군동 A-11호 나주 용호 10호
Ⅰ-C	목관>옹관	목관<옹관	단장 (옹위 배치)	단제형	10m 이상	영광 군동 A-6호 나주 용호 17호 영암 금계리 5호
Ⅱ-A	목관>옹관	목관<옹관	단장 (중앙점유 배치)	단제형	10m 이상	함평 순촌 A-39호
Ⅱ-B	목관·옹관		다장 (일렬 배치)	장제형	20m 미만	나주 용호 12호 함평 순촌 A-32호
Ⅲ-A			다장 (일렬 배치)	장제형	30m 내외	함평 만가촌 13호 함평 순촌 B-5호 영암 초분골 1호
Ⅲ-B			다장 (일렬 배치)	장방형 (제형계)	20m 내외	영암 신연리 9호분 나주 복암리 2호분(?)

의 비례가 안정감을 주고 있다. 분구는 대부분 멸실되고 주구만 확인되는데 10m 미만의 소형급이다. 영광 군동 A-18호,[186] 곡성 대평리 19호·22호묘가 있다.

영광 군동 A-18호는 중심매장시설의 구축 재질로 볼 때 더 이상 석재[187]가 사용되지 않았다. 중심매장시설은 목관묘이다. 유물은 흑도단경호 1점을 부장하고 있는데 목관 상부에서 놓였던 것으로 파악되었다. 무덤의 외부시설로 밀폐형의 장방형 주구를 둘렀으며, 매장주체부는 기반층에 바닥을 둔 지하식이다. 조성 연대는 기원전 2세기대로 볼 수 있으나, 하한은 Ⅰ-B의 특징과 상당부분 상통되므로 기원전후까지도 내려올 가능성이 있다.[188]

(장)방형 주구를 두른 단장묘는 기원후 3세기대까지도 여전히 그 명맥이 유지된다. 구조적으로 제 양상이 유사하다는 점에서 무안 인평 1호 토광묘를 주목할 필요가 있다. 인평 1호 토광묘는 군동 A-18호의 후신형의 성격을 지닌 것으로 이해할 수 있다. 구릉 말단부의 입지, 제형이 일반화되는 단계에 여전히 방형 주구를 두른 점, 밀폐형의 주구, 묘광의 장축방향이 등고선 방향과 일치되는 점, 중심매장시설이 지하식이라는 점 등에서 축조 방식이 전승되었을 가능성이 상정된다.

다음으로 곡성 대평리 19호·22호를 보면, 목관 중심의 매장주체시설에서 선황리식 옹관을 내는 제형분으로의 변화가 확인됨으로써 영산강유역과 상통되는 측면을 보여주고 있다. 또한 밀폐형의 주구를 두른 송국리문화단계의 석개토광(16·20호)이 영광 군동 18호묘 단계의 장방형주구토광묘(19호·22호)보다 시간적으로 앞서고 있어서 주구토광묘의 출발 시점에 대한 정보를 시사해준다. 유물은 19호 주구토광묘 내부에서 말각평저 단경호 1점과 함께 옥류가 출토되었고, 22호는 낮은 굽이 형성된 무문토기 저부편 1점이 있다. 곡성 대평리에서 석개토광 2기와 장방형주구토광묘 2기가 소군집되어 있다는 점은 단독으로 조성되어진 영

---

186 수계상 영광은 영산강유역에 해당되지 않지만, 주구를 둘러 무덤을 만들어 쓰는 일명 주구토광묘와 분구묘의 분포권, 분구 형태, 서해안 문화권으로 볼 때, 공통성이 많다. 또한 이를 경계로 전북과 전남의 경계가 되므로 문화 또는 교통상에서도 중요한 점이지대로 볼 수 있다.

187 시간적인 배열상 곡성 대평리 16·20호묘는 영광 군동 A-18호보다 앞서고 있다. 이들 무덤의 매장주체부는 석개토광으로 청동기시대의 무덤에서 주로 사용되는 석재가 사용되어 송국리문화단계의 사방이 폐쇄된 세장방형의 주구를 두른 석개토광묘임이 밝혀졌다. 또한 매장주체시설에 비해 주구가 비대칭적으로 매우 크다는 점은 영광 군동 단계 이전의 모습을 시사해 주고 있다.

188 한옥민, 2003, 「전남지역 토광묘」, 『전남의 고대문화』, 학연문화사, p.71.

광 군동 18호묘와 비교된다.

Ⅰ-B형 역시 Ⅰ-A와 마찬가지로 분구 중앙에는 여전히 1기의 중심매장시설을 안치한 단장 구도이다. 그러나 차이점도 존재하는데, 분형이 마제형(말굽형)인 점, 주구의 한쪽 단변 또는 모서리가 개방된 점, 장변·단변이 만나는 지점이 곡선형을 이루는 점, 동일 묘역에서 마제형 분구가 군집을 이룬다는 것을 들 수 있다. 단장의 형태를 취하면서도 분구 외연이나 주구에 추가묘가 에워싸듯 중심묘의 주위로 배치된다(옹위배치). 대개 10m 미만의 소형급이다. 대표적인 예로 영광 군동 A-1호·11호묘, 나주 용호 10호·18호분 등이 있다.

영광 군동 A-1호분은 구릉 사면부에 자리하며 고분군의 북쪽부에 위치한다. 분구는 삭평되어 없고 마제형 주구만 남아 있다. 주구는 동쪽 단변 모서리가 각이 없이 장변과 완만하게 연결되며, 서쪽 단변이 완전히 열려 있다. 대상부 중앙에 1기의 목관을 조성한 후, 주구에 옹관 1기가 조성되었다. 단장을 기본으로 하면서 주구에 추가묘가 허용되고 있다. 나주 용호 10·18호분을 보면, 이들 무덤은 마제형의 주구를 두르고 대상부에 옹관 1기만을 안치한 옹관 단독분이다. 모두 영산강유역의 전용옹관의 효시로 알려져 있는 선황리식 옹관이 중심매장시설로 조성되었다. 옹관 형태를 보면, 그 속에서도 변화가 발생되고 있다. 나주 용호 16호분은 동체부 형태가 난형에서 벗어나 견부가 밋밋해지는 장제형에 가까운 형태로써 시간성을 가늠하게 한다. 또한 출토유물과 옹관의 소성도에서 소성도가 높은 연질이라는 점도 그렇다. Ⅰ-B형은 목관 중심에서 옹관 중심의 단장이 약간 늦게 축조되기 시작하는 변화 과정을 읽을 수 있다.

Ⅰ-C형은 대상부 중앙에 1기의 매장주체시설을 둔 단장을 그대로 유지하고 있다. Ⅰ-B형과 공통점은 부속된 추가묘를 갖추는 것인데 부가되어진 매장시설은 옹관의 비율이 많다. 주구의 규모가 이전에 비해 커진 10m 이상을 보이는 것도 있다. Ⅰ-B형이 모서리의 각이 곡선인 마제형이라면 Ⅰ-C형은 예각을 이루는 단제형으로 변화되었다. Ⅰ-B형에 비해 분구의 장축길이도 약간 길어졌다. 분구의 장축길이가 단순히 계측적 측면의 변화라기보다는 분구 외연과 주구에 추가묘를 부가하기 위한 필요성과 관련된 변화일 것으로 생각된다. 대표적인 예로 영광 군동 A-6호분, 영암 금계리 5호분 등이 있다.

영광 군동 A-6호분은 구릉 사면부에 자리하는데 분구는 모두 멸실되어 없어지고 주구만 남아 있다. 주구형태는 제형이며. 장변이 일자형으로 곧게 뻗어 있다. 구릉 경사면 아래쪽인 서쪽 단변이 완전히 열려 있다. 매장시설은 대상부 중앙에서 목관 1기와 함께 주구에서 옹관 3기가 부가되어 있다. 옹관은 모두 일상용 토기인 옹형토기, 주구토기, 뚜껑을 이용한 합구식들이다. 영암 금계리 5호분은 구릉 사면부에 자리하며 주구만 남은 상태이다. 주구 형태는 모서리 일부가 개방된 단제형이다. 매장시설은 대상부 중앙에서 목관 윤곽 1기, 주구에서 옹관 1기가 조성되었다. 유물은 목관 내부에서 무문토기편 1점이 출토되었는데 쓸려 들어왔을 가능성도 배제할 수 없다. 옹관은 선황리식이나 전형과 다르게 견부 강조가 밋밋해지고 있다.

Ⅱ-A형은 분구(대상부)의 매장주체시설을 기준으로 볼 때, 여전히 단장을 유지하고 있다. 매장시설의 배치구도는 Ⅰ형에서 보았듯이 중심과 주변의 경계가 명확한데 반해, 중심묘 가까이에 조성되어 점유공간에 대한 모호함을 주고 있다. 목관을 중심에 두는 점은 공통되나, 여러 기의 추가묘들은 중심묘의 공간을 함께 공유하려는 듯한 구도를 띤다(중앙점유 배치). 이는 단장분에서 다장분으로의 변화를 보여주는 과도기적 양상으로 이해할 수 있다. Ⅱ-A형의 구도는 여전히 주종관계를 반영하는 중심·추가묘간의 구도를 띤다. 다만, 추가묘에서 옹관의 비율이 압도적으로 높아지는 점 또한 주목되는 특징이다. 대표적으로 함평 순촌 A-39호분을 들 수 있다.

함평 순촌 A-39호분은 구릉 말단부에 자리한다. 분형은 단제형으로 단변 한쪽이 완전히 개방되어 있다. 대상부 중앙에 목관 1기와 함께 그 주위로 옹관 5기가 배장되어 있다(그림 52 참조). 옹관은 39-1호와 39-3호에서 선황리식 옹관이 합구되어 있는데 모두 견부 강조가 밋밋해지고 있는 장제형의 동체를 가지고 있다. 나머지는 일상용 직구옹을 이용하였다.

Ⅱ-B형은 복수의 매장주체시설 모두 대상부의 중심축을 따라 일렬로 배치된다. 단제형이 아닌 장제형분이 축조되기 시작하며, 단장에서 다장으로 변화되었다. 더 이상 주구나 분구 외연이 매장 공간으로 이용되지 않는 점, 옹관이 목관과 대등한 관계로 조성되는 배치상을 이루는 점, 옹관 일색의 고분도 새로이 조성되는 점, 분구의 수평확장이 실시되는 점, 단변에 개방부를 두지 않는 밀폐형 주구 형태를 특징으로 한다. 즉 Ⅰ형 습속을 따르듯 두부 쪽에 위치하는 것이 상대적으로 큰 양상을 띠며, 맨 처음 들어선 중심매장시설은 미부보다 두부 쪽에 자리한다는 점도 공통적이다. 대표적인 예로 나주 용호 12호분, 함평 순촌 A-32호분이 있다

나주 용호 12호분은 분구가 남아 있었는데 조사결과 한 차례의 분구 확장이 확인되었다. 단제형의 미부를 확장하여 장제형 분구로 개축하였다. 분구 중앙은 목관 1기가 조성되었는데 초축분의 중심매장시설이다. 나머지 옹관 6기는 추가로 들어섰는데 분구 장축의 주축을 따라 일렬배치로 조성되었다. 옹관은 일상용토기를 이용한 경우와 선황리식 옹관부터 송산식이 확인된다. 함평 순촌 A-32호분은 주구만 남아 있는데 대상부에 옹관 2기로만 구성되었다. A-32호 옹관은 경질계로 구연이 짧아지고, 견부의 강조도가 줄어든 형태를 띠고 있다(그

림 52 참조).

　Ⅲ-A형은 분구의 수평확장이 일반화되면서 분구의 장축길이도 길어지는데, 다장과 장제형분의 조성이 그대로 이어진다. 복수의 매장시설은 장축길이 방향을 주축으로 한 일렬배치 구도를 이룬다. 중심매장시설은 목관과 옹관의 혼재가 일반화된다. 분구의 확장은 장축길이 방향, 단축길이 방향에서 모두 확인되는데 이는 현실적인 필요에 따라 비교적 자유롭게 분형을 변화시켰음을 말해준다. 대표적인 예로 함평 만가촌 13호분, 함평 순촌 B-5호분, 영암 초분골 1호분이 있다.

　함평 만가촌 13호분은 남쪽군집 중 가운데에 위치한다. 분구 확장이 단축·장축방향에서 모두 확인된 장제형분이다. 모두 12기의 매장시설 중 11기가 목관인 목관묘 중심이다. 13-6호 목관을 중심으로 소형분이 자리하다가 이후에 동쪽부를 확장하여 13-7호부터 13-9호 목관이 추가로 들어섰고 분구를 서남쪽으로 확장시키면서 선행주구를 메워 13-1호부터 13-5호 목관의 공간을 확보하였다. 또한 미부쪽으로도 확장하여 13-11호 목관과 13-12호 옹관을 포함한 분구를 완성하였다. 최종적으로 완성된 분구 규모는 길이 37m, 너비 16m, 높이 2m로 고총 전단계의 모습을 엿볼 수 있다. 영암 초분골 1호분은 구릉으로부터 뻗어 내려온 구릉가지 끝에 자리한다. 목관 3기와 옹관 5기가 조사되어 옹관의 점유율이 높아져 전용옹관이 주류를 이루는 단계의 고분이다. 분구 규모는 길이 33m, 너비 15m, 높이 5m이며, 양쪽이 높고 가운데 허리부분이 1.2m 가량 좁아지는 형태여서 분구의 확장이 적어도 1차례 정도 진행되었음을 시사한다. 동쪽부에 2호 옹관을 중심으로 하는 모둠이 들어선 후, 미부를 확장시켜 서쪽부의 매장시설이 들어설 공간을 마련한 것으로 보인다. 분구에 조성된 것 중 가장 늦은 단계에 들어선 5호 옹관이 형식상 5세기 후엽[189]인 점도 수평확장이 진행된 정황을 말해준다. 또한 5세기 후엽까지도 분형을 제형으로 유지한 채 매장을 지속한다는 점은 나주 복암리 3호분과 차이가 있다. 영산강유역에서 가장 일반화된 유형인 제형분의 마감시점, 제형과 신 분형의 접목 과정에 관한 정보를 확인할 수 있다.

　Ⅲ-B형은 Ⅲ-A형과 마찬가지로 목관, 옹관의 공존양상을 보이고 있다. 초축묘와 이후 추가묘간의 배치에서 여전히 일렬구도를 유지하는 점은 제형분의 전통이라고 볼 수 있다. 그

---

[189] 오동선, 2008, 「호남지역 옹관묘의 변천」, 『호남고고학보』, 호남고고학보 30, 호남고고학회, p.119.

러나 분형은 제형에서 벗어나 방형분으로 바뀌는데[190] 이는 5세기 중엽 영산강유역에 새롭게 등장하는 고총고분의 영향일 가능성이 짙다. 영암 신연리 9호분, 나주 복암리 2호분이 대표적이다.

영암 신연리 9호분은 신연리 고분군의 중심부에 자리하는데, 원형분과 방형분이 15기 이상이 남-북 방향으로 열을 진 고분군이다. 매장시설은 옹관 4기, 목관 3기가 안치되어 있다. 4세기 전반에 가장 먼저 4호 목관묘가 기반토를 파고 (반)지하식으로 조성된 이후, 5세기 중엽까지 5호 목관묘 → 7호 목관묘·3호 옹관묘가 추가된다. 고분조사는 정비복원을 위한 트렌치 조사가 이루어짐으로써 전체적인 분구와 주구에 대한 내용을 정확히 알 수 없다. 다만, 분형에서 제형계 잔영이 상당하다는 점, 주구의 너비와 깊이가 일정하지 않는 점, 미부쪽으로 갈수록 좁아드는 형태가 아닌 점으로 보아 제형을 벗어난 시도가 있었음을 추정할 수 있다. 분구의 개축을 통해 제형에서 장방형으로 전환한 것으로 보인다. 그러나 영암 옥야리 방대형 1호분이나 나주 신촌리 9호분과 같은 전형적인 방대형분은 아니다. 이는 유물의 연대를 통해서도 찾아지는데, 분구 남쪽부에 자리한 3호 옹관의 연대가 5세기 중엽에 해당하는 ⅢA1식,[191] 7호 목관묘 출토 직구소호가 5세기 중엽으로 비정하는 견해[192]가 참고가 된다. 이와 유사한 사례로 나주 복암리 2호분을 들 수 있다. 고분은 정비복원조사가 실시되어 분구에 대한 내용이 파악되지 않았으나 제형 주구가 확인됨으로써 인접한 3호분처럼 (장)제형에서 방대형으로 개축한 것으로 알려졌다. 그러나 2호분은 기왕의 분형인 장제형에서 완전하게 벗어나지 못하여 정형적인 방대형분을 조성하지 못했다. 장제형일 때의 주구는 최대길이가 33~35m 정도에 달했던 것에서 방대형분으로 개축된 시점에서는 2/3정도로 축소된 정황도 영암 신연리 9호분과 동일한 조성 과정 속에서 진행된 결과임을 말해준다.

(2) 각 형식의 선후관계

이제까지 전남지역에서 제형분이 상당히 많은 수가 조사되었지만 절대적 기준이 될 만한 자료가 희박하다. 나주 복암리 3호분을 제외하고는 묘제의 연속성을 보여주는 층서관계가 파악되지 않았다. 따라서 연구자들은 개별 유적에서 유구간의 중복관계, 옹관의 형식 변천, 부

---

190   김낙중, 2009a, 『영산강유역 고분 연구』, 학연문화사, p.121.
191   오동선, 2008, 「호남지역 옹관묘의 변천」, 『호남고고학보』, 호남고고학보 30집, 호남고고학회, p.127.
192   서현주, 2006, 『영산강유역 고분 토기 연구』, 학연문화사, p.162.

장 유물의 형식 변천 및 교차편년을 통해 대략적인 순서를 그려내는 정도이다. 결국, 유적 연대를 알 수 있는 방법으로 토기류, 철기류 등의 출토유물 비중을 가장 중시하였고, 여기에 묘제의 특징을 꿰어 맞추는 방법으로 이루어진 듯하다.

각 형식의 시간성은 묘제간의 상대적 변화에 따라 배열할 수 있는데 다장식이라는 특징으로 인해 배열이 규칙적이지 않고, 다른 형식과 공존시간이 긴 경우도 있다. 때문에 분구의 시간성은 출토유물 외에도 분구(주구)의 형태 변화, 매장시설의 결합양상(중심묘와 부속묘의 관계, 추가묘의 배치형태, 중심묘의 점유율) 등 이 지역 고분의 특징을 참고하면서 파악해야만 변화의 방향성을 읽을 수 있다.

앞에서 언급한대로 제형분의 변화방향의 배열과 관여되는 속성으로 주구(분구)형태와 매장형태의 상관관계를 살펴볼 수 있다. 여기에는 크게 단장과 다장이라는 매장시설의 기수를 통한 중심묘와 부속묘의 배치관계의 구분이 내재되면서 주구 속성은 평면형태가 크게 (장)방형 → 마제형 → 제형(단제형 → 장제형)으로 변화됨을 알 수 있다. 이를 기준으로 본다면, Ⅰ-A으로부터 Ⅲ-A로 변화과정의 상정이 가능하다. 이는 고분의 주구가 서로 중복된 양상을 통해서 잘 드러나고 있어[193] 변화의 방향으로 설정하는 데 유효한 속성이라 판단된다. 영암 금계리고분, 함평 순촌고분, 나주 용호고분군을 사례로 들고 있다(표 13).

영암 금계리고분에서 중복양상이 보이는 7개의 군집이 있는데 5호·6호·10호·11호·9호·8호의 관계를 통해 마제형 → 단제형 → 장제형으로의 이행되고 있음이 확인되었

표 13 고분 형식 간 중복양상(박형열 2014)

유적명	시간 先 → 後
영암 금계리유적	5호(ⅠA1) → 6호(마제형) → 10호(제형) → 11호(제형(추)) → 9호(제형) → 8호(장제형(추))
	7호(ⅠA3(추)) → 12호(제형(추)) → 26호(장제형(추))
	13호(제형) → 14호(제형)
	3호(마제형) → 2호(제형(추)) → 15호(제형(추))
	16호(제형) → 18호(제형(추))
	17호(ⅠA1(추)) → 19호(ⅠA2) → 20호(제형) → 21호(제형)
	23호(마제형) → 24호(장제형)
함평 월야 순촌 유적	20호 → 15호(ⅠA3) → 19호(ⅠA3)
	35호(ⅡA1) → 39호(ⅡA2) → 38호(제형) → 31호(장제형)
	32호(ⅡA3) → 29호(장제형)
나주 용호 고분군	4·6호(ⅠA2) → 5호(제형)
	10호(ⅠA2) → 11호(제형)
	17호(ⅠA3) → 18호(ⅠA3)

---

[193] 박형열, 2014,「영산강유역 3~5세기 고분 변천」, 동국대학교 석사학위논문, pp.43~44.

다. 함평 순촌유적은 3개 군집의 중복양상이 확인되는데 각 군집의 중복 양상을 정리하면 20호 → 15호 → 19호, 32호 → 29호, 35호 → 39호 → 38·31호이다. 이 고분 역시 전반적으로 마제형으로부터 장제형으로 변화되고 있어 금계리와 동일한 방향으로 이행됨을 말해준다. 그러나 영암 금계리고분에 비해 밀집도가 낮고 장제형으로의 이행율도 떨어지고 있는데 이는 고분의 하한과 관련되는 동시에 단위 취락의 규모가 반영되었을 가능성이 있다고 본다.

예로 함평 엄다천 일원의 단위체로 볼 때, "성남취락은 주구와 함께 토광묘, 옹관묘 등의 고분군이 조사된 바 있는데 중심연대는 3세기 중반~4세기 전반에 해당한다. 여기에서는 마제형으로 불리우는 분구묘로 주구에 옹관의 추가장이 이루어진 3세기 중반의 다장분과 경배와 호형토기가 부장된 4세기 전반의 목관묘가 조사되어 거점취락으로 볼 수 있다. 국산취락은 3세기 후반대의 주거지와 함께 4세기 전반에 조영된 목관묘가 조사된 곳으로 주거지는 구릉 사면에 걸쳐 6기가 확인되었다. 주거지의 중첩관계나 밀집도 그리고 분묘유적의 내용을 고려해 볼 때 하위취락으로 분류할 수 있다."라고 기술한 대목[194]을 참고한다면 자연스러워지는 부분이다. 함평 순촌고분은 반경 2km범위 내에 취락이 확인되지 않는데 반해 영암 금계리고분은 천을 사이에 두고 구릉부에 형성된 주거군과 일치되는 시기에 형성되었다는 점도 이를 뒷받침한다.

다음으로 나주 용호고분군은 곡간대지 사이의 구릉 능선 말단부에 집단 조영된 고분군으로 중심연대가 3~4세기대에 집중되었다. 20기 이상의 분구가 조사되었음에도 불구하고 5세기대의 양상이 확인되지 않는 점은 존속시기를 보여주는 자료로 생각된다. 또한 고분간의 일정 거리를 유지하고 있어 중복관계가 심하지 않는 점도 고분의 존속시기를 가늠할 수 있는 속성으로 보인다. 즉, 고분군의 중복관계가 높을수록 마제형 → 단제형 → 장제형으로 이행 과정이 더 선명하게 드러나며 고분의 존속시기도 그렇지 않는 것에 비해 더 연장되고 있다는 사실도 참고할만하다.

제형분의 주구형태와 매장형태는 서로 상관되어 (장)방형 → 마제형 → 제형(단제형 → 장제형)으로 변화되며 여기에서는 단장과 다장의 속성, 추가묘의 배열관계인 외연 無배치 → 옹위 배치 → 일렬 배치로의 방향성과 밀접하게 관련됨을 알 수 있었다(표 14). 따라서 시간적인 흐름의 변화는 Ⅰ-A형으로부터 Ⅲ-B형으로 설정할 수 있다.

다음으로 분형과 규모와의 관계를 보기로 한다. 먼저 분형은 앞에서 보았듯이 크게 방형,

---

194 이영철, 2004, 「옹관고분사회 지역정치체의 구조와 변화」, 『호남고고학보』20집, p.65.

Ⅲ. 제형분의 성립과 전개

표 14 분형과 매장형태의 상관관계

매장	분형	(장)방형	마제형	단제형	장제형	장방형
단장	단독	●				
단장	옹위		●	●		
다장	일렬				●	●

표 15 분형과 분구규모의 상관관계

규모	분형	(장)방형	마제형	단제형	장제형	장방형
10m 미만		●	●			
10m 이상				●		
20m 미만					●	
30m 내외					●	
20m 내외						●

마제형, 제형이 존재하는데 이와 같이 다른 분형을 갖추는 과정에서 관여되는 분구의 규모는 크게 10m 미만, 10m 이상, 20m 미만, 30m 내외로 구분할 수 있다(표 15). 분형과 분구규모의 전체적인 조합양상에서 10m 미만 → 10m 이상 → 20m 미만 → 30m 내외로의 방향성을 보이다가 다시 20m 내외로 축소되기도 하지만, 대체로 분형은 규모와 상관관계를 보인다. 이를 통해 Ⅰ-A형으로부터 Ⅲ-A형으로 변화된다는 상대서열을 정리할 수 있다.

다만, 여기에서 언급되어야 할 부분이 있다. Ⅲ-B형으로 구분된 영암 신연리 9호분의 존재이다. 분형을 보면 제형과 장방형의 중간 형태로서 모호한 측면이 상당하고, 규모에서도 갑자기 Ⅱ-B형 단계로 회귀하는 모습이다. 일반적으로 분형의 변화는 장제형-방대형-원대형분으로의 시간성을 인정할 때 영광 군동 18호(기원전 2세기대)-무안 인평 1호분(기원후 3세기대)으로 이어지는 간헐적인 계보를 따라 5세기대에 이르러 영암 신연리 9호분에서 다시 발현된 것으로 볼 수도 있다. 그러나 신연리 9호분은 제형분의 매장시설에서 일반적으로 보이는 배치 구도를 그대로 따르지 않는다. 이는 고총고분인 나주 신촌리 9호분의 방대형분에서 보이는 매장시설의 배치상과 상통되고 있어서 고분의 시기 판정을 가늠할 수 있다. 또한 방대형의 고총고분의 단계에서 밑면의 장축길이가 제형분 단계보다 오히려 작아지는 30m 정도라는 점도 참고할 수 있다. 이렇게 분구가 작아지는 경향은 수평확장에서 수직확장, 비정형에서 정형화로 변화됨을 의미하고 있다고 본다.

또한 나주 복암리 3호분 등의 고총분에서 선행분구를 조정하여 수직확장을 하였듯이 신연리 9호분도 선행분구인 제형분을 개축하여 장방형으로 탈바꿈했을 가능성이 크다. 분구 규모가 20m 내외로 Ⅲ-A형보다 작아진 정황을 이해할 수 있는 부분이다. 3호 옹관 출토품이 장경호를 비롯하여 모두 경질계로 구성되고, 장동화된 직구호의 부장으로 볼 때 5세기 전엽으로 볼 수 있다. 그러나, 옹관 형식으로 볼 때 5세기 후엽으로 편년되는 무안 구산리 1호 옹관과 유사하다는 점은 1세대의 조성이 있은 후 마감되었음을 가늠케한다. 만약, 이렇게 볼 수 있다면 신연리 9호분의 분형·매장시설의 배치구도의 설명이 보다 자연스러워진다. 즉, 영산강 중하류역에서 영암 옥야리 방대형 1호분을 선봉으로 하여 조성되어진 고총고분의 영향을 받음으로써 분형이 방대형으로 조정되고, 매장 구도가 흐트러졌을 가능성이 짙다. 분형을 방대형으로 전환한 사례는 무안 구산리 옹관고분에서 확인되는데 초축 분구가 10m이하로 조성된 이후 5세기 말~6세기 초에 이르러 방형으로 전환했다. 옹관 6기는 분구 중앙에 배치되었다는 점에서 신연리 9호분의 정황을 설명할 수 있다고 생각된다.

　　이상을 통해 제형분의 각 형식에 대한 변화의 방향성을 살펴보았다. 보다 신뢰도를 높이기 위한 선후관계의 배열을 위해서는 절대연대나 중복관계가 명확히 확인된 유구를 통해서 접근하는 것이 효과적일 것이다. 주지하듯 현재 참고할만한 자료가 많지 않고, 제형분의 부장 습속이 박장이어서 어려운 부분이 있다. 위에서 살펴보았듯이 각 형식의 속성이 대체적인 시간성을 반영하나, 형식간의 분절적인 양상이 뚜렷하지 않다는 점에서 일괄적으로 적용하기에는 무리가 따른다. 이는 각 지역의 축조 집단 사이에 문화적·환경적인 요인인 기초자원, 대외 교역망, 사회적 수용 능력 등의 여건에 따라 차이가 발생되었을 것으로 본다. 그 변화는 재지계 분구를 개축하는 연속선상에서 이루어졌기 때문에 계승성을 담으려 했던 의지로 보아야 할 것이다.

3) 축조기술과 공정

(1) 자료 분석

여기에서는 제형분 중 분석이 가능한 7개소 8기의 고분 자료를 대상으로 보고서의 토층도를 검토하고자 한다. 분석할 수 있는 사례가 매우 적은 관계로 제형(계) 고분으로 분류할 수 있는 경우도 함께 검토하도록 한다. 특히 분구묘 개념인 '선분구조성'에 대한 타당성 여부를 집중적으로 살펴보겠다. 자료의 분석 현황을 정리하면 〈표 16〉과 같다.

나주 용호 12호분 목관묘·17호분 목관묘(호남문화재연구원 2003)

나주 용호 12호분은 완만한 산 사면에 위치하며, 한 차례의 분구 확장 조정을 통해 완성된 고분이다. 분구에 안치된 매장시설은 목관 1기와 옹관 6기가 조사되었다. 고분은 Ⅱ-B형으로 분구 길이가 20m 미만의 다장분이다. 미부쪽 주구가 밀폐된 상태로 고분의 조영을 마감하였다. 최초 분구는 경사면 아래쪽이 개방된 제형으로 축조되었으나, 한 차례의 확장 조정을 통해 장제형으로 분형을 최종 완성하였다. 이 과정에서 주구는 전면을 감싸고 두른 밀폐형으로

표 16 영산강유역권 제형분 분석 현황(한옥민 2016)　　　　　　　　　　　　　　* 목관묘: 목, 옹관묘: 옹

고분명	분형	분구규모(m) (장×단×고)	매장시설		중심묘		비고
			중심	추가	굴광 확인층	바닥 위치	
나주 용호 12호분 목	제형	20.15×10.35×1	목	옹6	성토층 (Ⅱ~Ⅳ)	구지표층	1차례 수평확장 3C 중·후엽
나주 용호 17호분 목	제형	16.25×8.5×1.7	목	옹1	성토층 (Ⅴ)	구지표층	3C 중·후엽
화순 용강리 1-1호 목	제형	6.32×5.88×?	목	목1	-	생토층	분구 멸실, 4C 전반
함평 향교 1호분 목	제형	10×?×0.40	목	-	구지표층	생토층	4C 전반
함평 만가촌 13호분 13-6호 목	제형	55.3×8-16×1.8	목	목10 옹1	성토층(?)	구지표층	3C 후반
영암 초분골 2호분 3호 목	제형	16.5×15×1.5	목	목1	성토층	생토층	5C 전·중엽
영암 옥야리 14호분 옹	제형계	11(직경)×1.7	옹	옹1	-	생토층	보고서: 원형 4C 전반
무안 인평 1호분 1호 목	제형계	13×11×0.7	목	목2옹 1	성토층 (Ⅲ)	생토층	보고서: 방형 3C 중·후엽

굴착되었다. 최초 분구 규모는 길이 25, 5m, 최대 너비 10, 35m이며, 확장된 최종 분구는 동쪽으로 7.6m, 서쪽으로 1m 정도를 확대 조정함으로서 전체길이가 34.1m에 이른다. 고분은 분구의 장축방향을 등고선과 직교하게 두었는데, 최고지점과 최저지점의 레벨 높이는 4.7m가 차이난다. 경사면이 높은 서쪽 지점에 분구 성토의 정점을 둠으로써 자연 지세를 이용한 분구 경관의 고대화 효과를 노렸던 것으로 판단된다. 그러나 분구의 잔존 높이가 최초 분구와 관련된 성토 마감지점인지, 확장 조영된 분구의 마감지점인지는 확인하기 어려웠다.

　최초 분구 조성과 관련한 매장시설은 목관 1기이며, 6기의 옹관은 최종 분구에 매장된 시설이다. 최종 분구에 매장된 6기의 옹관은 분구를 재굴착하거나, 주구 퇴적토를 굴착해 안치된 반면, 목관은 최초 완성된 분구를 굴착해 시설한 흔적은 찾을 수 없다. 이와 관련된 서술 내용을 살펴보면, "… 목관묘와 옹관묘 2호가 상하로 중첩되어 드러난 사실을 통해 분구 성토 횟수를 파악할 수 있었다. … 분구 축조는 대상부 범위를 미리 설정하여 분구가 성토될 범위를 일정하게 정지(흑색점토층)한 후, 주구를 굴착하는 과정에서 파내진 흙을 이용하여 쌓은 것으로 판단된다. 또한 두세 번에 걸친 층(Ⅱ~Ⅳ)을 쌓은 다음 매장주체시설를 안치할 토광을 굴착하였다. 이후 목관을 안치하고 다시 성토하여 분구를 완성한 것으로 판단된다."라고 보고하였다.[195]

---

[195] 호남문화재연구원, 2003, 『나주 용호고분군』, p.79.

위 서술 내용을 통해 최초 분구 축조방법과 순서 및 매장시설(목관)과의 선후관계를 정리해 보면, ①분구의 평면 공간을 기획한 후 → ②전면에 정지층을 마련하고 → ③주구 굴착토(Ⅱ~Ⅳ)를 이용해 성토한 다음 → ④목관이 자리할 지점에 묘광을 굴착하여 → ⑤목관을 안치하고 → ⑥성토하여 분구를 완성한 축조 공정 과정이 복원된다. 특히 목관 시설과 분구 축조의 선후관계를 밝혀줄 수 있는 ③·④ 단계의 내용이 주목된다. 최초 분구의 매장주체인 목관은 분구가 완성된 후 되파기하여 안치된 것이 아니라 성토 과정 중에 안치되었다는 사실이다. 즉 분구와 매장시설이 동시성토 됨으로서 분구묘의 특징과 상반되는 현상이다.

또한 목관 안치를 위해 묘광을 굴착한 점도 지상식이 아닌 지하식 내지는 반지하식 구조로 볼 수 있는데, 이 또한 분구묘의 매장시설은 지상식이라는 주장[196]과 상반된다. 〈그림 13〉의 토층도 검토를 통해 정지층(Ⅱ층) 아래인 구지표층(Ⅰ층)을 파고 들어선 것으로써 (반)지하식 구조임이 뚜렷이 확인된다. 목관 굴광선은 성토층을 되파기하지 않고 자연스럽게 쌓아올린 성토층의 안쪽 경사면을 따라 이어짐을 알 수 있다.

나주 용호 17호분은 12호분이 자리한 산 능선에 위치한다. Ⅰ-C형으로 12호분과 다르게 분구 상에 목관만을 안치한 단장분이다. 주구 내에 옹관 1기가 추가장 되었다. 목관이 주체인 단장분에서 중심묘가 어떤 방식으로 조성되었는지를 알 수 있는 사례이다. 분구 평면형태

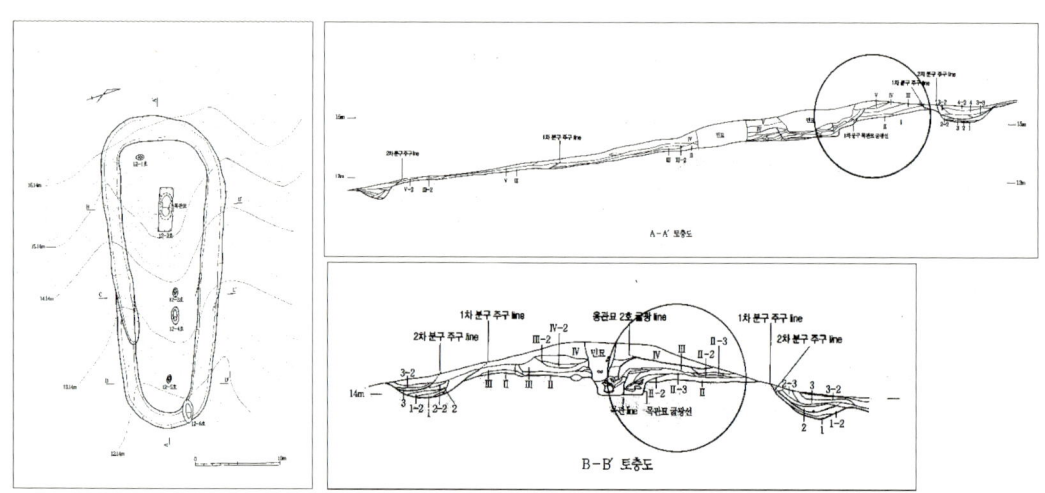

그림 13 나주 용호 12호분 목관묘 토층도(호남문화재연구원 2003에서 재편집)

---

196 이성주, 2000, 「분구묘의 인식」, 『한국상고사학보』32, 한국상고사학회, p.79.
성정용, 2000, 「백제 한성기 저분구분과 석실묘에 대한 일고찰」, 『호서고고학』3, 호서고고학회, p.3.

Ⅲ. 제형분의 성립과 전개

가 제형이며, 분구 규모는 길이 16.25m, 최대 너비 8.5m, 최대 높이 1.7m이다.

분구는 구지표를 정리한 다음 1차 정지층인 흑색점토를 깔아 분구의 밑면적 범위를 설정하였다. 보고서 기술에서 축조방법에 관한 내용은 "17호분 조사과정에서 특이한 점은 목관묘가 안치될 분구 중심부는 흑색점토를 성토하는 과정에서 빈 공간을 남겨둠으로써 분구의 중심점 혹은 매장주체시설의 안치 위치를 염두했던 의도적 행위로 짐작되었다. 목관을 안치하기 위한 굴광 작업은 적갈색점토를 띠는 Ⅴ층까지를 쌓아올린 후 이루어짐으로써 …"라고 기록[197]된 부분이다.

위 서술 내용을 통해 최초 분구 축조방법과 순서 및 매장시설(목관)과의 선후관계를 정리해 보면, ①구지표 정리 후 1차 정지층(흑색점토)을 다짐하는데 → ②목관이 안치될 부분은 빈 공간으로 남겨두었으며 → ③정지층 위로 Ⅴ층까지 성토하여 쌓아 올린 분구 축조 공정 과정이 복원된다. 여기에서 주목되는 공정 내용은 ②·③단계이다. 목관이 안치될 지점의 공간을 남겨두고 분구 성토가 진행되었다는 점이 12호분 최초 분구의 축조 정황과 일치한다.

<그림 14>의 검토를 통해 볼 때, 17호분은 묘광이 구지표층을 파고 조성된 (반)지하식이고, 목관의 굴광선 시작점이 성토층 중 중간층에 해당하는 Ⅴ층에서 확인된다는 점은 12호분 양상과 공통적이다. B-B′ 토층도의 왼쪽부분을 보면, 주구 어깨선 시작점과 목관 굴광선 시작점을 연결시킨다고 가정하면 약간 볼록해지는 느낌을 주고 있다. 이 부분은 보고서 기술 내용과 연관되는데, 성토하는 과정에서 대상부 중앙에 빈 공간을 남겨두었다는 대목이다. 아

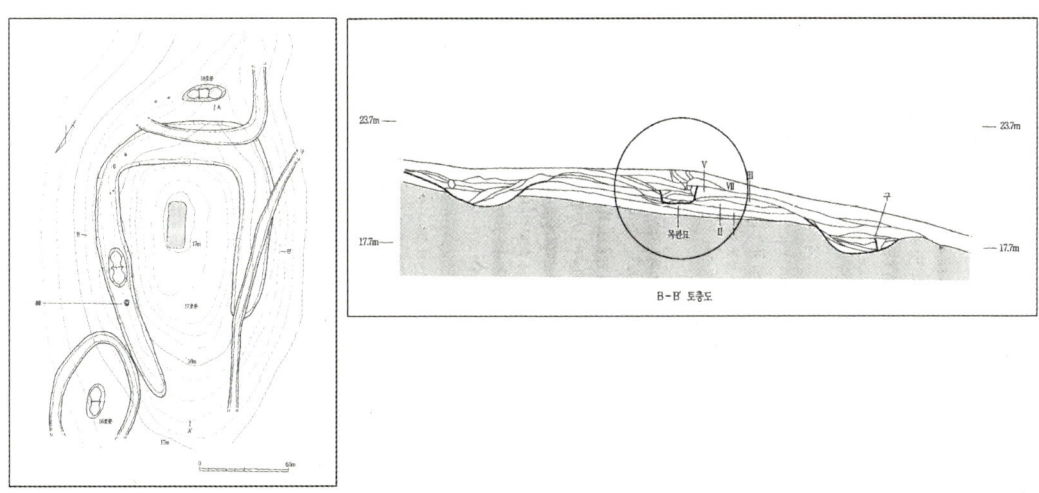

그림 14 나주 용호 17호분 목관묘 토층도(호남문화재연구원 2003에서 재편집)

---

197 호남문화재연구원, 2003, 『나주 용호고분군』, pp.130~132.

직 제형분 축조 방식에서 사례가 확인되지 않아서 17호분만의 특이점으로 인지할 수도 있으나, 어쩌면 그동안 연구자들이 미처 인식하지 못했던 축조 방식을 반영해 주는 자료가 아닌가 생각된다.

화순 용강리 1-1호 목관묘(동북아지석묘연구소 2011)

고분은 나주호로 유입하는 대초천 상류역의 곡간평지부에 위치한다. 분구가 모두 멸실되고 주구만 5기가 조사되었다. 여기에 매장시설은 대상부에서 목관 6기, 주구에서 목관 1기가 각각 조성되었다. 이 중 1호 주구로 명명된 고분의 규모는 길이 6.32m, 너비 5.88m이다. 대상부에 2기의 목관이 조성되고 주구의 단면 한쪽이 개방된 제형 주구로 Ⅰ-B형의 범주에 속한다. 목관 2기 중 1-1호가 중심묘고 1-2호는 추가묘로 안치되었다. 주구는 점토퇴적층과 자갈퇴적층이 교차하는 지점에 맞물려 있는데 이는 대상부의 위치를 고려한 것으로 이해된다.

보고서에는 분구가 멸실된 관계로 분구(주구)와 매장시설과의 관계를 보여주는 토층도가 생략되어 있다. 1-1호 목관묘의 조성과 관련하여 "토광 바닥면이 원토를 파고 들어간 것으로"라는 부분과 "전체적으로 토질에 자갈이 다량 섞여 있어 대상부와 주구를 노출하는데 상당한 어려움이 있었다."는 내용[198]을 통해 대략적으로 추정할 수 있다.

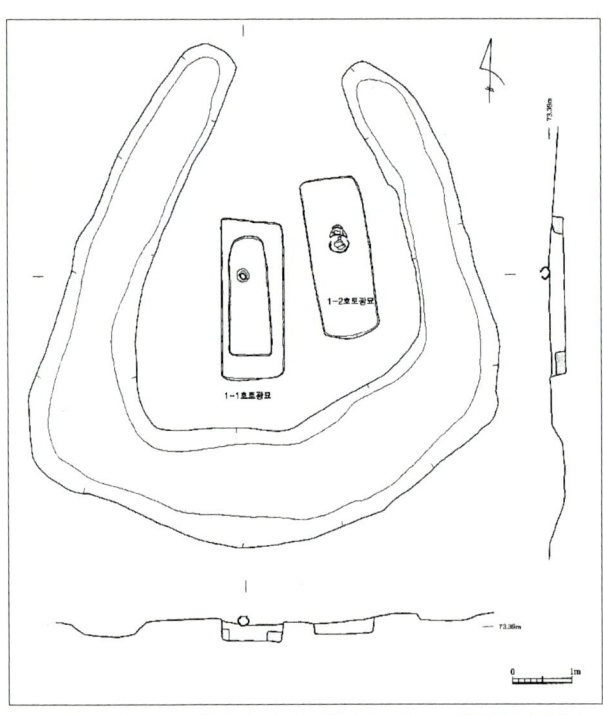

그림 15 화순 용강리 1-1호 목관묘 토층도(동북아지석묘 2011)

〈그림 15〉를 통해 볼 때 화순 용강리 1-1호 목관묘는 생토층을 파고 조성된 지하식 구조인데 반해, 대상부 중앙에서 조금 비켜나서 추가로 안치된 1-2호 목관묘는 바닥면이 성토층에 위치하여 지상식 구조라는 차이를 보이고 있다.

---

198 동북아지석묘연구소, 2011, 『화순 용강리유적』, p.42.

대상부에서 나란히 조성된 매장시설 2기가 중심묘와 추가묘의 성격을 지니면서 구조에서는 지하식과 지상식으로 나뉘고 있다는 점은 축조방법을 살피는 데 좋은 정보를 주는 자료이다. 따라서 1-2호 목관묘는 분구를 되파기하여 안치된 추가매장시설로서, 중심묘인 1-1호 목관묘와는 다른 축조공정을 거쳐 추가되었음을 알 수 있다.

함평 향교 1호분 목관묘(호남문화재연구원 2004)

향교고분은 영산강 지류인 함평천이 조망되는 산사면 말단부에 위치한다. 10×8m의 협소한 범위에서 2기가 조사되었는데 농로를 개설하는 과정에서 파괴되어 일부가 확인되었다. 이 중 1호분은 목관 1기만을 대상부에 안치한 단장분으로 주구 형태는 제형으로 Ⅰ-C형의 범주에 속한다. 확인된 주구의 길이는 5m 정도이지만 원래의 규모는 10m 내외로 추정된다.

분구 축조방법을 알 수 있는 내용은 "분구 성토행위는 목관과 관련되는 것으로서 1차만 행해진 것으로 판단된다. 성토부는 구지표층과 성토층이 명확히 구분되지 않지만, 목관은 성토부의 바로 아래에 있는 생토층을 40cm 정도 파고 조성되었다."라고 기록[199]한 부분이다.

<그림 16>의 토층도 검토를 통해 향교 1호분 목관묘는 그 매장 위치가 지상식이 아닌 지하식 구조임을 알 수 있다. 또한 구지표층과 성토층의 구분이 명확하지 않는다는 보고 내용을 통해 볼 때 분구 축조 시 성토부의 견고성을 고려하여 구지표층을 제거했던 치환공법의 실시로 추정된다.

특히, 남-북 토층도를 살펴보면, 성토된 분구 부분이 완만

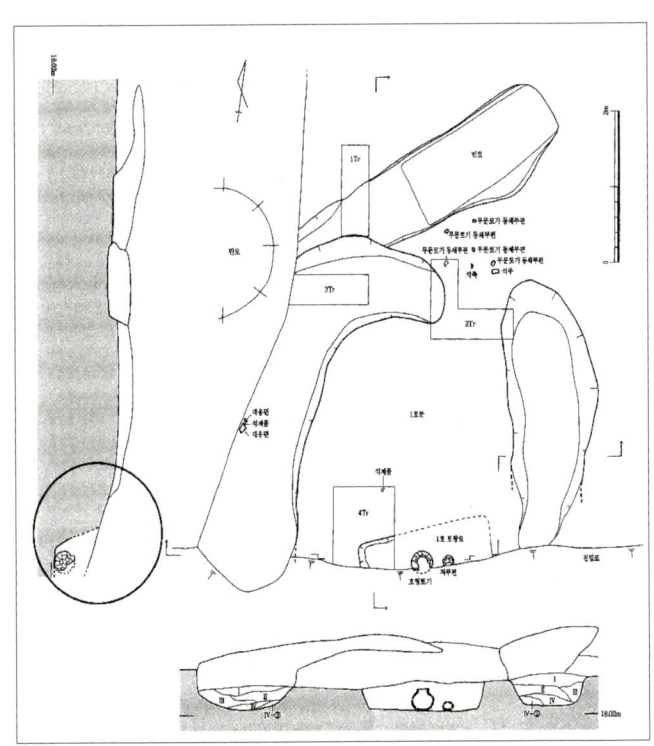

그림 16 함평 향교 1호분 목관묘 토층도(호남문화재연구원 2004)에서 재편집

---

[199] 호남문화재연구원, 2004, 『함평 향교고분』, p.30.

하게 중심매장시설 쪽으로 흘러내린 현상을 확인할 수 있다. 이는 매장시설이 안치될 지점을 공백 상태로 남겨둔 채 분구의 성토가 진행된 정황을 보여준다고 할 수 있다. 따라서 향교 1호분 중심묘(목관묘)와 분구의 축조 선후관계는 나주 용호 12호분과 유사한 방법으로 진행되었음을 복원할 수 있다.

함평 만가촌 13호분 13-6호 목관묘(전남대학교박물관 2004)

만가촌 13호분은 영산강의 지류인 고막천 상류 평야지대를 조망하는 구릉 사면에 위치한다. 분구가 남아있는 14기의 고분이 확인되었다. 이 중 13호분은 장제형을 띠는 분구로 북쪽 주구를 기준으로 서·남·북쪽 구역이 확장되어 최종 완성된 고분이다. 최종 분구 길이는 55.3×8~16×1.8m이다. 2차에 걸쳐 성토된 분구 상에서는 목관 11기, 옹관 1기가 매장되었는데, 최초 분구에 안치된 중심묘는 13-6호 목관이다. Ⅲ-A형에 속하며 추가매장시설들은 분구의 중심축을 따라 일렬 배치로 조성되었다(그림 17).

보고자는 "가장 먼저 13-6호묘를 중심으로 독립된 주구를 가진 소형 고분이 자리 잡았다가 이후 13-7호묘, 13-8호묘, 13-9호묘가 추가되었다. 추가장은 여기서 끝나지 않고 다시 이들 묘의 서쪽과 남쪽으로 선행주구를 메우면서 수평적으로 확장됨과 동시에 수직적으로도 확장되면서 13-1호묘~13-5호묘가 추가된 것으로 판단된다. … 표토를 제거하고 분구 성토층을 정리하는 과정에서 토광윤곽선이 확인되었다."라고 하였다.[200]

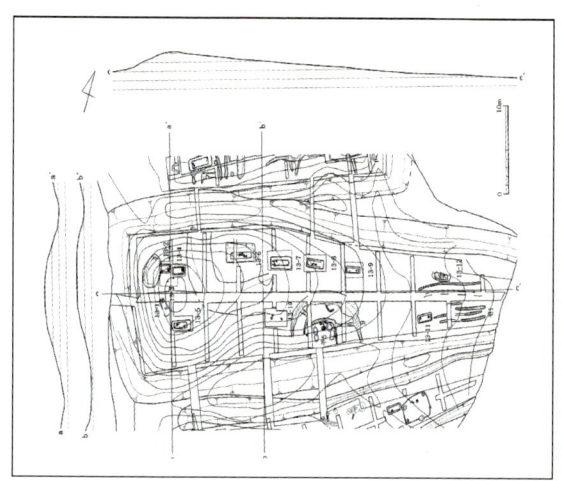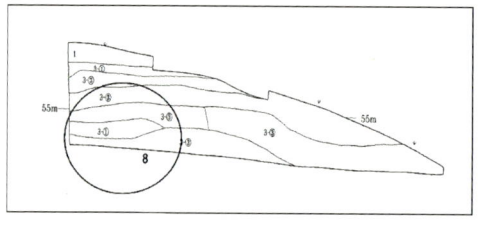

그림 17 함평 만가촌 13호분 13-6호 목관묘 토층도(전남대학교박물관 2004에서 재편집)

[200] 전남대학교박물관 2004, 『함평 예덕리 만가촌고분군』, pp.84~94.

Ⅲ. 제형분의 성립과 전개

　13호분의 초축묘인 13-6호 목관묘와 관련되는 층위도는 3번·4번·13번에 해당되는데 목관의 장북변 가까이에서 끊겨있어 분구와의 유기적 관계를 정확히 알 수 없다. 다만, 층위도에서 성토부의 바로 아래에서 구지표가 일부 보이고 있는 점으로 보아 정지작업은 전체적으로 이루어지기 보다는 부분적으로 이루어졌을 가능성이 짙어 보인다. 성토부가 3개 층으로 이루어진 점에서 나주 용호 12호분과 17호분과 상통되고 있다. 또한 보고자가 분구 성토층을 정리하는 과정에서 묘광 윤곽선이 확인되었다고 언급한 점에서 되파기 방식보다는 나주 용호 12·17호분처럼 성토부의 중간층 정도에서 묘광이 시작되었을 가능성이 짙다. 이와 관련해서는 보고서 사진(66上)을 트렌치 단면을 통해서도 알 수 있는데, 중간 절개된 묘광 단면선이 성토층을 굴착하지 않고 완만하게 흘러내린 현상을 관찰할 수 있다.

　최초 분구 성토와 중심묘간의 선후 관계는 후축된 분구에 안치된 13-2·4·5호 목관묘를 통해서 알 수 있다. 후축 분구 조성과정에서 최초 안치된 매장시설은 보고서 토층도(도면 50-8)를 참조할 때 1차 성토된 3-③층(암갈색점토층)이 13-5호 목관 쪽으로 내경된 채 흘러내린 현상이 지목된다. 이 같은 성토 현상은 추가 매장된 13-2·4호 목관묘의 굴광선이 성토층을 굴착하여 시설된 것과는 대조적이다(보고서 도면 50-9 참조). 따라서 확장된 분구의 중심묘 또한 성토 과정 중에 안치되었으며, 추가장된 13-2·4호 목관묘는 분구를 되파기하여 안치된 사실이 확인되었다. 결국, 추가된 분구가 최초 분구의 장축방향이 아닌 세 방향으로 확장 조영된 13호분은 초축 분구의 중심묘인 13-6호 목관묘나 확장 분구 중심묘인 13-5호 목관묘 모두 분구의 성토 과정 중에 안치된 공통점을 보여주었으며, 완성된 분구 상에 추가 안치된 목관묘들은 분구를 되파기하여 시설됨을 확인시켜준 중요한 자료라 할 수 있었다.

영암 내동리 초분골 2호분 3호 목관묘(국립광주박물관 1986)

고분은 돌출하여 솟아있는 구릉으로부터 뻗어 나온 구릉가지의 끝자락에 위치한다. 2호분은 1호분과 서로 맞닿아 북쪽부에 자리한다. 분구 규모는 16.5×15×1.5m 이상이 확인된 제형분이다. 분구의 동쪽 자락의 유실이 심하여 정확한 규모 파악이 어렵다는 점을 감안하면, Ⅲ-A형으로 판단된다. 분구에는 목관묘 2기와 옹관묘 1기가 안치되어 있는데 두부 쪽에 3호 목관묘가 최초로 들어선 후, 나머지가 추가되었다.

　분구의 중심묘인 3호 목관묘와 성토층과의 관계를 유추할 수 있는 보고서 기술 내용을 정리해 보면 두 부분으로 요약된다. 첫 번째는 "구덩무덤들이 모두 분구 속에 위치한다. 다시 말해 성토층 안에 만들어진 것에 반하여 이것은 성토층을 완전히 파고 내려가 생토층인

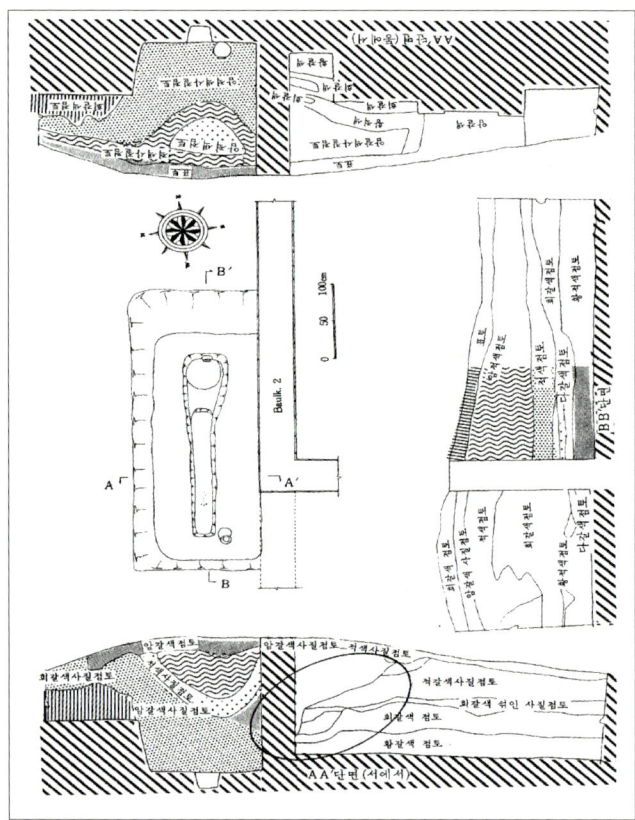

그림 18 영암 내동리 초분골 2호분 3호 목관묘(국립광주박물관 1986에서 재편집)

지반토를 파서 만들고 있는 것이다. 따라서 그 깊이가 아주 깊은데 지표에서 190cm나 된다."[201] 두 번째는 "항아리는 지표에서 135cm의 깊이에서부터 모습을 드러냈는데 이것이 구덩무덤에 껴묻어진 것이 아닐까 여기면서 구덩무덤의 테두리를 찾는 작업을 계속하였다. … 그러나 흙이 너무 질척거려 구덩의 벽을 찾기가 대단히 어려웠다. 다만 토기들이 놓인 바닥부분의 깊이에 이르러 흙 빛깔의 변화를 엿볼 수 있었다."라는 내용이다.[202] 이 부분을 통해 현상을 정리해보면, 3호 목관묘는 성토층 아래의 기반토까지 파고 내려가 자리한다는 점과 묘광선이 쉽게 확인되지 않아 부장유물을 기준으로 찾아졌다는 점이다.

한편, 분구 성토와 관련해 정리된 〈그림 18〉의 3호 목관묘 토층도 기술 내용으로는 간략히 기록되어 현상을 복원하기가 쉽지 않지만, "붉은 황토로 된 성토층 아래 회갈색층이 이어지고, 맨 아래는 생토층으로 굵은 모래가 섞였다"는 11월 19일자 일지[203]를 통해 정리가 가능했다. 맨 아래층부터 순서대로 보면, 생토층(황갈색점토), 정지층(회갈색점토), 성토층은 2개 층(下: 회갈색사질점토, 上: 적갈색사질점토)으로 이루어졌음을 알 수 있다. 생토층과 정지층의 단면이 수평으로 쌓이다가 목관묘 주위의 성토층에서 U자상의 함몰형태를 띠는 점으로 보아

---

201 국립광주박물관, 1986, 『영암 내동리 초분골고분』, p.77.
202 국립광주박물관, 1986, 『영암 내동리 초분골고분』, p.79.
203 국립광주박물관, 1986, 『영암 내동리 초분골고분』, p.32.

Ⅲ. 제형분의 성립과 전개

묘광이 이 지점부터 시작되었을 가능성이 농후해 보인다.

층위로 볼 때 정지작업 후 성토가 이루어졌고 이 과정 중에 중심묘(3호 목관묘)가 안치되었던 것으로 관찰된다. 이 같은 결정적 증거는 보고서 〈도면 22. AA'단면〉에서 찾아진다. 묘광의 동쪽 굴광선을 직선으로 굴착된 것처럼 표현한 것에 비해 서쪽 굴광선은 완만하게 내경된 현상에서 답을 구할 수 있었다. 이 같은 성토 양상은 마치 나주 용호 12호분 목관묘의 토층도와 흡사한 성토 장면이다. 생토층인 황갈색 점토층을 포함해 정지작업이 이루어진 회갈색점토층의 성토층은 목관이 안치된 부분으로 완만하게 내경시킴으로써 목관 안치 시점은 분구 성토 과정 중에 진행되었음을 알 수 있다. 이는 분구 성토 후 재굴착하여 목관을 안치하지 않았다는 것을 확인시켜 주고 있다.

영암 옥야리 14호분 옹관묘(목포대학교박물관 1991)

영암 옥야리 14호분은 영산내해로 알려진 영산강 초입의 저평한 구릉상에 위치한다. 고분 분구 중앙과 주구에서 각각 옹관 1기씩이 조사되었다. 분구 평면형태는 원형으로 보고되었고 연구자도 원형으로 분류[204]하고 있지만, 주구의 진행 방향을 토대로 분형을 복원해 보면 제형계(마제형·단제형)일 가능성이 높다. 분구 규모는 직경 11m, 높이 1.7m이며, 제형분 Ⅰ-C형에 해당된다.

분구 성토 층위는 표토 아래에 적황색사질토층, 회갈색점토층, 구지표층, 생토층으로 구분된다. 옹관은 구지표층과 생토층 일부를 파고 안치되어 윤곽선이 나타나지 않았다. 옹관은 거의 중앙에 위치하도록 봉토를 쌓았으며, 생토가 상대적으로 높은 남쪽은 도랑을 깊게 파서 적은 노력으로 보다 높게 만들려는 의도가 뚜렷하다. 성토층은 적황색사질점토가 주를 이루고 있으며, 그 아래에 회갈색점토를 전체적으로 깔고 있다. 회갈색점토가 옹관의 아래로는 깔리지 않은 것으로 보아 옹관을 안치한 후 봉토를 쌓은 것으로 판단된다.[205]

〈그림 19〉를 통해 볼 때, 분구에 안치된 중심묘인 옹관의 묘광 흔적이 관찰되지 않는다는 점과 그 위치가 (반)지하식인 점에서 분구묘 특징과는 다른 내용이 확인되었다. 특히 묘광의 흔적을 확인할 수 없었다는 보고 내용은 분구를 되파기하여 매장시설을 안치한 방식이 아니었음을 기록한 것으로서 관련 정황은 토층 단면도에서도 이해할 수 있다.

---

204 이정호, 2003, 「영산강유역의 옹관고분」, 『전남의 역사와 문화』, 목포대학교박물관, p.113.
205 목포대학교박물관, 1991, 『영암 옥야리 고분』, pp.40~44.

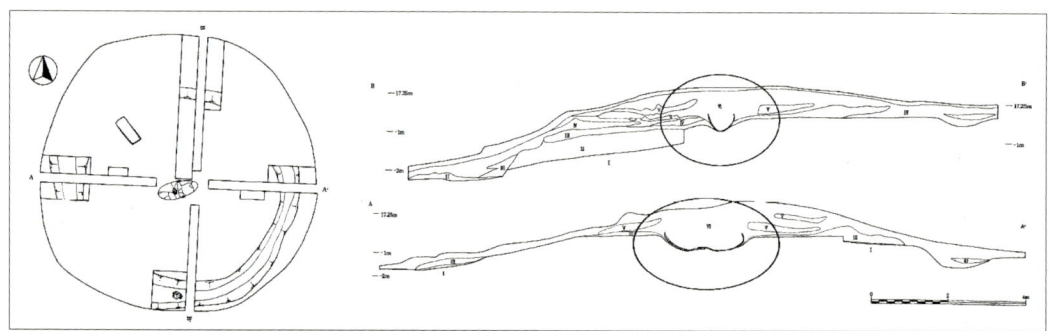

그림 19 영암 옥야리 14호분 옹관묘 토층도(목포대학교박물관 1991에서 재편집)

무안 인평 1호분 1호 목관묘(목포대학교박물관 1999)

고분은 영산강 수계가 한 눈에 조망되는 산사면에 위치한다. 분구 중앙에는 중심묘인 목관 1기와 더불어 중층 매장된 옹관 1기가 확인되었고, 주구 내에서도 목관 2기가 추가장되었다. 분구 평면형태는 방형이고, 규모는 길이 13m, 너비 11m이다. 분형에 대해 방형으로 보고되었지만, 정방형이 아니라는 점과 단변 한쪽이 약간 짧아 제형분의 요소도 보이므로 제형계로 분류하여도 무방하다. 추가묘로 조성된 옹관의 점유공간으로 보아 Ⅱ-A형 범주로 이해할 수 있다. Ⅰ-A형과 중심묘의 조성 방식, 배치 구도가 매우 유사하나, 분구 중앙과 주구에 추가매장시설이 조성되는 점은 시간에 따른 변화과정을 시사해준다.

보고서 내용에서 "토광묘는 분구의 중앙에 위치하는데 성토부를 굴토하여 토광을 파내려 간 것으로 관찰되었다. 그러나 봉분을 완전히 쌓아올린 후 토광을 파내려 갔는지, 일정 높이만 성토하고 나서 토광을 파내려 갔는지의 여부는 단정하기 어려웠다. 다만, 토광묘의 굴광선이 시작되는 부분이 동-서 층위도에 나타난 것과 같이 Ⅲ층상에서 시작되고 있다는 점에서 후자일 가능성이 더욱 높은 것으로 생각되었다."라고 기술한[206] 내용이 주목된다.

조사단의 보고 내용에서도 알 수 있듯이 목관묘 굴광 시작 층이 성토가 이루어진 2개층(Ⅱ·Ⅲ) 중 최초 성토층인 Ⅲ층에서 이루어졌고, 묘광 바닥면은 부분적인 정지작업이 실시된 구지표층(Ⅳ)과 그 아래의 생토층(Ⅴ)을 파고 들어섰던 지하식 구조이다(그림 20). 이렇게 생토층-정지층(구지표층)-성토층까지 층위 구분이 이루어졌음에 불구하고 되파기한 흔적을 찾을 수 없다. 특히 묘광의 시작점이 최초의 성토층에서 시작된 점으로 볼 때, 분구와 중심묘의 공정 순서는 동시에 이루어졌을 가능성이 높은 것으로 판단된다. 이는 나주 용호 12호

---

[206] 목포대학교박물관, 1999, 『무안 인평고분군』, p.33.

Ⅲ. 제형분의 성립과 전개

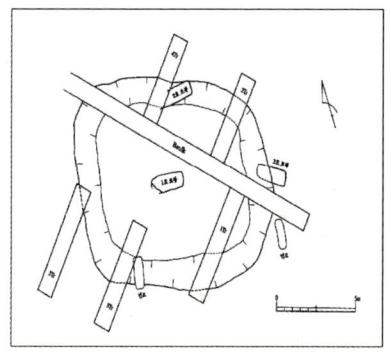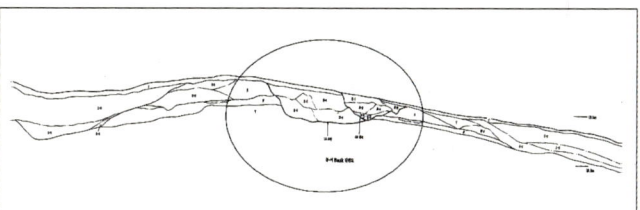

그림 20 무안 인평 1호 목관묘 토층도(목포대학교박물관 1999에서 재편집)

분·17호분과 공통되는 부분이다.

(2) 축조공정

이상에서 살펴본 영산강유역 제형분의 분구-중심묘(중심매장시설), 분구-추가묘(추가매장시설) 간의 축조 순서 및 방식에 관한 내용을 정리하면 〈표 17〉과 같다. 즉 제형분을 분구묘로 분류하는 연구자와 필자의 인식 비교이다.

　　제형분의 분석 과정은 기초 자료인 발굴보고서의 내용 파악이 절대적인 비중을 차지하나, 서술 내용이 간략하고 사진과 도면이 생략되기도 하여 내용 파악에 어려움이 있다. 그러나 대상 자료의 분석을 통해 몇 가지 공통된 현상과 더불어 분구 축조에 반영된 성토기술과 방법에 관한 정보를 정리할 수 있었다. 다만, 매장시설이 대부분 바닥부만 잔존하는 관계로 상부의 내용은 바닥부에 비해 추정이 더해질 수밖에 없다는 한계도 있다.

　　여기에서는 나주 용호 12호분과 17호분 관련 내용을 중심으로 축조 공정을 복원·제시하고자 한다. 더불어 각 공정 과정에서 드러난 축조기술 내지는 기법의 내용을 살펴 특징을 추

표 17 제형분의 축조 방식에 대한 인식 비교

구 분	분구묘 연구자	필자
분구 조성 순서	先분구 後매장	분구와 매장이 동시 진행
중심묘 조성 방식	되파기	미굴광(바닥부만 일부 정돈)
추가묘 조성 방식	되파기	되파기
중심묘 매장 위치	지상식 또는 지상식 지향	(반)지하식
중심묘 바닥 위치	성토층 多, 생토층 少	생토층과 구지표층
분구 성토 순서	분구 전체를 동시 성토	先 분구 외연 성토, 後 중앙 채움 성토

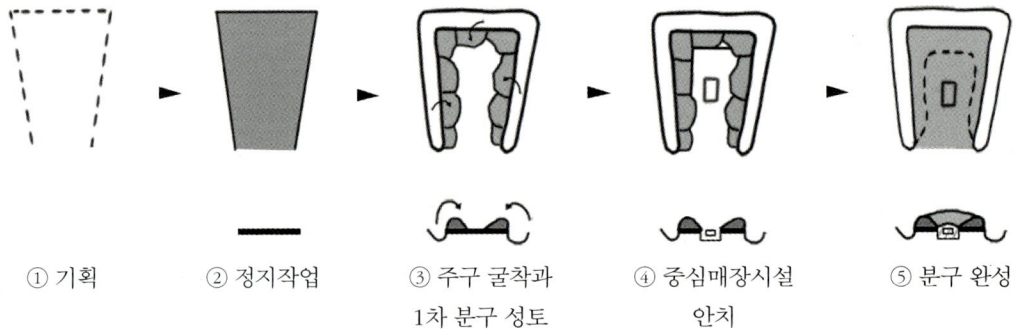

그림 21 제형분 축조공정 복원도(한옥민 2016)

출해보겠다.

　나주 용호 12호분과 17호분 분석과정을 통해 얻어진 분구 축조공정은 〈그림 21〉의 모식도와 같이 크게 5단계로 구분된다. ①분구 평면 형태와 면적 기획, ②정지작업, ③주구 굴착 및 분구 1차 성토, ④중심매장시설 안치, ⑤분구 완성의 순으로 이루어진다.

①단계(기획) : 축조 집단의 묘역 내에서 해당 피장자가 안치될 특정 지점을 선정하고 분구 성토를 위한 기본적 작업이 진행되는 단계이다. 고분의 공간적 위치 결정에 따라 평면형태와 분구 밑면적 규모가 확정되는 시점이다.

　제형분이라는 평면형태와 관련하여 너비 중 선분이 긴 쪽(이하 두부로 칭함)이 일반적으로 경사도가 높은 지점에 위치하는데, 그 아래의 중심부에 최초 피장자(중심매장시설)를 안치되는 경향이 짙다. 또한 피장자를 담은 관이 두부 쪽을 향하는 사례가 많다는 점은 위치 설정이 축조 단계에서 중요한 결정 사항이었다고 볼 수 있다. 제형분의 단면 레벨을 검토해 보면, 두부 쪽의 성토 높이가 상대적으로 높게 조성되는데 이 경우는 지형적 여건과는 무관하게 결정되었던 것으로 판단된다. 나주 용호고분군 조사과정에서도 밝혀졌듯이 자연 경사도가 높은 쪽에 두부가 배치되게끔 조성한 1·9·10·12·13호분과는 달리 3·5호분은 경사도가 낮은 쪽으로 기획하고 있어, 분구의 최대 높이 지점은 상황과 여건에 따라 결정되기도 하였다. 이 같은 현상은 영암 금계리고분군, 함평 순촌고분군·만가촌고분군 등지에서도 확인된다.

　분구의 밑면적 규모는 분구 축조에 소요되는 노동 비용과 밀접하게 상관되는 요소이다. 여기에 분구 높이가 더해질수록 채토의 양과 성토의 시간적 비용이 가중되는데, 이는 동원 인력의 정도 및 소요일수와 상관된다. 노동력 측면에서 볼 때, 제형분은 거점취락 내의 자체 동원력의 참여만으로 축조가 가능했던데 비해 고총은 계층화된 사회구조 속에서 보다 광역적인 인력 동원이 필요했음을 의미한다. 후술하겠으나, 제형분은 입체식 공법에 필요한 (최)고난도의 축조기술이 발휘되지 않았던 점, 보통 1~3 이내의 소요일수를 요한다는 점에서 저비용과 저공력만으로 축조될 수 있는 구조물임을 말해준다. 이는 노동 비용 등 제반 경비의 규모가 그리 크지 않았던 수준에서 진행되었을 가능성을 보여주는 부분적인 증거이다.

고고자료에서 제형분의 축조 기획과 관련된 단서 역시 보고되지 않고 있다. 다만 나주 용호 9호분 조사과정에서 드러난 주혈 관련 자료는 목주 가능성을 타진해 볼 수 있지 않을까 싶다. 목주 용도에 관해서는 고분에서 진행된 일종의 대목신앙 관련 기물 흔적으로 해석하며,[207] 대상부 중앙부에 위치한다는 점에서 분구 축조 시 기준점 역할을 했던 것으로 추정되기도 한다.[208] 전자의 내용은 최근 조사된 해남 안호리유적 사례에서 잘 드러난다. 유구 단면에는 거대한 나무(大木)를 밀어 세우는 과정에서 발생된 흔적(계단형태)을 고스란히 남기고 있어 묘역에 거대한 나무를 세워 진행했던 일종의 '모역 입주 의례'일 가능성을 시사하고 있다.

②단계(정지작업) : 분구 성토와 관련하여 본격적인 노동 행위가 가해지는 단계이다. 이러한 정지작업은 무덤뿐만 아니라 성곽, 사찰, 제방 등 삼국시대 대형 건축구조물의 기초공사로써 매우 중요한 부분을 차지한다.[209] 분구 대상부라 할 수 있는 기저부 조성 관련의 기초 작업이 진행되는데 소위 정지층 성토와 다짐이 이루어진다. 정지(整地)라는 한자의 뜻에서 알 수 있듯이 구조물이 들어설 자리를 반반하고 고르게 만드는 과정으로, 대상 지점의 구지표면이 변질된다. 최초 정지작업이 진행된 성토층은 일부 보고서에서 구지표층으로도 보고하기도 하는데, 그와 관련한 문제점은 홍보식[210]에 의해 지적된 바 있다.

정지작업 관련 증거들은 나주 용호 12호분·17호분, 함평 만가촌 13호분, 영암 초분골 2호분 등 거의 모든 분구 조사과정에서 확인된다. 여기에는 분구의 기반부 전체에서 확인되는 것, 부분적으로 확인되는 것, 생략된 것으로 나눌 수 있다. 나주 용호 12호분처럼 구지표층

---

207 이영철, 2014c, 「고대 취락의 제사」, 『호남지역 선사와 고대의 제사』, 호남고고학회, p.102.

208 목포대학교박물관, 2001a, 『영광 군동유적』, p.115.

209 신동조·박정욱, 2013, 「부산 연산동 고총고분군의 조사방법과 축조기술」, 『삼국시대 고총고분 축조기술』, 진인진, p.151.

210 홍보식, 2013, 「고총고분의 봉분 조사방법과 축조기술」, 『삼국시대 고총고분 축조기술』, 진인진, pp.60~62.

전체의 바로 위에 어딘가에서 가져온 점질의 물성이 강한 흑갈색 내지는 흑색점질토를 이용하기도 하고, 함평 만가촌 13-6호 목관묘나 무안 인평 1-1호 목관묘처럼 부분적으로 이루어지기도 하며, 함평 향교 1호분 목관묘처럼 생략된 경우도 있어 필수적이라기보다는 고분이 자리한 지형과 토질 등의 여건에 따라 다르게 적용되었던 것 같다. 또한 성토 높이가 2m 이상을 넘지 못하는 제형분(저분구)의 특성이 선택의 자유를 주었던 것인지도 모르겠다.

 이처럼 제형분 조성 시 정지작업의 실시 여부에서 차이를 보이나 공통된 점은 구지표라는 오염되고 연약한 지반을 먼저 개량한다는 점이다. 이는 구조체의 안정 강화를 위한 것으로써 일종의 치환공법[211]이 적용된 것이다. 예로 5세기대 고총고분인 영암 자라봉고분·옥야리 방대형 1호분·나주 가흥리 신흥고분 등에서 볼 수 있다. 이 외에도 보고서에서 흔히 구지표층이라고 지칭되었던 층을 자세히 보면 토색이 회색이나 흑회색을 띨 뿐이지 오염된 흙이 아님을 알 수 있다. 이는 성토층이 시작되는 지점에서 잘 보여준다. 따라서 단순히 토색에 의한 구분이 아닌 실제의 토성을 살펴본 후 층명이 부여될 필요가 있다.

 여하튼 제형분의 정지작업 단계에 분구 기저부에 축조물의 안정성을 극대화하기 위해 양질토로 개량하는 치환공법은 이후 단계인 고총고분 뿐만 아니라 제방, 성 등 실용적인 구조물에 주로 이용되는 토목기술인 점에 주목할 수 있다.

③단계(주구 굴착과 1차 분구 성토) : 주구 굴착과 분구의 성토는 불가분의 관계로, 영산강유역에 축조된 고분은 분구가 고총화되는 시기까지 주구를 채토처로 이용하여 분구를 성토한 현상은 동일하다. 고총화된 분구는 수직확장이라는 개념에서 보듯 위로 높게 올려 쌓은 방식인데 반해, 제형분은 저분구로 지칭되듯이 분구 성토가 주로 수평 방향으로 펼쳐지게 된다. 따라서 제형분에 안치될 매장시설은 토압의 영향관계에서도 고총화된 분구보다는 자유롭다고 볼 수 있다. 대체적으로 분구 높이가 낮게 조성된 제형분(제형분)는 주구에서 채토된 흙만으로도 성토층을 완성하는 데에는 무리가 없었을 것으로 판단된다.

 여기에서 한 가지 주목할 부분은 제형이라는 평면형태가 어떤 연유에서 일반화된 분형으로 안착되었는가에 대한 문제이다. 방(方)과 원(圓)이 사상적 개념을 담고 있는 도형인데 반해, 제형을 토대로 한 사상적 개념은 논의되지 못하고 있다. 이는 제형이라는 모양에서 서로

---

211 치환공법이란 연약 지반을 보강하여 구조물의 기초를 강화하는 기술을 말한다(경기문화재단, 2007, 『화성성역의궤 건축용어집』, p.226).

마주한 변의 길이가 일정하지 않고, 마제형과 같은 변이된 형태들이 분구 형태로 완성된 사례를 보아도 원·방과 같은 사상적 의미를 부여하기는 현 단계에서 무리라 판단된다.

그렇다면 제형으로 분구 밑변의 형태를 갖춘 이유는 어디에서 찾을 수 있을까? 이에 대한 답을 명확히 제시하기는 어렵지만, 최초 분구 상에는 1인의 피장자만이 안치된 현상에서 찾아보고자 한다. 즉, 최초 피장자(중심매장시설)는 대부분 목관 계통의 보호시설에 담겨져 안치되는데, 목관 길이와 동일한 방향을 따라 채토가 진행됨으로써 분구 장변의 주구는 길게 굴착된다. 또한 목관이 놓이는 지점은 여타 지점보다 분구 성토에 필요한 채토량이 더 많이 요구된다. 이와 관련하여 두부쪽의 주구 굴착이 진행된 것으로 판단된다. 이는 맞은편인 미부쪽에 주구가 굴착되지 않는 이유를 이해할 수 있는 기능적 부분이다. 나주 용호 12호분 초축분과 더불어 10·13호분의 주구 형태를 통해서 그 현상을 알 수 있다. 결국 주구란 분구 대상부에 안치된 매장시설을 보호하기 위해 채토한 결과적 흔적으로 우선 이해할 필요가 있을 것이다.

분구 성토는 〈그림 21〉의 ③처럼 주구에서 굴착된 흙을 이용하는 방식을 채택하고 있다. 따라서 성토된 흙은 주구로부터 퍼 올리는 과정에서 모식도와 같이 분구 외연을 따라 자연스럽게 쌓이는 형상을 띠게 된다. 분구 외연은 주구와 바로 맞닿은 관계로 곧바로 흙이 쌓이면서 ∩자상을 띠게 되고, 중앙부는 이와 반대의 ∪자상을 이루게 된다. 〈그림 21〉의 음영 처리된 부분은 분구 중앙부가 빈 공간으로 남겨지는 참호형상의 성토를 표현한 것이다. 이는 고총분구의 토제[212]와 같은 형상을 연상시키기도 하나, 기능상 차이가 있다.

고총고분의 토제성토방식은 고대(高大)해지는 분구 무게로부터 매장시설에 집중되는 하

---

212 토제는 큰 규모의 봉분(분구)을 견고하면서도 효율적으로 쌓기 위한 기술로서 매장주체부 사방, 봉분 하부 또는 성토 중간 등에 둘러지는데 대부분 토층 단면의 관찰을 통해 존재를 확인하고 있다(홍보식, 2013, 「고총고분의 봉분 조사방법과 축조기술」, 『삼국시대 고총고분 축조기술』, 진인진, p.69). 권오영(2014, 「토목기술과 도성 조영」, 『삼국시대 고고학개론-도성과 토목편-』1, 진인진, p.35). 김포 운양동 6호묘, 화순 내평리고분을 토제성토의 사례로 보면서 앞으로 마한-백제권역에서 사례가 보고될 것이 확실시되므로 영남지역만의 특성이라고 볼 수 없고 삼국시대 고분 축조의 공통기술로 보아야 한다고 언급하였다. 필자 역시 권오영의 견해에 동의한다. 다만, 아직 영산강유역 제형분의 경우 토제의 사례가 명확하지 않아 고총고분의 토제와 연결하기에는 주저된다. 추정컨대, 참호형상의 성토가 중심매장시설을 안치하기 위한 전 단계의 작업이므로 이후 진행된 채움 성토과정에서 자연스럽게 토제의 기능과 상통되어졌을 가능성은 있다고 보여진다.

중을 사방향으로 분산시키는 역할을 한다.[213] 반면, 제형분에서 관찰된 토제형상(참호형상)의 성토방식은 하중의 분산보다는 중심매장시설의 안치와 관련하여 이해할 수 있다. 제형분의 1차 성토는 주구에서 채토된 흙을 퍼올려 쌓은 무작위적인 '막쌓기 방식'이었다는 점에서 확인된다. 분구 성토 내용에서 인위적인 성토 단위재[214]를 찾기 어렵고, 층층을 다짐 처리한 현상도 확인하기 어렵다는 점에 근거한다. 즉, 성토층 내부의 밀착력을 높이거나 분구 침하의 방지를 위한 물성이 다른 흙을 교대로 사용한다거나, 경계지점 사이사이에 점질토를 끼워 넣은 사례가 확인되지 않는다는 점 또한 고총분구의 성토와 차이가 있다. 제형분의 대부분이 분구 잔존상태가 불량한 이유도 다짐 성토가 되지 않았던 막쌓기 방식에 기인했을 가능성이 많다고 본다. 이는 다장이 이루어져 분형이 변형된 장제형분도 마찬가지이다.

결국, 제형분 성토는 특별한 축조기술이나 인위적인 성토 단위재가 이용되지 않은 단계에서 진행된 것으로 결론지을 수 있을 것이다. 나주 용호 12·17호분, 무안 인평 1호분, 함평 만가촌 13호분, 영암 내동리 초분골 2호분과 옥야리 14호분 등에서 확인된다.

④단계(중심매장시설 안치) : 피장자(중심매장시설)가 분구에 안치될 단계에 해당된다. 피장자의 삶이 마감된 장소로부터 이동되어 마침내 사후의 공간에 묻히게 되는 장제 과정으로써 가장 엄숙한 분위기의 장례 절차가 진행된 시점이다.

이제까지 중심묘는 완성된 분구를 재굴착하여 안치하는 분구묘 축조방식으로 진행되어, 저분구 축조 단계에는 정지층 내지는 구지표면 일부까지 묘광의 굴착 깊이가 침해했다는 논리로 이해하였다.[215] 그러나 앞서 검토된 분석 자료 가운데 완성된 분구를 '되파기'하여 중심매장시설을 안치한 사례는 확인되지 않고, 모두가 1차 분구 성토 과정 중에 안치되었음을 알 수 있었다. 제형분에 최초로 안치된 중심묘는 선 축조된 분구를 되파기하지 않았으며, 함평 만가촌 13호분과 같이 분구가 여러 방향으로 확장 조영된 경우도 분구의 성토 과정 중에 안치됨으로써 '선분구후매장'이라는 축조방식은 타당하지 않는 주장임을 보여주었다.

---

213 권오영, 2014, 「토목기술과 도성조영」, 『삼국시대 고고학개론』1, 진인진, p.36.

214 제형분은 토낭, 표토블록, 점토블록 등의 다양한 성토재는 아직 확인되지 않고 있다.

215 김승옥, 2011, 「중서부지역 마한계 묘제의 성격과 발전」, 『분구묘의 신지평』, 전북대학교 고고문화인류학과 BK21사업단 국제학술대회, p.132.
임영진, 2011a, 「영산강유역권 분구묘 특징과 몇 가지 논쟁점」, 『분구묘의 신지평』, 전북대학교 고고문화인류학과 BK21사업단 국제학술대회, p.160.

결국, 분구 성토 중에 안치된 중심묘는 정지층~기반층에 한정된 일부 층을 깊게 굴착한 다음 관을 매장함으로써 반지하식 또는 지하식이라는 분류를 가능케 했다고 판단된다. 즉, 중심묘는 되파기 방식이 아닌 동시성토[216]를 통한 지하식 구조임을 확인할 수 있었다. 이는 토층도에서 유독 바닥부의 굴광만이 선명한 정황과도 일치되는 내용이다.

앞서 분석한 고분의 경우 묘광으로 추정한 시작 지점이 1차 성토층 내지는 구지표층에서 확인되고 있다. 이러한 현상이 1차 성토층부터 보이기 시작하는 것은 나주 용호 12호분 목관묘·17호분 목관묘, 함평 만가촌 13-6호 목관묘, 영암 초분골 2-3호 목관묘, 무안 인평 1-1호 목관묘 등이 해당되며, 구지표층에서 보이는 것은 함평 향교 1호분 목관묘가 해당된다.

특히 나주 용호 17호분의 보고 내용에서 "빈 공간을 남겨 둠으로써"라는 대목[217]이 눈에 띈다. 17호분의 묘광 굴광선은 ③단계의 참호형상(토제형상)으로 쌓인 흙을 그대로 이용하기 때문에 최상층에서 확인되지 않는 것으로 이해된다. 중심매장시설의 경우, 상부가 분명 성토층에 위치하지만 그 윤곽을 발굴현장에서 쉽게 찾을 수 없었던 이유도 여기에 있다고 본다. 참호형상으로 쌓아올린 성토를 이용하면 군이 별도의 굴광 작업을 진행할 필요가 없게 되고, 한다하더라도 내측 경사면을 다듬은 정도로 중심매장시설 안치 공간을 만들 수 있게 된다. 나주 용호 12호분 목관묘와 영암 초분골 2-3호 목관묘, 함평 만가촌 13-6호 목관 관련의 토층도는 이 내용을 명확히 보여주는 자료[218]라 할 수 있다.

⑤단계(분구 완성) : 중심매장시설을 안치한 후 최종적으로 분구를 덧대어 외형을 완성하는 단계이다. 이 단계는 1차 성토된 참호형상의 빈 부분을 채움해 쌓아가면서 원하는 높이로 분

---

216 필자는 이를 '동시성토'로 표현하고자 한다. 동시성토는 비교 주체인 분구와 관(목관·옹관)의 안치작업이 함께 이루어지는 것인데, 엄밀한 의미에서는 관과 채움토가 동시에 진행된다는 의미를 뜻한다. 왜냐하면 참호형상의 성토 공정은 관이 안치되는 시점 이전에 진행되었기 때문이다. 따라서 동시성토는 관의 안치와 채움토 작업이 함께 이루어진 공정 단계에 적용될 수 있으며, 최종적인 분구의 완성 작업단계를 포괄하는 개념으로 정의할 수 있다.

217 호남문화재연구원, 2003, 『나주 용호고분군』, p.132.

218 중심매장시설이 목관뿐만 아니라 옹관에서도 동시성토를 통한 (반)지하식 매장구조일 것으로 추정할 수 있다. 영암 와우리 가-1호분·가-6호분·서리매제·신산 옹관 등을 들 수 있다. 이들 고분은 분구의 형태나 규모는 확인할 수 없으나 모두 반지하식 구조인 점, 묘광의 확인이 희박하다는 점에서 나주 용호 12호·17호분과 같은 축조공정을 거쳤던 것으로 이해된다.

구를 축조함과 동시에 개방된 전면 쪽 또한 성토를 진행하여 입체적인 외형이 완성된다. 그러나 성토부의 흙은 대부분 주구를 채토처로 이용하기 때문에 성토부의 층위 구분을 난해하게 만들기도 한다. 다만, 목관이나 옹관 위의 충전토에서 여러 간층으로 형성된 현상을 통해 피장자를 직접 덮는 흙은 보다 정제된 흙[219]을 사용했을 가능성도 엿보인다.

이러한 축조 공정을 통해 완성된 분구는 '다장 전통'이라는 매장 풍습에 따라 수 기의 매장시설이 분구 상에 추가적으로 안치된다. 추가매장시설의 축조 방식은 선분구를 조성함으로써 본래의 분형·규모의 범위 내에서 합리적으로 후축 분구를 덧댈 수 있어서 실용적·상징적인 필요성을 모두 충족시키고 있다. 따라서 중심매장시설 이후에 분구 상에 부가되어진 추가매장시설은 당연히 분구를 되파기하는 행위가 수반되는 것이 유리하다고 볼 수 있다. 분구 조사과정에서 추가매장시설의 굴광선이 명확히 드러나는 이유이기도 하다.

다만, 나주 용호 12호분이나 무안 인평 1호분과 같이 분구가 수직으로 일정 높이에 덧붙여 성토된 사례에서는 최초 분구의 중심매장시설 위에 안치된 정황도 확인되고 있을 뿐만 아니라, 함평 만가촌 13호분처럼 여러 방향으로 분구를 덧대어 확장 조영한 경우도 있다. 이는 제형분의 확장 방식에 있어서 일정한 규칙성이 반영되지 않았다는 단서를 제공하는 것으로 이해할 수 있다.

4) 노동력

여기에서는 분구 축조에 동원된 노동력을 유적별로 산출하고자 한다. 먼저, 노동력을 산출하기 위해서는 계산의 기초 내지는 법칙이 되는 산출공식이 필요하므로 이를 만들기로 한다. 산출공식은 여러 항목에 대한 세부적인 내용들을 일목요연하게 집약해 주는 역할을 하는 것으로서 공식은 문자, 숫자, 기호, 단위를 이용하여 만들어 본다. 다음으로 산출공식에 해당 제원 수치들을 대입시켜 분구 축조에 동원된 노동력을 구하는 산출과정을 수학식으로 풀어서 제시하고자 한다.

제형분의 분구 축조에 투입된 노동력의 산출 모델은 나주 용호 13호분을 대상으로 한다. 용호고분은 2001~2002년에 조사가 이루어진 곳으로 목관 단독분, 옹관 단독분, 토광과 옹관이 공존하는 현상이 확인되었다. 제형분은 대부분 분구가 모두 멸실된 상태로 확인되는 것이 일반적인데 비해, 나주 용호 13호분은 분구의 성토층이 확인되었기에 대상으로 삼기에

---

219   지금의 매장 과정에서도 볼 수 있는 취토·허토 행위와 관련시켜 생각해 볼 수 있다.

Ⅲ. 제형분의 성립과 전개

적절한 자료로 판단하였다.

나주 용호 13호분을 대상으로 동원 노동력의 산출은 서술하는 순서에 따라 편의상 〈산출식 1〉~〈산출식 3〉으로 명명한다. 산출식은 공식과 풀이과정을 제시한 것인데, 산출공식은 〈산출식 1〉과 〈산출식 3〉의 上이 해당되며, 나머지는 공식에 대입시켜 산출과정의 풀이를 예시한 것이다. 여기에서 예시될 산출식과 산출과정에 대한 필요한 세부 사항은 필자의 안[220]을 따르기로 한다.

〈그림 22〉는 나주 용호 13호분의 분구 규모를 모식도로 표현한 것이고, 여기에 세부 수치들을 기재하였다. 그림의 분구 사면 기울기(성토각)는 관람자가 바라보는 위치를 기준으로 하여 정면과 측면으로 나누었다. 모식도에 기재된 수치들은 분구 기저부에 해당하는 밑면 규모, 분정부인 윗면 규모, 높이를 기재하였다. 그림은 관람자를 기준하여 단변쪽인 너비 방향에서 바라본 것이므로 이에 따라 분정부도 단변쪽을 기재하였다.

〈산출식 1〉은 분구 부피(총 공사량)을 구하기 위한 공식을 제시한 것이다. 세부 단위들은 모두 밀리미터(m)이며, 부피는 세제곱미터(m³)가 된다. 분구 부피를 구하기 위해서 알아야 할 수치는 밑면 규모, 윗면 규모, 분구 높이, 분정의 정면·측면 기울기(성토각)가 필요하다.

〈산출식 2〉는 분구 부피를 구하는 산출과정을 수학식으로 풀어서 제시한 것이다. 분구 부피를 구하는 산출과정으로 해당 수치들을 공식에 대입시킨 후, 이를 적분하여 결과값을 얻을

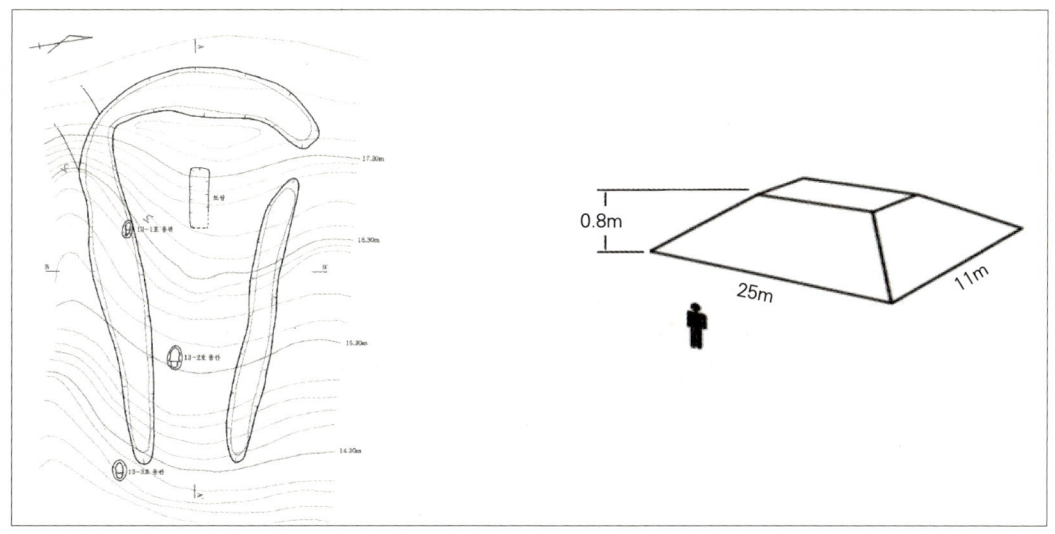

그림 22 나주 용호 13호분의 분구(호남문화재연구원 2003) 및 분구 모식도

220 한옥민, 2010, 「분구 축조에 동원된 노동력의 산출과 그 의미」, 『호남고고학보』34, 호남고고학회.

$$V = \int_a^b (A - \frac{2}{\alpha}x) \times (B - \frac{2}{\beta}x)dx$$

V : 분구 부피(m³) x : 분구 높이(m)
a : 밑면 높이(m) b : 윗면 높이(m)
A : 분구 너비(m) B : 분구 길이(m)

α : 정면에서 본 분구 기울기 = $\frac{2 \times 높이}{(밑변길이 - 윗변길이)}$ (m/m)

β : 측면에서 본 분구 기울기 = $\frac{2 \times 높이}{(밑변길이 - 윗변길이)}$ (m/m)

산출식 1 분구 부피를 구하는 산출공식

$$\int_0^{0.8} [(25.00 - 5.49x) \times (11.00 - 5.49x)]dx$$

$$= \int_0^{0.8} [(25.00 - 5.49x) \times 11.00 - (25.00 - 5.49x) \times 5.49x]dx$$

$$= \int_0^{0.8} (30.14x^2 - 197.64x + 275.00)dx$$

$$= 10.05 \times 0.8^3 - 98.82 \times 0.8^2 + 275.00 \times 0.8$$

$$= 161.90 m^3$$

산출식 2 나주 용호 13호분의 분구부피 산출과정

(분구부피 ÷ 1일 1인 흙 운반량) + (시공자수 × 소요일수) = 총 인원수
(161.9 ÷ 1.6) + (25 × 1.3) = 133인

산출식 3 분구축조에 동원된 총 인원수를 구하는 산출공식 및 산출과정

Ⅲ. 제형분의 성립과 전개

수 있다. 산출된 분구 부피는 161.90㎥로 계산되었다.

〈산출식 3〉은 분구 축조에 따른 총 인원수를 구하기 위한 산출공식이다. 여기에는 분구 부피(총 공사량), 1일 1인 흙 운반량(약 1.6㎥), 시공자수(정지인원수), 소요일수 등 4가지 수치가 전제될 필요가 있다. 이들 속성에 적정수를 설정한 후, 산출공식을 만들었다. 이 산출공식에 대입하여 총 인원수[221]를 구하는 산출과정을 제시한 것이다. 여기에서 필요한 수치 중 시공자수(정지인원수)와 소요일수(작업일수)가 아직 제시된 사례가 없으므로 적정수를 설정하는 방법을 알아볼 필요가 있다.

먼저, 동원 노동력을 산출하기에 앞서 전제 조건이 되는 수치 몇 가지를 살펴보자. 시공자수는 총 인원수에서 운반인원수를 제외한 수를 말한다. 즉 시공자수는 정지인원수를 가리킨다. 영산강유역의 취락 자료를 참고하여 1일 동원 인원을 100인으로 설정하고 이를 김정기·김동현의 견해[222]에 따라 나누면, 정지인원수는 25인, 운반인원수는 75인으로 구분할 수 있다.

다음으로 소요일수는 총 공사일로서 작업일수에 해당한다. 소요일수의 산출과정은 분구 부피 ÷ 동원인원이 1일 운반하는 흙량 = 소요일수가 된다. 여기에 필요한 수치는 동원 인원이 1일 동안 운반하는 흙량이다. 흙량은 운반인원수에 1.6㎥를 곱하여 120이란 수치를 얻을 수 있다. 즉, 75인 × 1.6㎥ = 120㎥ / day가 된다. 이러한 결과를 거쳐 소요일수를 산출하면,

---

221 민족지 연구를 보면 성인을 몇 세부터 보는지에 따라 개인에게 주워지는 역할이 달라진다. 성인 중에서도 노동력에 참여할 수 있는 연령대, 성별이 고려되었을 것이다. 한 가구에 최대 3인(손자에서 할아버지, 아버지와 자녀 2인 등)이 가능한지? 남성만 동원되는지? 양성이 함께 동원되는지에 대해 풀어야 할 과제가 많다. 조선후기의 두레나 1980년대의 마을 민속 조사에 따르면, 공동 일에 통상 1인의 남성이 동원되는 예로 보아 이 가능성도 생각할 수 있다. 반면, 무덤 축조 동원력을 보여주는 조선 왕릉의 경우 KBS, 09.02.07일 방영된 조선 왕릉의 비밀에서 태종릉에 동원된 부역군은 1만 인이 넘었다고 하였다. 물론 삼국시대와 조선시대, 수장층과 왕, 지역력과 국가력, 분구 축조와 석물을 포함한 총 공사량과의 직접 비교가 어렵고, 1인 통치권이 확립된 국가에서는 굳이 거대한 무덤을 축조하지 않아도 되는 상황이기는 하나, 기원후 5세기대에 동원 인원보다 4배 정도가 많다는 점은 염두 할 필요가 있다. 한편, 철제 농구의 사용시기의 농지 확보를 위한 개간 작업시 토사운반에 바구니 등을 제작하여 사용한 것으로 파악하는데(김도헌 2001, 「고대의 철제농구에 대한 연구-김해·부산지역을 중심으로-」, 부산대학교 석사학위논문, p.104) 여성력이 취사뿐만 아니라 축조관련으로 일정 부분 동원 가능성이 있음을 말해준다.

222 김정기·김동현, 1974, 「Ⅳ. 고분의 구조」, 『천마총 발굴조사보고서』, 문화재관리국, pp.62~63

표 18 영산강유역권 제형분의 동원 노동력 산출　　　　　　　　　　　　　　　　　　　* 추정: ( )

고분	규모(m) (길이×너비×높이)	매장시설	분구부피(m^3)	총 인원수	비고
영광 군동 6호분	11.4×8.8×(1)	목관1	54	48	옹관3
영광 군동 8호분	8.1×6×(1)	-	19	17	
영광 군동 11호분	6×4.9×(1)	목관1	9	8	
광주 하남동Ⅱ 2호분	33.95×15.06×(1.5)	-	498	435	목관2, 옹관1
함평 순촌 26호분	31×7.2×(1.5)	-	132	116	
함평 순촌 29호분	24×10.8×(1)	-	173	152	
함평 순촌 31호분	32×4×(1.5)	-	89	74	
함평 순촌 32호분	10×3×(0.8)	옹관2	13	11	
함평 만가촌 9호분	18.5×9.5~10.5×1	-	150	125	
함평 만가촌 12호분	32×4.5~11×0.8	목관4	249	207	목관1, 옹관2
영암 신연리 2호분	14×17×2.5	-	220	192	
영암 신연리 3호분	19×8×1.5~2.5	-	73	64	
영암 신연리 4호분	16×8×2~3	-	62	54	
영암 신연리 8호분	24.5×8~13.7×(2)	(옹관)	332	290	
영암 신연리 10호분	30.5×11.2×1.8	(옹관, 석실)	302	264	
영암 내동리 7호분	13.4×9.4×1~3	목관1, 옹관6	85	75	
영암 만수리 1호분	10×(6)×1	목관1	26	22	
나주 용호 12호분	25.50×10.35×1.5	목관1, 옹관3	266	221	옹관7
	7.6×6.2×1.5		30	25	
나주 용호 13호분	25×11×.0.8	목관1	161	133	옹관3
나주 용호 17호분	16.25×8.5×1.7	목관1	136	113	옹관1
나주 대안리 1호분	21.5×12.3×4	(옹관)	216	189	
나주 대안리 2호분	11×9~10.7×1.5	(옹관)	83	73	
나주 신촌리 4호분	10.5×7~9×2.5	-	58	51	
나주 신촌리 5호분	17×10.5~13×2.5	(옹관)	194	170	
나주 신촌리 6호분	31.5×11.5~16.5×3	옹관6	644	564	
영암 신연리 9호분	19×16×0.75~2	목관3.옹관4	304	266	
영암 신연리 13호분	10.8×13×1.4	-	96	84	
영암 신연리 14호분	22.5×15×0.6	-	167	146	
영암 금계리 6호분	14×9.6×(1)	-	102	85	
영암 금계리 24호분	32.40×9.9~14.55×(1.5)	-	247	206	
영암 초분골 1호분	33×15×1	목관4, 옹관2	430	358	옹관2
영암 초분골 2호분	16.5×15×1.5	목관2, 옹관1	299	249	

161 ÷ 120 = 1.3일로 계산된다. 이상의 수치를 바탕으로 하여 〈산출식 3〉의 과정처럼 분구 축조에 동원된 총 인원수를 산출한 결과, 133인으로 계산되었다.

영산강유역 제형분에 대한 동원 노동력을 정리하면 〈표 18〉과 같다. 분구 축조에 동원된 노동력을 보면, 최대치인 경우가 분구부피 640㎥, 500㎥ 순이고, 여기에 수반된 동원 인원은 560인, 440인 순이다. 이렇듯 노동력에서 차이를 보이는 것은 제형분의 특징인 다장 매장에 따라 불가피하게 발생된 분구확장 현상과 관련된다고 본다. 표에서 보듯 나주 용호 12호분에서 분구 확장이 있었던 이후에 2차 분구의 부피는 30㎥가 늘었고, 이에 따라 동원 인력에서도 25인이 증가했다. 특히 제형분의 평면형이 요부를 갖추듯 2/3지점에서 오목하게 들어가는 것도 다장에 따른 분구 변화의 흔적이라 할 수 있다. 이는 분구 부피 및 동원 인원수의 수치를 증가시키는 직접적인 요인으로 작용하였다.

3. 제형분의 축조 의미

영산강유역에 축조된 제형분에 대한 인식의 첫 걸음은 분형의 이형성(異形性), 여러 기가 조성된 다장성(多葬性), 분구 조정에 따른 확장성(擴張性), 중심매장시설 종류의 변화(목관 → 옹관) 등과 같은 내용의 식별에서 시작되었다. 이런 특징들은 제형분(제형분)가 재지계의 대표 분형이라는 결론을 이끌어 내는 데 중요한 역할을 했다. 영산강유역에서의 제형분은 고총고분이 등장하면서 점차 소멸되는 경로를 밟게 되는데, 축조 세력마다의 다른 선택 즉 '전통의 고수' 내지는 '변화의 적응'과 같은 자기 판단적 결과에 따라 달리 전개되었다.

특히 분구묘라는 용어의 확산과 더불어 영산강유역이 분구묘의 최종 중심지라는 인식의 정착은 분구의 수평 혹은 수직 확장 내용이 가장 오래까지 유존되었다는 지역적 특수성에 기인해 왔다고 본다. 때문에 동일 분구에 다장 매장이 확인된 고분은 모두 분구묘로 설명될 수 있으며, 대부분의 고분 자료가 분구묘 범주 안에 경계되어지고 제한되어지는 결과를 초래한 측면이 강하다. 만약, 제형분이 분구묘로 지칭되지 않았다면 중심매장시설이 되파기 방식으로 조성된다는 '선분구후매장'이라는 현상을 어쩌면 가장 큰 특징으로 부각시킬 필요가 없었을지도 모른다.

필자는 앞에서 나주 용호, 함평 만가촌, 영암 초분골 2호분 등의 고분 검토를 통해서 제형분은 중심매장시설이 모두 지하식 매장구조로 조성된다는 사실을 알 수 있었다. 즉, 최초 분구에 안치된 중심매장시설이 되파기하여 조성된 지상식이 아니라 주구의 굴착토를 이용한 동시성토 과정 속에서 조성된 지하식이었다. 이는 '선분구후매장'이라는 대표적 분구묘 개념에 위배되는 자료임을 의미한다.

영산강유역 고분의 가장 큰 특징인 다장현상은 주구토광묘 단계에서 시작된다. 이 단계는 중심매장시설의 주변에 추가장이 들어가기 시작했고, 제형분에서는 목관묘의 다장이 이루어지다가 점차 목관묘와 옹관묘의 다장이 이루어진다. 그러나 석실분이나 석곽분이 축조되면서 대부분 단장으로 다시 회복되므로[223] 그 주체를 제형분으로 보는 데는 주저되는 바가 없다. 만약, 제형분에서 다장현상이 없었다면 매장시설의 혼재, 분구 확장현상, 분구의 난립현상, 개별 묘역의 불분명 현상 등은 발생되지 않았을 가능성이 높다. 때문에 분형의 확장과 같은 현상은 다장 장법의 전통에서는 당연하였던 것이다.

또한 다장 분구가 군집을 이루는 제형분 유적에서는 분구의 순차적 배치 과정에서 규칙성이나 일정한 패턴을 확인하기가 어렵다는 점도 또 하나의 특징이다. 연접 조영된 제형분 사이의 빈 공지는 대치되는 방향으로 또 다른 제형분이 조성되는 현상이 빈번하게 확인된다. 자투리 공간까지도 최대한 활용한 축조 정황은 함평 순촌 12·20·32·39호분과 만가촌 5~8호분 배치에서 잘 보여주고 있다. 동일 유적 내에서도 제각각인 평면형태 뿐만 아니라 분구 규모, 분구 간의 조성 방향성 역시 비규칙적이다.

또 하나의 증거로 분구 확장 부위의 예측이 어느 정도는 가능해야 할 것인데 그렇지 않다는 점이다. 이러한 이유는 다장 전통을 고수한 매장풍습에서 답이 찾아진다. 즉, 추가되는 매장시설의 수나 관련 면적의 확보는 유동적일 수밖에 없기 때문에 전체 묘역 내에서 분구 간의 일정한 규칙성이나 공간 배치는 어려웠을 가능성이 짙다. 분구가 난립하는 현상도 여기에서 연출되어진 것으로 보이는데, 이러한 현상은 영암 금계리, 함평 순촌유적 등지에서 공히 확인되는 내용이다(그림 23).

다음으로 제형분의 세습화를 통한 통치 정도가 어느 범위로까지 확대·유지되었는지에 대해 살펴보자. 결론을 먼저 말하면 이전 수준과 별반 차이는 없는 것으로 판단된다. 한 예로 함평천 수계에서 확인된 지역 단위의 경우에서 잘 드러난다. 최상류에 위치한 중랑유적 제형분과 신흥동유적 제형분, 그리고 지천인 학교천의 표산유적 제형분과 반암유적 제형분, 무안

---

223 최성락, 2007b, 「복암리 3호분의 분형과 축조과정」, 『영산강유역 고대 문화의 성립과 발전』, 학연문화사, p 65.

Ⅲ. 제형분의 성립과 전개

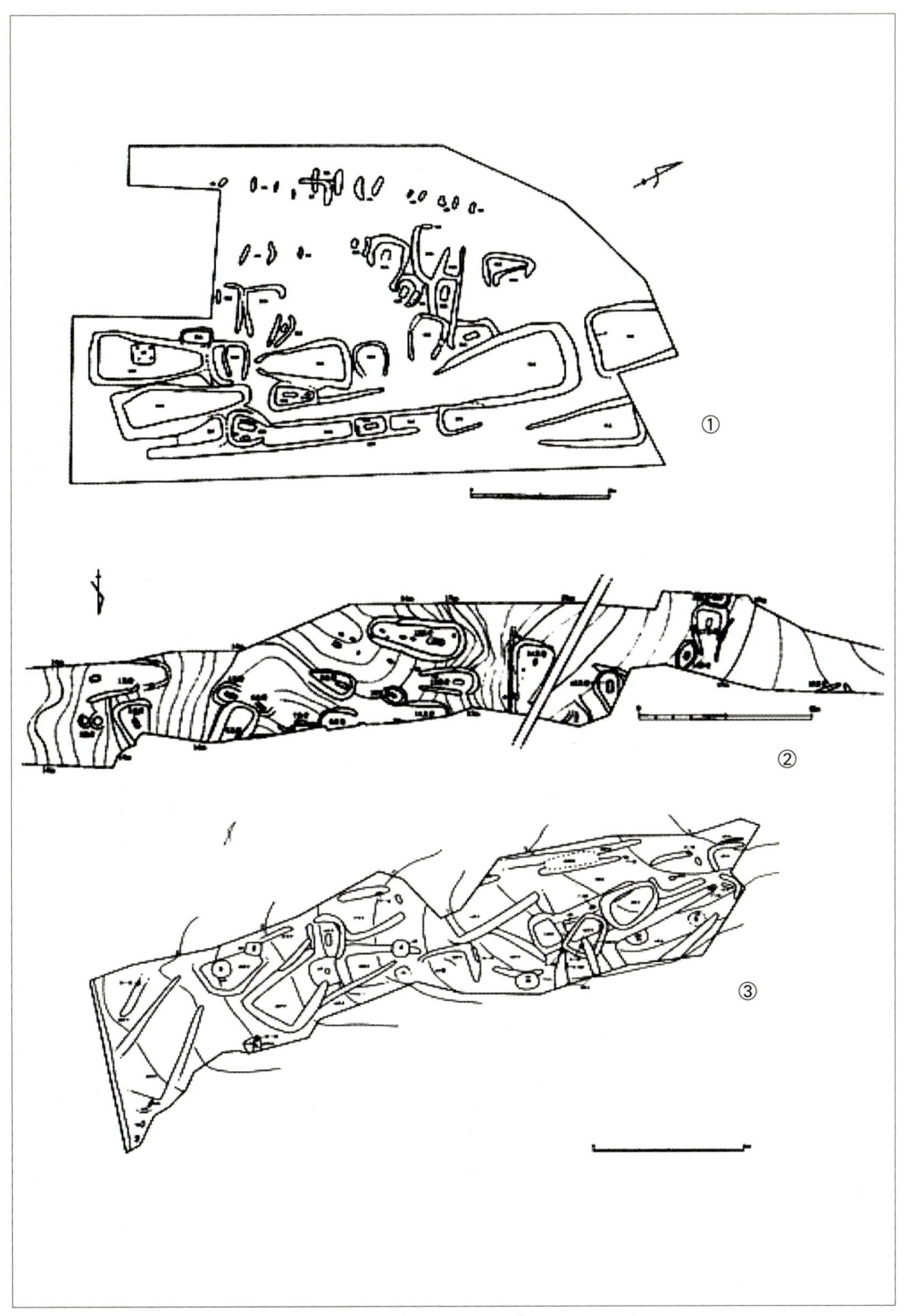

그림 23 제형분의 유구 분포도(① 함평 순촌, ② 나주 용호, ③ 영암 금계리)

천의 성남유적 제형분의 자료를 놓고 보면, 함평천이라는 동일 수계 상에서 보다 우위적인 위치를 차지한다고 볼 수 있는 자료를 추출하기가 어렵다. 이는 고막원천 수계의 대표적 유적인 함평 만가촌고분과 순촌고분을 비교해 보아도 동일하다. 따라서 (장)제형분이라는 분구 내에 다장 풍습이 전개된 시기의 영산강유역 지역사회는 광역단위는 물론이고 본류로 유입되는 지류 단위의 영역에서도 우월적 집단의 출현은 가시화되지 못한 것으로 판단된다. 이와 관련해 분구 축조 노동력과 관련한 필자[224]의 연구 또한 참조된다.

4세기 중엽~5세기 중엽 영산강유역에 분포한 취락은 주거의 수에 따라 소촌과 중촌·대촌으로 구분된다.[225] 소촌은 10동 내외의 주거지가 모인 규모이며, 중촌은 20~30동의 주거지가 모여 하나의 취락을 구성하는 규모이다. 대촌은 30동 이상의 주거지로 구성되는데, 소위 거점취락으로 알려진 경우가 많다. 앞서 함평천과 고막원천에서 언급한 제형분 관련 유적들은 중촌과 대촌 규모를 갖춘 거점취락으로 알려져 있다.[226] 중촌과 대촌 규모로 어우러진 취락의 주거지에서 가구당 2인의 노동인력이 분구 축조에 동원된다고 가정할 경우, (장)제형분 1기의 축조는 5일 정도라는 공정기간 내에 완성될 수 있다. 이러한 가정은 피장자와 축조 집단의 공간적 범위가 단일 취락을 벗어나지 않고도 가능하다는 결론이 내려진다.

결국, (장)제형분 축조는 피장자가 생전에 활동했던 취락의 범위를 벗어난 주변 지역의 협조와 참여 없이도 완성될 수 있는 것이다. 이는 피장자의 사회적 위치나 활동 영역을 가늠할 수 있는 중요한 고고학적 단서로써 지역사회 일면을 이해할 수 있는 것이 된다. 따라서 제형분 피장자의 사회적 위치를 가늠하는 시도는 해당 유적에서 드러난 현상들을 과대 해석되는 것은 주의할 필요가 있을 것이다.

다음은 제형분 축조기술과 관련하여 의미를 정리해 보자. 제형분에 반영된 축조기술에 대해서는 나주 용호 12호분에서 흑색 점토를 이용한 기저부의 정지작업이 이루어졌다는 정도만이 언급되어 왔다. 분구 축조에 적용된 토목기술을 추적하는 근거자료는 분할·구획 성토,

---

224 한옥민, 2010, 「분구 축조에 동원된 노동력의 산출과 그 의미-영산강유역 옹관고분을 중심으로-」, 『호남고고학보』34, 호남고고학회.

225 이영철, 2011, 「호남지역 취락의 변천과 지역단위체의 성장」, 『호남지역 삼국시대의 취락유형』, 한국상고사학회 pp.12~15.

226 이영철, 2004, 「옹관고분사회 지역정치체의 구조와 변화」, 『호남고고학보』20, 호남고고학회, pp.81~83.

토제성토, 다양한 성토재 사용, 구축묘광 구조, (유사)판축기법 등을 들 수 있다. 권오영[227]은 성과 제방은 실용적 기능 위주인데 비하여 고분은 남에게 과시한다는 기능의 추가로 고분에서만 보이는 고유한 축조기술이 존재하며, 반대로 보이지 않는 기술(부엽공법, 석회의 사용 등)도 존재한다고 하였다.

그런데 제형분에서는 축조기술과 관련한 특별한 현상들이 보이지 않는다. (유사)판축기법, 인공 점토 괴(블록)와 같은 성토재 제작, 분할·구획성토, 구축묘광 등과 같은 내용이 보고되지 않고 있다. 입체식 구조물을 조영하기 위해 필수적인 고난도의 축조기술들은 제형이 아닌 방대형, 원대형, 전방후원형 분구에서만 확인된다. 분구가 고대(高大)해지는 소위 고총분구 단계에서 나타난다. 이런 점은 고총분구와의 확연한 차이로 이해할 수 있다. 비록 제형분은 분구가 확장되어져 외형변화가 장제형으로 변화되었지만 여기에는 축조기술의 진전이 없어 질보다는 양적 팽창이었음을 말해준다.

다만, 제형분의 중앙에 중심매장시설을 중앙에 두고 그 주위를 감싸듯 가장자리에 들어선 '옹위배치형'에서 점차 분구의 수평 확장을 통한 '일렬배치형'의 다장 발생은 눈에 띄는 변화라고 여겨진다. 여기에서 주목해야 할 점은 앞서 언급한 대로 축조기술 등의 특별한 기획성이 찾아지지 않는다. 즉, 본질적인 변화라기보다는 역시 현실적인 필요성에 의해 고안되었음을 의미한다.

다음으로 중심매장시설의 지하식 매장구조에 대해 살펴보자. 고분 자료를 통해 최초 분구의 피장자인 중심매장시설의 기본 원칙은 지하식 매장구조로써 고총고분이 등장하기 이전인 5세기 전·중엽(영암 내동리 초분골 2호분)까지도 그대로 유지된다는 사실을 알 수 있었다. 이런 현상을 참고할 때, 분구의 장제형[228] 현상은 기획에 의한 것이라기보다는 다장이라는 장법에서 기인된 결과로 이해된다. 분구 확장을 통한 시각적인 팽창 효과를 낸 점은 묘역의 공유를 통한 일체성과 통합성을 갖고자 하는 공동체의 인식 반영으로 볼 수 있다.

---

[227] 권오영, 2014, 「토목기술과 도성조영」, 『삼국시대 고고학개론』1, 진인진, p.32.

[228] 소위 장제형(長梯形)을 띠는 분구는 초축 분구의 최고 지점이 주구 변이 넓은 쪽에 위치하면서 맞은편 쪽으로 점차 낮아지는 형태로 확대 조정되었다. 수평 확장된 후축 분구는 선축된 분구의 마지막 지점에 덧붙여 쌓았다. 따라서 최종 완성된 분구의 단면 형태는 선축 최고 지점으로부터 낮아지는 경사각을 그대로 유지함으로써 둔각삼각형 모양을 띤다. 최초 분구에 덧붙인 후축 분구 상에 별도의 최고 지점을 설정하지 않는 이유는 최초 피장자의 위계나 선대 어른의 지위를 인정하였기 때문이었다.

영산강유역에 가장 유행했던 제형분은 분구묘라는 개념의 출발을 보여주는 대표적인 고분 자료이다. 때문에 제형분의 자료 속에서 분구묘 개념의 기본조건인 '선분구후매장', '지상식 매장'과 같은 요소들이 확인되지 않는다면, 관련 연구자들이 인식하고 있는 분구묘라는 용어 채용은 심각한 결과를 초래할 수 있다. 특히, 주요 근거인 선분구후매장이라는 현상이 확실하게 제시되지 않는다면, 분구묘 개념 사용의 기본 조건은 다시 검토될 필요가 있다. 분구를 먼저 완성하였다는 인식 속에는 고총고분 단계의 고대(高大)한 분구에 부여하고 있는 '지배의 정당성'과 '상징성'과 같은 사회적 의미를 설명할 수 있어야 한다.

제형분에 대한 이해에 있어서 현행처럼 분구묘의 개념 속에서 추가매장시설에 초점을 맞추어 분구와 봉토의 차이, 매장 순서의 차이, 장송의례 시기나 장소의 차이, 문화 계통의 차이 등으로 인식하기에는 많은 모순을 가질 수밖에 없다. 이와 같이 본질적인 차이로 이해하기보다는 '다장'이라는 매장 풍습과 관련하여 풀어나가는 것이 타당할 것이다.

고분에 대한 해석과 평가가 매장주체시설이나 부장품과 같은 제요소에 한정된다면 오해를 불러일으킬 수 있는 여지가 많다. 마한의 뿌리를 둔 이 지역 사람들에게 있어 분구란 의미는 죽은 자들이 묻힌 묘역을 표시하는 수단에 불과했다. 그런데 물질자료를 대상으로 과거를 복원하려는 고고학자는 분구를 갖춘 고분이 출현하는 현상에 대해 과도한 사회적 의미를 부여함으로써, 진실을 오해할 수 있는 우를 범하고 있는 것은 아닐지 염려된다.

IV. 고총고분의 등장과 전개

고총고분(高塚古墳)은 삼국시대 고분 가운데 분구나 봉분의 규모가 상대적으로 높게 축조된 경우를 일컫는다. 따라서 용어의 사용은 보호시설이나 부장품보다는 고분의 외형 요소인 분구에 초점이 맞춰져 있다. 분구 대신 봉분이란 용어 사용을 주장하고 있는 홍보식[229]은 봉분은 매장시설의 일부분이자 당시의 선진적이면서도 다양한 토목기술이 구현된 토목 구조물이라고 정의하였다. 분구 규모가 커지는 현상만이 아니라 그 속에 담겨진 축조기술의 수준이 상대적으로 우월하였다는 점을 강조함으로써 구조물이 갖는 사회적 의미에 초점을 두었다.

영산강유역에서도 분구가 고총화된 고분의 조사 내용을 살펴보면, 제형분 단계의 분구 축조기술과는 상이한 점이 관찰된다. 분구 높이가 대략 3m 이상으로 높아지면서 막쌓기식 방식과는 다른 다양한 성토 기술이 반영되기 시작한다. 토괴(또는 토낭) 단위의 인공 성토재가 사용되기 시작하며, 기획된 성토 단계를 밟아가는 공정과정이 반영되면서 단위가 구획되고 토제, 교호, 유사판축과 같은 세부적인 축조 공법이 적용되었다. 이와 같이 분구가 고총화되면서 드러나는 축조기술은 단순히 고분에 한정되지 않고, 수리와 주거를 포함한 취락유적 속에서도 확인된다. 즉 당대 완성된 건축물 대부분에 새로운 토목기술이 반영됨으로써 적잖은 사회적 변화가 이루어졌다.

따라서 새로운 토목기술의 출현과 더불어 축조되기 시작한 고총고분은 당시 사회를 이해할 수 있는 주요한 고고자료로 판단된다. 필자 또한 고총고분은 분구 축조에 동원된 노동력 정도가 제형분 단계와는 확연히 달라지면서 새로운 축조기술이 반영된 고분으로 개념정의를 한다.

영산강유역에서 확인된 고분 자료 가운데, 고총고분의 개념을 적용할 수 있는 첫 사례는 영암 옥야리 방대형 1호분이다. 5세기 중엽에 축조된 것으로 알려진 옥야리 방대형 1호분은 높이가 7m에 이르고 밑변의 길이가 30m 이상인 규모로 완성되었다. 분형 또한 제형이 아닌 방대형을 띤다.

---

[229] 홍보식, 2013, 「고총고분의 봉분 조사 방법과 축조기술」, 『삼국시대 고총고분 축조기술』, 진인진, p.60.

1. 방대형분

방대형분은 기저부의 네 변이 서로 대칭을 이루고 변과 변이 만나는 지점에 모서리를 갖으면서 법면이 안식각을 유지한 채 성토되어, 편평하거나 기울기를 갖는 분정을 마련해 완성된 고총고분을 말한다.

방(方)의 네모라는 뜻을 갖는 사전적 의미를 갖는데, 방위나 방향과 같은 땅의 개념이자 나라나 국가를 뜻하기도 한다. 마한 단계부터 지속되어 왔던 사다리꼴(梯形)이 아닌 네모난(方形) 새로운 형태로 축조된 고분은 영광 군동 18호나 무안 인평 1호분에서도 확인된다. 그러나 이 고분들은 주구의 평면형태에서 닮아있을 뿐, 분구의 규모나 대상부 내용에서는 고총고분 단계의 방대형분과는 비교되기 어렵다. 다만 분구의 평면형태에 한정할 경우, 분구가 고총화된 영암 옥야리 방대형 1호분 축조 배경과 관련해서도 검토될 필요가 있기에 여기에서는 방형계의 고분 자료를 함께 검토·정리해 보고자 한다.

1) 매장주체시설

영산강유역에서 발굴조사된 고분 가운데 방형분을 갖춘 사례는 무안 인평 방형고분을 비롯하여 무안 맥포리·구산리·덕암·고절리고분, 영암 옥야리 방대형 1호분·신연리 9호분·신연리 연소말고분, 나주 신촌리 9호분·정촌·복암리 3호분·대안리 9호분·덕산리 8호분과 11호분·횡산·방두고분, 함평 금산리·중랑고분, 광주 평동A(원두)고분, 장흥 상방촌B고분, 장성 대덕리고분 등이 알려져 있다.

이 가운데 분구에 피장된 주검의 보호시설인 매장주체시설이 확인된 사례를 검토해 보면, 토광묘 계통의 목관을 비롯하여 옹관, 석실, 석곽 등으로 나눌 수 있다. 이렇듯 다양한 종류의 매장주체시설가 확인되는 것은 시간성을 반영한 결과이기도 하지만, 때에 따라서는 피장자의 계통성을 보여주는 것으로도 이해할 수 있을 것이다.

(1) 유형별 검토
① 목관(곽) 유형

지금까지 발굴조사된 방대형 분구 자료 가운데 가장 이른 시기에 축조된 무안 인평 방형분은 목관 계통의 토광묘로 확인되었다. 분구의 잔존상태가 불량하여 축조기술과 관련된 정보를 구체적으로 확보하지는 못했지만, 목관을 안치하기 위해 굴착한 토광의 바닥면이 구지표

아래에서 확인되었다. 분구의 고총화가 진행되지 않은 3세기 중·후엽에 축조된 무안 인평 방형분은 저분구로 판단할 수 있다.

저분구 축조 단계에 목관(곽)을 안치한 방형분은 5세기 전반에 축조된 영암 신연리 9호분과 장흥 상방촌B 방대형분 등을 통해서도 확인할 수 있다. 분구 흔적이 확인된 영암 신연리 9호분의 경우 최대높이가 2m 정도에 불과해 역시 고총화 단계에 진입하지 못함을 알 수 있다. 이 두 고분의 사례를 놓고 보면 목관(곽)을 매장주체시설로 안치한 고분은 대체로 4세기 전후로부터 5세기 전반까지 지속되었을 가능성이 높으며, 분구의 규모가 고총화 되지 못한 단계에서 유행한 재지적 묘제일 가능성이 시사된다.

결국 목관 유형은 석곽이나 석실이 출현하기 이전 단계인 3세기 전후로부터 5세기 전반에 이르기까지 가장 성행한 묘제 유형으로 옹관과 더불어 가장 보편화된 매장주체시설이라 할 수 있을 것이다.

② 옹관 유형

영산강유역에서 옹관이 분구의 중심 매장주체시설로서 유행하던 4~5세기 고분 자료 가운데에는 방대형분을 갖춘 사례들이 적잖게 확인된다. 무안 구산리·덕암 2호분, 영암 신연리 연소말고분, 나주 신촌리 9호분·방두고분 등을 대표적으로 살필 수 있다.

무안 구산리고분은 6기의 옹관이 5세기 후반에서 6세기 전엽에 걸쳐 안치되었다. 매장주체시설이 모두 옹관 계통이라는 점에서 피장자 집단이 재지 전통을 강하게 유지하였던 것을 보여준 대표적 고고 자료가 아닌가 싶다. 이와 같은 사례는 5세기 후반에 축조된 무안 덕암고분에서도 확인된다. 1·2호분 모두 옹관 유형만을 고집하고 있다는 점에서 역시 재지 전통을 강하게 유지한 세력의 고분으로 볼 수 있다. 영암 신연리 연소말고분은 훼손 상태가 심하여 자세한 정보는 알 수 없지만, 역시 앞서 살핀 경우와 같이 옹관 전통을 유지한 고분으로서 축조 시기는 5세기 후반에 해당된다. 나주 신촌리 9호분은 분구의 수직확장이 진행된 고총고분으로 옹관 일색의 매장주체시설를 안치한 대표적 옹관고분이다. 고분 축조 시기는 5세기 후엽[230]부터 6세기 전엽에 걸쳐 있다. 나주 방두고분 또한 옹관 일색의 매장주체시설가

---

230 조사단은 하층 분구의 축조 시기를 5세기 중엽으로 보았는데, 하층 옹관인 신관에서 개배가 출토된 점에서 한 단계 내려보는 것이 타당하다. 영산강유역에서 개배가 부장용으로 이용된 것은 5세기 후엽부터이고, 초현기 고총고분인 영암 옥야리 방대형 1호분과 나주 가흥리 신흥고분에

드러났는데, 추가장이 수평적으로 진행되었다는 점에서 주목되는 고분이다. 축조 시기는 5세기 후반에 속한다.

　이상의 자료 검토를 통해 알 수 있는 사실은 영산강유역에서 옹관을 중심매장시설로 갖춘 고분들은 축조되기 시작한 시기가 대부분 5세기 후반에 해당되며, 무안과 영암지역에 한정되어 드러나는 분포권을 보여주는 내용이다.

　또한 분구 규모에서도 목관 유형과는 달리 차별화되는 양상을 보인다. 나주 신촌리 9호분과 같이 고총화된 분구를 갖춘 사례도 있으며, 무안 덕암고분, 영암 신연리 연소말고분, 나주 방두고분과 같은 중간 규모의 분구, 그리고 무안 구산리고분과 같은 저분구 등으로 구분할 수 있다. 이러한 현상은 옹관이 중심매장시설로 가장 유행하는 시기에 접어들어 분구 자체가 갖는 상징성에 대한 가치[231]가 변화되었음을 의미한다고 볼 수 있다. 즉, 분구가 단순히 매장주체시설을 보호하기 위한 본래의 기능을 넘어서 피장자의 위상을 가늠할 수 있는 상징적 의미로 탈바꿈한다. 축조세력의 위세를 보여주는 고고자료로 등극하는 사회적 분위기를 반영한다고 판단된다.

③ 석실(곽) 유형

방대형분 안에 석실(곽)을 중심 매장주체시설로 안치한 사례는 무안 맥포리·고절리고분, 영암 옥야리 방대형 1호분, 나주 복암리 3호분·정촌·횡산고분, 함평 금산리·중랑고분, 장성 대덕리고분 등지에서 확인된다.

　무안 맥포리고분은 발굴조사가 이루어지지는 못했지만 주변에 대한 조사과정에서 측량된 도면을 참조해 보면, 방대형분을 갖춘 고분임을 알 수 있다. 분구 범면에 대형 판석 1매가 노출된 점으로 보아 석실 계통의 매장주체시설을 갖추어진 고분으로 축조 시기는 5세기 말로 판단된다. 영암 옥야리 방대형 1호분은 수혈계횡구식석실을 분구 중심에 구축한 고총고분으로 5세기 중엽에 축조되었다. 나주 복암리 3호분은 제형 분구를 확대조정하여 5세기 말

　　서 모두 부장용으로 이용되지 않았다. 만약 조사단의 견해대로 하층 분구의 조성 시점을 5세기 중엽으로 본다면 개배를 최초 부장한 고총이 신촌리 9호분이며, 옹관고분에서 최초로 부장용으로 이용되었다는 설명을 할 수 있어야 한다.

231　윌리엄스는 가치란 조직화된 선호적 규율 체계로써 이미 결정·예견되어진 목표를 지향한다고 설명하였다(Williams, Robin, 1971, *Change and Stability in Values and Value Systems,* In Stability and Social Change, ed. Bernard Barber & Alex Inkeles, Boston, p.128).

에 완성된 방대형분으로써 매장주체시설은 96석실로 알려진 횡혈식석실이다(그림 24). 나주 정촌고분 또한 방대형분을 갖춘 고총고분으로 5세기 후반에 횡혈식석실을 중심매장시설로 조성했다. 나주 횡산고분은 방대형분에 석곽이 추가장된 것으로 알려져 있는데, 분구를 선축한 후 중심매장시설이 미처 완성되지 못한 일종의 수묘적 성격을 띤 고분으로 판단된다. 축조 시기는 6세기를 전후한 시점으로 추정된다. 이와 유사한 사례는 무안 고절리고분에서도 확인된 바 있다.

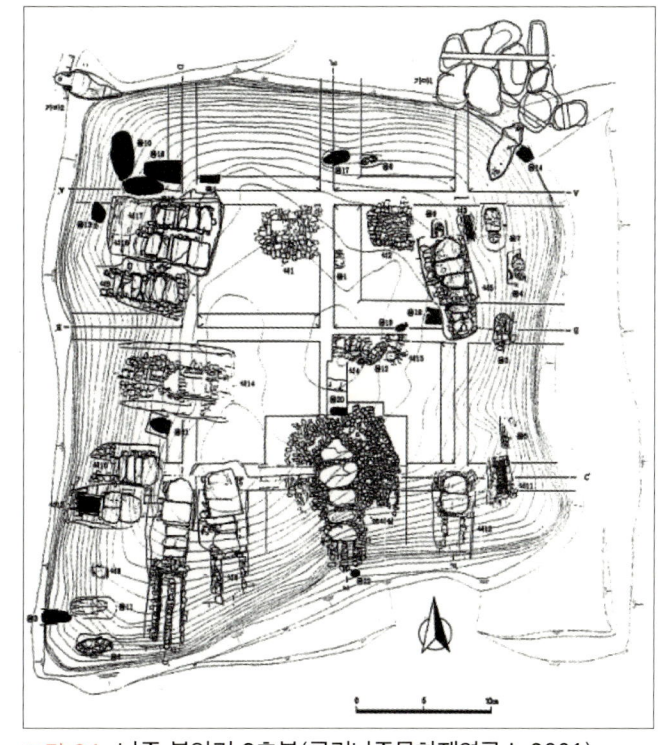

그림 24 나주 복암리 3호분(국립나주문화재연구소 2001)

고절리고분 또한 방대형의 고총고분으로 후대에 석곽이 분구상에 안치됨으로써 분구 매장 프로세스가 횡산고분과 일치한다. 축조 시기는 6세기 전엽에 해당된다.

한편, 함평 금산리 방대형분은 즙석시설을 갖춘 고총고분으로 석실이 안치되었을 것으로 추정되는데, 축조 시기는 6세기 전엽에 속한다. 중랑 방대형분은 분구가 모두 훼손되었지만, 주구 내에서 드러난 (벽)석재들에 근거할 때 석실 구조의 매장주체시설을 갖춘 고총고분으로 5세기 말에 축조된 것으로 판단된다. 장성 대덕리고분 또한 분구가 모두 유실되었지만, 매장주체시설를 구축하기 위한 묘광과 벽석 흔이 일부 노출되었다는 점에서 석곽으로 판단된다. 축조 시기는 5세기 후엽에 해당된다(표 19).

이상의 자료를 토대로 정리해보면, 영산강유역 고분에서 목관(곽)이나 옹관이 아닌 석실(곽)이 매장주체시설로 확인되기 시작한 시기는 영암 옥야리 방대형 1호분을 통해 알 수 있다. 영암 옥야리 방대형 1호분이 축조된 시기는 5세기 중엽으로 알려져 있는데, 영산강유역에서 고총고분이 축조되기 시작한 시점과 일치한다는 점에서 석실(곽)이라는 이질적 유형의 출현은 매우 의미 있는 변화로 판단된다.

표 19 영산강유역 방대형분 발굴조사 현황(한옥민 2019b)　　　　　　　　　　* 잔존 및 추정: ( )

구분	유적명	입지	규모(m)	매장시설 중심	매장시설 기타	연대	비고
영산강 상류권	장성 대덕리	구릉 사면	(7.40×6.60)×?	석1	-	5C후	묘광과 벽석흔 노출, 반지상식
	장성 월정리	구릉 사면	2호: 7-7.90×8×? 4호: 6.4×7.8×?	-	-	5C후	동일묘역에서 원형분과 공존
	광주 평동A (원두)	평지	15호: 11×10.05×? 16호: 8.95×11.30×? 41호: 9.60×12.30×?	-	-	(5C후-6C전)	분구유실., 제형 → 방형 이행
	광주 산정동 지실	구릉 말단	1호: (15.2)×? 2호: (15.08)×?	-	-	(5C후)	추정 방형, 제형에서 방형 이행. 2호분은 4C대 주거지 파괴.
	광주 오선동	구릉 말단	1호: 10.1×19.47×? 2호: 8.9×16.8×? 3호: 8×12.4×? 4호: 8.8×11.8×? 5호: (6.4)×6.4×? 6호: 10×11.2×?	-	-	5C후-6C전	분구유실, 제형 → 방형 이행
	담양 중옥리	구릉 말단	(6.12×11.2×?)	-	-	(6C전)	주구에서 고배, 개배 등
영산강 중하류권	나주 대안리	구릉 말단	3호: 18×19×(5)	(옹?)		(5C후-6C전)	1994년 기초조사, 주구에서 고배편, 기대편 등
		구릉 능선	8호: 8.95×10.75×1.45-2.87	옹4			1918년 발굴조사
		구릉 사면	9호: 44.3×34.9×7.35-8.41	옹9			1918년 발굴조사
	나주 덕산리	구릉 정상	11호: 16×20×?	옹2		(5C후)	제형 → 방형 이행, 주구에서 개배류, 고배류 등
	나주 복암리	구릉 말단	2호: 14.2×20.5×4-4.5	-		(5C후)	1996년 기초조사. 주구에서 개배류 다수 출토
			3호: 42×38×6	석1	목1, 옹23, 석16	5C후	제형에서 방형으로 개축((96석실 중심) 3중-7C초
	나주 정촌	산사면	30×7	석1	석6, 옹6, 목1	5C후	1호 석실 (5C 3/4), 석곽·옹관(5C 4/4-6C 2/4), 2·3석실6C 3/4-7C 2/4), 분구 즙석
	나주 횡산	구릉 말단	25×2.5-3	?	옹3, 석1	(5C후)	조사단 :옹관(3C중-4C전), 석실 (6C후)
	나주 방두	구릉 말단	(20)×(2.5)	옹1	옹2	5C후	반지상식, 6C전엽까지 추가장.

IV. 고총고분의 등장과 전개

구분	유적명	입지	규모(m)	매장시설 중심	매장시설 기타	연대	비고
영산강 중하류권	나주 신촌리	구릉능선	7호: 20×?	-	옹1	(5C후)	1938년 발굴조사
		구릉정상	9호: 30×27×5	옹11		5C후-6C전	1917-1918년 발굴조사 후 1999년 재발굴조사.
	나주 장동리	구릉사면	26.5×19.7×2.7	-	옹1, 석1	(5C후)	분할성토, 조사단: 옹관(4C중·후), 석곽(6C중)
	함평 중랑	산능선	30×30×?	(석?)	-	5C후	주구에서 벽석재 확인
	함평 금산리	구릉정상	51×8.9	-	-	6C전	분구즙석, 중국자기, 형상식륜
	무안 덕암 2호분	구릉말단	13.5×13.7×2.5	옹3		5C후	1호분 (추정)원형계이고, 구축묘광 조성
	무안 고절리	구릉말단	37.47×38.20×3.78	(석?)	옹1, 석1	6C전	수묘? 성격
	무안 맥포리	산능선	27×?×4	(석?)		5C후	할석열, 대형판석 1매 노출
	무안 연리	구릉사면	12.7×12.5×?	옹1		(5C후)	분구 멸실
	무안 구산리	산사면	12.2×9×2	옹1	옹5	5C후-6C전	수직확장, 제형에서 방형으로 개축. 3호옹-(중심)은 반지상식
	무안 평산리 평림	구릉사면	20.25×18.3×?	-	-	(5C후)	조사단: 4C
	무안 하묘리 두곡	구릉사면	14.4×?	-	-	(6C전)	
	무안 인평 1호분	산사면	13×11×0.80	목1, 옹1	목2, 옹2	3C후-4C전	참호형 묘광.
	영암 신연리 연소말	평지	11.8×10.9×2.8	옹1	-	5C후	성토재 이용, 구축묘광, 분할성토
	영암 갈곡리	구릉정상	?×?×2.4	(석?)	-	(5C후-6C전)	추정방형분, 성토재 이용, 분할성토
	영암 옥야리 방대형 1호분	구릉정상	30.0×26.3×7	석1	목1, 옹3, 석1	5C중	성토재 이용, 구축묘광, 분할성토. 5C중-6C전.
	해남 신월리	구릉사면	20×14.1×1.5	석1	-	5C전	추정방형, 즙석, 주칠
	해남 분토	구릉사면	3호: (17.5)×20.5×?	목1	목1, 옹1	5C전-중	분구 멸실, 제형 → 방형 이행
			4호: (12×9.5)×?	석1	옹2		
	장흥 상방촌B	평지	1호: 9.36×9.24×?	목1	목3	5C전	반지상식, 제형 → 방형 이행
			2호: 10.40×8.96×?	목1	-		

133

2) 축조기술

방대형분의 축조기술을 확인할 수 있는 고분 자료는 그리 많지 않다. 또한 분구를 수평 내지 수직으로 확장·조정해 완성된 사례들이 많은 영산강유역 고분 자료에서 분구 축조기술을 검토하기 위해서는 자료 성격 구분을 우선 전제할 필요가 있다. 나주 복암리 2·3호분의 경우, 제형분을 확장 조정해 방대형으로 완성되고 있기 때문이다. 따라서 필자는 최초 기획 단계부터 방대형으로 진행된 사례를 중심으로 축조기술을 정리하고자 한다. 대표적인 유적은 영암 옥야리 방대형 1호분을 들 수 있는데, 이를 통해 방대형분 축조기술을 살펴보겠다.

영암 옥야리 방대형 1호분은 영산내해가 조망되는 구릉 능선에 위치한다. 분구 규모는 길이 30.0m, 너비 26.3m, 높이 약 7m이다. 분구 축조와 관련해서는 공정 단계를 3단계[232] 내지는 5단계[233]로 파악되고 있다.

분구 축조와 관련해 3단계의 공정과정을 상정한 김낙중의 견해를 정리해 보면 다음과 같다. 1단계는 기반 구축이 진행된 단계이다. 분구 평면에 맞게 정지하고 석실이 들어설 범위보다 넓게 기초를 다졌다. 두께는 1~2m 정도 된다. 2단계는 중심매장시설인 횡구식석실을 축조하면서 분구를 함께 성토하였다. 횡구를 통한 시신 안치가 이 단계에서 이루어졌는데, 시신 안치 후 묘도를 폐쇄하고 제사를 지낸 후 다시 성토하였다. 마지막 3단계는 분구 외형을 마무리하기 위한 성토가 이루어졌다.

다음은 5단계의 분구 축조공정 단계를 상정한 내용을 살펴보자(그림 25). 최초 묘역조성 및 분구 기반 성토가 진행되었다(1단계). 즉 고분의 입지를 선정하고 구지표면을 삭토 혹은 성토하여 묘역을 조성한 후에 분구를 설치하고자 하는 부분을 약간 높게 토재 등을 이용하여 쌓아 기반을 성토하는 단계이다(2단계). 중심매장주체부보다 약간 넓게 정한 범위에 토재 등을 사용하여 쌓아 매장주체부의 기반을 조성하는 단계이다. 이후 매장주체부 설치를 위한 성토가 이루어진다(3단계). 분구 중앙의 매장주체부를 중심으로 지망상의 분할 성토가 본격적으로 이루어지면서 매장주체부의 벽석을 쌓는 단계이다. 그리고 나서 매장주체부를 밀봉하기 위한 성토 공정이 진행된다(4단계). 분구 중앙에 위치한 매장주체부인 석실을 밀봉하면

---

232 김낙중, 2014, 「방형·원형 고분의 축조기술」, 『영산강유역 고분 토목기술의 여정과 시간을 찾아서』, 대한문화재연구원, p.35

233 전용호·이진우, 2013, 「영암 옥야리 방대형고분의 조사 방법과 축조 기술」, 『삼국시대 고총고분 축조기술』, 진인진, p.102.

서 분구를 성토하는 단계이다. 이후 최종적으로 분구를 방대형으로 피복하고 원통형토기를 수립하는 마지막 작업이 진행된다(5단계).

이러한 공정과정에서 사용된 성토재는 일정 단위로 공간을 나누는 구획재와 구획 내부의 공간을 채워가는 일반 성토재로 구분하고 있지만,[234] 토괴 형태의 인공재라는 점에서 구분의 의미는 크지 않다고 본다.

보다 중요한 것은 분구 평면을 5개로 나누어 구획한

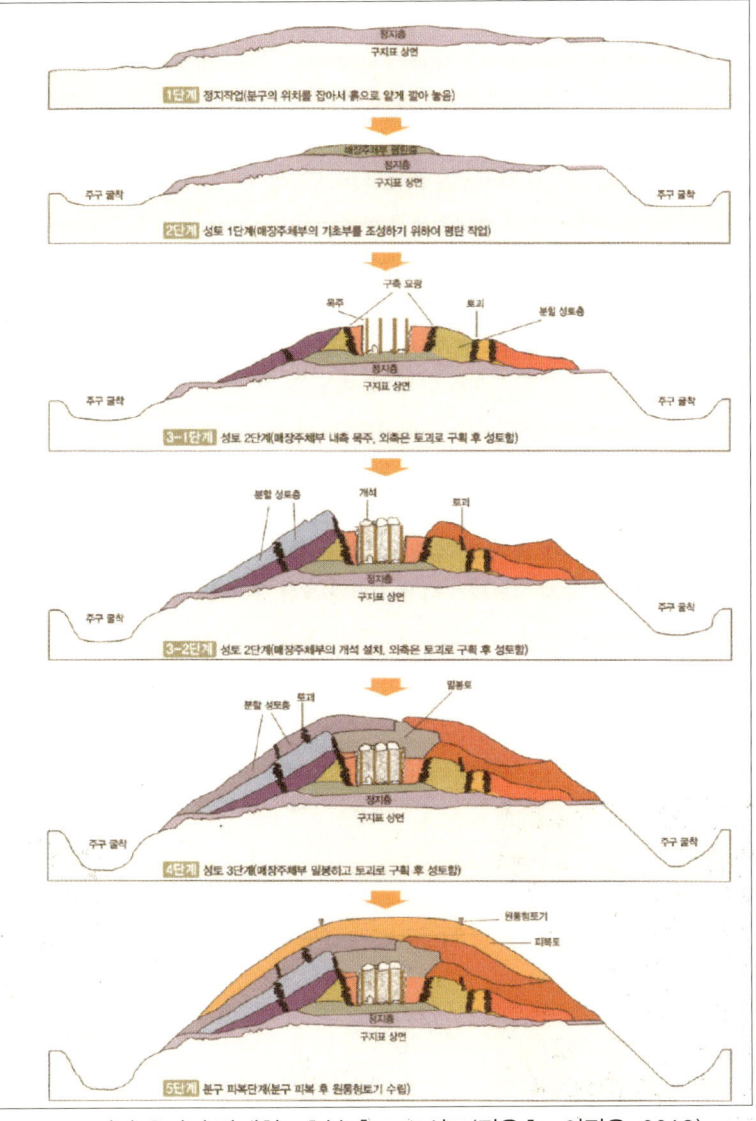

그림 25 영암 옥야리 방대형 1호분 축조 모식도(전용호·이진우, 2013)

후 성토하였다는 각 분면에 대한 분할 성토 개념이 아닌가 싶다. 분할의 의미는 조묘에 관여한 노동력들의 구분에 따른 것일 수도 있고, 해당 지점의 위치적 조건이나 물성의 선택 인지에 따른 결정일 수도 있을 것이다. 또한 분할 행위 자체에서 인지해야 할 점은 특정 축조 기

---

[234] 전용호·이진우, 2013, 「영암 옥야리 방대형고분의 조사 방법과 축조 기술」, 『삼국시대 고총고분 축조기술』, 진인진, p.100.

술자의 지휘와 같은 문제가 아닌가 싶다. 구릉 능선이라는 공간 선택부터 최소 3m 이상 높이를 쌓아가기 위해서는 평면형태의 설정부터 성토 공정과정마다 누군가의 지휘를 받지 않고는 완성되기 어렵다. 이는 이전의 제형분 단계에서는 찾기 어려운 현상이다. 여기에서 분구 축조에 관여한 인물의 상정과 관련해 중요한 정보를 확인할 수 있다. 옥야리 방대형 1호분은 분구의 외심(外芯)이 되는 제방형 혹은 복발형성토방식이 아닌 구획성토 방식을 취하고 있는데 열을 이루는 석렬과 이질 성토재를 이용한 구획성토는 가야지역에서 뚜렷이 보이는 현상이다(그림 26). 더불어 분구 중앙에 아주 낮으면서 가운데가 편평한 부분이 쌓아져 있는데, 일본 고분의 동일본적공법에서 확인된 소구(小丘)와 같다는 점도 주목할 필요가 있다.

 이 두 가지 성토관련 정보만을 놓고 보면 옥야리 방대형 1호분 축조에는 가야적 요소와 일본열도의 요소가 혼재됨을 알 수 있다. 결국 분구 축조를 지휘한 누군가는 가야지역과 일본열도의 고총고분 축조기술을 인지하고 있었던 인물로 판단된다. 어느 특정 지역의 분구 축조관련 정보만이 반영되지 않았다는 점에서 출자나 축조집단의 주체를 단정하기 어려움을 보여준다. 이는 횡구식구조를 띤 석실이나, 부장품을 통해서도 알 수 있다. 네 벽면에 목주를 세워 벽석을 쌓는 석실은 나주 가흥리 신흥 석곽을 비롯해 5세기 전반에 축조된 김해 양동리

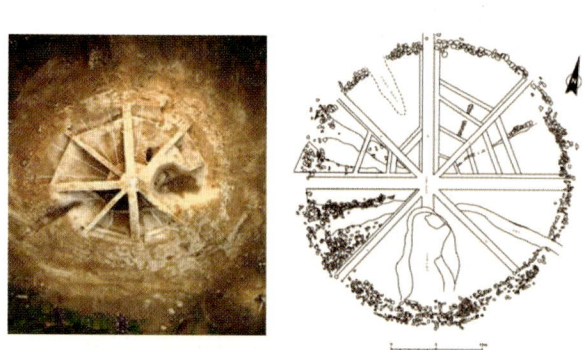
창녕 교동 7호분(우리문화재연구원 2014)

함안 도항리 6호분(동아세아문화재연구원 2008)

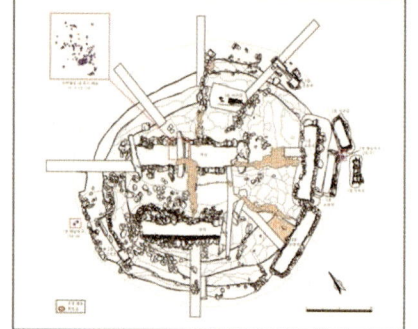
고령 지산동 518호분
(국립가야문화재연구소 2016)

그림 26 가야지역 고분에서 보이는 구획성토

93·95호 수혈식석곽, 5세기 후반의 창녕 교동 3호분 횡구식석실, 함양 백천리 1-3호수혈식석실, 6세기 전반의 대구 성하리 횡구식 석실 등의 축조에서도 확인된다.[235] 아직 일본열도의 자료에서는 확인되지 않는 요소라는 점에서 석실 축조는 가야지역과의 관련성이 높아 보인다. 반면, 삼각판갑과 철촉, 무개식고배와 같은 부장품과 더불어 원통형토기의 분구 수립 장식 행위는 일본열도와의 관련성을 보여주고 있다. 결국 고분의 외형 요소인 분구 축조로부터 내부요소인 매장주체시설, 부장품 등에서 다원적 출자 요소가 확인된다는 점에서 특정 지역의 요소만이 한정되었다고는 보기 어려움을 알 수 있다.

영암 옥야리 방대형 1호분에서 확인된 새로운 분구 축조기술은 이후의 고총고분이나 분구가 낮은 저분구 축조에서도 반영된 사례들이 증가하고 있다. 분구 높이가 2.2m에 불과한 고분 자료 가운데, 5세기 후반에 축조된 무안 사창리 덕암고분 조사 결과를 살펴보면, 3단계의 분구축조 공정 과정이 확인된다. 최초 분구 기저면을 정지하는 작업이 진행되었으며, 정지층 상부를 구획 성토해 가면서 1차 구축묘광(構築墓壙)이 완성되는 2단계의 공정과정이 진행되었다. 이후 중심매장시설인 1호 옹관을 안치하기 위한 구축묘광을 마련한 후 관을 묻고 분구를 완성하였다. 분구에 피장자를 보호 안치된 매장시설을 놓기 위해 마련된 구축묘광은 나주 가흥리 신흥고분 석실 조사에서도 확인되었다. 구축묘광(構築墓壙)[236]에 대한 개념은 연구자에 의해 다소 차이가 있는데, 필자는 분구 축조과정에서 매장시설이 안치될 공간을 공지로 남겨둔 채 진행된 과정을 설명하는 용어로 정의하고자 한다. 분구를 되파서 매장시설을 안치하거나 분구 축조와 동시에 매장시설의 안치가 이루어진다는 개념과는 다른 의미이다.

구축묘광이라는 용어는 일본에서 먼저 사용되었으나 그 용어의 대한 명확한 정의가 내려지지 않은 상태로 사용되어져 왔으며, 현재도 각 연구자마다 다양한 양상에 용어가 채택되고 있다. 국내에서는 원형분인 고흥 길두리 안동고분 조사가 이루어지면서 처음 구축묘광이란 용어가 사용되었으며, 역시 원형(계)분인 해남 만의총 1호분의 축조방식도 유사한 것으로 확인되었다. 이후 무안 덕암고분과 영암 옥야리 방대형고분에서도 구축묘광이 확인되었는데 보고된 양상은 세부적으로 약간씩 차이를 보이고 있다(그림 27). 가장 큰 차이점은 구축묘광

---

235 이영철, 2014b, 「나주 가흥리 신흥고분의 대외교류상과 연대관」, 『고분을 통해 본 호남지역의 외교류와 연대관』제1회 고대 고분 국제학술대회, 국립나주문화재연구소, p.110.

236 구축묘광이란 "무덤구덩이의 기초를 쌓아 만든다는 뜻으로 매장시설을 안치한 공간을 남기고 성토재를 이용하여 구덩이의 형태를 만든 것을 말한다"고 하였다(임지나, 2016, 「호남지역 고분 축조기술의 연구-분구 축조기술을 중심으로-」, 목포대학교 석사학위논문, p.80).

① 영암 옥야리 방대형 1호분(국립나주문화재연구소 2012)

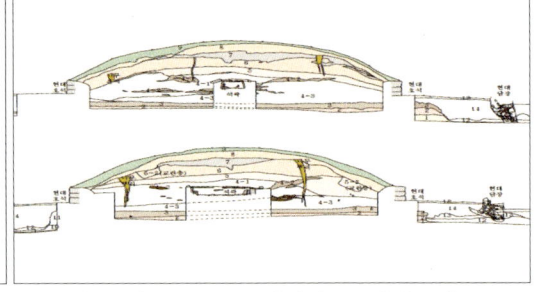

② 무안 덕암 2호분(대한문화재연구원 2012)   ③ 해남 만의총 1호분(동신대학교문화박물관 2014)

그림 27 구축묘광 조성 고분

과 매장시설의 축조 시점과 축조 성토재이다. 고흥 길두리 안동고분의 경우 점토괴가 사용되지 않았으며, 해남 만의총 1호분, 무안 덕암고분, 영암 옥야리 방대형 1호분, 나주 가흥리 신흥고분(전방후원형분)의 경우 점토괴가 사용되었다.[237] 이를 통해서 볼 때, 구축묘광 방식은 분구 고대화와 관련된 고총고분 단계에 방대형, 원대형, 전방후원형분 등의 분형에 관계없이 사용되었던 축조기술 중 하나임을 보여주고 있다.

제형분 축조과정에서도 구축묘광과 유사한 개념의 성토공정 과정이 관찰되지만, 필자는 덕암고분에서 확인된 고총단계의 고분과는 구별할 필요가 있다고 보았다.[238] 덕암고분의 경우는 고총고분의 축조기술을 바탕으로 중심매장시설이 안치될 단계에 이르러 공간을 비워

---

[237] 임지나, 2016, 「호남지역 고분 축조기술의 연구-분구 축조기술을 중심으로-」, 목포대학교 석사학위논문, pp.78~79.

[238] 한옥민, 2015, 「축조공정을 통해 본 영산강유역 제형분구의 성격과 의미」, 『한국상고사학보』91, 한국상고사학회, p.62.

둔 채 성토하고 있기 때문이다. 다만 장제 프로세스와의 관계 속에서 접근한다면, 제형분 단계와 분구가 고총화된 고총고분 단계의 장제 프로세스에서 구축묘광과 같은 현상은 일정 부분 상통된 면이 있다. 여기에서 염두할 점은 분구를 성토하는 과정과 매장시설을 직접 안치하는 과정의 구분 문제라 할 수 있다. 이는 분구가 고총화된 단계의 자료를 해석하면서 오인할 수 있는 부분이기 때문이다. 비록 분구가 고총화되었더라도 장례 절차에서 가장 중요한 공정은 피장자를 담은 매장시설이 안치되는 시점이다. 따라서 매장시설이 놓이는 시점의 축조 공정 내용은 보호시설이 목관이든 옹관이든 석실(석곽)의 종류를 차치하고 살필 필요가 있다.

제형분 축조에서 주구를 굴착한 채토를 분구 외연에 우선 퍼올린 현상은 단순히 성토행위로 해석할 수도 있겠지만, 매장시설이 자리할 부분을 비워둔 채 참호형상으로 성토하는 것은 분구가 고총화된 영암 옥야리 방대형 1호분이나 무안 덕암고분의 사례와도 일맥상통된다. 즉 분구가 높든 낮든 매장시설 지점에는 흙을 쌓지 않고 있다. 소위 분구묘의 가장 큰 특징으로 이해하고 있는 선분구후매장 축조공정과는 다르다고 볼 수 있다. 이 부분과 관련해서는 V장 2절에서 다루어보겠다.

결국 방대형분 축조기술과 관련해 가장 중요한 부분은 분구를 쌓아가는 과정에 반영된 기획과 공정 과정·기술이라 할 수 있다. 수평적인 분구 확장이라는 기존의 관념과는 달리 확정된 밑면적을 설정하여 평면적이 변화되지 않는 기획과 방형이라는 형태의 고정, 그리고 인공 성토재를 사용해 물성이 다른 재료를 교차해 한층 한층 쌓는 기술, 고총화된 분구를 목표로 한 일정단위의 구획선 설정과 토제(혹은 內丘) 성토 방식, 높이 성토된 지상 부분에 석재를 사용해 구축한 보호시설(석곽이나 석실)의 이질성은 서로 상관성을 가지면서 반영되었다. 전에 없던 새로운 축조기술 관련 내용들이다. 이러한 분구 성토의 토목기술 내용은 이후 재지적인 고분이나 고총고분의 분구 축조에서도 반영되었다. 나주 신촌리 9호분과 복암리 3호분과 같이 옹관을 매장시설로 고집한 고총고분에서도 부분적이나마 고총고분의 축조기술을 반영해가면서 최종 분구가 완성되었다.

3) 노동력

영산강유역 방대형분에 대한 동원 노동력의 산출[239]은 나주 신촌리 9호분을 대상으로 하였

---

[239] 방대형에 대한 노동력 산출과정 및 산출식은 필자가 학보에 발표한 글(한옥민, 2010, 「분구 축조에 동원된 노동력의 산출과 그 의미」, 『호남고고학보』34, 호남고고학회)을 기초로 작성·보완

다. 고분은 1917~1918년(1~2차), 1988년(측량조사), 1999년(재조사)에 이루어졌다. 이로 인해 보고서에서는 분구 규모에 대한 수치가 약간씩 차이를 보이는데 필자는 이것이 자료의 신뢰성을 검증하는 데 유용하다고 생각된다. 동원 노동력의 산출을 위해서는 기초적인 전제 조건들이 마련되어야 하는데 이에 대해서는 앞 장의 제형분에서 제시된 것과 동일[240]하게 적용하였다.

나주 신촌리 9호분에 대해 몇 차례 진행된 조사는 〈표 20〉의 예시와 같이 모두 5가지로 나누어 볼 수 있다. 아래에 제시된 산출공식과 산출과정은 ⓒ에 해당되는 수치이다.

먼저, 〈표 20〉의 ⓒ를 대상으로 동원 노동력을 산출하기로 한다. 이를 서술하는 순서에 따라 편의상 〈산출식 4〉~〈산출식 6〉로 명명한다. 〈산출식 4〉와 〈산출식 5〉는 분구 부피를 구하기 위한 산출공식에 대입하여 일련의 풀이 과정을 예시한 것이고, 〈산출식 6〉은 분구 축조에 동원된 총 인원수를 산출하는 과정을 풀이한 것이다.

〈그림 28〉의 왼쪽 그림은 일제강점기(1917년 12월, 1918년 10월)에 총 24일에 걸쳐 조사되

표 20 나주 신촌리 9호분의 노동력 산출값의 변동 비교(한옥민 2010)

구분	규모(m) (길이×너비×높이)	분구 부피(m^3)		총 인원수	비고
ⓐ	33×33×6	1차	2233.80	1861	1917~1918년 조사, 谷井濟一 외
		2차	729.00	608	
ⓑ-1	34.85×30.28×4.62	1차	2046.36	1705	1986년, 측량조사, 국립광주박물관
		2차	400.61	334	
ⓑ-2	34.85×30.28×5	1차	2118.86	1766	〃
		2차	529.32	441	
ⓑ-3	34.85×30.28×5.46	1차	2195.58	1830	〃
		2차	696.40	580	
ⓒ	30×27×약 5	1차	1683.45	1403	1999년, 재발굴조사, 국립문화재연구소
		2차	472.80	394	

한 것이다.

240 방대형은 평면형태에서 제형과의 차이가 날 뿐, 단면형태에서는 정육면체가 아니므로 제형과 차이가 없다. 따라서 수학적인 산출식과 산출과정은 동일하게 진행되어도 무방하다는 의미한다. 즉, 분구 부피를 구하는 산출공식, 1일 1인의 흙 운반량은 제형분과 동일하게 적용하였으므로 여기에서는 산출과정만 제시해 둔다. 다만, 분구 부피를 정확히 구하기 위해서는 성토각을 구하는 것이 필수적이므로 보고서에 기재된 밑면과 윗면규모를 토대로 하여 수학식으로 풀어서 산출하는 방식을 선택하였다.

Ⅳ. 고총고분의 등장과 전개

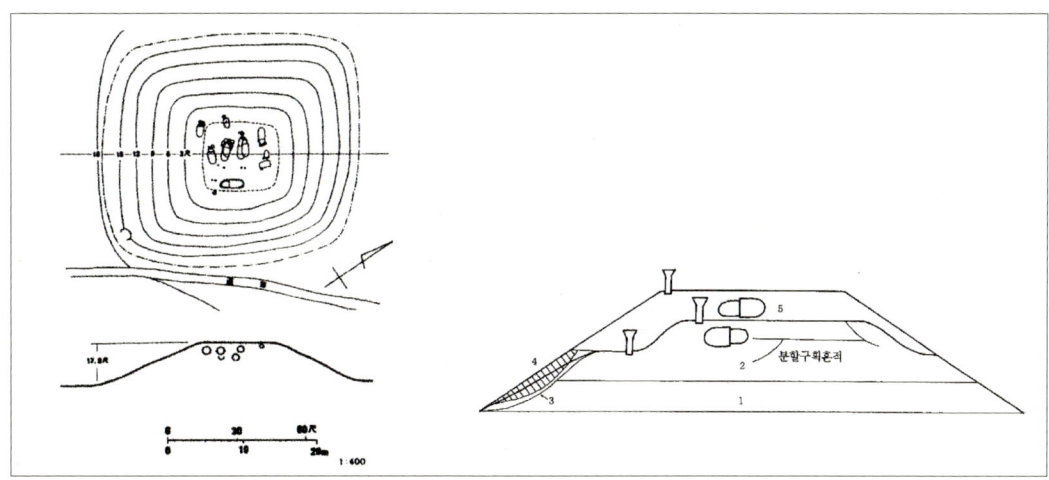

그림 28 나주 신촌리 9호분의 분구(국립광주박물관 1988에서 전재) 및 성토과정(김낙중 2009)

던 내용을 국립광주박물관이 『나주반남고분군』 종합보고서에 정리하여 소개한 것을 그대로 전재한 것이고, 오른쪽 그림은 1999년 국립문화재연구소에 의해 재발굴조사된 내용을 토대로 제시된 성토과정 모식도이다. <그림 29>는 재발굴조사를 통해 파악된 분구 규모에 대한 세부 수치들을 필자가 모식도로 표현한 것이다. 모식도의 분구 기울기(성토각)는 관람자가 보는 기준으로 하여 크

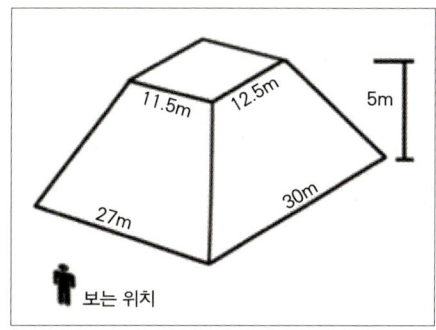

그림 29 나주 신촌리 9호분의 분구 모식도

게 정면과 측면으로 나눌 수 있다. 모식도에 기재된 수치들은 분구 기저부에 해당하는 밑면 규모와 분정부인 윗면 규모, 높이로 구분할 수 있다. 모식도는 분구를 바라보는 관람자를 기준으로 하여 단변 쪽인 너비 방향에서 바라본 것이므로 이에 따라 분정부도 단변 쪽을 바라보는 방향으로 표현하였다.

<산출식 4>의 분구 부피(총 공사량)을 구하기 위한 산출과정이다. 산출공식의 경우, 제형분의 것과 동일하므로 여기에서는 산출공식을 생략하고 산출과정만 예시하였다. 제형분과 마찬가지로 분구 부피를 산출하기 위해 필요한 제원 수치들은 밑면 규모, 윗면 규모, 분구 높이, 분정의 정면·측면 기울기(성토각) 등이다. 제형분과 동일하게 적용한 이유는 앞서 언급했듯이 실제로 관람자가 보기에는 평면형태에 따라 제형과 방형으로 구분되지만, 단면을 놓고 보면 수학적으로 정육면체나 직육면체를 띠지 않는다. 즉, 두 변이 만나는 지점의 각도는 90°가 될 수 없다. 따라서 제형분과 방대형분 모두 측면과 정면 기울기를 따로 계산한 후, 결

㉠ $\dfrac{2\times 5}{(27-11.5)} = \dfrac{1}{1.55} = 0.65 \quad \tan^{-1}0.65 = 33°$

㉡ $\dfrac{2\times 5}{(30-12.5)} = 1.75 = 0.57 \quad \tan^{-1}0.57 = 29.7°$

㉢ $\int_0^5 [(27-2\times 1.55x)\times(30-2\times 1.75x)]dx$

$= \int_0^5 [(27-2\times 1.55x)\times 30] - [(27-2\times 1.55x)\times(2\times 1.75x)]dx$

$= \int_0^5 (810 - 94.5x - 93x + 10.85x^2)dx$

$= \int_0^5 (10.85x^2 - 187.5x + 810)dx$

$= \left[3.6x^3 - 93.75x^2 + 810x\right]_0^5$

$= 3.6\times 5^5 - 93.75\times 5^2 + 810\times 5 = 2156.25 m^3$

산출식 4 나주 신촌리 9호분의 분구 부피 산출과정

과값을 얻는 과정에서는 동일하다. 다만 방형분은 보고서에서 분정부의 규모(윗면 규모)를 제시해 주는 경우가 제형분보다 많아서 분구 기울기 값을 산출하는데 유용한 측면이 있다.

산출식은 분구 부피를 구하는 산출과정을 수학식으로 풀어서 제시한 것이다. 산출 ㉠·㉡은 관람자가 바라보는 방향에 따라 분구 기울기 값을 구한 것으로 ㉠은 정면이 되고, ㉡은 측면이 된다. 계산 결과, 산출식에서 제시된 바와 같이 정면 33°, 측면 29.7°로 계산되었다. ㉢은 분구 부피를 구하는 산출과정으로써 해당 수치들을 공식에 대입시킨 후, 이를 적분하여 결과값을 얻은 것이다. 산출결과, 분구 부피는 2,156m³로 계산되었다.

〈산출식 5〉는 나주 신촌리 9호분이 발굴조사를 통해 분구 높이가 1차와 확장된 2차로 파

1차분구 :

$$\int_0^3 [(27-2\times 1.55x)\times(30-2\times 1.75x)]dx$$

$$= \int_0^3 (10.85x^2 - 187.5x + 810)dx$$

$$= 3.6\times 3^3 - 93.75\times 3^3 + 810\times 3 = 1683.45 m^3$$

2차 분구 :

$$\int_3^5 [(27-2\times 1.55x)\times(30-2\times 1.75x)]dx$$

$$= \int_0^5 (10.85x^2 - 187.5x + 810)dx - \int_0^3 (10.85x^2 - 187.5x + 810)dx$$

$$= 2156.28 - [3.6\times 3^3 - 93.75\times 3^2 + 810\times 3]$$

$$= 472.80 m^3$$

산출식 5 나주 신촌리 9호분의 1차 · 2차 분구 부피 산출과정

(분구부피 ÷ 1일 1인 흙 운반량) + (시공자수 × 소요일수) = 총 인원수

1차 분구 : (1683.45 ÷ 1.6) + (25 × 14.03) = 1402.91인

2차 분구 : (472.8 ÷ 1.6) + (25 × 3.94) = 394인

산출식 6 분구축조에 동원된 총 인원수를 구하는 산출공식 및 산출과정

악됨에 따라 이를 각각 나누어 계산하였다. 산출결과, 분구 부피는 1차가 1,683m³이고, 2차는 472m³로 계산되었다.

〈산출식 6〉은 분구 축조에 동원된 총 인원수를 구하는 산출공식과 산출과정을 제시한 것이다. 전제 조건의 수치와 산출공식을 바탕으로 하여 고분의 분구 조성에 동원된 총 인원수는 1차 분구가 1,402인이고, 2차 분구는 394인으로 계산되었다.

다음으로 분구 규모의 제원 차이에 따른 산출값의 변동을 살펴보자. 이는 산출식의 모델이 된 나주 신촌리 9호분을 통해 제원 값의 차이에 따른 산출값의 변동이 얼마의 차이가 발생되는지에 대해 직접 수치로 비교해 보기 위함이다.

나주 신촌리 9호분은 몇 차례의 조사과정을 거치면서 분구 규모가 약간씩 다르게 계측되었다. 이는 결과적으로 산출값에 직접적인 영향을 준다는 점에서 기왕의 연구 자료에 대해 재검토와 재해석이 요구된다. 즉 작은 부분이라 하여 간과할 것이 아니라 좀 더 신중하게 다루어야 하는 필요성이 있다. 이제까지 별반 논의되지 않았던 제원에 관한 기본 인식의 문제와도 관련된다고 볼 수 있다.

분구 규모에 대한 계측은 보고서와 논문에 소개된 자료를 통해 볼 때 크게 3가지 경우로 요약된다. 첫째, 일제강점기에 일본인에 의해 1917~1918년 조사되었고 그때 한변 길이 33m, 높이 6m로 계측된 것이 있다. 둘째, 1986년 국립광주박물관이 측량조사를 통해 밑면 규모 34.85×30.28m, 성토 높이 4.62~5.46m로 계측된 것이 있다. 셋째, 1999년 국립문화재연구소가 재발굴조사를 통해 밑면규모 30×27m, 성토 높이 약 5m 정도로 계측하였다. 이를 〈표 20〉에 기재한 대로 편의상 ⓐ~ⓒ로 나누고, ⓑ를 성토 높이에 따라 다시 ⓑ-1, ⓑ-2, ⓑ-3로 세분하였다.

먼저, 이들 계측치의 노동력을 산출하였다. 그 결과 ⓐ~ⓒ는 수치상으로 분구 부피(총 공사량)는 70~800m^3 정도의 차이를 보였다. 물론 ⓐ~ⓒ가 분구 높이가 같다거나, 밑면 규모가 같을 때 비교할 수 있을 것이다. 그러나 근본적으로 모두 동일 분구를 계측한 수치[241]라는 점에서 노동력 산출값의 변동을 반영할 수 있다고 생각된다. 산출된 노동력을 보면, ⓐ는 분구 부피 2,962m^3, 총 인원수 2,469인이다. ⓑ-1는 분구 부피 2,446m^3, 총 인원수 2,039인이다. ⓑ-2는 분구 부피 2,648m^3, 총 인원수 2,206인이다. ⓑ-3는 분구 부피 2,891m^3, 총 인원수 2,409인으로 산출되었다. ⓒ는 분구 부피 2,156m^3, 총 인원수 1,796인이다. ⓐ~ⓒ까지의 분구 부피는 모두 2,400m^3을 넘고 있으나 ⓒ의 경우만 가장 작은 2,100m^3선이다. 이와 상관되어 총 인원수에서도 모두 2,000인을 넘고 있으나, ⓒ만 1,800인으로 차이가 상당하다.

---

[241] 분구 규모의 제원 차이는 시간이 흐름에 따라 성토부의 토량 유실과 밀접히 관련될 것이다. 특히 분구 높이는 다른 제원보다 크게 변화되었을 가능성이 많은 수치 중 하나라고 생각되나, 여기에서는 이런 현상까지를 수학적인 수치로 반영하기 어려우므로 보고자가 계측한 수치를 기준으로 해석해 보기로 한다.

IV. 고총고분의 등장과 전개

<표 20>을 통해 보듯이 나주 신촌리 9호분의 각기 다른 계측치의 작은 차이는 결국 산출값의 변동을 초래하고 말았다. 노동력 부분 즉, 분구 부피(총 공사량)와 총 인원수에서 모두 변동을 보였다. 이는 산출값 중에서 최소는 ⓒ가 해당되고 최대는 ⓐ가 해당되는데 그 차이는 분구 부피 800m^3, 인원수는 670인이라는 수치를 보이게 된다.

그렇다면 분구 부피가 800m^3이라는 차이에 대해 잠시 보기로 하자. 이를 작업 횟수로 환산해 보기로 하자. 1일 1회에 0.019m^3(30kg×1m^3/1,550kg = 0.019m^3)를 옮기므로 42,100번의 작업회수를 통해 완성하게 되는 의미이다. 이는 하루에 100인의 동원 인원이라면, 421번의 횟수가 필요하다. 영암 신연리 9호분의 분구 부피가 508m^3, 광주 하남동Ⅱ 2호분이 623m^3, 나주 신촌리 1호분이 342m^3인 점을 감안 할 때, 중소형급의 제형계와 방형계 분구 하나를 축조하고도 남는 수치가 된다. 이처럼 수학적인 숫자의 차이에서 보더라도 결코 작은 수가 아니다. 작업일수에서도 1일에 100인이 동원되었다고 가정하면, 7일 동안의 작업량에 해당한다. 이는 작은 계측치의 차이가 산출값의 변동에 어떻게 작용하는지를 숫자의 차이로서 잘 보여주는 예라 하겠다.

다음은 ⓑ-1, ⓑ-2, ⓑ-3의 경우를 비교해 보기로 하자. ⓐ와 ⓒ는 분구 규모의 제원에서 밑면 규모, 높이가 모두 다른 경우라면, ⓑ-1, ⓑ-2, ⓑ-3의 경우는 밑면 규모는 모두 동일하고 높이에서만 약간의 차이를 보이고 있다. ⓑ-1, ⓑ-2의 성토 높이는 0.38m가 나는데, 이에 따라 노동력은 분구 부피 200m^3, 총 인원수 170인의 차이를 보였다. 성토 높이의 계측치를 보면 상대적으로 가장 낮은 ⓑ-1, 가장 높은 ⓑ-3의 차이는 0.84m이며, 이에 따라 분구 부피는 445m^3, 총 인원수는 370인의 차이를 보이고 있다. ⓑ-1를 기준으로 볼 때, ⓑ-3와의 차이가 무려 20%를 보인다는 분석결과를 얻을 수 있다. 즉 밑면 규모뿐 아니라 성토 높이의 제원도 중요한 제원 수치 중 하나라는 사실을 검증할 수 있었다. 분구는 입체물이라는 점에서 노동력 산출시 성토 높이가 차지하는 비중이 기존에 생각해 왔던 것 이상으로 크다는 점을 재일차 강조하고 싶다.

이상의 산출방식대로 영산강유역 방대형분의 동원 노동력을 산출하면 <표 21>과 같다. 고분 분구 축조에 가장 많은 인력 동원이 수반된 것은 함평 금산리고분, 나주 대안리 9호분이다.

표 21 영산강유역 방대형분의 동원 노동력 산출 　　　　　　　　　　　　　　　　　* 추정:( )

고분	규모(m) (길이×너비×높이)	매장 시설	분구부피(m^3)	총 인원수	비고
화순 천덕리 회덕 2호분	30×30×3.5	-	1,836	1,606	
나주 신촌리 1호분	12.58×10.38×2.19~3.12	옹관	342	285	
나주 신촌리 9호분	30×27×5	옹관	2,156	1,797	
나주 대안리 3호분	19×18×(5)	(옹관)	911	759	
나주 대안리 9호분	44.3×34.94×7.35~8.41	옹관	8,805	7,338	
나주 복암리 2호분	20.5×14.2×4~4.5	옹관	433	379	
나주 복암리 3호분	42×38×6	석실	5,451	4,544	
나주 정촌	40×37×11.6	석실	5,465	4,555	석축식 호석시설
나주 동곡리 횡산	20×20×1.72	-	503	420	분구외연: 옹관, 석실
함평 금산리	51×51×9	(석실)	12,015	10,013	
무안 고절리	38.20×37.47×3.78	-	4,457	3,715	분구외연: 옹관, 석곽
무안 구산리	12.2×9×2	옹관	151	126	제형 → 방(대)형분
무안 덕암리 2호분	14.8×13.7×2.5	옹관	260	218	
영암 옥야리 방대형 1호분	36.70×32.23×6.71	석실	3,769	3,142	분구외연: 목관 1, 옹관3, 석곽1

* 나주 정촌과 영암 옥야리 방대형 1호분은 조사단이 제시한 제원 중 가장 큰 수치를 적용함.

4) 방대형분의 성립

영산강유역에서 발굴조사된 자료를 통해 드러난 방대형분 관련 내용을 종합해 보면 다음과 같다.

　　방대형분을 갖춘 고분의 출현 시기는 무안 인평 방형분이 축조되기 시작한 4세기 전후로 볼 수 있다. 방대형분 초현 당시 분구 높이는 2m 이내의 저분구로 완성되었으며, 매장주체부는 목관이 중심이었다. 목관 계통의 중심매장시설을 갖춘 방(대)형분은 무안, 영암, 장흥 등지에서 대체로 5세기 전반까지 지속적으로 축조되었을 가능성이 높지만 보편적인 분형으로 자리하였다고 보기는 어렵다고 판단된다. 그 원인 중에 하나는 역시 제형분이라는 분형의 존재에서 찾을 수 있을 것이다.

　　제형분을 갖춘 고분은 영산강유역 각지에서 가장 일반화된 유형으로 3세기부터 5세기 중엽에 유행하였으며 일부는 6세기대까지 지속된다. 제형분은 목관 계통의 중심 매장시설로부터 옹관 유형이 점차 우위를 차지하는 것으로 알려져 있다. 따라서 방형분 초현 고분에서 목관 계통의 중심매장시설이 주로 드러나는 점은 분형을 달리한 제형분과 일치하는 것이라 할 수 있는데, 방대형분의 초출 시기가 제형분보다 후행한다는 점에서 계통을 달리한 집단에 의해 축조된 고분일 가능성이 엿보인다.

3세기대 방형분을 갖춘 고분이 서울·경기지역과 충청지역에 집중된 반면, 제형분은 금강 이남의 전북 일부지역과 전남지역에 집중한다는 분포권을 참조한다면, 영산강유역에서 드러나고 있는 4세기~5세기 전엽의 방형분은 한반도 중부지역의 방형분 집단과의 교류관계 속에서 영향을 받아 출현하였을 가능성이 높아 보인다. 또한 아직 5세기 전엽 이전의 고분 자료에서 방형분을 갖춘 고분 축조 사례가 많지 않다는 점은 제형분 축조를 선호한 영산강유역 세력과의 교류 정도가 미약한 수준에서 진행되었음을 방증해주는 결과로 해석할 수도 있다고 판단된다.

한편, 영산강유역에서 일반화되지 못한 방형분은 2m 이하의 저분구로 축조된다는 점에서 제형분의 규모를 상회하지 못하였다. 분구의 원형이 가장 잘 보존된 유적 가운데 하나인 함평 만가촌고분군의 분구 규모가 2m 내외로 알려져 있다는 점에서 분구 차이는 규모가 아닌 형태의 차이에 머물렀다고 볼 수 있다. 물론 분형이라는 요소가 피장자 집단의 계통을 추적할 수 있는 단서이기는 하나, 아직까지 이를 입증할만한 자료가 확보되지 않은 상태에서 분구 형태를 통한 계통의 차이는 논하기 어려운 실정이다. 만약, 방형분의 축조세력이 외부로부터 이주한 선진 세력이나 계통을 달리한 집단으로 이해하더라도 힘의 정도가 재지 세력보다 우위였다고는 보기는 어렵다.

방형분이 피장자의 주검 위치를 알리는 표지적 인공물에 한정된 의미는 고총고분이 출현하기 이전 단계 사회에서 모두 적용 가능하다고 볼 수 있다. 영산강유역에서 가장 일반화된 제형분 또한 같은 맥락에서 의미를 추출할 수 있을 것이다. 분구의 성토기술이나 방법에서 특별한 공력이 내포되었다고 보기 어려운 고고자료 또한 이를 뒷받침한다.

방대형분을 통한 사회적 의미와 변화를 추적할 수 있는 자료는 옹관고분 자료에서 잘 드러난다. 옹관이 중심매장시설로 안치되면서 나타나는 분구 고총화 현상에서 찾을 수 있다. 그 대표적인 고분 자료는 나주 신촌리 9호분을 통해 논할 수 있다.

제형분에서 분구를 확장하는 방식은 수평적으로 면을 넓혀가는 것이었다. 그에 반해 신촌리 9호분의 평면적은 그대로 유지한 채 수직적인 입체면적을 확대함으로써, 분구의 고대화라는 관망자의 시각을 변화시키는 차별화를 꾀하였다. 즉, 분구에 묻힌 피장자의 생전 위상과 축조 세력의 사회적 위치와 권력의 정도를 표출코자 하는 의지가 반영된 분구를 선택한 것이다. 분구 고총화의 주체는 옹관이라는 새로운 유형을 주검 보호시설을 통해 자신의 정통성과 지배의 정당성을 확보하고자 했던 것이다.

영암 시종과 나주 반남지역을 중심으로 성장한 세력에 의해 채택된 소위 옹관고분은 분구의 고총화를 지향하였는데, 그들과 동일한 분구와 매장주체부를 선택한 세력들은 지금의 무안, 함평, 나주, 영암을 중심으로 성장한 집단에서 확인되고 있다. 옹관고분의 고총화를 도모한 이들 세력의 실체가 마한에 뿌리를 둔 마지막 지역세력인지, 문헌기록에 등장하는 신미제국 관련 세력인지는 단언할 수 없지만, 영산강 중하류지역을 무대로 묘제의 통일성을 꾀한 지역연맹체 세력임은 분명하다고 볼 수 있다.

또한 그들은 각 세력 간에도 일정한 힘의 정도 차이를 보이고 있었던 것으로 판단된다. 이는 분구의 규모 차이에서 논할 수 있는데, 나주 신촌리 9호분과 같이 고총화된 분구를 성토하는 세력이 있는가 하면, 동일한 시기에 축조된 무안 덕암고분과 같이 중간 규모의 분구를 축조한 세력도 존재하고 구산리고분과 같이 저분구를 축조한 세력 등으로 구분된다는 점에서 옹관고분을 축조한 세력 간에는 모종의 위계적 구조가 성립되었던 것으로 보인다.

필자는 이에 대해 방대형분 내에서도 동원 노동력의 투입 정도에 따라 적어도 양분되는 구조를 가졌을 것으로 해석하여 나주 신촌리 9호분·대안리 9호분 등 상위 지배계층 고분, 하위 지배계층은 무안 구산리 고분 등으로 나뉘는 계층적 구조로 파악한 바 있다.[242] 이와 동일한 맥락에서 고총화된 옹관고분의 경우도 분구 규모뿐 아니라 분형의 정형성, 옹관의 밀집 양상, 위세품의 부장정도 등에 따라 이분되는 사회구조를 가졌던 것으로 해석하고 있다.[243] 방대형분 중 장변 40m, 높이 6m를 넘는 고분으로 볼 때, 대형분을 정점으로 분구 규모가 계층화되어 있다고 해석하였고, 대안리 9호분 등에 딸린 소형 방대형분에 대해서는 혈족관계보다는 수장을 보좌하던 직능을 가진 사람들의 무덤으로 추정하였다.[244] 이들 연구자들의 견해를 보더라도 단순히 분구 규모에서 크고 작다라는 어떤 변별적인 의미보다는 계층화라는

---

242   한옥민, 2010, 「분구 축조에 동원된 노동력의 산출과 그 의미」, 『호남고고학보』34, p.125.

243   이정호, 2003, 「영산강유역의 옹관고분」, 『전남의 고대문화』, pp.129~133.

244   김낙중, 2014, 「방형·원형 고분의 축조기술」, 『영산강유역 고분 토목기술의 여정과 시간을 찾아서』, 대한문화재연구원, p.34.

IV. 고총고분의 등장과 전개

사회적 관계로 보는 데는 대체로 의견을 같이하는 듯하다. 문제는 분구의 고대화를 위하여 고난도의 축조기술의 반영을 차치하더라도 지역단위내의 자체 노동력의 범위 내에서 해결될 수 있는지를 주목해야 하는 점이다. 분형별 총 인원수의 비교를 통해서 잘 드러나는데 바로 축조집단의 영향력 정도를 이해할 수 있는 자료라 생각된다. 고총고분 축조 시 동원 노동력은 지역단위 내에서는 해결을 넘어선 광역 단위의 협조 없이는 불가능하다는 점에서 무안 구산리와 같은 저분구 수준의 축조와는 확연한 차이를 보여주고 있다. 노동력 동원에 있어서 참여 성격이 달랐을 것으로 보이는데 저분구가 능동적인 참여로 가능했다면, 고총분구는 수동적일 가능성이 많다는 것을 반영해주는 자료로 이해된다.

그렇다면, 5세기 중엽 이후 지역간 위계화 구조를 갖춘 옹관고분 세력들의 성장 배경은 어떻게 이해할 수 있는가를 살펴보겠다. 영산강유역에서 전용 옹관고분이 출현하는 4세기 중엽 이후로 고총화가 시작되는 5세기 중엽까지 1세기라는 기간 동안에 자체적인 성장발전과 변화를 꽤하여 반경 20km에 중심을 둔 지역정치체로서 성장하였다는 견해[245]도 있다. 그러나 옹관을 중심매장시설로 갖춘 나주 신촌리 9호분에 앞서 고총의 방대형분을 축조한 자료는 영암 옥야리 방대형 1호분부터 찾아진다.

영암 옥야리 방대형 1호분은 5세기 중엽을 전후해 축조됨으로써 나주 신촌리 9호분 최초 분구와 같은 시점에 해당된다. 결국, 나주 신촌리 9호분이 수직확장을 통해 고총 분구로 완성되기 이전에 옥야리 방대형 1호분이 선 축조된 것이다. 따라서 신촌리 9호분의 최종 분구는 옥야리 방대형 1호분을 모델로 삼아 세력의 정당성을 표출하고자 했을 가능성이 짙다고 볼 수 있다. 더욱이 두 고분은 삼포천 수계를 공유하는 지정학적 위치에 자리한다는 점도 이를 뒷받침해주는 근거로 볼 수 있을 것이다.

따라서 나주 신촌리 9호분의 최종 분구가 완성된 배경은 서남해 연안으로부터 삼포천에 들어서는 입구 즉 영산내해에 축조된 옥야리 방대형 1호분의 축조 배경과 의미를 통해 접근해야 할 것이다. 옥야리 방대형 1호분은 영산강유역 재지 고분의 전통과 사뭇 다른 요소를 담고 있다. 가장 큰 차이점은 전통적인 '다장분'장법을 채용하지 않고 있다는 점이다. 고분 분정 대상부에 복수의 옹관 매장 풍습이 강하게 남아있는 나주 신촌리 9호분이나 무안 덕암 고분과 구산리고분 등과는 달리, 분정 대상부에는 수혈계횡구식석실 1기만을 구축하고 있다. 옥야리 방대형 1호분은 평면 구도 상에서 여타 옹관고분과 동일하게 다장의 주검이 매장된

---

245 김낙중, 2009a, 『영산강유역 고분 연구』, 학연문화사. p.62~63.

것처럼 보이지만, 추가적으로 분구에 매장된 석곽이나 옹관은 모두 분구 사면을 굴착해 안치됨으로써 중심매장시설인 수혈계횡구식석실의 공간을 공유하지 못하고 있다. 옹관 장법 이전의 묘제인 제형분 자료에서도 추가매장시설들은 모두 분정부를 함께 공유하는 특징과는 다른 양상이다. 결과적으로 고분의 분정이나 대상부를 공유하는 현상은 '다장분'의 가장 큰 특징이라 할 수 있으며, 영산강유역 재지 고분의 공통된 장법이었다.

'다장'이라는 장법이 옥야리 방대형 1호분에 반영되지 않았다는 것을 어떻게 볼 수 있을까? 이는 피장자나 축조세력의 계통이 재지세력과는 달랐다는 것을 보여주는 요소로 파악할 필요가 있다. 또 하나의 이유가 되는 자료에는 수혈계횡구식석실 구조와 분정 외곽을 따라 둘러진 원통형토기의 수립 장식 요소 등 또한 기존 재지 고분에서는 확인되지 않는 현상들이다. 따라서 목관이나 옹관이 아닌, 석재를 구축해 쌓은 석실(곽)의 등장은 내부적 입장에서 해석하기에는 한계가 있다.

영암 옥야리 방대형 1호분을 필두로 축조되기 시작한 고총고분 즉 분구의 고총화 현상은 외부적인 요소로 파악할 수 있으며, 이를 인식한 재지 세력들이 장법의 변화나 매장주체시설의 유형을 달리 채택하는 경우가 발생되었다고 판단된다. 이와 관련해서 방대형분을 갖춘 고총(고분)의 축조 배경을 백제 왕권세력과의 관계 속에서 해석한 연구[246]가 주목된다.

방(대)형분은 한강과 금강유역에서는 한성기에 가장 성행한 분형이다. 5세기 중엽 방대형 고총고분이 영산강유역 초입부에 축조된 배경에 관해 이영철[247]은 백제 중앙이나 지방 세력과의 관계 속에서 그 답을 구하고 있다. 그의 견해를 정리해보자. 옥야리 방대형 1호분 축조 이래로 영산강유역의 각 지역단위체는 중·대형급의 방대형 고총고분을 축조하기 시작하는데, 중심매장시설의 종류나 부장유물, 여타 부수적 속성에서 다원적 출자를 보이는 경우가 많다. 그러나 방대형이라는 분형과 규모에 초점을 두어 살펴보면, ⟨그림 30⟩의 나주 정촌고분은 신촌리 9호분, 복암리 3호분과 함께 최고 정점에 놓을 수 있으며, 중형급으로 무안 고절리고분, 함평 중랑고분을, 소형급으로는 무안 맥포리고분과 덕암·구산리고분, 나주 대안리 방두·횡산고분, 장성 대덕리고분을 열거할 수 있다. 이렇듯 지역단위체의 거점취락과 일반 취락에서 앞 다투어 방대형분과 고총고분을 축조한 연유는 영암 옥야리 방대형 1호분 축조

---

246 이영철, 2014a, 「백제의 지방지배-영산강유역 취락자료를 중심으로-」, 『2014 백제사 연구 쟁점 대해부』, 제17회 백제학회 정기발표회, pp.125~126.

247 이영철, 2015, 「영산강유역 고대 취락 연구」, 목포대학교 박사학위논문, pp.179~181.

Ⅳ. 고총고분의 등장과 전개

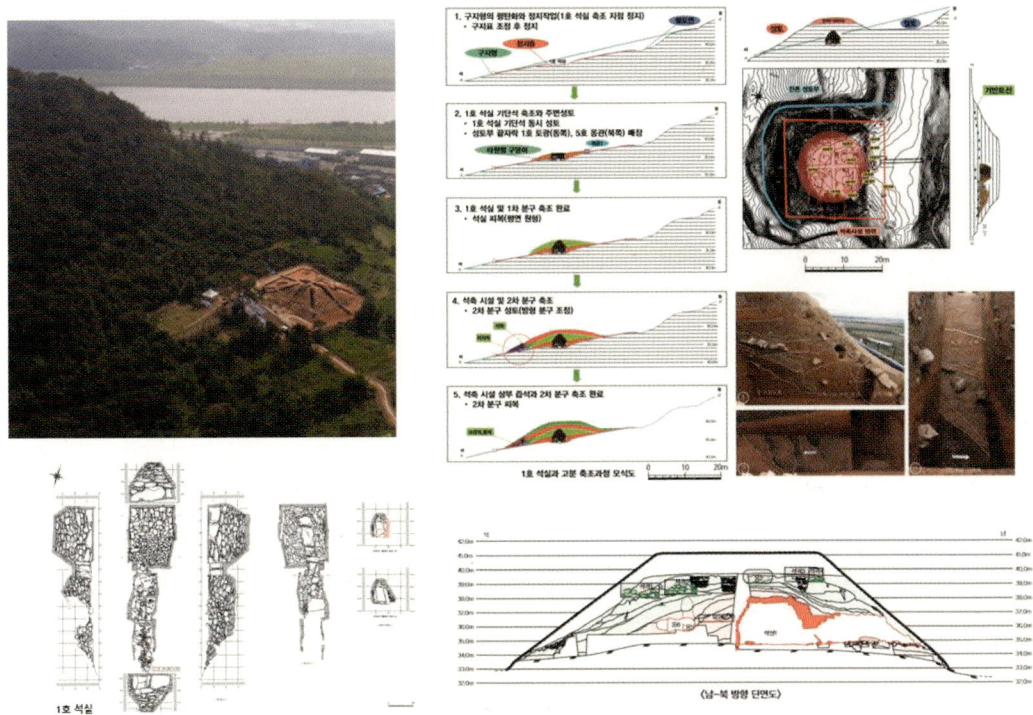
그림 30 나주 정촌고분 전경 및 축조 모식도(국립나주문화재연구소 2017)

를 통해 영산강유역 지역 사회에 상징성[248]을 가시화시킨 백제와의 새로운 관계질서 속에 포함되고자 하는 의지를 표명한 것으로 판단하고 있다. 또한 방대형분과 고총고분의 축조 행위 자체가 나름의 권력 유지를 보장받을 수 있는 새로운 상징물로 인식한 결과일 것이다.

방대형 고총고분 가운데 최고 정점에 위치한 나주 신촌리 9호분 역시 옥야리 방대형 1호분과 동일하게 재지화된 원통형토기를 분정 외연을 따라 장식한 현상이 있는데, 피장자 모두가 전용옹관만을 고집한 점과 분정에 한정된 공간에 누층으로 매장한 다장 풍습은 서로 본질을 달리한다고 보일 수 있다. 하지만, 재지화된 원통형토기로 분형을 장식한 요소는 방대형분의 상징성을 표방하려는 의지를 담고자 하는 것으로 해석할 수 있다. 반면, 5세기말 방대형분으로 완성되어간 복암리 3호분은 제형분을 확장 조정하여 완성된 분구라는 점에서 신촌리 9호분과는 다른 측면이 있다고 파악하였다. 횡혈식석실을 구축함에도 불구하고 4기의

248 호프슈테더는 상징이란 어떤 문화를 공유하는 사람에게만 통하는 특별한 의미를 지닌 말, 동작, 그림, 또는 대상을 가리킨다. 끊임없이 새로운 상징이 등장하며 옛 상징이 사라진다. 한 문화집단에서 생긴 상징들은 대개 다른 문화집단들로 확산된다(Geert Hofstede(차재호·나은영 역), 1995, 『세계의 문화와 조직』, 학지사).

151

합구식옹관을 매장한 다장 풍습 또한 다른 모습으로서 이는 나름의 전통성을 유지코자 하는 의지를 보다 강하게 반영시키려는 축조 집단의 성격을 보여주는 것으로 보았다. 결국 방대형분을 최종 완성시킨 이유는 역시 신촌리 9호분과 같이 상징적 의미를 계승코자 하는 축조 집단의 의지에서 비롯된 것으로 파악하고 있다.

한편 김낙중[249]은 추가 매장을 위해 수직으로 확장하거나 분구를 조정한 나주 신촌리 9호분, 무안 고절리고분, 나주 복암리 3호분과 같은 방대형분의 축조 배경과 관련해 주구의 굴착과 분구 중 복수의 매장시설 설치라는 공통점을 기반을 둔 영산강유역 고분의 일반적인 다장 양상과 상통된다고 파악하였다.

백제 왕권 주도로 가야, 왜의 국제적 교류관계가 보다 활발히 진행된 5~6세기에는 영산강유역에도 출자가 다양한 자들이 나타나는데, 이들은 백제 왕권과 관련된 자들로써 독자적인 활동을 전개하지는 못하였다. 5세기 전반 서남해 연안 항로의 방비를 다질 목적에서 왜계 무장집단을 끌어들여 역할을 수행하게 했던 백제 왕권의 정책[250]은 6세기 전후까지도 지속되는데, 이러한 과정에서 출자를 달리한 자들이 영산강유역에 존재하게 되었다.[251] 결국, 5세기 후반대의 역사적 상황의 참조로 설명할 수 있는데, 475년 백제 한성함락이라는 국제 상황이 결정적인 계기가 되었을 것이다. 이를 계기로 지역집단들은 돌파구 내지는 자구책의 일환으로써 백제·왜·가야 등 다양한 정치체와 연대를 모색[252]하는 또 하나의 전환점으로 작용했던 것임은 분명한 사실로 이해된다.

---

249 김낙중, 2014, 「방형·원형 고분의 축조기술」, 『영산강유역 고분 토목기술의 여정과 시간을 찾아서』, p.40.

250 이정호, 2014, 「신안 배널리고분의 대외교류상과 연대관」, 『고분을 통해 본 호남지역의 대외 교류와 연대관』 제1회 고대 고분 국제학술대회, 국립나주문화재연구소, p.32.

251 이영철, 2015, 「영산강유역 고대 취락 연구」, 목포대학교 박사학위논문, p.191.

252 최성락, 2004, 「전방후원형 고분의 성격에 대한 재고」, 『한국상고사학보』44, 한국 상고사학회, pp.99~102.
　　김낙중, 2009a, 『영산강유역 고분 연구』, p.331.
　　최성락, 2014, 「영산강유역 고분연구의 검토Ⅱ」, 『지방사와 지방문화』제17권 2호, 역사문화학회, p.27.
　　김낙중, 2014, 「방형·원형 고분의 축조기술」, 『영산강유역 고분 토목기술의 여정과 시간을 찾아서』, 대한문화재연구원, p.40.

2. 원(대)형분

원(대)형분은 대상부 중앙의 중심점을 기준으로 사방이 대칭을 이룬 채 분구 외연이 둥글게 마련되고, 분구 법면이 안식각을 갖은 채 성토되어 분정부를 갖춘 형태의 고총고분이다. 다만 분정이 편평하거나 기울기를 갖는 면이 조성되었는지에 대한 정확한 자료가 빈약해 단면형태가 반구형인지 원대형인지를 단정하기 어렵다는 점은 한계라 할 수 있다.

고분 평면형태가 원형을 띤다는 적극적인 근거는 주구 흔적을 통해 보고되고 있다. 영암 옥야리 14호분이나 나주 화정리 마산고분의 평면형태가 원형으로 보고된 바 있어 원형계 고분 가운데 가장 이른 시기의 자료로 평가될 수 있다. 그러나 두 고분 모두 주구와 분구에 대한 조사가 완벽하게 이루어지지 않아 평면형태를 단정하는 부분에서는 검토가 요구된다. 특히 두 고분은 분구 높이가 1m 이내라는 점에서 본 절에서 다루려고 하는 원(대)형분 범주에서 검토하기는 쉽지 않다. 아마 분형이 원형계라면 원대형보다는 반구형에 가까운 단면형태를 띠고 있을 개연성이 높다고 판단되기 때문이다.

분구 형태가 원형으로 보고된 나주 장동리고분의 경우 또한 동서길이가 25m, 남북길이가 18.5m로 두 축의 길이가 비대칭을 이루고 있다. 분구 평면형태와 관련된 조사가 완벽히 이루어지지 않음에도 불구하고 원형으로 분류되었다는 점에서 재검토가 요구된다. 세 고분 모두 축조시기가 3세기 후반이나 4세기 중후반으로 비정되고 있는데, 여타 원형계 분구가 일반화되는 시기는 대체적으로 5세기 후엽~6세기에 걸쳐 나타나는 양상과도 차이가 있다.

이와 같은 문제점을 갖고 있는 원(대)형분에 관해서는 보고자의 견해에 기초하여 자료를 검토하고자 하며, 분석 과정에서 문제점을 개별 제기해보고자 한다. 또한 원(대)형분의 자료가 방대형에 비해 상대적으로 부족하다는 점과 출현 시기와 규모에서 지역성을 보여주는 자료로 판단되어 이 부분에 초점을 맞춰 살펴보도록 하겠다.

1) 매장주체시설

영산강유역에서 원(대)형분을 갖춘 고분 가운데 매장주체시설이 확인된 자료를 검토해 보면 옹관, 목관, 석실, 석곽 등으로 분류된다. 이 가운데 영암 옥야리 14호분이 가장 이른 시기의 자료라는 점에서 옹관을 매장주체부로 사용한 4세기대에 원(대)형분이 출현함을 알 수 있다. 그러나 분구 높이가 1.7m에 불과하다는 점에서 원대형보다는 반구형을 띤 원형분으로 분류된다는 점에서 원(대)형분과의 구분이 요구된다. 원대형분은 나주 덕산리 3·5호분, 대안리 10호분 단계부터 적용가능하다. 아무튼 옹관을 매장주체부로 사용한 원(대)형분은 4세기 대부터 간헐적으로 유지된 것으로 보이며, 5세기에 접어들어 목관, 석관형석실과 석실, 석곽 등과 같은 매장주체부가 다양하게 채용된 양상을 띤다. 이를 유형별로 검토해 보겠다.

(1) 매장주체시설

① 옹관 유형

1990년 발굴조사된 영암 옥야리 14호분은 분구의 평면형태가 원형을 띠는 것으로 보고되어, 옹관 매장의 중심 분형이 제형이라는 인식 속에서는 새로운 자료로 평가되었다. 더욱이 고분 축조시기를 3세기 후반경[253]으로 비정함으로써 옹관고분의 출현과 더불어 원형계 분구도 축 조되었다는 추론을 가능케 하였다. 그러나 영암 옥야리 14호분은 보고서의 기술 내용[254]에도 언급되었듯이 봉토 유실로 분구 끝자락을 확인하기 어려워 원형에 가까운 형태로만 기술되어 있다. 따라서 정확히 분구 형태가 원형이라고 단정하기는 어렵다. 더욱이 분구 높이가 2m 이하인 점을 볼 때 단면형태가 반구형에 가까울 가능성이 높아 보여 이형 분구일 가능성도 시사된다. 필자는 주구의 진행 방향성을 복원하고, 분구와 중심매장시설의 축조 공정으로 볼 때 마제형과 단제형일 가능성이 높다고 보았다(그림 31의 左).[255] 이 점은 4세기 후엽·말에 축조

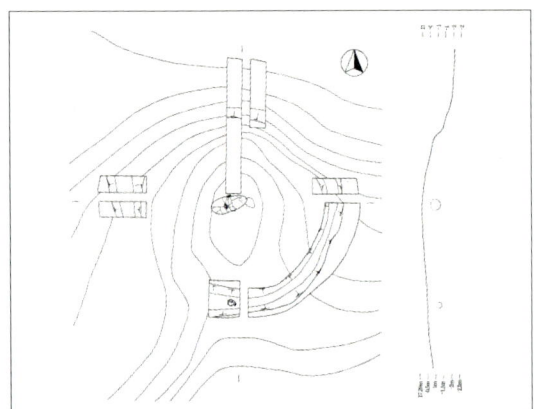 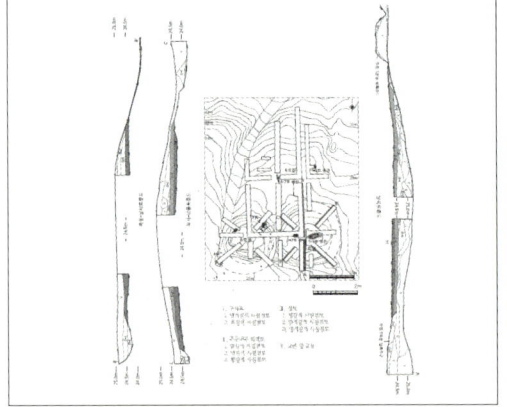

그림 31 영암 옥야리 14호분(목포대학교박물관 1991) 및 나주 화정리 마산 5·6호분(국립문화재연구소 2009)

253 목포대학교박물관, 1991, 『영암 옥야리 고분』, p.60.

254 목포대학교박물관, 1991, 『영암 옥야리 고분』, p.55.

255 한옥민, 2016, 「축조공정을 통해 본 영산강유역 제형분구의 성격과 의미」, 『한국상고사학보』91, 한국상고사학회, p.57.

IV. 고총고분의 등장과 전개

된 나주 화정리 마산고분군 검토를 통해서도 이해할 수 있다.

원형분을 갖춘 것으로 보고된 나주 화정리 마산 5호분과 6호분은 12m, 10m 직경의 규모를 갖추고 있는데 잔존높이가 1m 내외로 확인되었다. 2기 모두 분구 유실이 진행되어 외연을 추정 복원하여 원형분으로 보고하고 있다(그림 31의 右). 보고서 〈도면 17〉·〈도면 30〉과 〈사진 30〉을 참조해 보면 분구 외연이 호선이 아닌 각을 이룬 변이 관찰된다. 4세기 중후엽 형식의 옹관이 매장되었다는 점에서 옥야리 14호분 다음 단계에 축조됨을 알 수 있다. 이는 분구에 복수의 옹관이 매장된 점에서도 알 수 있다.

4세기대 옹관이 매장된 두 고분의 분구 형태에 대한 의문점이 많다는 점에서 옹관을 매장주체부로 사용한 원(대)형분의 출현을 4세기부터 보기에는 많은 검토가 요구된다. 설사 분구 형태가 원형계일지라도 분구 높이가 2m 이내로 낮다는 점에서 원대형분의 범주에 포함시키기는 어렵다.

5세기대 고분 자료 가운데 옹관이 매장주체부인 원대형분으로 알려진 유적은 나주 덕산리 3~6·9·10호, 나주 대안리 10호분 등이 있다. 먼저 고분의 조사 내용을 살펴보면 다음과 같다.

나주 덕산리 3호분은 1939년 有光敎一이 발굴조사한 후 1986년에 정비 복원되었는데[256] 분정 가까운 높이에서 3기의 옹관이 확인되었다. 분구 직경 43.8~45.5m, 높이 9.24m의 고총고총 규모이다. 일제 강점기 조사 당시 기록된 내용을 보면, 평탄지에서 우뚝 솟아 멀리서 바라보면 원형처럼 보인다는 내용이 있다. 물론 조사가 이루어지기 이전에 도굴된 상태여서 분정에 평탄면이 없었다고 단정하기는 쉽지 않지만, 당시 약측된 도면을 참조하면 분정 단면은 원대형이 아닌 원추형에 가까웠을 가능성이 높아 보인다. 동-서 단면도는 원대형을, 남-북 단면도는 원추형이다. 3기의 옹관의 위치는 갑관이 맨 아래에 을관이 중간에 병관이 상층에 위치한 듯하다. 추가장된 옹관을 매장한 이후에도 흙으로 마감하였다는 정황을 유추하면 원대형보다는 원추형의 단면 형태를 띠었을 가능성이 높아 보인다. 1988년 분구 정비복원에서는 원대형으로 복원되었다.

나주 덕산리 4호분은 1917년 谷井濟一에 의해 발굴조사되어 1993년 정비 복원되었다. 분정 1~2m 아래에서 2기의 옹관이 매장된 것으로 보고되었다. 역시 다장 풍습이 반영되었다. 1986년 측량조사 결과 보고된 규모는 분구 직경 27.6~28m, 높이 5.59m이다. 1917년 조

---

256 전남대학교박물관, 2002, 『나주 덕산리 고분군』, p.15.

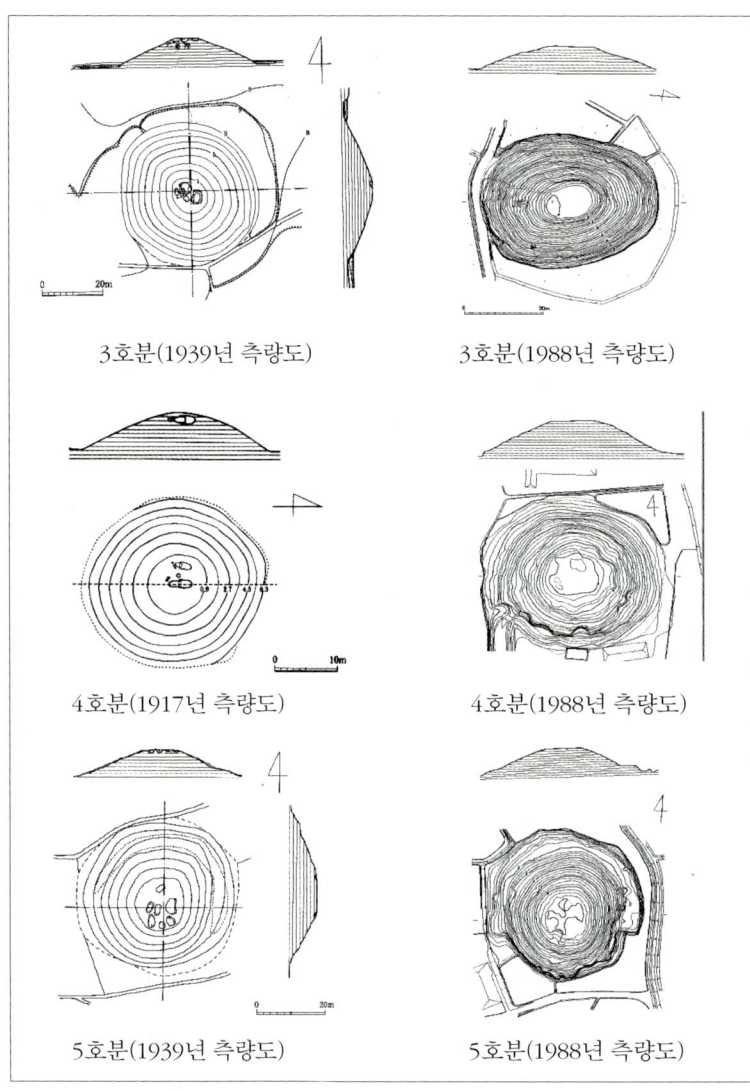

그림 32 나주 덕산리 3~5호분 분구 측량 비교도(임영진 · 조진선 2000에서 전재)

사 당시 기록한 실측 약도를 참조하면 남-북의 분구 단면형태는 원추형에 가깝다. 1988년 분구 측량조사 도면에는 원대형으로 기록되었다. 이렇듯 2기 고분은 정비복원으로 인해 분구 형태가 정확히 원대형인지 원추형인지를 확인하기 어렵게 되었다. 다만 원형 정보를 알 수 있는 일제강점기 약측도면을 기준할 때는 단면형태가 원대형보다는 원추형일 가능성이 높아 보인다. 덕산리 5호분 역시 1938년 有光敎一에 의해 조사 보고되었다. 매장주체부가 옹관일 가능성이 높아 보인다. 분구 규모는 직경 23m, 높이 8m로 보고되었는데, 1986년 측량조사에서는 직경 43.6~44.8m, 높이 7.1~7.4m의 원형분으로 보고하였다. 이와 관련해 두 측량도의 반경 오기(誤記)를 지적하면서 직경 35~36m, 높이 5m라는 규모를 보고하기도 하였다.[257] 그러나 일제강점기에 기록한 약측도면과 기록을 보면, 분구는 단을 이루

---

257 전남대학교박물관, 2002, 『나주 덕산리 고분군』, p.29.

고 있는 모습이 확인된다. 또한 분구 단면형태는 원추형이 아닌 원대형 가능성이 높아 보인다. 분구 중 하단에 단을 두었다는 점에서 앞선 3·4호분과는 다른 모습이다. 평면형태가 원형이라고 단정하기 어렵다는 점에서 원형계로 구분하는 것은 조심스럽다(그림 32). 덕산리 6호분은 1996년 정비복원 기초조사를 통해 명명되었다. 有光敎一의 고분 분포조사에서 소형 원분으로 표기된 고분과 관련시켰는데, 직경 18m 정도의 원형 분구를 갖춘 것으로 추정하였다. 덕산리 7호분은 방형분으로 알려졌지만, 주구 형태를 통해 원형분임이 확인되었다. 분구 직경은 14~14.5m 정도로 추정하였다. 또한 9호분과 10호분도 원형계 고분으로 보고되었는데, 정확한 근거는 제시하지 못하였다. 덕산리 3~6호분과 9호분 축조시기는 6세기 1/4~2/4분기로 알려져 있다.[258]

한편 대안리 10호분은 1988년 방대형분으로 보고되었으나,[259] 발굴조사 결과 원형분으로 확인되었다. 분구가 모두 유실되어 매장주체부 종류는 알 수 없지만, 주구에서 출토된 옹관편들을 근거로 옹관 유형의 매장시설이 묻혔던 것으로 추정하였다. 다만 출토된 옹관편의 형식이 모두 확인되어 3~4세기 전반 내지는 5~6세기까지 추가장이 이루어진 것으로 보고하였다.[260]

② 목관 유형

목관 유형의 매장주체부가 확인된 원형분은 광주 산정동 1호분이 유일하다. 3기의 고분 가운데 분구가 남아있었던 1호분과 2호분 가운데, 매장주체부가 확인된 것은 1호분이다.

1호분은 직경 15.56~15.72m, 잔존높이 1.14m이다. 묘광은 분구 중앙에서 남쪽으로 약간 치우쳐 자리하는데, 성토된 분구를 굴착하여 마련하였다. 묘광 규모는 길이 3.3m, 너비 1.9m, 깊이 1m 정도로 단을 두고 있다(그림 33). 단을 둔 이유는 다시 목관을 안치하는 과정에서 굴착된 것으로 추정되는데, 길이 2.5m, 너비 0.9m 정도이다. 묘광이 유단을 두었다는 점에서 영암 신연리 9호분 4호 덧널무덤과 비교된다. 신연리 4호 덧널무덤의 묘광은 길이 3.5m, 너비 1.7m이며, 목관 규모가 길이 2.8m, 너비 1m라는 점에서 규모 또한 유사하기 때문이다.

이 부분에서 매장주체시설이 목관인지, 목곽인지에 대한 문제는 차치하고라도 분구에 묘

---

258 전남대학교박물관, 2002, 『나주 덕산리 고분군』, p.116.

259 국립광주박물관, 1988, 『나주 반남고분군』.

260 목포대학교박물관, 2000, 「나주 대안리 10호분 시굴조사」, 『자미산성』, p.151.

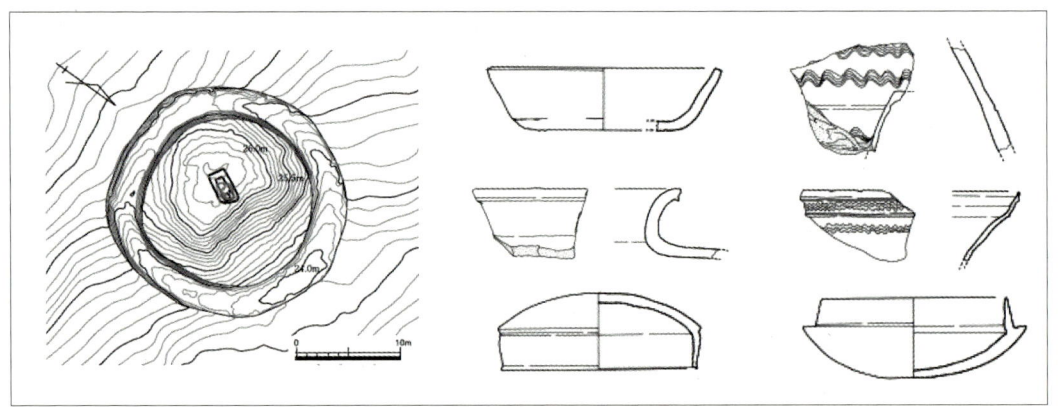

그림 33 광주 산정동 1호분 분구 및 출토유물(호남문화재연구원 2008)

광을 파서 관을 매장하였다는 점에 주목하고자 한다. 목관 유형의 매장주체시설은 옹관 매장이 유행하면서 점차 사라지는 양상을 띠는데, 5세기 후엽에 축조된 산정동 1호분에서 목관 계통의 매장주체시설가 확인된다는 내용에서 피장자의 출자와 관련된 논의가 필요하다고 본다. 묘광이 일부 교란되어 정확한 정보를 확인하기는 어렵지만, 유공광구소호와 개배, 기대편, 철도자 등이 유물이 수습되었다. 유공광구소호는 일본 須惠器 형식으로 TK208~23단계에 속한다는 점에서 고분 축조는 5세기 후엽으로 비정된다. 고창 자룡리 3호분, 무안 덕암 1호분 7호 옹관, 무안 상마정 고분 옹관 출토품과 비교된다.

공반 출토된 개배와 기대편이 백제계통이라는 점에서 피장자의 출자나 계통이 재지적이지 않음을 보여주고 있다. 분구가 0.37m 밖에 남지 않은 2호분과 완전 삭평된 3호분에서는 매장주체부가 확인되지 않았지만, 역시 목관 계통의 보호시설이 안치되었을 가능성이 높아 보인다. 2호분과 3호분 주구에서 출토된 유물로 보아 산정동유적의 원형분은 5세기 후엽에 축조된 것으로 판단된다.

③ 석실(곽) 유형

원형분을 갖춘 고분에서 석실(석관형석실)이나 석곽이 확인된 사례는 5세기 전반부터 6세기 후반까지 지속되고 있다. 먼저 가장 이른 시기의 자료를 살펴보면 서남해 연안에서 최근 조사가 증가하고 있는 석관형석실이다. 연구자에 따라서는 석곽으로 분류하고 있는데, 해남 외도 1호분, 신안 배널리 3호분, 무안 신기고분을 들 수 있다. 고흥반도의 야막고분과 안동고분 또한 원형이나 원대형분을 갖춘 것으로 알려져 있어 상호 관련성이 깊어 보인다.

5세기 전반에 축조된 서남해 연안의 고분은 모두가 단독으로 축조된 경향을 보이는데,

Ⅳ. 고총고분의 등장과 전개

이 점에서 출자를 왜계로 보는 경향이 높다. 분구 규모는 10m 이내의 소형급(신안 배널리 3호분, 무안 신기고분)과 20~25m 정도의 중형급(고흥 야막, 해남 외도 1호분) 그리고 36m의 대형급(고흥 안동고분)으로 구분되어 차이를 보인다. 고분은 모두 단독장이다.

이후 석곽이나 석실이 중심매장시설로 확인되고 있는 고분은 담양 서옥고분군, 화순 내평리 9~11호분 나주 덕산리고분군과 대안리고분군 일부와 함평 신덕 2호분, 나주 복암리 1호분과 송제리고분(Ⅱ형) 등이 알려져 있다.

담양 서옥고분군은 10기 이상의 원형분이 열을 이루며 구릉 상에 위치하고 있다. 이 가운데 2~4호분과 12호분이 발굴조사 되었다. 2호분과 4호분에서는 석곽이 중심매장시설로 확인되었는데, 직경 12.2m, 높이 1.4m 규모를 띤 2호분은 2기의 석곽이 확인되었고(그림 34), 4호분에는 1기의 석곽이 구축되었다. 분구 중앙을 참호 형상으로 남긴 축조 공정과정에서 석곽을 시설한 구조로 영산강유역에서는 좀처럼 확인되지 않는 유형이다. 이외에 석곽 구축에 천석을 주로 사용하였다는 점과 부분적인 즙석시설, 그리고 출토유물에서 가야 내지는 일본 열도와의 관계를 보여주었다. 또한 3호분과 12호분의 경우를 보면, 매장주체시설이 없이 단야구와 철제대도를 매납함으로써 이질적인 고분 축조 풍습을 보여준 점도 눈에 띤다. 이러한 내용을 종합해 볼 때, 서옥고분군을 축조한 집단은 옹관고분 축조 세력과는 별개의 문화권을 가진 이들로 볼 수 있다고 판단된다. 더욱이 고분의 분구 배열구도가 남원이나 가야권 지역과 흡사하다는 점 또한 이들 뒷받침해주는 것이 아닌가 생각된다. 고분군의 중심 조영시기는 5세기 후엽에 속한다.

화순 내평리유적에서 확인된 원형분은 모두 3기이다. 전통적인 제형분 속

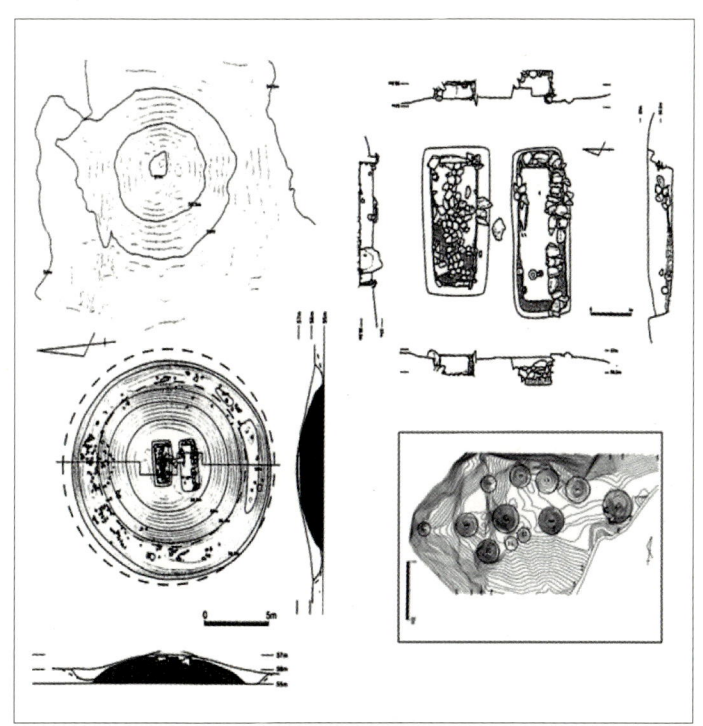

그림 34 담양 서옥 2호분 석곽(호남문화재연구원 2007)

에 자리하고 있는 원형분은 능선을 따라 축조되었다는 점에서 차별성이 있다. 9호분은 직경 10.4m, 잔존높이 0.9m로 분구 외면에는 천석이 부분적으로 덮여 있었다. 분정 중앙에는 길이 1.8m, 너비 0.6m 정도 크기의 석곽을 구축하였는데, 바닥석으로 옹관편들을 사용하였다. 개배와 철모 등이 부장된 것으로 6세기 전후로 판단된다. 10호분은 직경 17.7m, 잔존높이 2.3m 규모의 원형분으로 즙석시설이 확인되었다. 분구 중앙에 역시 석곽 계통의 매장주체부를 구축하였다. 6세기 전반에 속한다. 백제계 개배와 기대, 단각고배 등 상당량의 출토되었다는 점에서 석곽이 아닌 석실 규모의 매장주체시설이 구축되었을 가능성도 엿보인다. 11호분은 직경 16.6m, 잔존높이 1.4m 규모의 원형분으로 길이 2.2m, 잔존너비 0.6m 크기의 석실이 구축된 것으로 보고되었다. 백제계 개배와 구슬류가 출토되었는데, 6세기 전반에 속한다.

원대형분은 나주 반남고분군 가운데에서도 덕산리 고분군 구역에서 가장 많은 수가 확인되고 있다. 이외에도 해남 만의총 1호분·용일리 용운고분, 함평 신덕 2호분, 나주 복암리 1호분과 송제리고분, 광주 선암동고분, 화순 천덕리 회덕 3호분 등을 들 수 있다.

나주 덕산리고분군의 경우 1·3~7·8-1·9·10·12호 등 14기 가운데 10기가 해당된다. 규모는 10m 내외의 소형급과 20m 내외의 중형급, 그리고 40m 이상의 대형급(3·5호)까지 속한다. 이 가운데 10호와 12호분은 석실을 매장주체시설로 갖추고 있다.

나주 덕산리 10호분은 직경 15m, 잔존높이 0.7m 규모로 중앙에 횡혈식석실이 자리한다. 석실은 분구를 되파기하여 구축했을 가능성이 시사되었다. 이와 유사한 사례는 12호분에서도 확인된다. 직경 10m정도의 소형급으로 중앙에 석실을 구축하였다. 10호분과 12호분 축조 시기는 6세기 3/4분기로 보고하였다.[261]

함평 신덕 2호분은 직경 20~21m, 높이 3m 규모로 전반후원형 분구와 어우러져 있다. 장방형의 현실에 짧은 연도와 묘도가 있고 길다란 배수구가 분구 바깥까지 뻗어 있어 6세기 후반의 백제 석실(김낙중 분류안 Ⅲb1형식)로 알려져 있다. 나주 복암리 1호분은 직경 17m, 높이 4.3m 정도의 원형분으로 분구 서쪽에 치우쳐 횡혈식석실(김낙중 분류안 Ⅲa형식)이 위치한다. 석실은 왕 또는 왕족의 무덤을 기초 형태로 한 '백제후기형석실'의 직접적인 영향을 받아 사비기에 지역사회에 나타난 것으로 추정되고 있다.[262] 나주 송제리고분은 원형분에 웅진계유형 석실을 축조하였다. 현실은 평면 방형으로 궁륭상석실과 유사하다. 전형적인 송산리식과는 다르다는 지적이 있으나, 회칠을 한 점은 상통된다. 6세기 전반에 해당된다(표 22).

---

261 전남대학교박물관, 2002, 『나주 덕산리 고분군』, p.116.

262 김낙중, 2009a, 『영산강유역 고분 연구』, 학연문화사, p.268.

표 22 영산강유역 원(대)형분 발굴조사 현황(한옥민 2018)

권역	고분명	입지	기수	규모(m) (직경×높이)	매장 시설	시기	비고
	담양 서옥	구릉 말단	12	2호: 12.2×1.4	석곽	5C후	12중 4기 조사, 12호는 대도 매납
				3호: 12.4×1.4	-		
				4호: 11.92×1	석곽		
				12호: 12.67×1.2	-	5C후	
	담양 계동	평지	2	1호: 10.40-11×?	-	5C후	
				2호: 10.40?	-		
	담양 금구동	평지	1	18×2.5	석곽	6C전	
	광주 산정동	구릉 말단	3	1호15.56~15.72×1.14	목관	5C후	원형분만 조영
				2호17.86~18.82×0.37	-		
				3호: 6.78-6.812×?	-		
영산강 상류	광주 평동 (원두: A, 월전: B)	충적지	22	A-38호: 10.95-11.50×?	-	5C후- 6C전	제형분 → 방형분 이행속에 원형분 소수
				A-40호: 7.40-8.30×?	-		
				B-2호: 7.50×?	-		
				B-13호: 12.40×?	-		
				B-15호: 16.00-16.90×?	-		
				B-16호: 10.30-10.55×?	-		
				B-17호: 9.70-10.10×?	-		
				B-19호: 9.70-10.20×?	-		
				B-20호: 15.35×15.60×?	-		
				B-21호: 17.75-17.90×?	-		제형분 → 원형분 이행
				B-23호: 2.415×?	-		
				B-32호: 7.60-7.90×?	-		
				B-33호: 11.35-13.15×?	-		
				B-34호: 10.70-10.95×?	-		
				B-35호: 14.55×15.45×?	-		
				B-36호: 15.10-15.95×?	-		
				B-37호: 11.60×12.55×?	-		
				B-38호: 12.00-12.55×?	-		
				B-39호: 8.45-8.60×?	-		
				B-40호: 11.70-11.90×?	-		
				B-41호: 10.35×?	-		
				B-42호: 12.85-13.5×?	-		

권역	고분명	입지	기수	규모(m) (직경×높이)	매장시설	시기	비고
영산강 상류	광주 선암동	구릉 말단	17	윗마을 1호: 11.35-12.20×?	-	5C후-6C전	원형분만 조영
				윗마을 2호: 11.88-12.28×?	-		
				윗마을 3호: 13.40-13.92×?	-		
				윗마을 4호: 4.76×?	-		
				윗마을 5호: 5×?	-		
				윗마을 7호: 8.89×?	-		
				윗마을 8호: 10.92×?	-		
				윗마을 9호: 10.44×?	-		
				윗마을 10호: 17.60-17.80×?	-		
				아랫마을 1호: 14.26-15.97×?	-		
				아랫마을 2호: 17,18-18.13×?	-		
				아랫마을 3호: 10.09×?	-		
				아랫마을 4호: 10.08×?	-		
				아랫마을 5호: 12.72×?	-		
				아랫마을 6호: 13.44-13.60×?	-		
				아랫마을 7호: 12-13.20×?	-		
				아랫마을 8호: 8.72-12.56×?	-		
	광주 쌍암동	평지	1	11.6-12.6×1.8	석실	6C전	월계동고분과 인접
	장성 영천리	평지	1	17×3	석실	6C전	사벽조임식
	장성 만무리	구릉 말단	1	?×3-3.5	석실?	5C후	추정원형, 반지하식
	화순 내평리	구릉 능선	3	9호: 10.40×0.90 10호: 17,70×2.30 11호: 16.60×1.40	석실?	5C후-6C전	즙석, 제형분→원형분
	화순 백암리	구릉 말단	1	19×2.5	석실	6C전	즙석
	화순 천덕리 회덕 3호분	구릉 능선	1	21×5	석실	5C말-6전	방형분 2기와 군집, 현실-연도 주칠, 즙석
	화순 사촌	구릉 능선	1	8,9-11.7×1.3	석실	5C후	

IV. 고총고분의 등장과 전개

권역	고분명	입지	기수	규모(m) (직경×높이)	매장 시설	시기	비고
영산강 중하류	나주 대안리	구릉 능선	3	4호: 14×?	석실	6C중	지하식
				5호: 소멸	-	-	
				6호: 소멸	-		
				10호: 31×?	옹관	5C후	
	나주 덕산리	구릉 말단	10	1호: 9-10×1.65	-	6C전	6호: 주구에서 옹관편 출토
				3호: 43.81-45.5×9.24		5C후	
				4호: 27.68-28.05×5.59-6.45	옹관	6C전	
						5C후	
				5호: 43.65-44.85×7.1-7.45		6C전	
		구릉 능선		6호: 18.8-20×?	-		
				7호: 14-14.5×?	-	6C중	
				8-1호: 10-11×?	-		
				9호: 12-15.5×2.5	옹관?	6C전	
		구릉 말단		10호: 15×0.7	석실	6C중	석실: 분구 되파기
				12호: 10×?			
	나주 신촌리	구릉 말단	2	2호: 20.12×4.15	옹관	6C전	
				3호: 17.13×1.68	옹관?	6C전	
	나주 송제리	구릉 사면	1	20~22×2.2~5.6	석실	6C전	변형궁륭식, 현실 회칠
	나주 복암리 1호분	구릉 말단	1	17×4.3	석실	6C중	연도 칸나누기 기법
	나주 흥덕리	산사면	2	14×?	석실	6C말	추정원형, 쌍실분
	나주 동수동	구릉 능선	1	18.20×?	-	5C후	빈 의례 후 원형분 매장
	함평 신덕 2 호분	구릉 능선	1	20-21×3	석실	6C후	전방후원분 1기 인접
	무안 인평 1 호 석곽분	산사면	1	7.2×?	석곽	6C전	
	무안 덕암 1 호분	충적지	1	13.8×2.2	옹관	5C후	보고서: 패형
서남 해안	영광 대천 1-4호분	산능선	4	1호: 7×?	석실	6C중	지상식, 사벽조임식
				2호: 7×1		6C전	
				3호: 7×2		5C말	
				4호: 7×1		6C전	
	해남 황산리 분토	구릉 능선	1	1호: 15.60×14.76×?	-	6C전	즙석가능성 (할석재)

권역	고분명	입지	기수	규모(m) (직경×높이)	매장 시설	시기	비고
서남 해안	고흥 야막	구릉 말단	1	24×4	석곽	5C전	추정원형
	고흥 길두리 안동	구릉 정상	1	36×3.6	석곽	5C중	
	해남 외도 1호분	구릉 정상	1	24×1.5	석곽	5C중	
	해남 월송리 조산	구릉 말단	1	17×4.5	석실	5C말	
	해남 만의총	평지	2	1호: 12.40×3	석곽	5C후	
		구릉 정상		3호: 24×3	석곽	5C후	
	해남 용일리 용운	구릉 능선	3	1호: 22×2.5-4	석곽	6C전?	즙석 반지하식
				2호: 15×3.15		6C전	
				3호: 1×?		6C후	
	신안 배널리	구릉 정상	2	2호: 12×1.6	석곽	5C전	
				3호: 5.3-6.8×0.70		5C전	
	신안 읍동	구릉 사면	2	1호: 17.80-18.20×2.20	석실	6C중	사비기 석실
				2호: 10-11×2.50		6C말	
	신안 도창리	산사면	1	18-20×2.8	석실	6C후	사비기 석실, 괴임식
	무안 신기	구릉 말단	1	6.7×1.06	석곽	5C전	

2) 축조기술

원(대)형분의 분구 축조기술을 확인할 수 있는 자료는 매우 빈약한 실정이다. 분구가 잔존상태가 매우 불량하거나 분구 축조기술에 대한 이해가 부족한 상태에서 대부분 발굴조사된 이유가 주요하다고 본다. 따라서 분구 축조기술과 관련한 인식이 확산되면서 발굴조사된 철저히 진행된 담양 서옥고분군 4호분과 12호분 자료를 중심으로 검토하고자 한다.

담양 서옥고분군 4호분과 12호분은 매장주체부가 석곽이거나 유물 매납을 목적으로 성토한 분구이다. 분구 축조는 구지표면을 정지한 후 일정 높이로 성토한 후 중심부를 남겨둔 채 참호 형상[263]으로 분구를 쌓아올리고 있다. 이러한 축조기술은 앞선 단계의 제형분이나

---

263 제형분도 분구 중앙이 빈 공간으로 남겨진 형상을 띠기는 하나 분구 성토를 위한 공간 외부의 선축이다. 담양 서옥은 성토재를 이용한 매장주체부의 공간 마련이라는 점에서 서로 구별된다.

옹관고분에서는 보이지 않던 토목 기술이라 할 수 있다(그림 35). 유사한 사례가 나주 가흥리 신흥고분에서 조사되었으며, 영암 옥야리 방대형 1호분 또한 유사한 사례로 지목해 볼 수 있다. 매장주체시설을 구축하기 위해 마련한 참호형 성토방식은 분구 축조를 포함한 장제의 변화 속에서 논의될 필요가

그림 35 담양 서옥 12호분 전경(대한문화재연구원 2017)

있다. 즉 다장 풍습 매장이 일반적인 전통적인 옹관고분의 경우 분구를 완성한 이후에 되파기하여 매장주체시설을 묻는 방식을 취하고 있는데, 분구가 고총화된 이후에는 서옥고분군 4호분과 유사한 방식으로 축조하는 과정이 확인된다. 따라서 고총화된 분구의 출현과 관련하여 분구의 축조과정과 방식이 달랐을 가능성이 높아 보인다.

고총고분 출현 이후, 서옥고분과 같이 저분구의 소형급에서도 이와 같은 축조방식이 적용된 사례는 무안 덕암 1·2호분에서도 확인되고 있다. 비록 분형은 방대형이지만, 축조방식과 기술에서는 동일한 내용을 보여주고 있어, 새로운 축조기술의 도입이 시작되었음을 알 수 있다. 따라서 원(대)형분을 축조하는데 있어, 방대형과는 다른 축조기술이 반영되었다고 보기는 어렵다고 판단된다. 물론 분구 규모가 중대형급인 나주 덕산리와 대안리고분, 함평 신덕 2호분, 나주 복암리 1호분과 같은 경우는 달리 해석해볼 수도 있지만, 자료가 확보되지 않는 상황에서 더 이상의 추론을 불가하다. 따라서 필자는 원(대)형분 축조기술과 내용은 방대형 고총고분이 출현하는 5세기 중엽 이후의 자료와 다를 바가 없다고 판단한다.

분형이 원형계로 보고된 나주 장동리고분의 경우에서 드러난 방사상의 구획을 바탕으로 진행된 축조기술도 같은 맥락에서 이해된다. 나주 장동리고분(동신대학교문화박물관 2008년 조사)은 높이 2.5m의 분구를 축조하였는데, 정지층을 형성한 후에 횡갈색 점질토와 흑회색점질토를 상호 교호하면서 성토하였다. 특히 회흑색점질토는 방사상으로 뻗어가는 현상을 보이고 있어, 분할·구획에 대한 인식이 어느 정도 반영된 축조기술이 적용된 것으로 판단된다. 다만, 장동리고분의 조사 내용을 검토해 보면, 원형계가 아닌 방형계통의 분구 가능성이 높아 원(대)형분 자료에서는 제외하였다.

3) 노동력

원(대)형분의 부피를 구하는 산출 과정을 제시하기 위한 모델은 나주 덕산리 3호분을 대상으로 하였다. 고분은 원대형 중 가장 잘 남아 있는 것 중 하나이기도 하며, 분구 부피의 산출에 변동이 될 수 있는 분구 높이에 대한 수치도 비교적 원상에 가깝다는 점에서 대상으로 선정하였다.

나주 덕산리 3호분은 해발 15~16m의 구릉 말단부에 위치한다. 주민들은 조산으로 부르고 있는데 북쪽으로는 2호분이 20m 정도의 간격을 두고 조성되어 있으며, 남동쪽으로는 4호분이 45m 정도의 간격에 분포한다. 1939년에 일본인 有光敎一이 발굴조사하였고 이후 1986년에 정비복원되었다. 내부 시설로는 옹관 3기와 옹관 흔적 2기가 확인되었다. 규모는 직경 43.81~45.55m, 높이 7.3~9.24m로 계측되었다.[264] 분정에는 직경 12m 정도의 평탄부가 형성되어 있다(그림 36).[265]

고분의 분구 부피를 구하는 산출과정에서는 보고서에 기재된 제원 가운데 모식도에 기재된 바와 같이 가장 큰 수치를 적용하였다. 고분 규모를 이루는 제원 수치 중 직경은 45.55m, 높이는 9.24m로 적용하기로 한다(그림 37).

산출식과 산출과정에 대한 제시는 분구의 수학적 모식도, 분구 반지름 산출과정(산출식 7), 분구 부피 산출과정(산출식 8), 분구 축

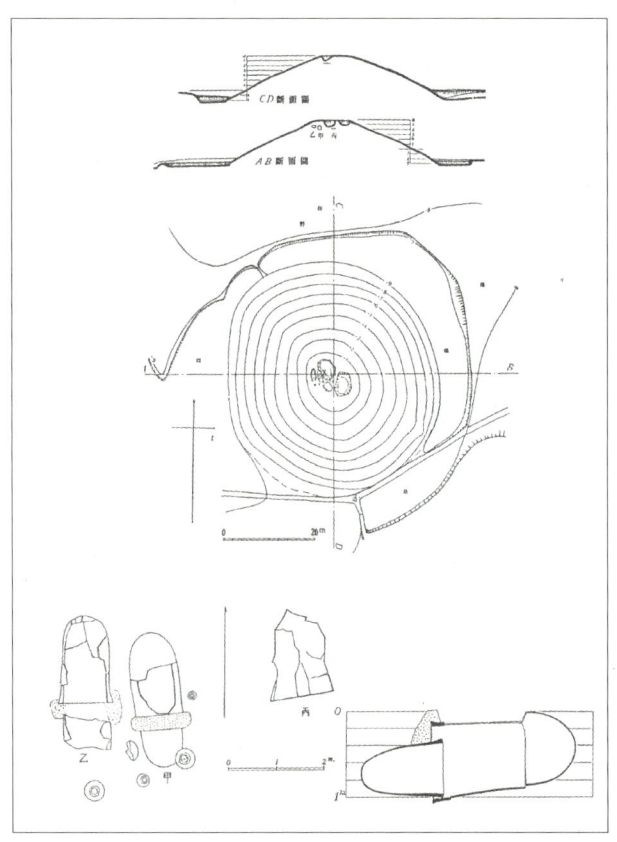

그림 36 나주 덕산리 3호분의 분구 및 옹관(국립광주박물관 1988에서 전재)

---

264 국립광주박물관, 1988, 『나주반남고분군』, pp.46~54.
265 전남대학교박물관, 2002, 『나주 덕산리고분군』, p.15.

조에 동원된 총 인원수를 구하는 산출과정(산출식 9) 순으로 살펴보겠다.

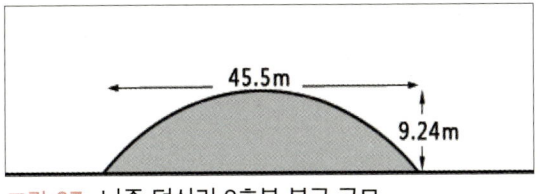

그림 37 나주 덕산리 3호분 분구 규모

우선, 분구 축조에 대한 노동력(총 공사량)의 산출에 앞서 남아 있는 분구의 형태를 볼 필요가 있다. 분구는 관람자가 시각적으로 보기에는 완전한 球로 생각되지만 이것이 수학적 입체도형인 球 부피를 적용될 수 있는가를 생각해야 할 것이다. 다시 말하면 구를 반으로 자른 반구인지를 확인해야 한다는 점이다. 나주 덕산리 3호분의 분구를 자세히 보면 球라기보다는 구의 일부분에 지나지 않다는 것을 살필 수 있다.

나주 덕산리 3호분의 분구 규모를 구하기 위해서는 球의 형태도 중요하고, 또 하나 중점이 되는 부분이 구 안에 들

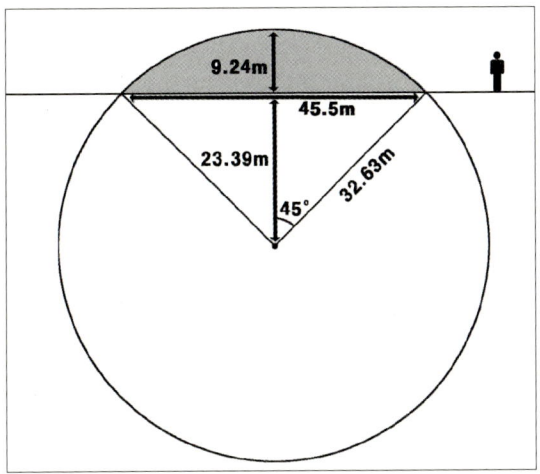

그림 38 나주 덕산리 3호분 분구의 수학적 모식도

어가 있는 흙의 부피를 인식해야 한다. 필자는 원(대)형의 분구가 球의 일부이기는 하나 수학적인 시각으로 보았을 때, 반구형의 형태가 아니라는 기초적인 사실에 접근하여 응용하고자 한다. 정연한 형태를 갖추지 못한 球의 부피를 구하기 위해서 球 속에 또 다른 형태가 들어갈 수 있다는 수학적 사고를 응용하여 결과값을 도출하는 방식이다. 즉, 球 속에 정육면체가 포함되어 있음을 응용한 방식으로써 구에서 정육면체의 부피를 빼는 원리로 산출하고자 한다. 〈그림 38〉은 이를 모식도로 표현한 것이다.

〈산출식 7〉은 반지름(R) 값을 구하기 위한 세부 과정을 제시한 것이다. 먼저, 球의 중앙에서 그것의 둘레에 있는 한 점에 이르는 모든 선분의 값인 반지름(R)을 구하기 위한 작업이다. 상기에서 언급대로 구 안에 정육면체를 염두하고서, 구의 중심을 지나도록 선분을 교차되게 그으면 직각이 4개가 생긴다. 이는 '피타고라스 정의'를 적용할 수 있게 되는데, 이 방식을 응용하여 비교적 간단하게 산출값을 얻을 수 있다는 의미이다. 이를 토대로 하여 산출한 것이 ①식~③식이 된다. ③식은 ①과 ②의 양변을 제곱한 후, 이를 더하면 산출할 수 있다. ④식은 쎄타(θ)값을 구하는 산출과정이다. 쎄타(θ)값은 45°가 산출되면 각 수치간의 교합이 맞아떨

$$R \times \sin\theta = 22.75 \qquad \text{------- ①식}$$

$$R \times \cos\theta = R - 9.24 \qquad \text{------- ②식}$$

$$R^2 \times (\sin^2\theta + \cos^2\theta) = R^2 - 18.48R + 602.94$$
$$18.48 \times R = 602.94 \qquad \text{------- ③식}$$
$$R = 32.63$$
$$\sin\theta = \frac{22.75}{32.63} = 0.697$$

$$\theta = 44.2° \fallingdotseq 45° \qquad \text{------- ④식}$$

산출식 7 나주 덕산리 3호분 분구의 반지름 산출과정

$$V = \frac{1}{6} \times (\frac{4}{3} \times \pi \times r^3 - L^3) = \frac{1}{6} \times [\frac{4}{3} \times 3.14 \times 32.63^3 - 46.78^3] = 7,180 m^3$$

산출식 8 나주 덕산리 3호분의 분구부피 산출과정

(분구부피 ÷ 1일 1인 흙 운반량) + (시공자수 × 소요일수) = 총 인원수

(7180 ÷ 1.6) + (25 × 59.8) = 5982.5인

산출식 9 분구 축조에 동원된 총 인원수를 구하는 산출공식 및 산출과정

어지는데 실제 산출값은 제시한 대로 44.2°로 계산되었다. 여기에서는 직각을 고려하여 근사값인 45°를 적용하도록 한다. 따라서 R값과 값을 정리하면, R값은 32.63으로 계산되었고 값은 44.2°로써 45°에 근접한 수치를 얻었다.

〈산출식 8〉은 원(대)형의 분구 부피를 구하는 산출과정을 수학식으로 풀어서 제시한 것으로 수학적 기호, 단위를 이용하여 예시한 것이다. 구의 부피를 구하는 공식은 부피를 V라 하

고, 반지름을 r이라고 할 때, $V=4/3\pi r^3$임은 주지의 사실이다. 먼저, 반지름(R) 32.63m인 구에 한 변의 길이(L) 46.78m인 정육면체가 내접하여 있다고 가정하여 근사적으로 분구의 부피(V)를 구하면 된다. 산출식에서 1/6이라는 숫자가 들어가는 이유는 〈그림 38〉에서 보여주듯이 구 안에 들어가 있는 정육면체의 모양이 모두 6조각으로 구성된 면을 가지고 있기 때문이다. 쉽게 말하면, 정육면체의 전개도를 펼치면 조각이 6면을 이루고 있음을 알 수 있다. 마지막으로 R의 값 등 해당 수치들을 대입시켜 풀이한 과정을 예시하였다. 산출결과, 분구 부피는 7,180m^3로 계산되었다.

〈산출식 9〉은 분구 축조에 동원된 총 인원수를 구하는 산출공식 및 산출과정을 예시한 것인데, 앞장의 방대형분과 동일한 계산방식을 적용하였다. 이를 산출공식을 적용하여 계산하면 총 5,982인의 값을 얻을 수 있다.

이상의 산출식과 산출과정을 바탕으로 영산강유역 원(대)형분에 대한 동원 노동력을 정리하면 〈표 23〉과 같다. 분구 축조에 동원된 노동력을 보면 최대치인 경우가 분구부피

표 23 영산강유역 원(대)형분의 동원 노동력 산출

유적명	규모(m) (직경×높이)	매장시설	분구부피 (m^3)	총 인원수	비고
광주 산정동 1호분	15.56~15.72×1.14	목관	155	135	
나주 신촌리 2호분	20.12×4.15	옹관	657	548	
나주 덕산리 1호분	9~10×1.65	-	79	69	
나주 덕산리 3호분	45.5×9.24	옹관	7,180	5,982	
나주 덕산리 4호분	27.68~28.05×5.95~6.45	옹관	2,293	2,006	
나주 덕산리 5호분	43.65~44.85×7.1~7.45	옹관	7,210	6,309	
나주 덕산리 10호분	16.24~16.52×0.49~1.25	옹관?, 석실	180	157	
장성 영천리	17×3	석실	354	296	
함평 신덕 2호분	20~21×3	석실	370	323	
나주 송제리	20~22×2.2~5.6	석실	1,157	965	
담양 서옥 2호분	12.2×1.4	석곽	83	70	
담양 서옥 3호분	12.4×1.4	-	85	71	
화순 천덕리 회덕 3호분	21×5	석실?	1,110	971	
화순 내평리 10호분	17.7×2.30	석곽	443	387	
해남 월송리 조산	17×4.5	석실	558	466	
고흥 야막	24×4	석곽	1,810	1,509	서남해 연안 고분 (5C전·중엽)
고흥 길두리 안동	36×3.6	석곽	1,849	1,542	
무안 신기	6.7×1.06	석곽	19	17	

7,900m³, 7,200m³ 순이고, 이에 따른 동원 인원수는 6,660인, 6,300인 순이다. 매장시설에서 보듯 목관, 옹관, 석실(곽)으로 대별되는데, 옹관을 매장시설로 두는 경우가 월등히 큰 규모로 조성되는 특징을 보인다. 이에 비해 석축계통의 고분은 7배 정도가 작게 조성된 양상을 띤다. 이와 같은 현상은 영산강유역에서 초기대형석실의 분구 중 방대형분과 전방후원형분이 대형인데 비해 원분은 20m 이하의 중소형이 대부분이라는[266] 분형 간의 규모 차이로 설명하면 편리한 측면이 있다. 또한 매장주체시설이 옹관일 경우가 노동력 동원에서 큰 수치를 보이는 공통점이 있다는 것은 분구 확장 가능성을 반영한다. 즉, 원대형분 중 최상급에 해당하는 나주 덕산리 3~5호분은 적어도 1차례 정도 분구확장이 이루어졌을 가능성이 있는데, 분구 부피·동원 노동력의 수치 변화에 직접적인 영향을 주고 있다.

4) 원(대)형분의 지역성

원(대)형분 자료 검토·분석 과정에서 가장 주목되는 점은 시간과 공간에 따른 편재성이다. 먼저 시간적 편재성과 관련한 부분을 살펴보겠다.

1990년대 후반에 영암 옥야리 14호분이 조사된 이후 원형분의 채용 시기가 3세기 후반부터로 볼 수 있다는 근거가 되었다. 14호분은 신산식의 합구식 옹관으로 알려져 있는데, 최근 연구에서는 4세기 전·중엽경으로 논의[267]되고 있다. 따라서 원형을 띠는 분구의 출현은 3세기대로 보기 어렵게 되었다. 또한 나주 화정리 마산 5·6호분의 경우도 역시 분형에 대한 정보가 정확하지 않아 4세기 전·중엽경을 출현 시점으로 보기 어려운 측면이 많다. 이를 종합해 보면 옹관 매장이 가장 유행했던 전용옹관 초기의 중심지역인 나주나 영암지역에서 원형분 축조가 이루어졌다고 보는 것은 많은 검토가 필요함을 언급할 수 있다.

필자는 원형 계통의 분구 축조와 관련해 가장 완벽한 자료의 출현은 5세기 전반부터 가능하다고 판단한다. 서남해 연안에 출현하기 시작한 신안 배널리 3호분, 해남 외도 1호분, 무안 신기고분 등이 그 대상이다. 이들 고분은 다장 전통의 재지 묘제인 제형분과 비교할 때 이

---

[266] 김낙중, 2009a, 『영산강유역 고분 연구』, 학연문화사, p.197.
[267] 오동선(2008, 「호남지역 옹관묘의 변천」, 『호남고고학보』30, pp.126~129)은 신산식·송산식을 Ⅱ식 옹관(발전기 옹관)으로 분류하고 있는데 고창지역을 중심으로 확인되는 ⅡA, 무안·나주 등의 영산강유역에서 주로 확인되는 ⅡB으로 볼 때, 후자의 경우 4세기 전·중엽경에 시작되고, 5세기 중엽까지도 존속되는 것으로 파악하고 있다.

질적이다. 더욱이 고흥 야막고분과 안동고분과 연이어지는 해상 루트상에 위치한다는 점도 주목되는 대목이다. 이를 통해 볼 때 원형 계통의 분구는 일본열도와의 관계 속에서 등장했을 가능성도 있어 보인다. 또한 영산강유역을 포함한 마한고토 지역의 자료에서도 알 수 있다. 또한 전남 동부지역의 순천 운평리고분군으로부터 이동지역의 가야고분 자료에서는 풍부하게 확인된다는 점도 염두할 내용이라고 본다. 이러한 분포권으로 보아 원형분의 출현을 영산강유역 내부적 입장으로만 설명하기 어렵다.

5세기 전엽 이후 영산강유역에서는 함평, 나주, 무안, 광주, 장성, 담양, 화순지역에서 원형분이 빈번하게 보인다. 그런데 영산강유역 원(대)형분 자료를 살펴보면, 분포상에서 지역적 집중도가 달리 나타남이 확인된다. 특히 광주와 담양, 화순, 장성과 같은 상류지역을 중심으로 원(대)형분으로 축조된 고분의 출현이 두드러지고 있다. 이들 지역에서는 많은 관련 자료가 분구가 훼손된 채 주구 형태만으로 드러나고 있는데, 담양 서옥고분이나 화순 내평리고분의 경우를 보면 매장주체부가 석곽이나 석실 계통이 대부분임을 알 수 있다. 이런 양상은 상류지역에만 확인되는 양상이 아니라 함평과 나주를 포함한 중하류지역에서도 동일하다. 고분의 축조시기가 대부분 5세기 후엽에서 6세기대에 집중된다는 점에서도 그 본격적인 시작은 고총단계임을 보여주고 있다.

다음은 전용옹관이 매장주체시설로 오랜 기간동안 유행했던 나주 반남지역을 중심으로 한 영산강 중하류역권의 양상을 살펴보자. 원(대)형분과 관련된 출현 배경 및 출자, 지역사회 내부의 각기 다른 변화의 움직임이 감지된다. 이와 관련해여 김낙중[268]과 이영철[269]의 연구를 살펴보자.

김낙중은 반남고분군 자료를 정리하면서 다양한 분형의 존재와 관련해 다음과 같이 기술하였다. "5세기 중엽에 영암 시종 일대 고분의 형태를 계승한 제형계의 고분이 먼저 자미산 북측 동서 가지 능선에 조영되고 바로 이어 신촌리 9호분, 대안리 9호분 일대의 방형분이 주도적으로 축조되며 5세기 후엽에는 수직 확장으로 분구를 高大化한다. 초대형 방대형분 주변에는 이보다 작은 방대형분이 거의 동시에 조영된다. 이 시기에 구릉 말단의 덕산리에도 3호분과 같은 원대형분이 조영된다. (중략)…. 왜 원대형이라는 분형을 취하였는지는 알 수 있는 실마리는 찾기 어려우나 신촌리 9호분 일대 구릉부 피장자 집단과는 차별화할 필요성이

---

[268] 김낙중, 2009a, 『영산강유역 고분 연구』, 학연문화사, pp.158~159.

[269] 이영철, 2015, 「영산강유역 고대 취락 연구」, 목포대학교 박사학위논문, pp.268~270.

있었기 때문이었음은 분명할 것이다. 그러나 매장시설이 동일하고 부장유물 구성에서만 차이가 나므로 차별화의 필요성은 반남이라는 지역공동체 내부에 한정되었을 가능성이 있다.". 그의 견해를 정리하면 원대형분을 채용한 집단은 방대형분 집단과 차별화될 필요성을 가졌다는 것인데, 이는 출자나 계통의 구분을 표현하려는 의도의 결과라고 해석할 수 있다. 동일 지역권에 공존한 여러 세력 가운데 덕산리 일원에 자리한 집단이 유독 원(대)형분을 선호한 이유는 무엇일까? 결론부터 말한다면, 필자는 출자나 계통의 차이라고는 보지 않는다. 이전 시기부터 반남 일원의 덕산리, 신촌리, 대안리 일대에는 제형분을 공통적으로 축조하고 있기 때문이다.

그렇다면 돌연 5세기 말에 들어서 분형을 지역 집단내에서 서로 달리하는지를 답을 찾아야 한다. 필자는 고총고분이 출현하면서 분구의 고대화를 추구하는 사회적 환경과 관련될 것으로 보고 있다. 고총고분 출현 이후, 영산강유역 전역에서 앞다투어 유행하며 확산된다. 집단의 정체성이 분구의 규모를 통해 표출되는 방식이 형성된 듯하다. 다만 분형을 달리한 면에 있어서는 다른 이유가 내포되었다고 판단되는데 말하자면 권력거리[270]가 작은 사회였을 것으로 생각된다. 방대형분이 백제 왕권의 정당성을 확보받기 위한 채용[271]이라면 뒤이어 등장하는 원(대)형분은 이전에 비해 달라진 대외적 관계에 따른 선택적 결과물의 증거로 볼 수 있다.

원(대)형분의 본격적인 축조 시기에 백제는 한성 수도의 함락과 웅진으로의 천도는 지방 세력의 입장에서는 매우 혼란스러운 상황을 야기하는 사건이 발생된다. 이때의 반남지역의 세력 또한 신촌리, 대안리, 덕산리로 구분되는 여러 주체 세력들이 공존했다는 점에서도 드러난다고 볼 수 있다. 신촌리 9호분의 축조 집단이 백제 왕권과의 긴밀한 관계를 유지해왔던 상황에서 벌어진 혼란스런 사회적 상황은 덕산리나 대안리 세력에게 또 하나의 선택의 기회가 되었을 것이다. 특히 덕산리 일대에 집중된 원(대)형분의 축조가 아닌가 싶다.

---

270 호프슈테더(Hoftstede)는 권력거리(power distance)란 한 나라의 제도나 조직의 힘없는 구성원들이 권력의 불평등한 분포를 기대하고 수용하는 정도라고 정의할 수 있다. 정치 및 이념에서의 권력거리가 작은 사회의 특징을 ①모든 사람은 동등한 권리를 지녀야 한다. ②정치체제의 변화는 규칙의 변화를 통해 이룩된다. ③주류를 이루는 정치이념은 권력 공유를 강조하고 실천한다. ④정치적 색채는 중도파가 강하다. ⑤폭력 동원은 드물다 등으로 제시하였다(호프슈테더 (차재호·나은영 역), 1995, 『세계의 문화와 조직』, 학지사, pp.54~73).

271 이영철, 2015, 「영산강유역 고대 취락 연구」, 목포대학교 박사학위논문, pp.268~270.

이영철[272]은 광주 원두·월전, 산정동과 하남동취락에서 확인된 고분 분형의 이원화 현상과도 동일하다고 지적하였다(그림 39). 지역공동체 내부에서 피장자 집단간의 차별화를 어떻게 이해해야 할지에 대한 답이 아닌가 싶다.

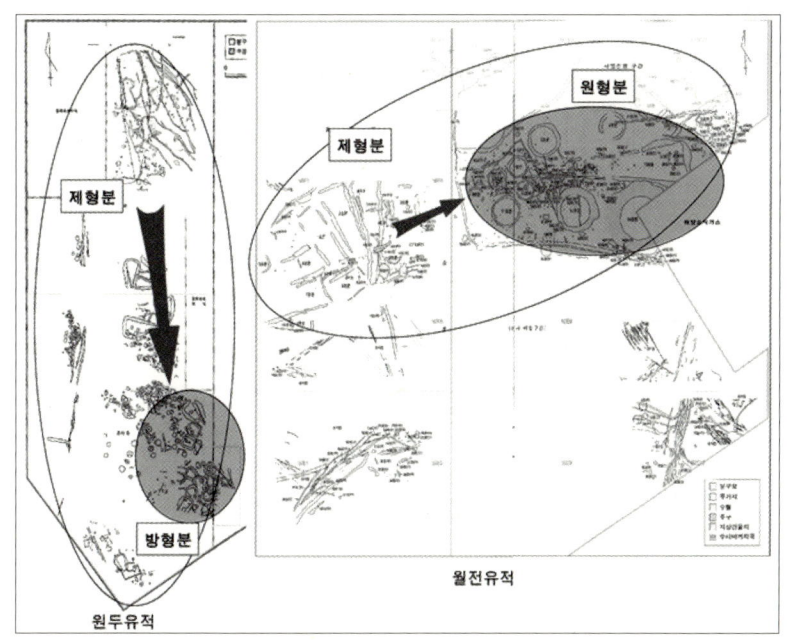

그림 39 광주 원두·월전 취락유적 고분 분형 변동 양태(이영철 2015)

〈그림 40〉을 참조하면 김낙중[273]이 분류한 모식도의 대안리군 집단은 제형에서 방대형분 축조의 경향성이 짙다. 이에 반해 신촌리 1군과 2군, 덕산리군 집단은 제형으로부터 연속되어 방대형에서 원대형분 축조를 선호하는 경향으로 변화되는 양상을 보인다. 이 시기 지역사회의 분형

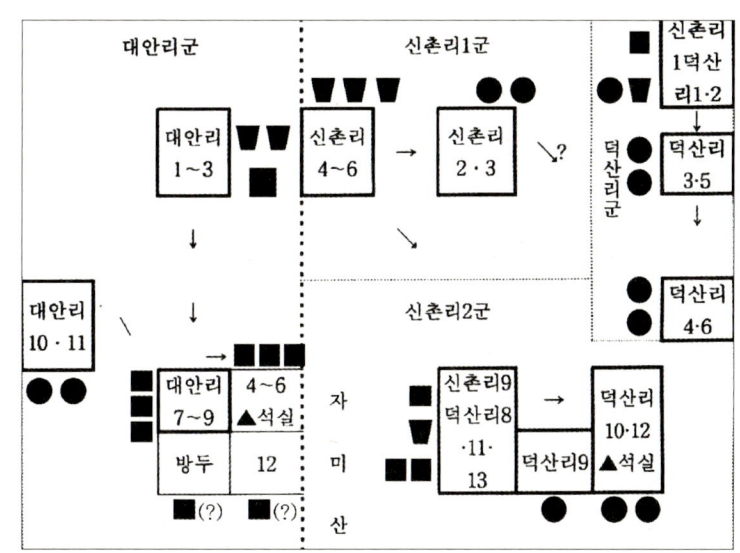

그림 40 반남고분군의 집단고분과 변천(김낙중 2009a; 이영철 2015)

---

272 이영철, 2015, 「영산강유역 고대 취락 연구」, 목포대학교 박사학위논문, pp.240~241.

273 김낙중, 2009a, 『영산강유역 고분 연구』, 학연문화사, p.153.

축조 변화는 전술하였듯이 한성 백제의 몰락이라는 일시적 공황 상황에 따른 지역 집단들의 자구책적인 선택의 결과라고 정리한다.

영산강유역 사회 내에서의 분형 선택의 변화는 비단 반남지역 일원에서만 벌어진 정황만은 아니라는 점도 뒷받침되는 증거라고 본다. 함평천 수계의 무안 고절리고분 집단과 표산고분 집단이 방대형에서 중소형의 원대형이나 전방후원형으로 분형을 선택하고 있고, 해남 분토리에서도 제형분에서 원형계 분형을, 광주 평동(원두·월전)과 선암동에서도 제형에서 원형계 분구를 축조하는 경향은 화순 내평리고분군의 경우와 같이 동일 맥락에서 전개된 것으로 이해할 필요가 있다. 예컨대 원(대)형분은 백제가 웅진으로 천도한 이후인 5세기 후엽부터 조성되는 공통점이 있다.

3. 전방후원형분

1) 매장주체시설

전방후원형분을 갖춘 고분은 담양, 광주, 함평, 영암, 해남에 이르는 영산강유역 권역에 집중되어 있으며, 서해 연안에 접한 영광과 전북 고창 지역에서도 확인된다.

현재까지 보고된 전방후원형 고분은 13개소[274] 16기가 알려져 있다. 대부분 단독으로 자리한다(그림 41). 다만, 광주 월계동 전방후원형분은 2기, 고창 칠암리 전방후원형분은 3기로 보고됨으로써 일부 지역에서는 그 축조가 기왕의 인식과 다르게 2, 3세대를 걸쳐 지속되었을 가능성이 시사되었다.

전방후원형분 가운데 발굴조사나 수습조사 등을 통해 매장주체시설의 구조와 내용이 보고된 것은 광주 월계동 1·2호분(Ⅳ형), 광주 명화동고분(Ⅱ형), 함평 신덕고분(Ⅱ형), 함평 표산고분(Ⅲ형), 영암 자라봉고분(Ⅱ형), 해남 방산리고분(Ⅱ형), 고창 칠암리고분(Ⅳ형) 등이다.

매장주체시설 유형은 횡혈식석실과 수혈식석실로 양분되는데, 후자는 영암 자라봉고분

---

[274] 분포도에 작성한 고분 중 담양 성월리 월전(2013년 영해문화유산연구원 시굴조사), 나주 가흥리 신흥(2014년 대한문화재연구원 시굴조사)고분 조사 결과, 조사단은 전방후원형분으로 파악하고 있으나 연구자간 이견이 있다. 아직 분형에 대한 합의가 이루어지지 않았으나 일단 분포도에 포함시켰다.

Ⅳ. 고총고분의 등장과 전개

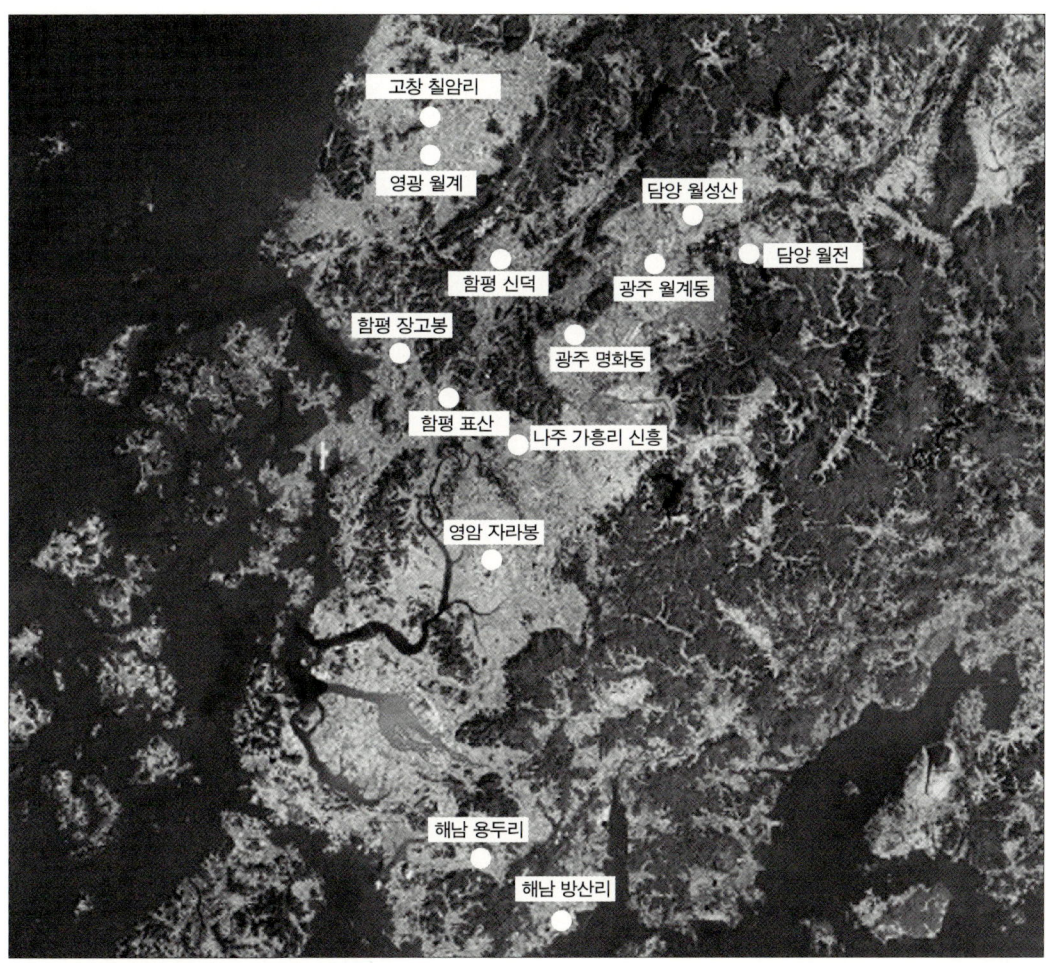

그림 41 **한반도 전방후원형분 분포도**

과 고창 칠암리고분이 해당된다. 횡혈식석실은 소위 왜계 석실로 북부구주계석실 구조와 닮아있다.

　왜계 석실은 현실과 연도 혹은 묘도와의 경계에 문주석·문지방석·문미석 등으로 구성된 문틀시설을 갖추고 있는 공통성이 있으면서도 개개 석실마다 독특한 축조 기술과 디자인을 나타낸다.[275]

　석실 평면형태는 장방형(광주 월계동 1·2호분), 세장방형(해남 방산리고분), 역제형(함평 신덕고분, 광주 명화동고분, 해남 용두리고분)으로 구분되는데, 역제형은 전형적인 왜계 석실의 현실 평

275　홍보식, 2011, 「한반도 남부지역의 왜계 횡혈식석실의 구조와 계통」, 『한반도의 전방후원분』, 학연문화사, p.277.

175

면형태를 따르고 있다. 반면, 장방형과 세장방형은 한반도와 일본열도의 석실에서 공통적으로 존재하는 현실 평면형태인데 세장방형은 일본열도보다 시기가 빠르므로 열도의 석실 평면형태와의 상관성은 낮을 것으로 추정된다.[276]

석실의 벽석은 할석만을 사용한 석실과 대형의 요석을 사용한 석실로 구분할 수 있다. 전자는 월계동 1·2호분이 대표적이다. 후자는 해남 방산리고분과 용두리고분, 함평 신덕고분과 표산고분, 광주 명화동고분 등이 해당되는데, 6세기 전반 일본 북부구주지역 횡혈식석실의 특징으로서 역제형 석실에서 확인되는 경향이 짙다. 한편, 요석을 갖춘 역제형 석실은 현문부의 문주석에 붙여서 판석을 세우고, 그 뒤로 할석을 채움한 일종의 이중 폐쇄 방식이 드러나고 있다.

석실의 장축은 분구 주축선과 직교하는 것(함평 신덕고분, 해남 방산리고분), 일치하는 것(해남 용두리고분) 그리고 45°정도 꺾여 허리 부분[277] 쪽으로 입구가 나 있는 것(광주 월계동·명화동고분)이 있다. 석실 장축과 분구 주축선과의 관계는 분형과 상관되는 것으로서 장고봉형은 분구 주축과 직교하고, 월계동형은 허리부 쪽으로 기울었다.[278] 이들 고분의 석실-분구와의 상관관계는 Ⅱ형(해남 방산리·용두리고분, 함평 신덕고분, 광주 명화동고분), Ⅳ형(광주 월계동고분)으로 나누어지는데 모두 재지계 분구와의 관계에서 불연속되는 측면이 우세하게 나타났다.

한편, 석실의 계보와 관련해 김낙중[279]은 도입형, 발전형, 창출형으로 구분하였다. 도입형(導入型)은 조형이 되는 석실의 구조적 특징이 거의 그대로 도입된 것인데 영산강유역에서는 아직 확인되지 않고 있다. 발전형(發展型)은 조형이 된 석실의 구조적 특징이 거의 그대로 도입된 것으로 함평 신덕고분을 들 수 있다. 창출형(創出型)은 개별적인 속성은 여러 지역에서 연원을 구할 수 있으나 전체적으로는 어느 한 지역에서 조형을 구할 수 없는 현지의 고유한 형식에 해당되며, 장고봉식과 월계동식으로 세분된다. 백제 석실을 기본으로 현지, 왜의 요소가 복합되어 나타난 웅진계유형의 석실 또한 창출형으로 볼 수 있다. 결국 영산강유역 전방후원형 고분에서 확인된 초기 대형 석실은 백제와 구주지역 석실의 영향을 모두 받아 출

---

276 홍보식, 2011, 「한반도 남부지역의 왜계 횡혈식석실의 구조와 계통」, 『한반도의 전방후원분』, 학연문화사, p.278.

277 고창 칠암리고분은 발굴조사 결과, 허리부분 반대쪽으로 장축을 둔 것으로 확인되었다.

278 김낙중, 2009a, 『영산강유역 고분 연구』, 학연문화사, p.217.

279 김낙중, 2009a, 『영산강유역 고분 연구』, 학연문화사, pp.186~194.

현한 것으로 볼 수 있으며, 받아들이는 집단이 어느 쪽의 요소를 더 중요시 하였는가에 따라 속성의 선택, 적용의 강약이 달라져 조금씩 변이가 나타났다고 보았다(그림 42).

전방후원형분의 매장주체부 가운데 수혈식 구조의 석실이 조사된 것은 영암 자라봉고분과 고창 칠암리고분이다. 자라봉고분은 할석을 쌓아 올린 장방형으로 석실의 장축은 분구 주축선과 직교한다. 분구는 장고봉형에 해당된다. 반면 고창 칠암리고분

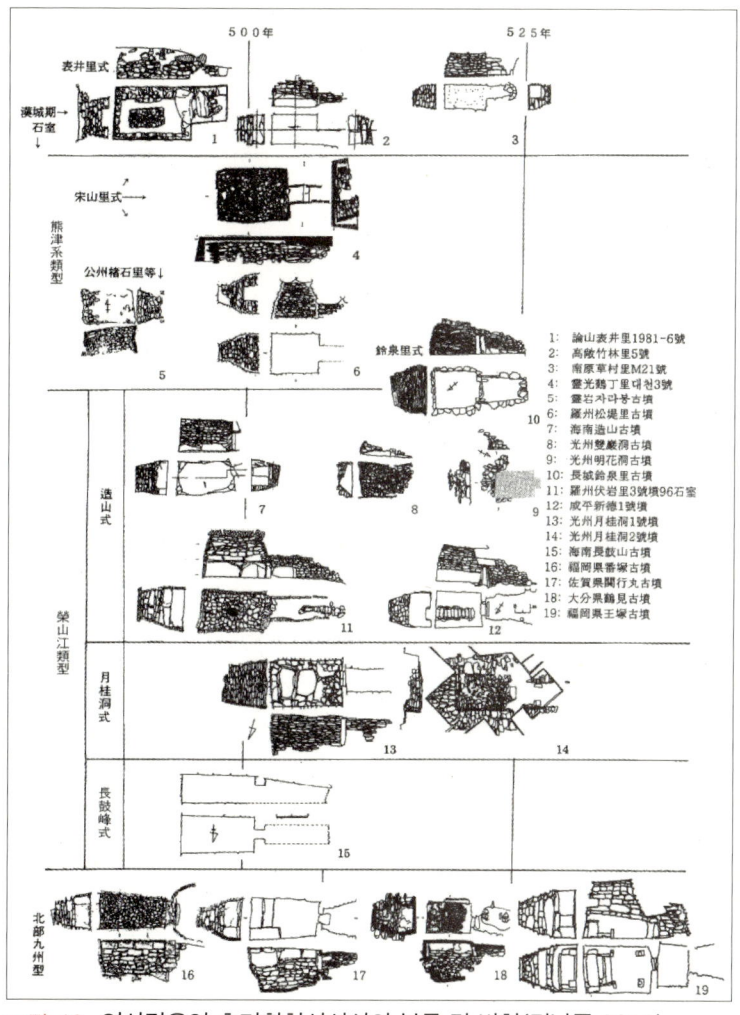

그림 42 영산강유역 초기횡혈식석실의 분류 및 변천(김낙중 2011)

은 허리부분 반대쪽으로 주축을 두어 월계동형과 유사한데, 대형 판석 4매를 세워 장방형에 가깝게 구축한 석실로 밝혀졌다(그림 43). 석실 구조는 '상식석관(箱式石棺)'과 유사한 구조라 볼 수 있는데, 규모가 대형이라는 점에서 석관이 아닌 석실로 볼 수 있다. 석실 조사에서 출토된 토기와 철기류에 근거할 때 5세기 후반의 이른 시기에 축조된 것으로 조사단은 보고 있다. 즉 전방후원형분 가운데 이른 시기의 것이다. 더불어 고분 주변에 2기의 전방후원형분이 존재하는 것으로 알려졌다.[280] 영암 자라봉고분 또한 5세기 말에 축조되었을 가능성이 시사되고 있어, 수혈식 석실을 갖춘 전방후원형분은 횡혈식석실보다 이른 시점에 한반도에 도입

---

280 대한문화재연구원, 2015, 「고창 칠암리 전방후원형고분 발굴조사 성과 보고」(유인물).

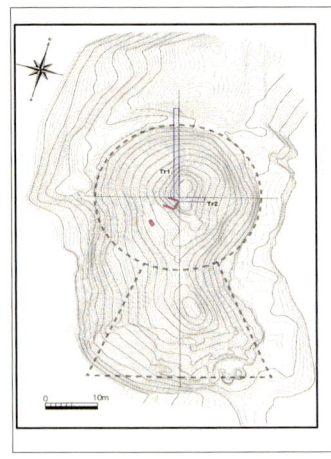

그림 43 고창 칠암리 전방후원형분 석실 위치 및 구조(대한문화재연구원 2015)

되었을 가능성이 엿보인다.

2) 축조기술

한반도 전방후원형분의 축조기술에 관한 연구는 青木 敬,[281] 최성락,[282] 임지나[283] 등에 의해 진행되었다. 이 가운데 그간 발굴조사된 전방후원형분의 분구 축조방법과 기술에 관한 구체적인 연구는 임지나에 의해 정밀하게 분석 보고되고 있다.

지금까지 시·발굴조사가 진행된 전방후원형분 가운데, 분구 축조기술과 관련된 정보를 제공하고 있는 자료는 광주 월계동 1·2호분과 명화동고분, 함평 신덕고분과 표산고분, 영암 자라봉고분, 해남 용두리고분과 방산리고분, 고창 칠암리고분 등이다. 이들 자료를 대상으로 분구의 성토기술과 방식, 원부와 방부의 결합방법 그리고 매장주체시설과 분구의 관계 등을 검토·정리해 보겠다.

(1) 분구 성토기술과 방식

전방후원형분의 축조순서는 최초 평면 기획 후 구지표를 정리하여 정지층을 마련하고 분구의 본격적인 성토행위가 진행되는 단계로 나눌 수 있는데, 분구 성토가 본격적으로 진행되는 과정에서 매우 복잡한 방식들이 적용될 가능성이 예상된다. 이러한 과정 속에서 원부와 방부의 결합방법이 확정되고 매장주체부 또한 분구의 성토 중 혹은 완성 이후 되파기한 방식(구

---

281 青木敬 2009, 「古墳築造の研究-墳丘からみた古墳の地域性-」, 八一書房.

282 최성락, 2009, 「영산강유역 고분연구의 검토」, 『호남고고학보』33, 호남고고학회.

283 임지나, 2014, 「전방후원형 고총고분의 축조기술」, 『영산강유역 고분 토목기술의 여정과 시간을 찾아서』, 대한문화재연구원, pp.64~67.
임지나, 2016, 「호남지역 고분 축조기술의 연구-분구 축조기술을 중심으로-」, 목포대학교 석사학위논문.

축묘광) 등이 적용되면서 마무리되는 공정 순서를 상정해 볼 수 있다.

① 기반 정지(整地) 공정기술

분구 성토가 본격화되기 이전에 행해지는 일종의 기반 정지 공정작업은 평면 기획 설정과 정지층 작업이라 할 수 있다. 평면기획의 실행 여부는 분구 기저부에 대한 조사가 철저히 이루어진 경우에 한해 근거자료가 확보될 수 있는데, 대부분의 전방후원형분 조사에서 이 부분에 대한 인식이 간과되어 왔다. 다행히 영암 자라봉고분 조사에서는 기획과 관련된 자료가 확보되어 그 내용을 살필 수 있었다. 전방후원형이라는 분구 형태에서 알 수 있듯이 원부나 제형을 띠는 방부의 중심 축이나 외곽 라인을 따라 기물(木柱)을 세운 흔적이 드러났다. 이와 같은 흔적은 일본 人形塚 전방후원분에서도 확인된 바 있는데, 분구 평면기획 당시 밑면을 설계하는 과정에서 나타난 기준선이다.

한편, 분형에 대한 합의가 이루어지지 않은 나주 가흥리 신흥고분에서도 이와 유사한 내용이 보고된 바 있다. 전방후원형분을 갖춘 고분 가능성에 무게를 둔 조사단(대한문화재연구원 2015)은 방부 라인으로 추정되는 북동쪽 외곽을 따라 목주흔이 조사되었으며, 이는 원부의 남쪽 외곽 라인에서도 확인된다는 점을 들어 자라봉고분과 동일하게 분구 기획 행위가 이루어진 전방후원형분으로 주장하였다. 나머지 전방후원형분 발굴조사 결과에서는 이와 같은 내용이 보고된 바 없지만, 방부와 원부를 결합해 분구를 완성하는 분형의 특성상 평면기획 의도와 행위는 진행되었다고 보는 것이 타당할 것으로 판단된다.

최초 분형에 대한 평면기획 이후 진행된 공정과정은 정지작업이다. 분구의 길이가 최소 30m에서 최대 70m를 넘는 대규모 고총 축조에 있어 기초부를 정지하는 작업은 매우 중요하다. 정지작업의 목적은 고대한 성토 분구의 변형을 방지하기 위한 것이다.

고총고분 조성과 관계없는 행위에 의해서 삭평하지 않는 한 구지표면은 공기의 접촉이나 각종 낙엽과 잡초가 썩거나 우수 등에 의해 오염되어 지반이 약하다. 이런 연약지반 위에 성토를 하면 붕괴할 우려가 있으므로 연약 지반을 제거하지 않으면 안 된다.[284] 연약지반이나 표토와 점질의 생토층 지반에 시공된 기초의 경우, 연약지반을 강화하거나 또는 강한지반으로 치환하는 토목기술이 필요하게 된다. 이와 같은 목적에서 확인되는 것이 바로 정지작업과

---

[284] 홍보식, 2013, 「고총고분의 봉분 조사 방법과 축조기술」, 『삼국시대 고총고분 축조기술』, 진인진, p.61.

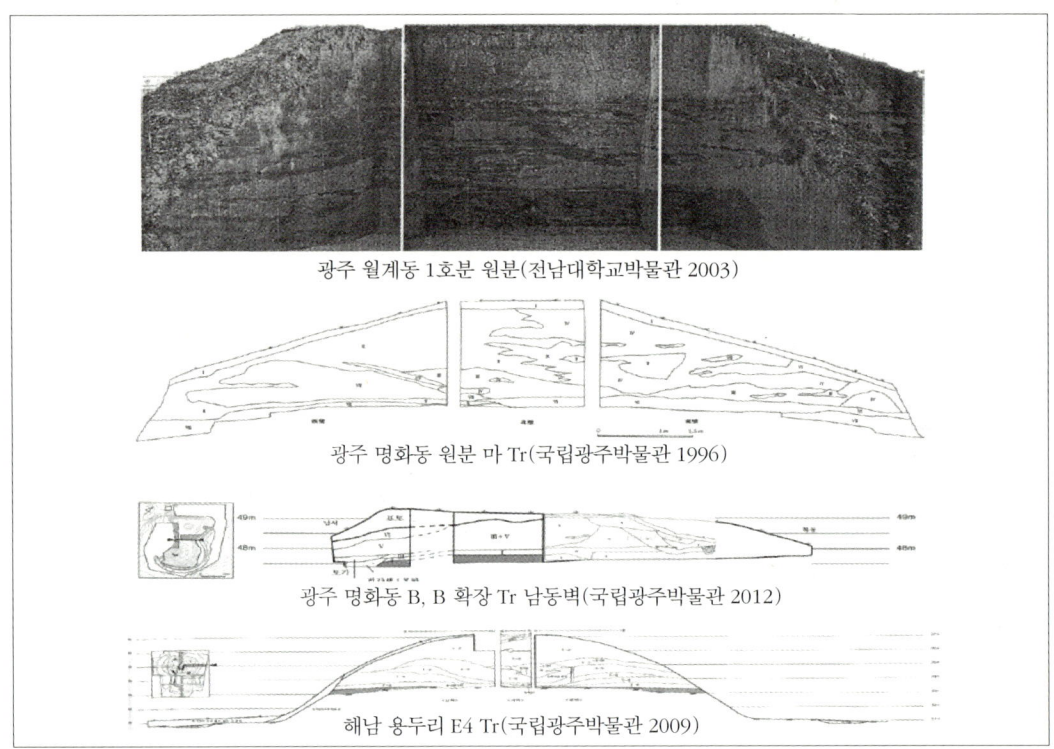

그림 44 　전방후원형분 정지층 및 토제성토

관련된 정지층이다. 정지층은 비단 전방후원형분에서만 확인되는 공정 행위가 아니다. 제형분으로부터 방대형, 원(대)형 고분 등 분구 성토가 이루어진 고분은 본격적인 성토 행위에 앞서 분구의 밑변을 정지하는 작업을 진행하였다.

　광주 월계동 1호분과 명화동고분, 함평 신덕고분과 표산고분, 해남 용두리고분과 방산리고분, 고창 칠암리고분에서도 정지층 작업 공정은 확인된다(그림 44). 정지층은 흑색이나 회색을 띠는 니질의 점토 성분을 이용하는데, 점토 단위가 토괴 혹은 표토블록을 사용하는 것으로 확인되고 있다. 니질 점토를 사용하는 이유는 상부 성토물의 압력에 따라 발생할 수 있는 편재하중을 방지함과 동시에 측방유동 토압에 따른 지반 변위 요소를 염두한 것이다. 결국 니질 성분의 인공토를 최초 정지하는 공정작업은 연약지반을 강화하고 토질 개량을 통해 치환하려는 토목기술의 지혜를 담고 있다고 볼 수 있다.

　한편, 이러한 행위는 비단 고분 축조에서만 확인되는 것이 아니라, 보(洑)나 제방과 같은 수리시설은 물론이고 토성과 같은 방어시설물을 시설하는 토목건축에도 반영되었다. 초기철기시대 구축된 보성 조성리 보시설과 삼국시대 제방이 확인된 울산 약사동유적을 비롯해 서울 풍납토성 등지에서 유사한 사례들이 보고되고 있다. 따라서 초기철기시대로부터 축조된 인공 성토물에서는 정지층과 관련된 토목기술 공법이 일반적으로 인식되어 왔다고 볼 수 있을 것이다.

② 분구 토제(土堤)의 구축

다음은 분구 성토가 본격적으로 진행되는 내용을 살펴보겠다. 원부나 방부 형태를 갖추어가는 분구의 최초 성토는 평면형태의 외연을 따라 두둑을 선축하는 일종의 토제 공정 작업이 진행된다. 토제성토는 분구 외연을 따라 단면 삼각형, 복발형, 반원형의 둑을 쌓아 성토부의 유실을 방지하기 위한 목적이 가장 크다. 분구에 대한 발굴조사가 이루어진 전방후원형분 모두에서 토제 흔적이 확인된 것으로 보고되었다.[285] 토제를 선축한 공법은 일본열도에서 '서일본적 공법'으로 알려져 있어 상호 비교가 필요하다.

일본열도의 봉분구축법은 동일본적 공법과 서일본적 공법으로 구분된다(그림 45).[286] 서일본에서는 방형주구묘가 축조되는 야요이시대 후기부터 제방형성토로 알려진 봉분구축법이 발생하여 고분시대 전기의 고분에서는 일반화된 것으로 연구되고 있다. 이에 반해 동일본지역에서는 분구 중앙에 단면 제형의 소구(小丘)를 선축하고 외곽으로 점차 성토물을 붙여나가는 방식을 취하는 공법이 방형주구묘 단계부터 발생하여, 지역 간 봉분 구축법이 확연한 차이를 보인다.

토제성토는 전방후원형 고분 이외에도 분구가 고총화된 나주 복암리 3호분, 해남 만의총 1호분, 고흥 길두리 안동고분을 비롯하여 영남지역의 함안 도항리 6호분, 부산 연산동 M6·10호분 등에서 확인되었다. 물론 고총고분이 축조되기 이전 시기에 축조된 나주 용호고분의 제형분에서

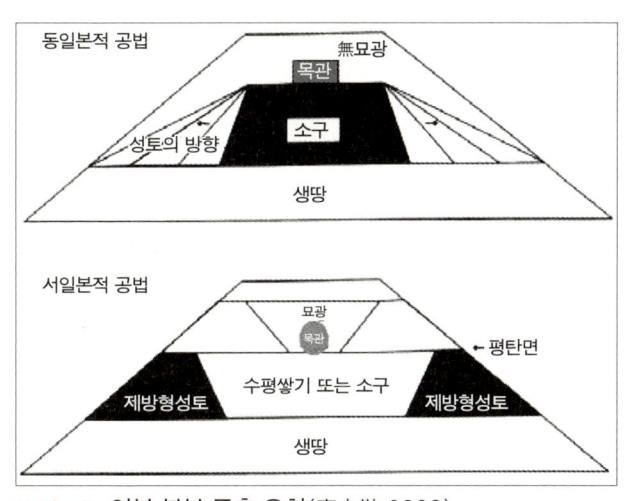

그림 45 일본 봉분 구축 유형(靑木敬 2009)

---

285 임지나, 2014, 「전방후원형 고총고분의 축조기술」, 『영산강유역 고분 토목기술의 여정과 시간을 찾아서』, 대한문화재연구원, p.67.

286 靑木敬 2009, 「古墳築造の研究-墳丘からみた古墳の地域性-」, 八一書房.

도 유사한 흔적이 확인되어 연관성을 지적할 수도 있겠지만, 토제의 기능이 달랐음을[287] 염두할 필요가 있다. 제형분에서 확인되는 토제 형태의 두둑은 주구를 굴착한 흙을 이용해 매장주체시설이 안치될 공간 외부를 선축한 기능에 해당된다. 일종의 주제(周堤)라 할 수 있다. 반면, 고총화된 분구에서 확인된 두둑은 높이 성토된 분구의 유실과 변형을 방지하기 위한 기능을 염두한 것으로 행위의 목적에서 엄연히 구분될 필요가 있다.

③ 분구 성토방식

토제 내부를 채워가면서 분구의 상당 부분을 완성해가는 성토 행위에 관련한 토목기술은 분할성토의 여부와 성토 각도에 따른 내향경사·외향경사·수평성토 관련 내용을 들 수 있다.

분할성토는 분구를 조성함에 있어 일정 부분씩 구역을 나누어서 성토한 방식을 나타내는 용어로 구획성토로도 혼용되고 있다. 이와 관련해 분할과 구획에 대한 개념을 정리한 홍보식[288]의 연구가 주목된다. 분할이란 일정 부분으로 나눈다는 의미로서 위아래의 분할이 일치하지 않을 수도 있지만, 구획은 당초부터 설계도 같은 것에 근거해서 구획된 부분을 완성한다는 의미로서 차이가 있다. 따라서 분할성토는 정확한 구획 없이 면적과 작업 공정을 고려하여 임의적으로 성토하기 때문에 좌우와 위아래 흙의 겹침이 일정하지 않을 수 있는 반면, 구획성토는 봉분을 여러 단위로 구획하여 구획된 매 구간의 성토 부위의 좌우가 구분되는 특징이 있다고 지적하였다. 결국 두 성토 개념의 차이는 성토재가 달리하는 부분에 일종의 선(열)과 같은 흔적의 유무에 따라 판가름할 수 있다는 지적인 듯하다. 흔히 토괴열이나 석열 등으로 표현되는 현상들이 확인된 경우는 구획성토의 개념을, 그렇지 않은 경우는 분할성토의 개념을 적용할 수 있다는 해석으로 이해된다.

그러나 필자는 성토재가 나누어지는 부분에 선(열)의 흔적이 없더라도 물성이 다른 성토재를 사용한 흔적이 분명하다면, 공정 단계가 명확히 구분되었다고 보아야 할 것으로 판단된다. 설령 좌우와 위아래의 흙의 겹침이 일정하지 않다고 해서 구획이란 용어를 적용하기 어렵다고 보는 것은 재검토가 요구된다. 영암 자라봉고분(그림 46)의 조사내용을 살펴보면, 분

---

287 한옥민, 2016, 「축조공정을 통해 본 영산강유역 제형분구의 성격과 의미」, 『한국상고사학보』91, 한국상고사학회. pp.66~67.

288 홍보식, 2013, 「고총고분의 봉분 조사 방법과 축조기술」, 『삼국시대 고총고분 축조기술』, 진인진, p.71.

구가 일정 높이로 나뉘어 성토되기보다는 회오리 모양으로 감싸 올라가면서 분할(구획)성토가 진행된다는 점에서, 분할이나 구획의 의미를 달리 부여하는 것은 타당하지 않다고 본다.

분할·구획성토가 확인된 전방후원형분은 광주 월계동 1호분과 명화동고분, 함평 신덕고분, 영암 자라봉고분, 해남 방산리고분이 있다.

한편 구획축조의 의미와 관련하여 노동 단위인지 아니면 견고하게 쌓기 위한 공법인지, 분구 축조의 효율성과 작업의 능률을 높이고, 견고하게 구축하기 위한

그림 46 영암 자라봉고분의 분구 성토 방식(대한문화재연구원 2015)

분구의 전체 구축을 위한 구획인가 아니면 성토재의 차이에 의해 나타나는 구획인가에 따라 해석이 다를 수 있다고 보았다.[289] 결국 분구를 구획(분할)하여 축조한 의도는 고대(高大)한 외형을 갖추어나가는데 있어, 막쌓기 방식보다는 특별한 공정 토목기술을 반영하지 않으면 변형되거나 무너지는 결과를 인지한 지혜에서 파생되었다고 생각한다. 다만, 이러한 성토기술이 자연스럽게 인식되어 확산되었다고는 볼 수 없을 것이다. 그 이유는 점토블록이나 표토블록과 같은 인위적 성토재를 제작할 수 있고, 성토재의 물성에 따라 층을 달리하거나 지점을 달리 선택하여 한층 한층 쌓아올린 내용에서 이해가 가능하다.

인위적으로 가공된 성토재는 토제가 선축된 분구 하단부에서는 내향경사방식[290]으로 성토되었으며, 분구 상단부에서는 수평방식으로 성토하는 경우가 광주 월계동 1호분, 영암 자라봉고분, 해남 방산리고분 등지에서 확인되었다. 이 같은 성토방법은 상대적으로 높은 원부의 분구 퇴적상황에서 드러나고 있다. 반면, 방부의 경우는 고분에 따라 차이를 보이는데, 광

---

289 홍보식, 2013, 「고총고분의 봉분 조사 방법과 축조기술」, 『삼국시대 고총고분 축조기술』, 진인진, p.72.

290 토제가 선축된 분구는 공정상 토제 내부를 채우는 순서로 진행되므로 내향경사방식의 성토가 이루어지는 것은 자연스러운 현상으로 볼 수 있다. 영남지역의 함안 도항리 6호분, 창녕 교동 7호분 등에서도 확인되고 있다.

주 월계동 1호분은 원부와 동일한 방법이 적용된데 비해 영암 자라봉고분의 방부는 수평성 토로 완성되었다.

④ 원부와 방부의 결합방식

원부와 방부의 결합방식이 확인된 사례는 광주 월계동 1호분(그림 47)과 명화동고분, 함평 신덕고분, 영암 자라봉고분, 해남 용두리고분을 들 수 있다. 광주 월계동 1호분은 기초 정지층과 분구 하단부는 방부를 선축한 후 원부를 덧붙여가는 결합방식이 확인되었는데 명화동고분 또한 같다. 방부 상단부 성토층이 상당 부분 유실된 영암 자라봉고분 또한 같은 방식이 적용된 것으로 판단된다. 반면, 해남 용두리고분은 방부를 선축한 후 원부를 덧붙여 완성하는 것으로 확인되었으나, 상단부 성토는 동시 성토되었다. 방부와 원부의 선후관계가 드러난 사례에 비해 함평 신덕고분은 방부와 원부를 동시축조한 것을 도면 자료에서 확인할 수 있었다.

방부와 원부의 결합 순서를 알 수 있는 5개소의 전방후원형 고분 자료만을 놓고 볼 때, 결합방식의 통일성이 드러나지 않는 현상은 성토과정에서의 정확한 기준이 부재했음을 보여주는 것으로 이해된다. 이는 결국 전방후원형이라는 분형의 완성이 최종 목적이었음을 말해주는 것으로 이해할 필요가 있을 것이다.

⑤ 분구 내 매장주체시설의 위치

전방후원형분의 원부 중앙에 구축된 매장주체시설은 모두 지상식으로 분류할 수 있다. 분구 정지층을 기준으로 낮게는 0.2m 높이에 석실의 바닥면이 조성된 광주 명화동고분으로부터 5m 높이에 위치한 해남 방산리고분까지 편차가 큰 편이다. 석실 조성면의 높이 차이는 분구의 규모와 상관될 가능성이 크다고 볼 수 있지만, 해남 방산리고분을 제외한 광주 월계동 1·2고분, 영암 자라봉고분, 해남 용두리고분, 함평 표

그림 47 광주 월계동 1호분 원부·방부 결합 방식(전남대학교박물관 2003)

산고분 등이 1~2m 높이 지점에 위치하는 경향을 보이는 것에 비해 광주 명화동고분은 매우 낮은 편이라 할 수 있다. 따라서 분구의 규모 차이만으로 설명하기는 어렵다고 판단된다. 분구 정지층으로부터 0.2m 높이 지점은 석실의 구축 시점이 성토와 거의 동시에 진행되었다고 볼 수 있을 것이다. 물론 고분의 훼손이 심하여 보고서 내용만으로 확정할 수 없지만, 석실의 위치가 낮은 이유는 매장주체시설과 분구 성토가 동시에 진행되었을 가능성에서 답을 찾을 수 있을 것이다. 그러나 분구의 성토와 매장주체시설이 동시에 축조된 광주 월계동 1·2호분, 함평 표산고분, 해남 용두리고분의 경우를 보면, 1m 내외의 높이에서 매장주체부가 구축되고 있어 역시 동시축조라는 요소에서 해답을 구하기는 어려운 실정이다.

한편, 매장주체부 가운데에는 분구를 1차 완성한 이후에 다시 되파기하여 매장주체부를 구축한 사례가 영암 자라봉고분에서 확인되었다(그림 48). 분구의 완성 시점에 매장주체시설을 갖추지 않은 고분은 일종의 수묘적 성격을 띠는 것으로 이해할 수 있는데, 전방후원형분 자료에서는 유일하다. 그러나 방대형분을 갖춘 무안 고절리고분과 나주 횡산고분에서도 매장주체부가 확인되지 않는 사실에 비추어 보았을 때, 피장자를 안치하기 이전에 분구를 선축한 매장풍습이 일부 지역에서 진행되었음을 알 수 있었다. 해남 방산리고분 또한 수묘적 성격의 선 분구 축조가 이루어졌을 가능성도 엿보인다.

이상으로 전방후원분에 대한 축조기술을 살펴보았다. 한반도에서 확인된 전방후원형 고분은 분구의 형태에서 일본 전방후원분과 동일하다는 점에서 한·일고대사 연구자 간에 많은 불러일으키고 있다. 특히 분구에 매장된 피장자의 성격이나 출자와 관련된 주장들은 재지인설,

그림 48 영암 자라봉고분 묘광(대한문화재연구원 2015)

왜인설, 백제관료설 등 다양한 관점에서 접근이 시도되고 있는데, 합의를 보기는 좀처럼 어렵다고 판단된다. 여기에서는 출자나 성격에 초점을 맞추기보다는 축조기술의 방법과 특징의 정리를 통해 제형분으로부터 방대형분과 원대형분과의 상관성 여부를 검토하고자 한다.

분구 축조에 반영된 토목기술의 내용은 앞서 살펴본 방대형분의 내용과 별반 차이가 없다고 볼 수 있다. 분구 기획 및 정지층 공정, 인공 성토재의 종류와 내용, 구획이나 분할성토 방식, 매장주체시설과 분구의 관계 등은 방대형분 축조에 반영된 토목기술과 연속선상에서 논할 수 있었다. 다만, 최종 완성된 분형이 전방후원형이라는 점에서 차이를 둘 수 있는데, 이는 방대형분보다 후행하는 분형이라는 점에서 토목기술의 연속성이 확인된다는 점이 중요하다고 판단된다.

전방후원형분의 축조가 6세기 전반이라는 시기에 집중되는 경향을 띠고 있지만, 5세기 중엽으로 비정된 나주 가흥리 신흥고분과 5세기 후반에 축조된 것으로 보고된 고창 칠암리고분의 축조연대에 대한 합의가 이루어진다면 다른 관점에서 해석될 필요도 있을 것으로 본다.

3) 노동력

전방후원형분은 명칭에서도 알 수 있듯이 방형분과 원형분이 결합되어 완성된 형태이다. 동원 노동력의 산출은 앞서 제시한 산출식·산출과정과 동일한 방식으로 적용이 가능하다. 따라서 여기에서는 반복을 피하고자 산출에 대한 예시는 생략하고, 각 고분별 노동력 산출값만을 제시하고자 한다. 영산강유역권 전방후원형분의 동원 노동력을 산출하면 〈표 24〉와 같다.

분구 축조에 동원 노동력을 보면 최대치인 경우가 분구부피 12,600m^3, 8,200m^3 순이고, 이에 따른 동원 인원수는 10,500인, 7,300인 순으로 상당함을 보여준다. 전방후원형분 중 최대 노동력이 투입된 매장시설은 횡혈식 구조의 석실이다. 앞서 살펴본 고총고분인 방대형분, 원대형분, 전방후원형분 중에서 가장 많은 노동력이 투입된 분형은 전방후원형분이고 대체적인 평균값에서도 그러하다. 아직 전방후원형분은 방대형분이나 원대형분처럼 분구가 수직 확장된 예가 보고되지 않았으므로 처음의 기획대로 단번에 조성되었을 것으로 이해된다. 다만, 분형이 전방후원형이지만 원형과 방형의 결합을 통해서 완성되었다는 점에서 두 개의 분형을 만드는 작업과 활동이 수반되었을 것이다. 즉, 방대형, 원대형의 분형을 조성하는 데 드는 노동력보다 훨씬 많은 공력이 필요했음을 의미하며, 이는 분구 결합을 통해서 실현되었다.

표 24 영산강유역 전방후원형분의 노동력 산출 　　　　　　　　　　　　　　　　　* 추정: ( )

고분	규모(m) (길이×너비×높이)	매장시설	분구부피(m³)	총인원수	비 고
고창 칠암리	방부: 28.4×5.7 원부: 30.8×10.3	석관형석실	4,391	3,842	
담양 월전	방부: 21×4 원부: 26×4	횡혈식석실	2,228	1,949	
담양 월성산 1호분	방부: 10×12×2.5 원부: 14×2.5	(석실)	338	295	전장 24m
광주 명화동	방부: 24×2.73 원부: 18×2.73	횡혈식석실	1,388	1,157	전장 33m
광주 월계동 1호분	방부: 16×4.9 원부: 24×4.8	횡혈식석실	3,151	2,627	전장 44m, 경부12×4m
광주 월계동 2호분	방부: 15×2 원부: 18×2.3	횡혈식석실	628	524	전장 33m
나주 가흥리 신흥	방부: 11.7×7.2 원부: 19.7×1.8	횡구식석실	490	409	전장 31.4m
함평 신덕 1호분	방부: 25×4 원부: 30×5	횡혈식석실	3,219	2,683	전장 51m
함평 장고산	방부: 31×37×7 원부: 39×8	(석실)	8,220	7,193	전장 70m
함평 표산	방부: 21×26×4 원부: 25×5	횡혈식석실	2,900	2,538	전장 46m
영암 자라봉	방부: 20×13×2.4 원부: 24×4.6	횡구식석실	2,160	1,801	
해남 방산리	방부: 37×9 원부: 43×10	횡혈식석실	12,636	10,531	전장 76m
해남 용두리	방부: 17.5×17.5×3.8 원부: 24.3×5.2	횡혈식석실	1,633	1,428	전장 41.3m

4) 전방후원형분의 출현 배경

한반도에서 확인된 전방후원형분은 분구의 형태에서 일본 전방후원분과 동일하다는 점에서 한·일고대사 연구자 간에 많은 불러일으키고 있다. 특히 분구에 매장된 피장자의 성격이나 출자와 관련된 주장들은 재지인설, 왜인설, 백제관료설 등 다양한 관점에서 접근이 시도되고 있는데, 합의를 보기는 좀처럼 어렵다고 판단된다.

지금까지의 전방후원형분 출현과 관련한 논의들은 매장주체부인 횡혈식석실과 부장품의 분석을 중심으로 진행되었다. 그러나 본 연구의 주제인 분구 형태나 축조기술과 관련한 연구는 구체적이지 못한 상태이다. 따라서 필자는 앞서 살핀 축조기술과 분형의 내용을 통해 출현 배경을 정리하고자 한다.

먼저, 전방후원형분의 축조기술은 고총고분이 출현한 5세기 중엽의 방대형분 자료인 영암 옥야리 방대형 1호분, 나주 신촌리 9호분, 나주 가흥리 신흥고분 등과 비교했을 때 그다지 차이점은 확인되지 않는다. 영암 자라봉고분과 광주 월계동 1·2호분 등의 경우 영암 옥야리 방대형 1호분이나 나주 가흥리 신흥고분에서 확인된 새로운 축조기술이 적용되기도 하며, 광주 명화동고분과 함평 표산고분 등은 신촌리 9호분과 같은 전통적인 축조기술이 적용되어 완성되었다. 이 같은 차이를 볼 때, 전방후원형분 축조세력들은 고총고분 출현 이후에 확산된 새로운 축조기술 정보를 모두 반영하지 않음을 알 수 있다. 이는 결국 전방후원형분의 출현 배경을 하나의 관점에서 해석하는 것은 무리가 있음을 반증하는 것으로 이해할 필요가 있는 것이 아닌가 싶다. 다만, 전방후원형이라는 분형을 채용하고 있다는 점에서는 일본열도와의 관계 형성을 해당 세력들이 시도했다는 점은 인정할 필요가 있을 것이다.

그렇다면, 영산강유역권에서 보고된 16기의 전방후원형 축조 세력들은 모두가 동일한 목적 아래에서 새로운 분형을 채용한 것일까? 지역 세력마다의 채용 배경이 달랐던 흔적은 없는 것인지를 살펴보자. 박천수[291]는 전방후원형분이 누세적이지 못하고 단독적으로 조영된 점과, 기존 재지사회의 고분군 속에 자리하지 못한 점을 근거로 백제 왕권이 파견한 왜계관료설을 주장한 바 있다. 그러나 광주 월계동에는 2기의 전방후원형 고분이 축조되고 고창 칠암리에서는 3기의 전방후원분이 축조된다는 점에서 왜계백제관료설을 주장하는 것은 납득되지 않는다. 또한 함평 표산 전방후원형 고분의 경우, 석관묘 단계로부터 제형, 방형으로 연속되는 가운데 축조되고 뒤이어 원형분들이 집중된다는 점에서도 기존 재지 무덤과 분리된 공간성을 갖는다는 주장 또한 설명이 어렵게 되었다. 함평 신덕 전방후원형분의 경우도 뒤이어 원형분이 축조되고 있는 점도 그렇다.

따라서 전방후원형분의 출현과정을 지역 단위마다 달리 살펴볼 필요가 요구된다. 백제 중앙에서 파견된 관리라면 정착보다는 임시적 거주를 통한 역할을 수행한 후 고향으로 돌아갔을 가능성이 높아 보이는데, 사후에 현지에 묻힌다는 사실은 피장자가 지역사회에 동화되었거나 현지적 인물임을 방증하는 것은 아닌지 생각해보아야 한다. 비록 매장풍습과 같은 장제를 달리했더라도 그것이 일시적이라면 말이다. 영암 자라봉고분에서 드러난 장제적 이질성은 피장자가 왜계관료라도 현지사회에 동화됨을 보여준 것으로 이해된다.

---

291 박천수, 2006, 「3~6세기 한반도와 일본열도의 교섭」, 『한국고고학보』61, 한국고고학회.

광주 월계동 전방후원형분에서 확인된 이시야가타(石屋形) 석관을 사용한 피장자의 경우 왜계인일 가능성이 타진되고 있다. 이와 같은 석관은 삼국시대 고분에서는 그 예가 없고 일본 열도의 고분시대 규수의 서부인 구마모토지역에 주로 분포[292]하기 때문이다. 그러나 이 경우도 필자는 현지에 동화된 왜계인이거나 왜계관료로 보고자 한다. 2기의 전방후원형분이 축조된 정황이나, 방패형 주구, 그리고 원통형토기 등의 요소는 충실히 일본적 요소를 담고 있기 때문이다. 반면 함평 표산 전방후원형분의 경우는 피장자가 현지인일 가능성이 매우 높다고 본다. 가장 큰 이유는 재지 고분군의 조영 선상에서 축조되고 있기 때문이다. 출현 배경이 이렇듯 달리한 이유는 방대형 고총고분 출현 이후 확산된 분형의 다원적 선택 결과와 같은 맥락에서 이해할 필요가 있다. 특히 전방후원형분의 출현이 6세기를 전후한 백제 웅진기에 집중된다는 사실은 원(대)형분의 출현과도 시기를 같이 하고 있다는 점에서 가능하다.

영산강유역에 터전을 두었던 지역 세력들이 국제적 환경 변화 속에서 분형이 다른 고총고분 축조를 선택한 이유는 지역사회 내부의 동향 속에서 검토되어야 할 것이다. 영산강 상류지역의 전방후원형분 출현이 한성 백제의 몰락에 따른 지역 집단들의 새로운 돌파구 일환으로 채용하였고 고분의 규모가 백제에 비해 큰 것도 이를 반영해준다는 주장[293]은 이러한 관점에서 주목할 필요가 있다. 매장주체부인 석실 구조가 북부 구주계통의 횡혈식석실임에도 일원화되지 못한 채 지역적 색체가 가미되고, 원통형토기를 수립하는 행위가 모두 반영되지 못한 점, 부장유물의 계통이 특정 지역에 치우치기 보다는 다원적 요소를 담고 있다는 점 등은 전방후원형분의 출현과정이 동일하지 않았음을 입증하는 것이다. 더욱이 최근에는 5세기 중후반에 축조되었을 가능성이 높다는 전방후원형분 조사 자료가 보고된 점 또한 출현과정을 특정 시기로 한정하기 어려운 상황이 되고 있다.

고고학은 발굴조사된 물질자료 분석을 통해 논리적인 주장에 근거하여야 한다. 특히 새로운 자료가 지속적으로 드러나는 특징이 있는 고고학 연구에서 절대적인 주장은 매우 위험한 시도이다. 자료 해석을 획일적인 성격으로 결론짓는 연구 경향은 유념할 필요가 있다. 고고학 자료 속에는 무엇보다도 다양성이 내포되어 있기 때문이다.

---

292 홍보식, 2015, 「석관」, 『한국고고학전문사전-고분 유물편-』, 국립문화재연구소, pp.471~472.
293 최성락, 2004, 「전방후원형 고분의 성격에 대한 재고」, 『한국상고사학보』44, 한국상고사학회, pp.99~102.
    최성락, 2014, 「영산강유역 고분연구의 검토Ⅱ」, 『지방사와 지방문화』제17권 2호, 역사문학회, p.27.

V. 고분 변천을 통해 본 영산강유역 고대사회

1. 분구로 본 고분 변천

영산강유역 고분은 피장자를 직접적으로 보호하고 있는 매장주체부의 종류에 따라 목관고분, 옹관고분, 석곽분, 석실분 등으로 나눌 수 있다.[294] 영산강유역에서 분구를 갖춘 분묘의 조영은 기원전에 이미 시작되었지만, 고분으로 정의할 수 있는 묘제는 늦어도 기원후 3세기 후엽에서 출현하여 백제화가 되는 시점인 6세기 중엽까지 지속되었다. 이를 분구 형태인 외부 요소에 따라 나누면 제형분-방대형분-원(대)형분-전방후원형분 순으로 변화되고, 피장자를 담은 매장시설인 내부 요소에 따라 나누면 목관-옹관-석곽-석실 순으로 진행된다. 고분 변천은 외부 요소와 내부 요소를 각각 따로 제시하기 보다는 이를 포괄하여 좀 더 본질적인 명칭인 매장주체부를 근거로 제시하는 것이 타당하다고 본다. 즉 주구토광묘-목관고분-옹관고분-석곽분-석실분 순으로 변천되는 것으로 이해할 수 있으나, 여기에서는 연구 주제인 분구를 중심으로 제시하였다. 영산강유역 고분의 변천 내용은 〈표 25〉와 같이 정리할 수 있다.

고분 변천에 대해 분묘-고분-고총 3단계로 나누었는데 분형 변화의 획기에 준거하였다. 분형은 초현하는 제형분을 비롯하여 방대형분, 원(대)형분, 전방후원분 순으로 선호도가 변화한다. 아울러 고분 이전의 것은 주구만 잔존하는 유적을 대상으로 할 때, (장)방형주구(영광 군동 18호, 함평 순촌 1~10호묘 등)가 존재하므로 여기에 포함시켰다. 고분의 흐름을 반영하는 분구의 속성은 분형, 규모(높이), 매장주체부 종류, 분구축조 동원 인원수(노동력) 등 크게 4가지 요소로 나눌 수 있다.

영산강유역 고분의 변천은 외부 요소와 내부 요소가 서로 조합을 이루지 못한 경우가 많기 때문에 여러 연구자들의 지적이 있었듯이 분형과 매장시설과의 대응이 쉽지 않다.[295] 고분의 변천과정을 일목요연하게 제시하기 어려운 상황을 말해주듯 획기 설정에 있어서 명사

---

[294] 최성락, 2009, 「영산강유역 고분연구의 검토」, 『호남고고학보』33, 호남고고학회, p.120.
[295] 최성락, 2009, 「영산강유역 고분연구의 검토」, 『호남고고학보』33, 호남고고학회, pp.122~125.
김낙중, 2009a, 『영산강유역 고분 연구』, 학연문화사, p.97.

V. 고분 변천을 통해 본 영산강유역 고대사회

표 25 분구로 본 영산강유역 고분 변천

구분		시기	200	100	1	100	200	300	400	500
	단계				분묘				고분	고총고분
분형	(장)방형		――	―	―	―	―			
	(장)제형							―――	―	― ―
	방대형									――
	원(대)형									――
	전방후원형									―
분구 규모	저		―――――――――――――――――――――						― ―	― ―
	중							―――――――	― ―	
	고									――
매장 시설	목관		――――――――――――――――――――――――							― ―
	옹관					―――――――――――――――――				
	석곽									――
	석실									――
분구 축조 동원 인원	(장)제형						440-560인			
	방대형								7,340-10,000인	
	원(대)형								6,300-6,600인	
	전방후원형								7,200-10,500인	

* 저(1.5m 미만), 중(3m 미만), 고(3m 이상)

2~3개를 결합한 복합명사로 표현하기도 한다. 예로 '방형목관분구묘'[296]의 경우, 분형+매장주체부+축조방식을 아우르는 시도라 볼 수 있는데 '분구 내 매장'을 지향하는 문화 계통의 차이와 관련[297]되는 분구묘로 설명하려다 보니 복잡한 묶음이 되어버렸다. 이는 영산강유역 고분의 특징[298]인 다장성, 비정형성, 다양성 등에서 비롯된 현상임은 주지하는 바이다.

---

[296] 임영진, 2002, 「전남지역의 분구묘」, 『동아시아의 주구묘』, 호남고고학회, p.58.

[297] 임영진, 2015, 「한·중·일 분구묘의 비교 검토」, 『마한 분구묘의 기원과 발전』, 마한연구원, p.5.

[298] 영산강유역 고분의 특징은 크게 다섯 가지로 나눌 수 있다. 첫째 다양한 주구를 가지고 있다. 둘째, 분묘에서 고분으로 발전되면서 수평적인 확장과 수직적인 확장이 이루어진다. 셋째, 영산강 중하류에는 5세기 후반까지 옹관고분이 집중적으로 분포하지만 목관고분의 분포가 훨씬 넓다. 넷째, 고분의 매장주체부가 지상에 위치하는 지상식이 많다. 다섯째, 한 분구에 다장 혹은 추가장이 이루어지는데 주구토광묘에서 시작하여 7세기까지도 일부 고분에서 다장을 이

영산강유역 무덤의 변천 중 먼저 분묘 단계를 보면, 고분 출현 이전에 분구를 갖춘 분묘의 초현은 장방형 주구를 두른 주구토광묘이다. 영광 군동 18호로 대표된다. 기원전 2세기를 전후해 출현하는데, 주구의 평면형태가 방형을 띠며 중앙에 목관을 안치하였다. 매장주체부 윗부분이 삭평되어 분구의 존재 여부는 정확히 알 수 없지만, 장방형의 주구를 두르고 관 위에 토기를 부장하였다는 점에서 낮은 분구를 갖춘 주구토광묘로 볼 수 있다. 이를 주구토광묘로 구분한 또 하나의 이유는 보호시설에 부장된 흑도단경호이다. 흑도단경호는 말각평저형 저부로 동최대경이 하위에 위치하며 마연기법을 사용해 기벽을 얇게 제작하였다. 기형은 홍도와 닮아있다.

그런데 형태가 유사한 적색마연단경호가 함평 순촌 A-2호 토광묘에서 출토되었다. 영광 군동 18호의 다음 단계에 해당하며, 방형 주구를 두른 주구토광묘이다. 순촌 A-2호 토광묘는 13호분의 서쪽 가장자리에서 확인되는데, 장축길이와 직교된 방향으로 안치되었다. 고분군은 구릉 사면 위쪽에 자리한 1~7호분이 가장 선행한 그룹인데, 바로 아래 열에 있다. 따라서 A-2호 토광묘는 순촌고분군이 조성되는 과정 중에 축조된 관련 무덤으로 보인다. 이 같은 순촌고분군의 정황은 영광 군동 18호의 주구가 매장시설 주위로 둘러진 주구임을 방증해주고 있다. 마지막으로 제형 주구(제형분의 전신형)는 제형분으로 발전하기 이전의 것으로써 주로 단장묘로 조성된다. 중심매장시설은 목관묘를 선호하였고, 옹관묘는 배장묘로 이용되었다.

다음으로 고분 단계의 제형분을 살펴보자. 중심 시기는 3세기에서 5세기 중엽까지로 설정할 수 있는데, 분구에 대한 제사 의례는 6세기 후엽까지도 지속된다. 제형 분구의 출현 시기와 관련해서는 낙랑계 또는 산동계[299]의 백색토기 옹이 출토된 함평 신흥을 근거로 2세기 후반까지 상향할 수 있다고 본다. 이 시기는 제형이라는 분형이 갖춰진 시점으로, 방형(Ⅱ자형) 주구와 제형 주구가 중복된 함평 순촌 유적에서 정황을 확인할 수 있다.

제형분은 중심매장시설이 시간의 흐름에 따라 민감한 변화를 보이는 것을 특징으로 한다. 중심매장시설의 종류 및 조성 위치를 놓고 볼 때, 처음에는 목관 중심의 단장분으로써 1

루고 있다(최성락, 2009, 「영산강유역 고분연구의 검토」, 『호남고고학보』33, 호남고고학회, pp.125~126).

[299] 정인성, 2012, 「한강 하류역의 한식계 토기」, 『중부지역 원삼국시대 외래계 유물과 낙랑』, 숭실대학교 박물관.

기의 목관을 둔 것에서 분구 외연에 추가묘(옹관 多, 목관 少)가 들어서는 옹위배치 구도를 띤다. 이후에 목관과 옹관이 혼용되어 분구 중심축을 따라 일렬로 배치되는데 4세기 중엽부터 보이기 시작한다. 이전과 다른 점은 추가매장시설도 분구를 초축묘와 함께 공유한다는 것이다. 이에 따라 분구의 밑면적 규모를 수평으로 확장시키는 '수평확장'이 유행했다. 분구 확장을 통해 분형은 장제형으로 변화된다. 주구는 단변 개방형에서 네 변을 모두 두르는 밀폐형으로 변화되었다.

제형분은 영산강유역 고분 출현의 묘제이자 재지계 대표 묘제로 인식되고 있다. 또한 이 지역의 전통적 재지사회와 외부세력간의 관계 성격을 밝히는 고고학적 지표라 할 수 있다. 특히 나주 복암리 3호분 등의 방대형 고총에서 선행 조성된 제형분을 이용하여 고총고분으로 전환시킨 사례는 조성 주체와 관련하여 고총으로의 연속성을 보여주는 고고학적 증거라는 해석을 가능케 하였다.

제형분은 영산강유역 고분 중에서 가장 많은 자료가 확보되어 있지만, 분구가 남은 것이 채 10%도 되지 않아 축조공정을 복원하기가 쉽지 않다. 현존하는 분구를 통해 중심매장시설-분구와의 관계를 복원해 보면, 성토재가 이용되지 않은 막쌓기 방식이며, 정지작업 이외에 특별한 축조기술을 찾기 어렵다. Ⅲ장에서 살폈듯이 분구축조에 동원된 최대 노동력은 분형이 장제형분으로 변화됨에 따라 4배 이상 증가됨을 알 수 있다. 다만, 분구 높이가 이전에 비해 별다른 진전이 없는 2m 이하의 중분구 수준에 그치고 있다.

방대형분, 원대형분, 전방후원형분은 고총고분 속에서 논의되고 있는 분형으로 대체로 3m 이상의 높은 분구를 갖추고 있다. 이들 고총고분은 5세기 중엽에서 6세기 전엽까지 축조된다. 분구와 관련된 고고학적 양상은 지상식 구조, 단장 중심, 석축(석곽·석실) 구조, 입체식 공법에 필요한 고난도의 토목기술, 제형분 노동력의 최소 10배 이상 등 차별적 요소를 관찰할 수 있다. 고총고분의 출현은 금동관 등의 위세품에서도 보이듯 외부 요소뿐 아니라 내부 요소까지도 확대되었다. 특히 고분의 외부 요소인 분구 규모가 이전에 비해 초대형화가 되었고, 분형의 정형성, 성토부 조성에 내재된 새로운 토목기술(성토재, 유사판축 등)도 주목된다.

고총고분의 묘·장제 방식은 횡혈식이 횡구식보다 이른 것으로 받아들여졌다. 그러나 영암 옥야리 방대형 1호분, 나주 가흥리 신흥고분 등의 존재를 통해 횡구식 → 횡혈식 순으로 수정되었다. 이는 고총고분에서 횡구식이 5세기 중엽에 가장 먼저 받아들여진 후, 5세기 말부터 횡혈식이 보편적으로 조성되었음을 말해준다.

영산강유역 고총고분의 또 하나의 특징은 서로 상이한 분형의 공존을 들 수 있는데, 동일

공동체 내에서도 마찬가지이다. 나주 반남고분군에서 잘 보여준다. 지역별 분형 선호도는 영산강 중하류권에서 유행했던 방대형분, 상류권은 원(대)형분, 서남해안 연안은 전방후원형분으로 대략적인 분포권을 나눌 수 있다. 5세기 후엽에서 6세기 전엽이라는 짧은 시기에 한정되고 집중 조영된다는 특징이 있다.

고총고분은 축조 과정에는 최대 10,000인에 이르는 수많은 인력 동원이 수반되어야 한다. <표 25>에 기재된 각 분형별 동원 인원수는 최상급에 해당되는 것으로 전방후원형분을 필두로 방대형분, 원대형분, (장)제형 순이다. 방대형과 전방후원형이 10,000인, 원대형이 6,600인, 장제형이 500인의 수치를 보이고 있다. 투입되는 노동력의 정도에 따라 규모의 편차가 발생되고 있다. 이러한 현상은 동일 분형 내에서도 발생되고 있다. 나주 복암리 3호분이 방대형의 고총분구인데 비해 무안 덕암과 구산리고분은 방대형의 중·저분구로 조성되었다. 피장자나 축조를 주도했던 세력의 위세는 동원된 노동 인력의 수와 직접적인 상관관계를 가질 것으로 추정된다.

이후, 6세기 중엽이 되면 고총고분의 조영이 마감된다. 백제로의 직접적 편입을 시사하는 은제관식 출토에서 보여주듯 백제 석실의 영향으로 지하식 구조, 횡혈식석실의 소형화, 반구형 분구 등 축소화 경향이 관찰된다. 즉 영산강유역 고분이 종언을 맞는 시기이다.

2. 고분의 출현과 전개

1) 분구 성토와 주구토광묘 성립

기원전 2세기 전후의 분묘는 평면형태가 방형인 분구를 쌓고 네 변을 따라 두른 밀폐형 주구를 갖춘다. 밑면적이 50㎡를 넘지 못하는 직경 10m 이내의 소형이다. 분구에는 피장자 한 사람만이 목관에 안치되었다. 분구 중앙에 1인 피장자만을 매장하기 위한 단독 목관이 안치되고, 죽음의 공간과 삶의 공간을 분리한 개념의 무덤이 축조되었다. 따라서 주구를 두른 무덤의 조성은 한 사람만을 위해 분구를 쌓고 주구를 둘러 묘지를 마련한 상징적 메시지를 담고 있다.

다만, 기원후 1~2세기에 속한 영광 군동 B-3호 목관묘·수동 목관묘는 주구를 갖추지 않는 단독 목관묘임에도 불구하고 방제경을 비롯한 철기와 수점의 토기를 부장하고 있다. 피장자의 보호시설에 한정해 보면, 군동 18호보다 우월하다고 볼 수 있다. 물론 시기적 차이가 있

V. 고분 변천을 통해 본 영산강유역 고대사회

어 집단 유력자의 위상을 가시화하는 분묘 요소의 변화로 해석할 수도 있다. 그렇지만 2세기 이후로도 지속되는 단독묘의 부장유물에서 영광 군동 B-3호 목관묘·수동 목관묘와 같은 현상은 나타나지 않고 있어 고분 요소의 변화로 유력자의 위상을 논하기는 어렵다.

이와 관련해 주구를 갖추고 분구를 축조한 영광 군동 18호와 단독 토광묘의 성격은 피장자 신분의 차이에 기인할 가능성이 있으며, 외부 요소와 보호시설의 요소만으로 집단의 위력자를 가름하는 것은 쉽지 않다는 결론이 얻어진다. 분구라는 외형 요소에 초점을 맞출 경우, 부장품이 단독 목관묘(토광묘)에 비해 빈약하더라도 피장자의 권위가 상대적으로 우위에 위치했을 개연성은 충분하다고 본다. 주구로 구획된 직경 10m의 분구 밑면적을 갖춘다는 것 자체는 단독 목관묘와 같은 여타 무덤과 분명한 차이가 존재한다고 볼 수 있다. 이런 구조는 현실 세계와 분리된 구획선을 표시함으로써 피장자의 위상이 다름을 보여준다고 해석된다. 비록 부장품이 빈약하더라도 말이다.

이후 두 무덤 양식이 병존하면서 지속되는 현상은 영산강유역에서 3세기 후반, 늦게는 4세기 전반까지 유지된다. 영광 군동 18호와 같이 분구에 1인의 피장자만을 안치한 단독묘가 주류를 차지하는 현상이 지속된다.

3세기 후반에 축조된 무안 인평 방형분의 1호 목관묘, 4세기 전반대의 원형분으로 보고된 영암 옥야리 14호분이 대표적이다. 군동 18호를 뒤이어 지속 조영된 영광 군동고분군과 함평 순촌고분군에서도 그 내용을 살필 수 있다(그림 49~50). 영광 군동고분군 1호·6호·11

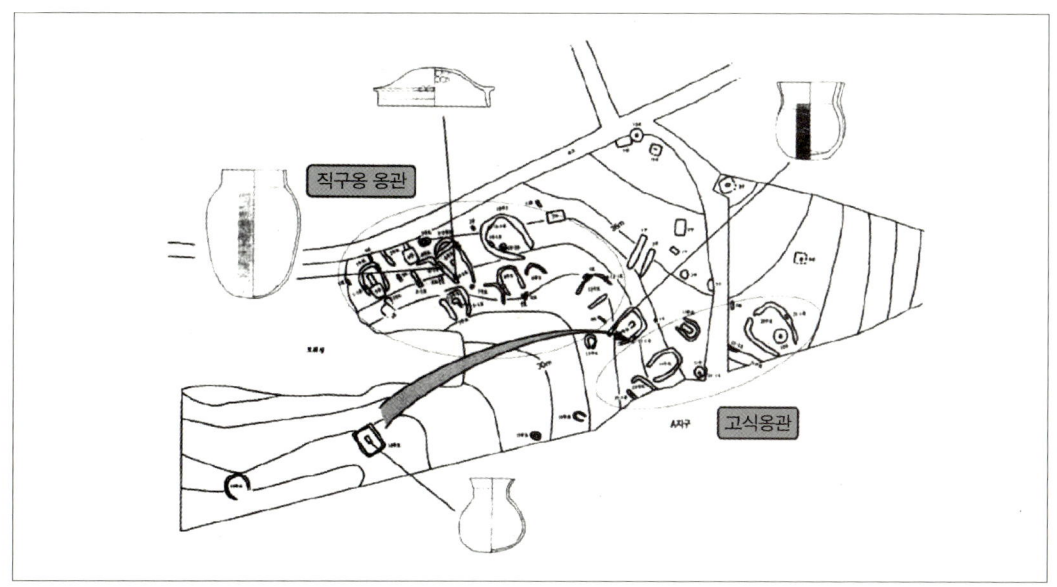

그림 49 영광 군동고분군 유구 배치도 및 유물 출토 현황(이영철 2007)

195

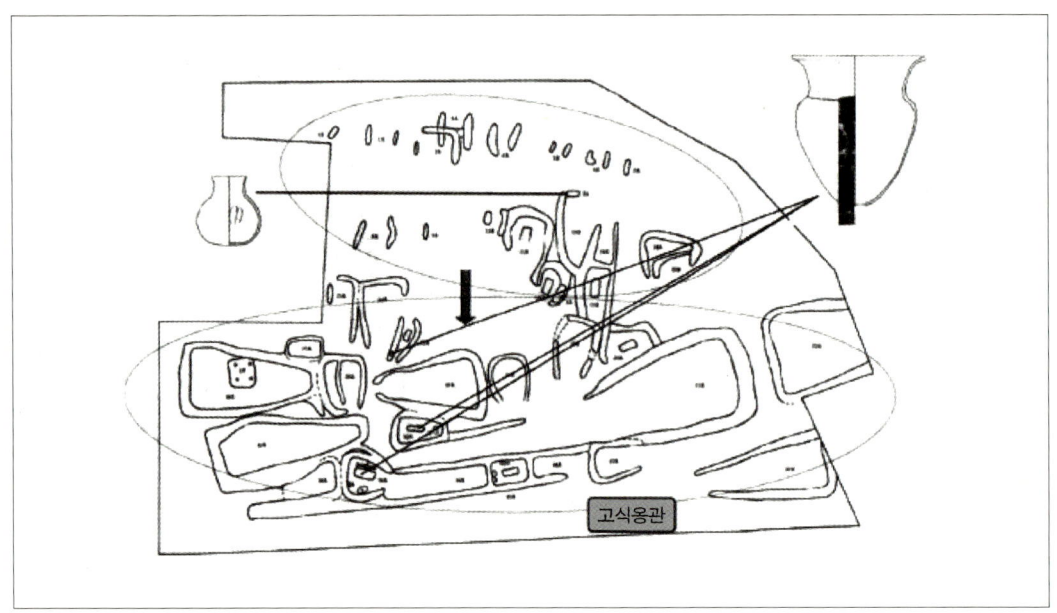
그림 50 함평 순촌고분군 유구 배치도 및 유물 출토 현황(이영철 2007)

호·13호, 함평 순촌고분군 11호·12호·15호·20호· 25호는 분구에 단독 목관이 조영된다. 또한 군동 18호 부장유물과 비교되는 적색마연단경호가 부장된 2호 목관묘를 보아도, 주구를 구획하고 분구를 갖춘 1인 피장자 무덤 축조가 늦어도 기원전 2세기부터 지속되어 갔음을 알 수 있다.

　무덤의 조성과 관련해 무엇보다 중요한 사실은 1인 피장자를 위한 분구 축조가 시작되었다는 것이며, 주검의 공간을 별도로 분리한 주구의 구획이다. 따라서 무덤에 묻힌 피장자의 사회적 위치는 최소 집단 내에서 우월적 지위를 가진 자의 출현이라는 의미로 이해할 필요가 있다. 또한 단독 조성인 점으로 보아 개인이 중시되는 사회로의 진입을 시사해준다. 그러나, 그 피장자의 우월적 위치가 구성원간의 계층화가 완성된 단계의 사회상을 반영한다고는 확언하기 어렵다.

2) 고분의 출현과 확산

(1) 옹관고분의 등장

영산강유역에서 고분 출현 시점은 대체로 3세기 후반으로 이해되어 왔다. 대표적인 예로 영암 옥야리 14호분을 들 수 있는데, 확인된 고분의 외형적 요소나 보호시설을 기준으로 보면, 고분 출현과 관련한 기존의 인식은 재고가 요구된다. 영산강유역 고대사회의 출범을 상징적으로 보여준다는 옹관고분의 출현이 어떤 의미인지, 과도한 해석을 하고 있는 것은 아닌지에 대한 냉철한 고민이 필요하다.

영암 옥야리 14호분은 합구식 전용옹관이 분구에 단독으로 안치된 원형분으로 알려져 있다. 고분은 직경 11m, 높이 1.7m 규모이며, 분구 주위로 주구를 두른 형태이다. 남쪽 주구에는 소형 합구식 옹관이 배장되었다(그림 51). 분구 축조는 주구에서 굴착된 흙을 이용해 '막쌓기 방식'으로 성토되었다. U자형(신산식) 전용 옹관을 합구시킨 합구식 전용 옹관이다. 옹관은 분구를 되파기방식으로 묻지 않고 성토 과정 중에 안치하였다. 합구된 옹관의 전체 길이는 246cm이다. 경부의 위치, 몸체의 형태, 저부 돌기 흔적에 근거해 전용옹관 가운데 가장 이른 3세기 후반경에 축조된 것으로 판단하였다.

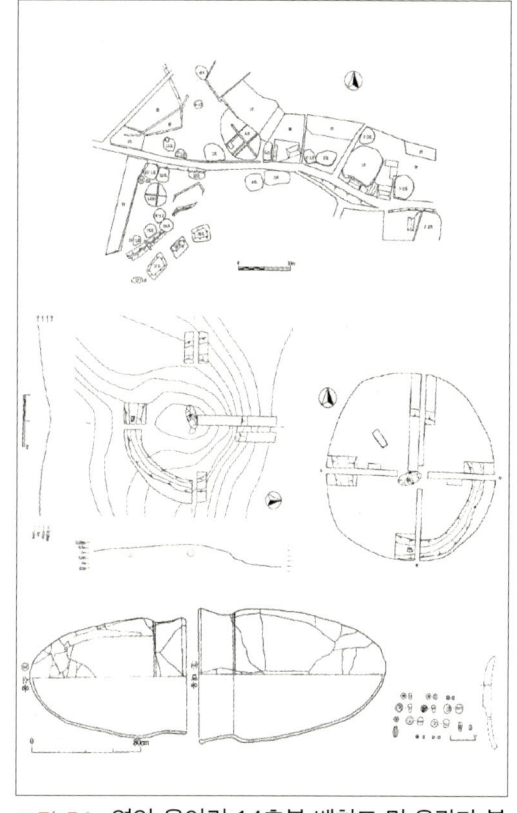

그림 51 영암 옥야리 14호분 배치도 및 옹관과 부장유물(목포대학교박물관 1991)

그러나 신산식·송산식 옹관은 이정호[300] 분류 I형식, 김낙중[301] 분류 2형식, 오동선[302] 분류 ⅡA·B형식에 해당되는 것으로 영암 옥야리 14호분 옹관은 4세기 전반에 유행한 형식임을 알 수 있다. 결국 3세기 후반 영산강유역에서 옹관고분이 출현한다는 견해와 관련해서는 재고되어야 한다. 신산식 옹관의 출현 시기와 변화는 함평 만가촌·순촌고분군을 비롯하여 고창 만동고분군, 영광 군동고분군 등지에서 확인된다.

함평 순촌고분군에서 목관고분 출현 이후에 확인되는 옹관고분을 통해 그 위치와 시기를

---

300 이정호, 1996, 「영산강유역 옹관고분의 분류와 변천과정」, 『한국상고사학보』22, 한국상고사학회.

301 김낙중, 2007, 「영산강유역 대형옹관묘의 성립과 변천과정」, 『영산강유역 대형옹관 연구성과와 과제』, 국립나주문화재연구소.

302 오동선, 2008, 「호남지역 옹관묘의 변천」, 『호남고고학보』30, 호남고고학회.

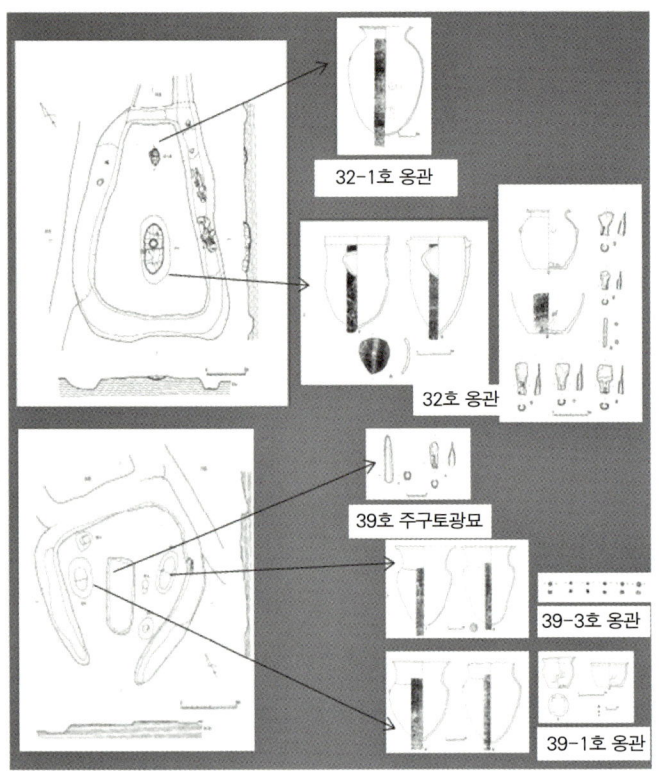

검토해보겠다(그림 52). 합구식 옹관이 주체인 옹관고분은 32호분에서 확인된다. 옹관은 경부가 퇴화된 U자형으로 돌대를 붙인 독특한 형식이다. 32-1호 옹관은 중심매장시설이 조성된 대상부의 중심축을 따라 배장되는데 2기의 옹관이 일렬배치를 이루고 있어 단독분 단계를 벗어나 있음을 보여준다. 평저의 이중구연호, 경질의 평저호, 모형 철기가 부장된 32호 옹관은 4세기 전반에 해당된다.

그런데 32호분보다 선행한 35호와 39호 목관고분에서는 배장된 고식 옹관이 확인

그림 52 함평 순촌고분 32호분·39호분(목포대학교박물관 2001b에서 재편집)

된다. 39-3호 옹관은 합구식으로 전형적인 선황리식이며, 39-1호 옹관은 이보다 후행한 형식으로 중심 사용 시기는 4세기 전후에 해당된다. 이를 통해 39호 목관고분 단계인 4세기 전후 시기까지는 옹관고분이 출현하지 못하고, 32호분이 축조된 4세기 전·중엽에 나타난 것으로 볼 수 있다. 35호 목관고분에 배장된 35-1·2호 옹관 또한 39호분과 같은 현상이 확인된다. 이와 같은 현상은 옹관 단독분의 성격을 띠는 나주 용호 10호분·16호분·18호분에서도 동일한 양상이다. 더불어 옹관과 부장유물의 소성도가 경질에 가까워지고 있다는 점도 살필 수 있다.

고분 자료로 볼 때, 영산강유역에서 단독분의 성격을 띠는 옹관고분의 출현은 4세기 전엽으로 볼 수 있다. 소위 선황리식 옹관이라는 대옹의 범위가 한강유역으로부터 금강, 영산강유역까지 4세기 전후까지 지속되어 오다, 여타 지역에서는 모두 소멸된다. 반면 영산강유역에서는 신산식·송산식으로 분류된 형식으로 변화 지속된다는 점에 주목해왔다. 이제까지 이 지역 고대사회에 대한 역사적 평가는 백제 국가와는 독자적인 정치체가 존재하였음을 대형 합구식 옹관이라는 고고자료를 통해 피력해왔다. 그러나 시신을 담은 보호시설의 재질 변

화만을 근거로 고고자료를 과대하게 평가하는 것은 신중성이 요구된다.

결국 영산강유역에서 옹관고분이 출현에 대한 의미 부여는 고분을 구성하는 외형적 요소나 보호시설을 통해 볼 때 과도하게 평가되었다고 볼 수 있다. 옹관고분의 출현 시기 또한 3세기 후반이 아닌 4세기 전엽으로 조정될 필요가 요구되며, 늦어도 3세기 후엽에 출현하는 영산강유역 고분 등장의 주체는 제형 분구를 갖춘 목관고분으로 볼 수 있다. 다만, 옹관이라는 매장 풍습이 왜 영산강 중·하류지역을 중심으로 유행하게 되었는가에 대한 답은 정치적 관점뿐만 아니라 문화적 관점에서도 찾아야 할 것이다.

(2) 다장분(多葬墳)의 성립

영산강유역 고분의 또 하나의 특징으로는 분구상에 복수의 피장자가 안치된 다장(多葬) 현상이다. 다장이 확인된 대표적 고분유적은 함평 만가촌고분군과 영암 내동리 초분골 2호분을 들 수 있다. 두 고분군은 목관묘가 중심이 된 목관고분이다.

목관고분은 주구토광묘가 발전된 것으로 제형의 주구를 가지고 그 중심에 토광묘(목관)를 여러 기 매장하여 다장을 이루는 고분으로,[303] 분구묘 혹은 복합제형분[304]으로 불리기도 한다. 최성락은 제형 주구에 매장주체부(목관)가 중심에 하나가 있으면 주구토광묘로, 제형 주구의 중심에 목관이 두 기 이상 있으면 목관고분으로 분류하였다. 또한 목관고분은 추가장이 이루어지면서 길게 열을 이루거나 서로 레벨을 달리하기에 분구의 확대가 이루어지며, 지표면을 파고들어간 경우도 적지 않게 확인되지만 지상식인 경우는 매장주체부를 거의 확인하기 어렵다는 특징이 있다고 하였다. 이런 기준을 적용해 보면 제형 주구 중에서 규모가 큰 것은 두 기 이상의 매장주체부가 있었을 가능성이 있어 목관고분일 가능성이 높다고 분석하였다. 반면 김낙중은 주구묘란 평면이 방형 혹은 마제형이고 매장시설이 지상이나 지하에 얕게 설치되어 이를 피복하기 위한 성토가 이루어졌지만 거의 확인되지 않을 정도로 매우 낮은 분묘라고 보고 있다. 분구묘는 분형이 사다리꼴로 변화되면서 성토 높이가 높아지고 매장시설이 복수화되며, 영산강유역에서 알려진 주구묘가 거의 분구묘라고 판단했다. 그러나 분구

---

303 최성락, 2009, 「영산강유역 고분 연구의 검토」, 『호남고고학보』33, 호남고고학회, p.113~114.

304 김낙중, 2006, 「분구묘의 전통과 영산강유역형 주구」, 『나주 복암리 3호분』, 국립문화재연구소, p.365.

묘에 대한 용어 사용과 범주의 문제점에 대해서는 이미 지적[305]된 바 있어, 주구묘와 분구묘를 나누어 보는 견해는 문제의 소지가 있다.

이 문제는 우선 차치하고 다장이 이루어진 목관고분 내용을 살펴 출현과정과 의미에 대해 알아보겠다. 영광 군동 18호의 분구 조성 단계부터 유행한 단독장(單獨葬)이 유지되던 어느 시점에 다장(多葬)이라는 새로운 매장 양식이 출현한 시기와 내용을 살펴볼 필요가 있다. 이는 분구에 반영된 의미가 그대로 연속되는지, 변화되는지를 되짚어보기 위함이다.

함평 만가촌 13호 목관고분은 장제형으로 한쪽이 높고 넓으며 다른 한쪽으로 좁고 낮아지는 외형을 갖추었다. 선행 고분 주구를 두 방향으로 확장해 완성하였다. 좁고 낮은 쪽으로 목관이 들어서면서 수평적인 확장이 이루어졌고, 선행 주구를 메우고 넓고 높은 곳에 가장 늦은 시기의 목관(13-4호 목관)을 둔 수직확장 고분이다(그림 53).

함평 만가촌 13호 목관고분에 안장된 무덤 가운데 축조 시기와 관련해 검토할 수 있는 것은 13-12호 옹관이다. 오동선[306]은 옹관을 ⅠB 형식으로 분류하여 기원후 3세기 후반에 안치된 것으로 보았다. 그러나 구연

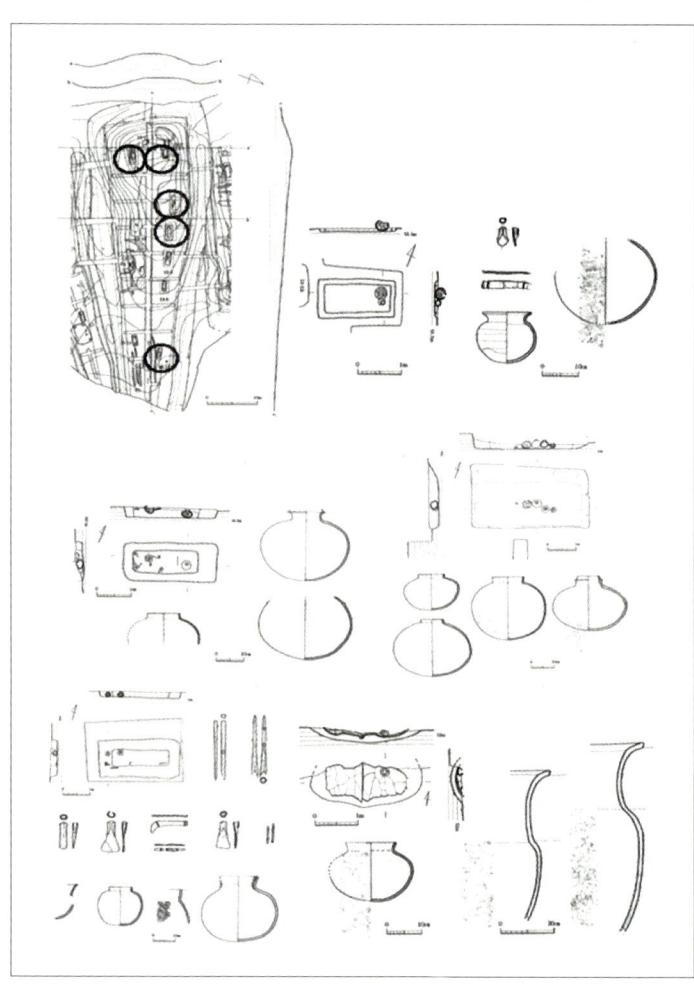

그림 53 함평 만가촌 13호분 및 부장유물(전남대학교박물관 2004)

---

305 최성락, 2007, 「분구묘의 인식에 대한 검토」, 『한국고고학보』62, 한국고고학회, p.123.

306 오동선, 2008, 「호남지역 옹관묘의 변천」, 『호남고고학보』30, 호남고고학회, p.118.

외반과 동최대경 강조도에 따라 시간성을 추적한 것은 함평 순촌 39호분 옹관(1·3호)을 놓고 볼 때 문제점이 드러난다. 오동선은 논고 〈표 9〉에 제시된 발생순서 배열 내용에서 39-1호 옹관은 ⅠB식, 39-3호 옹관은 ⅠB식과 ⅠC식이 합구된 것으로 보았다.

그런데 ⅠC식 옹관은 나주 복암리 1호·2-6호·3-21호 옹관, 나주 장등 7호 옹관, 나주 용호 16호 옹관과 같은 형식으로 4세기 전·중엽으로 편년하고 있다. 그의 옹관 편년 결과를 인정하고 순촌 39-1·3호 옹관을 살펴보자. 두 옹관은 목관고분에 배장된 것으로 3세기 후반의 ⅠB식 옹관과 4세기 전엽의 ⅠC식 옹관이 반세기에 걸쳐 안치된다는 결론을 내릴 수 있다. 과연 형식을 달리한 두 옹관이 반세기에 걸쳐 39호분에 배장될 수 있을까 싶다. 39호분 목관에서 출토된 모형철기는 일러도 4세기 전후를 상회하기 어렵다. 시간차를 보이는 두 개의 형식이 공존한다면 유구의 편년은 늦은 형식을 기준하여 설정됨이 타당할 것이다. 장축 길이가 12m에 불과한 39호분은 수평 내지는 수직 확장이 이루어지지도 않았다는 점에서 4세기 전후의 어느 시점, 한 세대 정도의 시간 속에서 완성된 다장 목관고분이라 할 수 있다. 따라서 함평 만가촌 13-12호 옹관은 4세기 전엽으로 비정되며, 13-6~9호 목관과 10m 정도 이격되어 동떨어진 점, 옹관 장축이 목관들과는 엇각을 이룬 점, 경사 등고선이 달리 진행된다는 점에서 13호분이 아닌 또 다른 분구에 매장된 무덤일 가능성도 있다.

그렇다면, 다장 목관고분의 대표적 고분인 함평 만가촌 13호 목관고분의 축조 연대는 어떻게 가름할 수 있을까? 최초 분구 조성단계에 안치된 13-6호 목관과 13-7~9호 목관에 부장된 모형철기에서 답이 찾아진다.

모형철기는 4세기 전후로 영산강유역 고분에 부장되는 비실용적인 철제품으로 위세품 성격이 있다. 함평 순촌고분군에서도 분구 장축방향이 등고선과 나란하게 바뀐 늦은 단계에 축조된 32호 옹관고분과 39호 목관고분에서 동일한 모형철기가 부장되었다. 다만 만가촌 13호 목관고분과 같이 배장된 추가묘들이 일직선을 이루지 못하고 중심매장시설 주위로 둘려져 배장(옹위배치)되는 점은 다른 현상이다. 다장 고분에서 배장된 추가묘들이 일직선으로 열을 갖추는 고분보나는 선행형으로 이해할 수 있다. 함평 순촌 39호 목관고분에서 나타난 배장 형태는 영광 군동 1·4·6·10호분과 고창 만동고분군 9·10·12호분에서 확인된다. 따라서 일렬 배치로 추가장이 이루어진 함평 만가촌 13호 목관고분은 늦어도 4세기 중엽을 전후해 출현한 것으로 판단된다.

그렇다면, 하나의 분구에 복수의 무덤을 배장한 다장분(多葬墳)은 어떤 배경에서 나타났을까? 김낙중[307]은 4세기 중엽에 대해 영산강유역 무덤전개와 발전 단계에서 획기의 시점으로 보고 있다. 그의 분류안에 따르면 3A형식 옹관 출현, 영산강유역 토기 양식의 성립, 목관 옹관중심의 복합제형분2가 출현하기 시작하는 단계이다.

더불어 『일본서기』 신공기 369년 사건을 계기로 영산강유역 고대사회는 커다란 변화가 일어난다는 연구들이 있다.[308] 영산강유역에 새로운 물질자료가 등장하는 4세기 중엽에 다장 고분의 출현 배경 또한 매장 풍습의 변화로만 이해할 것인지, 사회 변화의 결과물로써 이해할 것인지를 검토해야 한다.

함평 만가촌고분군은 앞서 언급했듯이 분구 외부 요소에서는 피장자나 고분 축조를 주도한 집단의 위상은 찾기 어렵다. 다만, 매장주체시설 종류와 시설, 부장유물 같은 보호시설 요소에서는 피장자의 사회적 성격과 위치가 확인됨으로써 앞선 단계의 사회와는 다른 일종의 계층화 구도가 드러났다고 해석할 수 있다. 특히 철기 보급과 사용이 일반화되지 못한 사회 분위기 속에서 환두소도, 철정, 철부, 모형철기, 철검, 철모 등 철기류를 부장한 피장자들의 출현은 일반인들과 차별된 세력의 구분 즉 계층 구조를 반영하는 변화라고 볼 수 있다. 부장토기 경배와 철정 같은 외래 기물이 포함된 이유도 새로운 변화를 가져 온 외부적 요소에서 확인되었다.

함평 만가촌 7-1호 목관고분 주인공이 철정과 환두소도를 소지한 반면 고분에 배장된 3-2호 옹관과 13-9호 목관에서는 철정만을 소지한 피장자가 존재한다는 점에서 피장자 간에도 위계나 신분의 차이가 있었음을 시사해준다. 따라서 만가촌고분군과 순촌고분군이 조영되는 어느 시점부터는 집단 구성원 간에도 계층과 신분의 차이가 시작되었고 그 배경은 369년 사건 발생 이후 진행된 외부 정보의 유입 과정에서 찾을 필요가 있을 것이다. 또 하나를 생각한다면, 4세기 중엽을 전후로 영산강유역 지역사회에 일정한 영역을 무대로 성장하

---

307 김낙중, 2009a, 『영산강유역 고분 연구』, 학연문화사, p.102.

308 노중국, 2012, 「문헌기록을 통해 본 영산강유역-4~5세기를 중심으로-」, 『백제와 영산강』, 학연문화사, pp.51~58.
서현주, 2012, 「영산강유역의 토기 문화와 백제화 과정」, 『백제와 영산강』, 학연문화사, p.217.
정일·최미숙, 2013, 「강진 양유동취락의 특징과 고대사적 의미」, 『호남고고학보』45, 호남고고학회, p.149.
이영철, 2015, 「영산강유역 고대 취락 연구」, 목포대학교 박사학위논문, p.250.

V. 고분 변천을 통해 본 영산강유역 고대사회

기 시작한 지역단위체가 출현[309]하는 것도 일렬 배치된 다장분의 등장 배경과 무관하지 않을 것이다.

　결국 영산강유역에서는 영광 군동 18호가 축조된 기원전 2세기를 전후하여 분구를 갖춘 단독묘(주구토광묘)가 출현한 이래로, 무덤이 담고 있는 사회적 메시지는 기원후 4세기 중엽을 전후한 시기까지 유지되었다고 볼 수 있다. 분구를 갖춘 무덤이 출현한 단계에는 일종의 묘역을 구분하기 위해 주구를 두르고 그 흙을 쌓아올린 곳에 피장자를 안치한 조형물로써 그 의미가 한정된다. 이 단계는 고분의 외형적 요소와 보호시설 요소만으로 집단의 위력자를 가름하기가 어려운 사회로써, 주구를 두르고 분구를 갖춘 군동 18호나 수동 단독묘 피장자는 계통 내지는 출자의 차이에 기인할 뿐 사회 구성원의 계층화를 보여줄 수 있는 정도의 증거는 되지 못했던 것으로 추정된다.

　그러나 4세기를 전후해 목관고분과 옹관고분 분구에는 복수의 피장자가 배장되는 일종의 다장 풍습이 나타나면서 구성원 간에도 차별이 드러나는데, 배장된 옹관과 목관이 정연하지 못하고 부장유물 내용도 분별되지 못한 점으로 보아 계층화가 미완성된 단계로 판단된다. 이후 4세기 중엽을 전후해 일렬배치 구도로 조성된 다장분이 출현하면서 피장자 간에도 부장유물에서 질적 차이를 보이기 시작한다(영산강유형 고분 성립기). 이 현상은 곧 고분에 피장된 주검 간에도 일종의 서열과 신분의 차별이 드러남을 보여주는 것으로써, 구성원간 계층화가 가시화된 새로운 단계로 진입하였음을 암시해 주고 있다.

　영산강유역에서 고분이 출현한 이후 4세기 중엽까지 분구와 같은 외부 요소를 통해 전달코자 했던 시도는 나타나지 않았다. 이 단계는 매장주체부와 부장유물 같은 보호시설 내용의 변화 속에서 피장자의 위상과 고분의 상징성이 표출됨을 알 수 있었다. 곧 사회적 의미의 대상은 내부 요소에 한정된다. 분구에 복수의 피장자를 안치하는 다장 풍습은 피장자들의 유전적 동질성을 바탕으로 이루어짐으로써, 출자가 하나라는 결속력을 다지기 위한 목적이 완성된 결과이다.

(3) 서남해 연안의 고분과 지역사회 관계

영산강유역에서 전통적인 제형분 양식이 유행·확산되고 있을 무렵, 서남해 연안에 새로운 묘제가 나타나기 시점은 5세기 전반이다. 서남해 연안의 해상 교통로 지점에는 소위 '왜계고

309　이영철, 2001, 「영산강유역 옹관고분사회의 구조 연구」, 경북대학교 석사학위논문, pp.86~89.

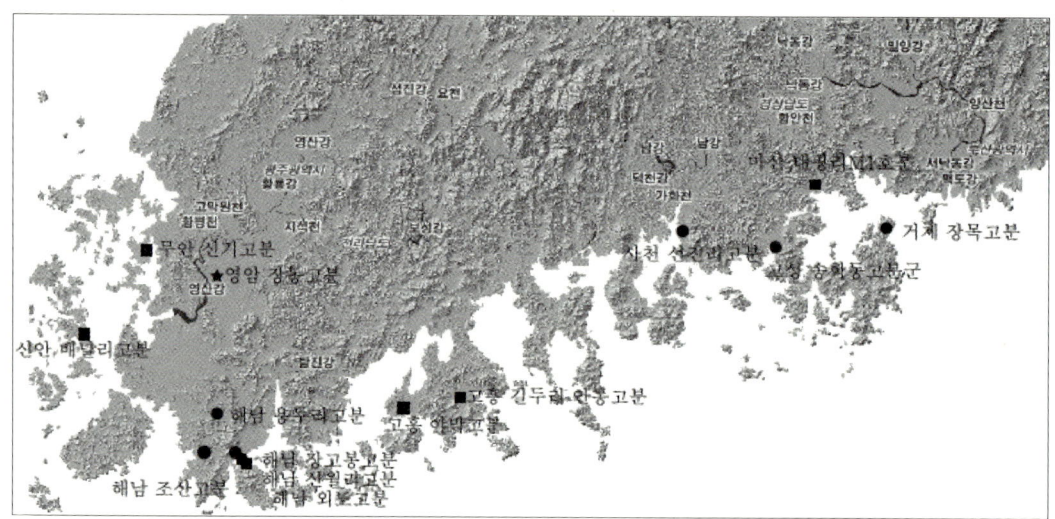
그림 54 남해안지역 고분 분포도(김낙중 2013)

분'으로 불리는 고분들이 축조되는데, 배경과 관련해서는 바닷길의 안정한 확보와 해당 지역 정치체의 협조와 관련된 상징적 장치로써 이해하는 경향이 짙어지고 있다.

이들 고분에 대해 김낙중[310]은 왜계고분으로 분류하고 있다(그림 54). 반면, 최성락[311]은 왜계고분으로 부르는 것에 대한 이의를 제기하면서 이를 '남해안지역 고분'으로 분류하는 것이 타당하다고 보았다.

김낙중은 매장주체시설 종류와 축조방법, 즙석과 원통형토기 수립, 부장유물의 내용 등을 기준으로 구분하고 있다. 고흥 길두리 안동고분과 야막고분, 해남 외도 1호분과 신월리 고분, 신안 배널리 3호분, 무안 신기 고분, 영암 옥야리 방대형 1호분 등을 왜계 고분으로 분류하였다.

고흥 길두리 안동고분은 직경 36m, 높이 3.6m 규모의 원형 고총고분으로 바다가 조망되는 구릉 상에 단독으로 위치한다(그림 55). 성토 분구에 매장시설이 위치하는 점, 성토하면서 묘광을 조성한 구축묘광이라는 점, 즙석·석곽과 묘광 사이의 보강석 등의 분구시설, 사다리꼴 석곽 형태, 벽체 주칠 등이 왜계 요소[312]라는 근거를 두었다.

---

310 김낙중, 2013, 「5~6세기 남해안 지역 왜계고분의 특성과 의미」, 『호남고고학보』45, 호남고고학회, pp.160~161.

311 최성락, 2014, 「영산강유역 고분연구의 검토 Ⅱ」, 『지방사와 지방문화』제17권 2호, 역사문화학회, pp.16~17.

312 조영현, 2011, 「고흥 길두리 안동고분의 축조구조」, 『고흥 길두리 안동고분의 역사적 성격』, 전

Ⅴ. 고분 변천을 통해 본 영산강유역 고대사회

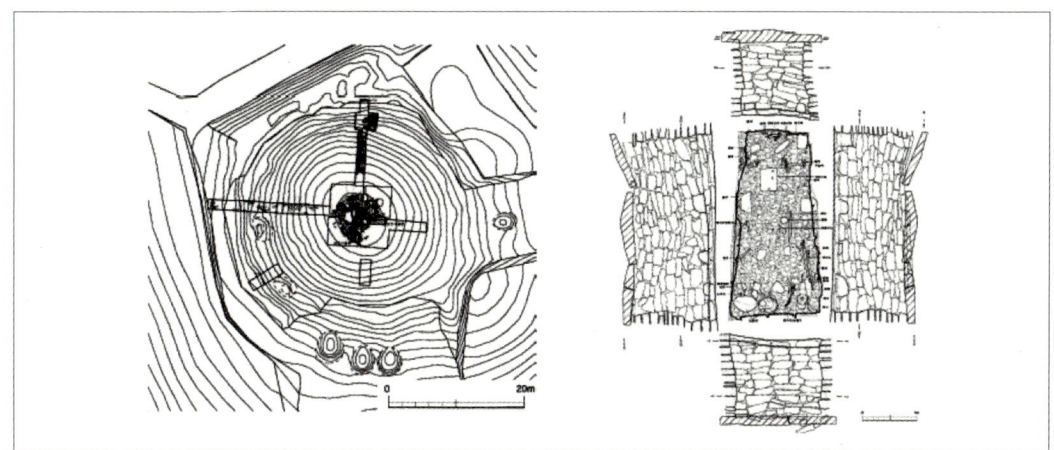
그림 55 고흥 길두리 안동고분(임영진 2011b에서 전재)

　고흥 야막고분은 직경 24m, 높이 4m 규모의 원형 고분이다. 고분은 인접된 여타 고분과 동떨어진 구릉 말단부 능선에 단독으로 축조되었다. 분구 상에 석곽을 구축하고 내부에는 목관을 안치한 고분은 갑옷과 투구, 철촉, 철모, 도자 등의 무기류와 철겸, 철부, 철착 등 농공구류 등 왜계 유물이 다량으로 부장된 점을 근거로 왜인이 묻힌 고분으로 분석하였다. 해남 외도 1호분은 바닷길을 조망할 수 있는 구릉 정상부에서 판석을 이용한 소형 석실과 부장된 갑옷이 출토되었다.

　해남 신월리고분은 길이 20m, 높이 1.5m 규모의 방대형 고분으로 추정되고 있다(그림 56). 분구 전면에 할석재를 즙석하였다. 석관형 수혈식석곽을 구지표를 파내어 구축하였는데, 벽석에 붉은 칠을 하였다. 철모, 철준, 철부, 철정, 도자, 소환두도 등의 철기류와 호형토기를 부장하였다. 석실은 일본 구주의 상식석관 2식과 유사하다. 용일리 파괴분, 용운 2호분(원형분, 즙석시설), 만의총 1호분과 3호분은 석실(석곽) 구조에도 왜계 요소를 반영하였다.

　신안 배널리 3호분은 뱃길이 바라다 보이는 섬 정상부에 위치한다(그림 57). 분구 규모는 소규모로 8×0.7m정도의 원형분이다. 판석과 할석을 이용하여 축조한 수혈식 석실에서는 투구, 갑옷, 대도, 철모, 철촉, 옥류 등의 무기류 위주의 왜계 요소를 갖는 부장유물이 출토되었다.

　무안 신기고분은 해안가의 구릉말단부에 단독으로 위치한다. 분구 규모는 6.7×1.06m의 원형분이다. 석곽은 생토면을 이용한 수혈식이다. 석곽의 평면형태가 세장방형을 띠는 소형

남대학교박물관, pp.42~43.

205

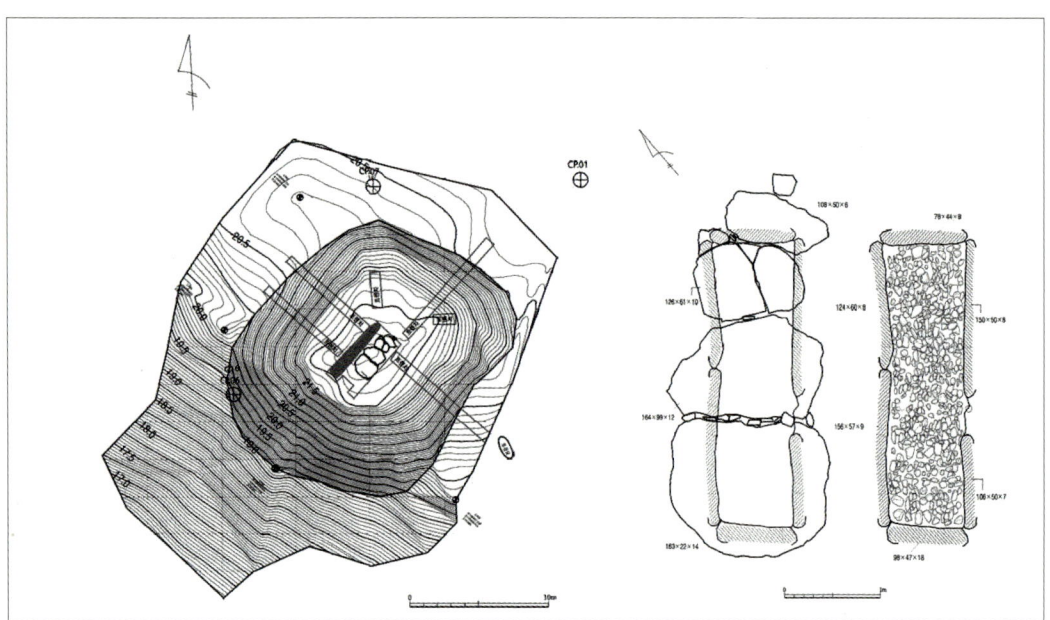

그림 56 해남 신월리고분(목포대학교박물관 2010)

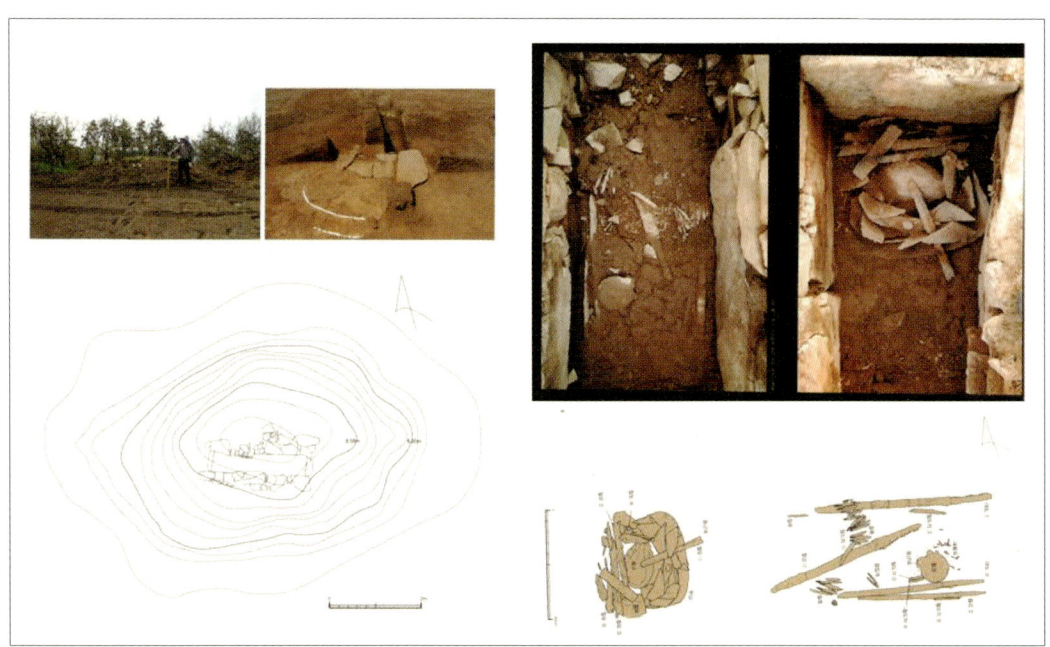

그림 57 신안 배널리 3호분(동신대학교문화박물관 2015)

V. 고분 변천을 통해 본 영산강유역 고대사회

(1.97×0.45×0.46m)인 점은 왜계 요소이나, 매장시설이 지상식이고 추가장이 있는 점 등은 재지계의 요소이다.

남해안 일대의 석곽묘에 대해 김낙중[313]은 왜인 혹은 왜계인이 현지 집단과의 우호적인 관계유지, 교역로(항해로) 확보의 보장 등을 상징적으로 표현하기 위한 수단으로 활용하기 위해 주요 관측지점에 축조되었을 가능성이 높다고 본다. 또한 현지 집단도 이러한 고분의 축조에 주도적이었거나 최소한 동의 또는 협조하였을 것으로 추정하였다. 반면, 최성락[314]은 이들 고분이 일본 구주지역의 고분과 유사성이 있고. 부장품에서 왜계 유물이 출토되었다고 하더라도 왜인들의 무덤으로 단정할 수 없다고 하였다. 유물은 왜계 이외에도 영산강유역계, 백제계, 가야계, 신라계 등의 유물이 혼합되어 있다는 점이 고려되어야 한다고 지적했다. 고분의 출현 배경에 대해 해상항로를 통한 해상교류의 결과로 해석하고 있다.

서남해안 일대에서 확인되는 소위 '왜계 고분'은 용어에서도 알 수 있듯이 영산강유역 전통 사회 묘제의 요소를 담지 않는다는 점을 특징으로 한다. 고분 조사는 매장주체시설과 부장유물에 초점이 맞춰져 결국 피장자의 보호시설 중심의 자료가 보고되었다. 보고 내용 가운데 외형적 요소(분구)는 즙석이나 원통형수립 등으로 한정되며 분구 형태나 축조기술에 관한 부분은 자세하게 다루지 못하였다.

5세기 중엽에 축조된 무안 신기고분과 영암 옥야리 방대형 1호분을 제외한 고흥 길두리 안동고분과 야막고분, 해남 외도 1호분과 신월리 고분, 신안 배널리 3호분은 일본열도의 요소가 강하게 반영된 고분으로 5세기 전반에 축조된다.

우선 5세기 전반에 신출하는 고분 자료를 분석하여 분구의 의미를 살펴보자. 방대형을 갖춘 해남 신월리고분을 제외한 나머지 고분유적은 모두 원형분을 축조하였다. 영산강유역 고유 분형인 제형이 아니라는 점에서 이질적인 외형적 요소임은 분명한 것 같다. 고분 형태는 피장자의 출신과 계통을 나타내는 것이다.[315] 따라서 제형 아닌 원형분을 선택한 피장자는 재지 사회에 뿌리를 두지 않은 인물일 가능성을 상정할 수 있다.

---

313 김낙중, 2013, 「5~6세기 남해안 지역 왜계고분의 특성과 의미」, 『호남고고학보』45, 호남고고학회, p.191.

314 최성락, 2014, 「영산강유역 고분연구의 검토 Ⅱ」, 『지방사와 지방문화』제17권 2호, 역사문화학회, p.17.

315 都出比呂志(고분문화연구회 역), 2011, 『왕릉의 고고학』, p.47

피장자의 위세를 알 수 있는 분구 규모를 살펴보자. 길두리 안동고분은 직경 36m, 높이 3.6m, 야막고분은 직경 24m, 높이 4m이고, 신월리고분은 길이 20m, 높이 1.5m, 신안 배널리 고분은 직경 10m 내외, 높이 1m 내외 규모이다. 안동고분과 야막고분은 분구 직경이 20m가 넘는 대형급으로 높이 또한 3.6m 이상의 고총고분에 가깝다. 반면 장축길이가 20m인 신월리 고분은 높이 1.5m, 외도고분도 높이 1m 내외로 분구 높이는 제형분과 비슷한 수준이다. 고총고분 높이로 축조된 안동고분과 야막고분은 구릉 능선을 선택함으로써 규모를 극대화시키고자 했다. 분구 고총화를 통해 피장자의 위상을 보이려는 의도가 숨어 있는 것이다. 또한 분구 외면을 즙석시설로 마감한 점 또한 같은 맥락으로 이해된다. 안동고분 분구 축조에서는 소위 '구축묘광'이라는 토목기술을 적용하였다. 고분 외형적 요소의 새로운 변화라 할 수 있다.

그러나 두 고분은 고흥반도 해안 일대의 축조된 것으로써 영산강유역 고분과 직접 비교하기는 곤란하다. 반면, 해남 외도 1호분과 신월리 고분, 신안 배널리 3호분은 영산강유역권에 포함되어 논의가 가능하다. 분구 관련 자료가 확보된 신월리 고분은 길이 20m, 너비 14.1m, 높이 1.5m 크기의 장방형 분구를 축조하고 석관형의 수혈식석곽을 지하에 마련하였다.

고분 외형적 요소가 장방형을 띠는 분구 위에 즙석을 깔아 마감한 점, 목관이나 토광이 아닌 석관형의 수혈식석곽을 보호시설로 구축한다는 점에서 영산강유역 제형분과는 확연히 차이난다. 고분 분구는 높이가 1.5m에 불과함에도 불구하고 즙석시설이라는 외형적 요소를 통해 피장자의 출신과 계통을 나타내고자 했다. 이러한 의지는 수혈식석곽을 구축한 보호시설에도 반영함으로써 신월리고분의 출현 자체만으로도 상당한 파장을 줄 수 있다. 왜계 고분에 대한 출현 배경과 의미에 관한 해석[316]이 활발하게 시도되고 있는 이유도 그 까닭이다. 신

---

[316] 권택장·이건용·이진우, 2013, 「고흥 야막고분 발굴조사」, 『2013년 유적조사 발표회 발표자료집』, 한국고고학회.
권택장, 2014, 「고흥 야막고분의 연대와 등장배경에 대한 검토」, 『고분을 통해 본 호남지역의 대외교류와 연대관』, 국립나주문화재연구소.
김낙중, 2013, 「5~6세기 남해안 지역 왜계고분의 특성과 의미」, 『호남고고학보』45, 호남고고학회.
이정호, 2014, 「신안 배널리 고분의 대외교류상과 연대관」, 『고분을 통해 본 호남지역의 대외교류와 연대관』, 국립나주문화재연구소.
高田貫太, 2014, 「영산강유역 왜계고분의 출현과 동향」, 『영산강유역 고분 토목 기술의 여정과

V. 고분 변천을 통해 본 영산강유역 고대사회

안 배널리 3호분은 10m 내외의 소형 분구를 축조하였는데, 원형을 띠는 외형적 요소와 석관형 수혈식석곽을 구축한 보호시설 요소를 통해 피장자의 출신과 계통을 표현하였다. 신월리 고분과 비교해 보면 외형적 요소를 미약하게 드러내고 있다. 그러나 두 고분 모두 분구의 형태를 비롯한 외형적 요소와 수혈식석곽 같은 보호시설 요소 모두를 통해 피장자의 정체성을 나타내고자 했던 점은 일치한다.

그러나 영산강유역 재지사회 고분 문화와 전혀 다른 요소를 담고 있는 이들 고분은 출현과 더불어 단절된 한시적 현상을 보임으로써 사회적 의미 또한 제한적임을 알 수 있다. 기존 사회와는 다른 이질적 요소로 구성된 고분 출현이 일회성에 그친 이유는 국가 간 긴장관계가 극대로 팽배해진 한반도 국제정세 속에서 찾아진다.

백제 아신왕 5년(396년) 고구려가 백제의 한성을 공략하여 58성과 700촌을 빼앗는 커다란 사건이 발생한다. 이후 백제는 고구려와 군사적 긴장관계를 지속하는데, 이 과정에서 백제는 군사적 대왜교섭의 통로인 연안 항로의 방비를 다질 필요성을 느끼게 됨에 따라 왜계 무장집단을 끌어들여 역할을 수행하게 하였다.[317] 5세기 전반 서남해 일원에 축조된 이들 고분은 이러한 배경 속에서 출현했을 가능성이 높아 보인다. 그러나 이 시기에도 영산강 유역권에서는 (장)제형분이라는 보편적 묘제 양식이 여전히 지속되었다.

5세기 전반에 나타난 이 현상과 관련해 지역사회의 모습을 어떻게 이해할 것인가를 검토해 보자. 먼저, 서남해 연안에 축조된 신고분 자료의 공통점이자 제형분과의 가장 큰 차이점은 단장과 다장이라는 장법에서 찾을 수 있다. 영산강유역에 고분이 출현한 당시에는 단장이 주류를 이룬다. 이후, 분형이 제형과 장제형으로 변화되면서 다장화된 매장 풍습 속에서 다시 단장이라는 이질적 묘제가 지역사회 속에 나타난 점이다. 분구에 피장자를 안치하는 장법이 다르다는 사실에서 분명 장제를 달리한 집단의 출현을 상정할 수 있다. 여러 연구자들이 논하고 있듯이 피장자가 현지인이 아닌 왜인이라는 주장을 반박하기 어려운 부분이다.

그러나 보다 중요한 것은 이질적 성격의 피장자가 대세를 차지하지 못하였다는 점이다. 영산강유역에 중심적인 역할을 대신하기 보다는 주변인으로써 생을 마감했다는 사실을 잊지 말아야 한다. 다시 말해 영산강유역 지역사회의 주체가 되지 못하였다는 것이다. 이는 고

시간을 찾아서』, 대한문화재연구원.

317 이정호, 2014, 「신안 배널리 고분의 대외교류상과 연대관」, 『고분을 통해 본 호남지역의 대외교류와 연대관』, 국립나주문화재연구소, pp.30~32.

분이 단발적으로 축조되고 소멸된다는 점에서도 알 수 있다. 당시 해상항로를 잘 이해하고 있었던 인물이든지, 백제 대왜교섭에 있어 안전한 항로 운영을 수행했던 무장집단이든지, 그들은 지역사회의 중심적 역할을 담당하지는 못했다고 판단된다. 최성락·김민근[318]의 지적처럼 무덤의 형태가 일정하지 못하고 지역적으로 차이가 난다는 특이점도 그러하다. 또한 고분이 위치한 지정학적 위치를 보아도, 지역사회 속에 완전 동화되지 못했던 이방인의 성격을 가진 자임을 알 수 있다. 따라서 5세기 전반까지 영산강유역 지역사회는 제형분을 선호했던 제지세력들에 의해 여전히 기존 사회가 유지되었다고 본다.

3. 고총고분 출현과 고대사회 변동

1) 고총고분이 갖는 사회적 의미

기원전 2세기, 영산강유역에서는 일정 높이의 분구를 성토하고 주구로 굴착하여 묘역 공간을 구분하려는 시도가 있었다. 1인 피장자만을 기념하기 위한 무덤을 조영한 것이다. 피장자는 목관이라는 보호시설물에 담겨져 매장되었다. 이 시기에는 목관이나 토광 내에 부장한 한두점의 유물(토기 중심) 이외에는 여타 부장품도 남기지 않았다. 분구나 주구 상에서 장례와 관련된 의례(훼기 등) 행위를 행한 흔적도 미미하게 전개되었다. 이러한 자료의 특징은 1인 지배자의 출현에 따른 위상 정도가 지역사회 속에서 매우 한정적이거나 일시적이었음을 이해할 수 있다. 다장 제형분이 본격적으로 출현하기 전까지 지속되었다.

영산강유역에서는 4세기 중엽 이후로 다장 풍습의 제형분 축조가 일반화된다. 고분의 분구는 축조 이후 수평 방향으로 확장됨으로써 분구 내에 복수의 피장자를 안치하기 위한 넓은 공간이 마련된다. 분구 확장은 길이 확장·너비 확장·길이와 너비 확장 등 여러 방향으로 진행되는데,[319] 나주 용호 12호분과 함평 만가촌 14호분처럼 대체로 분구가 낮은 지형으로

---

318 최성락·김민근, 2015, 「영산강유역 석곽분 등장과정과 그 의미」, 『지방사와 지방문화』제18권2호, 역사문화학회, pp.32~34.

319 김영희, 2014, 「제형고분의 축조기술」, 『영산강유역 고분 토목기술의 여정과 시간을 찾아서』, 대한문화재연구원, p.15.
박형열, 2014, 「영산강유역 3~5세기 고분 변천」, 동국대학교 석사학위논문, p.29.

장축 방향이 확장되는 사례들이 많다. 다장 풍습은 피장자들의 유전적인 동질성을 바탕으로 출자가 하나라는 일체성을 표현하기 위한 수단에서 비롯되었다. 다만, 위계화를 표출하는 수단은 피장자를 직접 보호하는 보호시설-매장주체부·부장유물-에 한정되었다. 즉 분구와 같은 외부 요소를 선택하지 않았다.

이후, 장제형분은 4세기 중엽 이후 5세기에 들어서도 영산강유역 각 지역에 지속적으로 확산되어 가는 보편적인 분형으로 조영된다. 나주와 광주 일원에서는 6세기까지도 지속됨으로써 지역적 전통성이 강한 고분임을 알 수 있다. 장제형분은 영산강유역 고대사회의 전통적인 분형으로써, 재지계의 정체성을 가장 잘 드러내는 묘제 유형이다.

5세기 중엽이 되면 영산강유역에서 고총고분이 등장한다. 분형도 이전과 다른 방대형이고, 중심매장시설도 재지계가 아닌 수혈계 횡구식석실이다. 횡구식은 피장자를 안치하는 방식이 묘도를 통한 횡방향으로써 새로 출현한 요소이다. 내부요소뿐 아니라 기왕의 1~2m 수준의 저분구 높이와 비교하기 어려운 7m에 이르는 고총고분으로 조성되었다. 분구 높이 그 자체로도 고분의 위용이 느껴지지만 영산내해를 조망할 수 있는 구릉 정상부의 입지 선택도 이를 배가시키고 있다.

5세기 후엽에는 영암 시종과 나주 반남지역을 무대로 성장했던 지역세력의 무덤이었던 옹관고분에서도 고총화가 진행된다. 나주 신촌리 9호분은 고분구를 조성했고, 무안 덕암고분은 중분구, 무안 구산리고분은 저분구를 조성하는 차이가 있다. 필자는 이들 옹관고분을 축조한 세력 사이에 모종의 위계화 구조가 갖추어진 것으로 이해하고 있다.

그렇다면 고총단계에 들어와서 왜 이렇게 고대한 고분을 만드는 것일까? 5세기 중엽에 영암 옥야리 방대형 1호분이 조성된 이후 나주 신촌리 9호분처럼 재지계의 옹관으로만 구성되어지기도 하며, 나주 복암리 3호분은 제형분 3개 정도를 조정하여 그 위에 방대형분으로 개축하지만 중심매장시설은 횡혈식석실로 구축하고 그 내부에 옹관 4기를 담고 있다. 횡혈식이라는 묘·장제는 분명 새로운 요소이지만 옹관 4기를 추가로 매장한 방식은 제형분에서부터 이어져 온 다장 전통을 유지하려는 의도를 엿볼 수 있다. 이는 복암리 3호분 축조집단이 과거로부터 물려받은 나름의 전통성을 해체하지 않으려 했던 전통적 골격 안의 일부일 뿐이며, 무리가 따르지 않는 내부 요소이기에 가능했다고 판단된다.

영산강유역에서는 영암 옥야리 방대형 1호분을 시작으로 장제문화의 재생산과 재배열이

임영진, 2015, 「한·중·일 분구묘의 비교 검토」, 『마한 분구묘의 기원과 발전』, 마한연구원, p.4.

일어난 것으로 판단된다. 이후에 분형에서도 방대형분이 나주, 무안, 함평 등 영산강 중핵지역으로 확산된다. 이는 파장의 영향력을 시사하며, 상징성의 의미를 공유하려는 구현으로 이해할 수 있다. 그 주체가 누구이든(재지계·백제)[320] 방대형분과 고총고분의 축조 행위 자체가 나름의 권력 유지를 보장받을 수 있는 새로운 상징물로 인식한 결과이다. 고총고분 조성단계에서는 보호시설(매장주체부·부장품)뿐 아니라 분구까지 확대되었다는 것에서 이런 논의를 뒷받침한다.

그렇다면, 방대형의 의미는 언제까지 존속된 것이며, 다른 분형의 출현은 어떤 의미를 가지는 것일까? 이는 국제 동향에서 찾을 수 있다.

영산강 상류지역의 전방후원형분 출현이 한성 백제의 몰락에 따른 지역 집단들의 돌파구의 일환이었다는 주장,[321] 한성 함락 상황 속에서 이제까지 정치체를 그다지 형성하지 않고 있던 영산강유역 각 지역집단이 새롭게 정치세력화한 것을 반영한다는 주장[322]을 참고할 수 있다. 그 존속 시기는 수묘적 성격으로 미리 고총고분이 조성되었다가 미처 중심매장시설이 들어서지 못한 6세기 전엽 무안 고절리고분의 존재를 주목할 수 있다. 고분은 후대에 석곽이 분구상에 안치되어 있다. 이와 동일한 장제 절차의 진행을 시사하는 고분이 6세기 전후한 시점에 조성된 나주 횡산고분이다. 분구 중앙부의 공백 양상의 공통성은 방대형분의 종언 및 의미가 상실되고 있음을 반영한다.

---

[320] 이영철(2014a, 「백제의 지방지배-영산강유역 취락자료를 중심으로-」, 『2014 백제사 연구 쟁점 대해부』, 제17회 백제학회 정기발표회, p.126)은 영산강 내해 초입부에 자리한 지정학적 위치가 매우 중요한 의미를 갖는다는 견해를 제기하면서 백제의 지방지배의 다양한 방식의 일환으로 이해하였다. 김낙중(2014, 「방형·원형 고분의 축조기술」, 『영산강유역 고분 토목기술의 여정과 시간을 찾아서』, 대한문화재연구원, p.40)은 옥야리 방대형 1호분의 등장에 대해 지역사회 내에서 특정 집단이 두각을 낸 것으로 이해하면서 이는 제형분으로부터 시작된 분명한 변화의 모습이라고 해석하고 있다. 1인을 위한 단독분의 의미보다는 세대 등의 공동 단위체로 보는 점에서 상반된다.

[321] 최성락, 2004, 「전방후원형 고분의 성격에 대한 재고」, 『한국상고사학보』44, 한국상고사학회, pp.99~102.
최성락, 2014, 「영산강유역 고분연구의 검토Ⅱ」, 『지방사와 지방문화』제17권 2호, 역사문화학회, p.27.

[322] 김낙중, 2009a, 『영산강유역 고분 연구』, 학연문화사, pp.330~331.

V. 고분 변천을 통해 본 영산강유역 고대사회

고총단계는 분형과 분구 규모로 위세나 권위를 과시하는 사회구조를 가진다.[323] 그러므로 제형에서 방대형이든, 원대형이든, 전방후원형이든 세분된 분형으로 나뉘는 것은 비록 외형적으로 형태는 다르지만 축조 배경의 맥락은 동일했다고 생각된다. 권위나 위세에 대한 상징성의 지향으로써 분형이 내외부적 환경에 따라 선택된 결과일 것이다. 이는 영산강유역에 분형이 통일성을 갖지 않았던 이유를 잘 설명해준다. 나주 신촌리 9호분 출토 옹관 유형인 전형 3형식은 나주 복암리, 무안 사창리를 중심으로 한 직경 20km정도의 중핵에 집중된다는

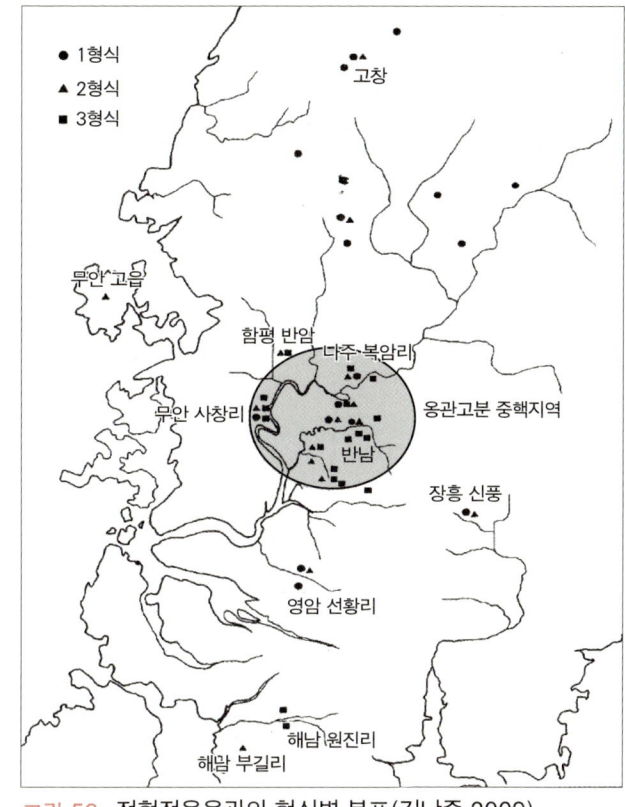

그림 58 전형전용옹관의 형식별 분포(김낙중 2009)

주장[324]도 주목할 수 있다(그림 58). 이렇듯 영산강유역은 고총고분 단계라 할지라도 어떤 축조세력에 의해 통합되지 않았던 사회구조였다는 점에 초점을 맞출 수 있다.

고총고분이 조성된 5~6세기는 고분군 내에서도 상이한 분형이 공존하는 보편적인 현상을 띠고 있다.[325] 이를 말해주듯 짧은 시간동안 분형 선호도의 변화가 발생된다. 대체로 방대형분(5세기 중엽 이후) → 원대형분(5세기 후엽 이후) → 전방후원형분(6세기 전후)로 전개된다. 이에 상응하는 재지-외부와의 관계는 크게 백제, 왜, 가야 등의 다원적 관계에 따라 진행된 것으로 받아들여지고 있다.

323　都出比呂志(고분문화연구회 역), 2011, 『왕릉의 고고학』, p.47
324　김낙중, 2009a, 「영산강유역 고분 연구」, 학연문화사, pp.62~63.
325　김낙중, 2014, 「방형·원형 고분의 축조기술」, 『영산강유역 고분 토목기술의 여정과 시간을 찾아서』, 대한문화재연구원, p.39.

비록 장제라 할지라도 매장시설(옹관의 존속), 다장 풍습 등의 원칙이 어느 정도 관철되어 진다면 문화의 선택은 고정적이 아니라 유동적임을 보여주는 근거로 이해할 수 있다. 그 변화의 기점은 선행 연구자들의 견해대로 백제 한성 함락 사건의 여파와 관련 가능성이 크다. 백제라는 관계망의 공백 상태가 퇴행이 아니라 오히려 영산강유역 지역사회에 기회를 가져다주었고 이를 성공적으로 이행하여 발전과 진전의 결과를 가져왔다. 따라서 그 주체는 재지계[326]로 이해하는 것이 타당하다고 본다. 이는 고분 규모의 위용에서도 말해준다. 방대형분 등의 고총고분은 백제 중앙의 무덤을 능가하는 규모로 조성되었다.

2) 분구 축조기술의 혁신

고총고분이 등장하기 이전까지의 영산강유역 무덤들은 대체로 주구묘, 주구토광묘, 제형분, 복합제형분, 분구묘 등으로 명명되고 있는데 모두 2m 이내의 규모라는 점을 공통적으로 보인다. 고총고분 이전의 고분들은 주구 굴착토를 이용하여 분구 외연을 선축한 후 그 내부를 채움하여 완성한 '막쌓기 방식'으로 조성하였다.

고분 조영과 관련하여 제형분에서 주목되는 현상은 분구의 확장과 조정이 빈번하다는 점이다. 나주 용호 12호분, 함평 만가촌 13호분, 영암 내동리 초분골 1호분, 나주 신촌리 6호분 등에서 보인다.[327] 제형에서 장제형으로의 분형 변화가 이루어지며 주로 두부보다는 미부쪽 방향으로 길어지는 방식이다. 고총고분에서도 분구 확장을 한 사례가 있는데, 제형이 수평 확장이라면 고총고분은 밑면적은 고정한 채 위로 올리는 수직확장 방식이다. 그런데 제형분에서는 축조기술과 관련한 특별한 현상들은 찾기 어렵다. (유사)판축기법이나 인공 성토재의 사용, 분구를 일정하게 분할·구획했던 공법, 구축묘광 등과 같은 기술적인 측면이 보이지 않

---

[326] 기술요소의 측면에서 보더라도 새 요소들은 전통적 요소의 기반 위에서 일정한 요소들이 선택되고 재배열되는 상호작용을 거쳐 발현될 수 있다고 설명하고 있다(이성주, 2014, 『토기제작의 기술혁신과 생산체계』, 학연문화사, pp.178~179). 실제로 방대형분의 등장은 제형분의 종언 가속화를 유도하였으나, 한편으로는 기요소를 여전히 계승·발전시키려는 내용도 포함한 양상에서 잘 보여준다(한옥민, 2019b, 「영산강유역 방대형분의 출현과 축조 배경」, 『호남고고학보』 62, 호남고고학회, p.55).

[327] 김낙중, 2014, 「방형·원형 고분의 축조기술」, 『영산강유역 고분 토목기술의 여정과 시간을 찾아서』, 대한문화재연구원, p.37.

V. 고분 변천을 통해 본 영산강유역 고대사회

는다. 즉, 입체식 공법에 필요한 고난도의 축조기술 관련 정보들은 제형·장제형이 아닌 방대형분 등의 고총고분에서만 보이고 있다.

따라서 제형분 단계는 다장 풍습을 지속하기 위한 분구 평면적의 변화는 눈에 띄는 현상이지만 이것이 축조기술의 진전이라는 본질적인 측면에서의 변화인지를 살펴볼 필요가 있다. 장축방향으로 길어지는 장제형화된 분형 변화가 가지는 의미는 무엇일까? 장제형분은 (단)제형분과 달라진 기술체계의 진행을 토대로 하지 않았다는 점인데, 이는 장제형분 축조가 동일 가계나 혈통을 표현하기 위한 수단으로 분구라는 대상물에 표현되었음을 시사한다. 누세대적인 권위의 계승과 출자의 정통성을 확보하는 일환으로 완성되었으라 여겨진다. 즉, 장제형분으로의 분형 변화는 본질적이기보다는 현실적인 필요성에서 그 배경을 찾을 필요가 있을 것이다.

고총고분의 조영이 가지는 특징은 처음부터 철저한 계획과 공정을 거쳐 완성되었다는 정황이 축조기술을 통해서 잘 드러난다. 고총은 순수하게 흙만을 이용한 수직쌓기 방식이기 때문에 주재료인 흙에 대한 이해가 필수적이다. 예로 흙의 입경, 함수율, 점력, 안식각 등의 기본 정보를 가졌을 것으로 이해되는데 그렇지 않고서 천 년이 넘는 세월 동안 원형을 유지하기가 어렵다.

영산강유역 고총고분의 분구 축조는 대체로 입지 선정-축조 범위에 대한 평면기획 및 정지작업-1차 분구성토-매장시설 축조-분구 성토 완성 단계의 공정 순으로 진행된다.[328] 이와 같은 공정에서 제형분과의 분명한 축조기술 차이가 드러난다. 영산강유역 고분별 축조기술에 대한 비교는 〈표 26〉과 같이 정리될 수 있다.

328 고분의 분구 성토방식에 대해 우측의 그림처럼 크게 6가 지 유형으로 나눌 수 있다. A~B방식은 제형분에서 보이 고, 나머지는 고총단계에 해당된다. 이 중 F방식인 분구 외연이나 매장시설 주위로 토제(∩ 또는 ∧)를 두른 것으 로 서남해안 연안의 고흥 안동고분, 해남 만의총고분 등을 비롯한 광주 월계동 장고분, 광주 명화동고분, 영암 자라봉 고분 등에서 보인다. 고분의 성토기술로 분할·구획·교호 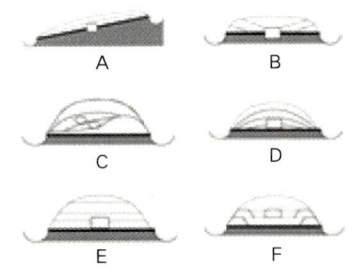 성토, 분구확장, 구축묘광, 다양한 성토재 사용 등이 있다(임지나, 2016, 「호남지역 고분 축조 기술의 연구」, 목포대학교 석사학위논문, pp.61~62).

표 26 영산강유역 분형별 분구 축조기술 비교   * 추정: □

구분		분구 높이			중심매장시설		매장위치		매장방식		정지작업		성토방식		성토기술			묘광조성방식				성토재		비고
		저	중	고	목관	옹관	석곽석실	지하식	지상식	단장	다장	치환법	삭토법	수평형	내구형	제방형	교호	분할구획	유사판축	참호형	동시형	굴착형	구축묘광	점토블록	표토블록	
제형분	나주 용호12		○		○		○			○	○			○						○						3C 중후엽
	나주 용호13	○			○		○			○				○						○						4C 전반
	함평 만가촌13		○		○		○			○	□			○						○						3C 후반
	영암 초분골2		○		○		○			○	□			○						○						5C 전중엽
	영암 신연리9		○		○		○			○	□			○						○						5C 전반
방대형분	영암 옥야리 방대형1		○				○		○		○												○	○		5C 중엽
	무안 덕암2		○		○	○		○			○						○						○	○		5C 후반
	나주 복암리3		○				○		○		○				○		○	○			○			○		5C 말
	나주 신촌리9		○				○		○		○													○		5C 후반
	무안 고절리		○			□		□			○			○			○							○		6C 전후
	나주 횡산		○			□		□			○													○		6C 전후
원(대)형분	담양 서옥2	○			○			○		○	□		○										○			5C 후엽
	담양 서옥12		○				○				□																5C 후엽
	고흥 야막		○		○		○		○			○									○					서남해안연안 고분
	해남 만의총1		○		○		○		○		○			○		○		○						○		
전방후원형분	광주 월계동1		○		○		○		○		○				○	○	○		○		○			○		6C 전후
	광주 월계동2		○				○		○		○				○		○				○			○		6C 전엽
	광주 명화동		○		○		○		○								○							○		6C 전엽
	나주 신흥		○		○		○		○			○					○						○	○		5C 중엽
	영암 자라봉		○						○		○				○	○						○		○	○	5C말
	해남 용두리		○		○		○	○			○			○		○			○					○		6C 전엽

첫째, 안식각(安息角)의 차이를 들 수 있다. 안식각이란 사면 위의 물체가 흘러내리지 않는 최대 경사각을 말한다. 흔히 휴식각, 정지각으로 부른다. 고분의 분구란 윗면·아랫면의 4변 길이, 높이, 모서리, 기울기(안식각) 등으로 구성되어진 입체물이다. 이 중 안식각은 고총고분이라는 구조물의 실루엣을 이루는 중요한 부분이기에 미리 기획되어졌을 것이다. 5m 이상의 분구 성토가 흘러내리지 않고 머물러있는 현상에서 알 수 있다. 습윤 흙은 보통 25~45° 사이에서 안식각을 이룬다.[329] 제형분의 사례는 25° 미만이 대부분이고, 고총고분은 이보다 큰 30~35°라는 수치의 차이가 이를 방증해주고 있다. 안식각의 차이는 고분의 규모, 높이에 직접적인 영향을 미치고 있는데, 안식각이 클수록 분구 높이와 체적이 커진다는 것을 의미한다.

둘째, 정지작업의 전면적인 실시 여부와 공력 정도이다. 이는 기초부의 강화와 관련되므로 고총고분인지를 판별할 수 있는 중요 요소가 된다. 제형분은 정지작업이 부분적으로 이루어지거나 생략된 경우가 많으며, 어딘가에서 가져온 점질토를 이용한 간단한 치환법이 보인다. 나주 용호 12호분이 대표적이다. 반면, 고총고분은 크게 치환법, 삭토법이 쓰인다. 대부분의 고분에서 확인되므로 기초부 강화에 필수적으로 이행되었음을 말해준다. 치환법은 기초부 전반에 일정한 두께를 이루는 형태로 쓰이는 방식이므로 종전과 공력에서 차원이 다르다. 삭토법은 현재 전방후원형분에서만 확인되고 있는데 나주 가흥리 신흥이 대표적이다. 고분이 조영될 범위의 자연 구릉 상부를 삭토하고 요철이나 경사가 심한 부분은 메워서 평탄면을 만들었다. 이를 통해 최소 2m 이상의 성토 효과를 내고 있다.

셋째, 흙의 마찰력과 점력의 응용을 고려한 기술이 반영되었다. 제형분은 보통 2m 이내의 높이를 보이므로 마찰력과 점력에 대해 자유로울 수 있지만, 고총은 흙 입경 사이사이의 관계에 특별히 더 공력을 들여야 한다. 교호성토에서 보여주듯 물성이 다른 흙을 상하나 좌우로 번갈아 쌓고 있다. 흙의 점력을 높여주는 원리이며, 그 짜임이 직조를 연상시킨다. 흙의 성질뿐만 아니라 짜임까지 배려한 고난도의 토목기술로 이해할 수 있다. 방대형분인 나주 신촌리 9호분·복암리 3호분 등과 전방후원형분인 광주 월계동고분, 영암 자라봉고분(그림 59)에서 확인되고 있다.

넷째, (유사)판축의 실시 여부이다. 판축법은 백제 중앙의 풍납토성의 축조를 통해 잘 드러나고 있는데 제방, 성 등 사회 기반시설에 필요한 시설에 이용되었다. 반면, 유사판축은 영

---

329 조민수, 2008, 『건축시공기술사 용어해설』, 예문사, p.86.

그림 59 영암 자라봉고분의 교호성토(대한문화재연구원 2015)

그림 60 성토부 달고질 흔적(우리문화재연구원 2014)

정주와 횡장판의 흔적이 보이지 않고 달고질에 의한 경화된 요철면이나 수평성토를 과정에서 다짐흔이 확인되는 정도이다. 고분이라는 과시적 성격의 비실용적인 시설에 쓰이고 있다. 다짐과정에서는 조선의 『화성성역의궤』의 기록처럼 달고를 이용했을 것인데, 작업효율을 위해서는 달고로 내려치면서 동시에 발로 밟았을 것이다. 실제로 달고질 흔적은 창녕 교동 7호분 8분면에서 확인되었다. 점토블록 사이에 상부에 성토한 암반립이 다량 들어가 있고, 어떤 부분에서는 주혈과 같은 원형을 띠기도 한다(그림 60).[330] 다짐법은 영산강유역 고총고분에서 일반적으로 보이는 기술로써 판축에 버금가는 효과를 낼 수 있다.

다짐흔은 광주 명화동고분의 경우, 석실 하단부에서 점토블록에 흔적이 남아 있고, 영암 자라봉고분에서는 원부 전체 높이의 중앙 지점에서 점토블록과 표토블록을 이용한 다짐흔, 무안 고절리고분에서는 흑갈색점토를 이용하면서 다짐처리를 하고 있다. 방대형분과 전방후원형분에서도 대부분 이용되었을 가능성이 많다. 이 기술은 흙을 눌러 압축력을 증가시킨 것으로써 성토부의 체적이 원형을 유지하고 안정성을 높여주는 역할을 한다.

다섯째, 다양한 성토재의 제작 및 사용 여부이다. 제형분에서는 아직 성토재의 이용 사례

---

[330] 우리문화재연구원, 2014, 『창녕 교동과 송현동 고분군-제1군 7호분 및 주변 고분-』, pp.328~331.

V. 고분 변천을 통해 본 영산강유역 고대사회

가 알려지지 않았다. 반면, 고총고분에서는 대부분 확인됨으로써 고총단계의 일반적인 토목기술로 이해된다. 토낭, 표토블록, 점토블록, 점토브릭 등 다양한 성토재의 존재[331]가 말해준다. 표토블록은 전방후원형분인 영암 자라봉고분에서 확인되었다. 점토블록은 영암 옥야리 방대형 1호분 등 방대형분을 비롯한 원대형분, 전방후원형분에서 모두 보이므로 고총고분 축조에 일반적으로 사용되었던 방식으로 추정된다.

고총고분의 축조에 사용된 다양한 성토재는 구조적인 안정성과 관련된 것으로서 여러 가지 기능을 한다. 성토재의 기능을 보면 구획재로 사용되기도 하고, 벽석이나 묘광의 빈 공간에 이용하면 하중 분산 및 수평압의 저항력을 높여주고, 성토층 사이사이에 끼워 넣으면 원활한 배수뿐 아니라 접착력을 높여주는 등 복합 기능을 한다. 고총고분에서 대부분 성토재를 이용하는 이유도 여기에 있을 것이다. 특히 구획·분할 행위 자체에서 인지할 점은 특정 축조 기술자의 지휘와 같은 문제이다. 구릉 능선이나 평지부라는 공간 선택부터 최소 3m 이상 높이를 쌓기 위해서는 각 공정(평면형태의 설정~성토)마다 누군가의 지휘를 받지 않고는 완성되기 어렵기 때문이다. 이는 이전의 제형분 단계에서는 찾기 어려운 현상이다.

이상으로 볼 때, 고총고분은 흙을 단순히 쌓아 올려서는 가능하지 않음을 알 수 있다. 비록 흙으로 덮여 있으나, 그 이면에는 다양한 축조기술로 불리는 역할들이 있다. 그리고 제형분이 원형을 유지하지 못하는지에 대한 이유도 토목기술의 반영 정도에서 찾을 수 있다고 본다. 물론 제형분이 고총고분보다 시간상 오래되었다는 약점도 있으나, 좀 더 근본적인 문제는 축조 기술력의 부재[332]일 것이다.

주지하듯 영산강유역의 제형분은 고총고분과의 투입 노동력의 차이만큼이나 축조기술에서도 여러 가지 기술력이 부재했음을 확인할 수 있었다. 고총고분이 상징성을 갖는 이유도 이전에 없던 질적인 변화, 즉 새로운 고난도의 기술력의 실현과 부각에서부터 시작되었을 수도 있다.

---

331 임지나, 2013, 「영암 자라봉고분의 조사방법과 축조 기술」, 『삼국시대 고총고분 축조기술』, 대한문화재연구원, pp.195~196.

332 김포 운양동 6호묘의 토제 확인 사례로 비추어 볼 때 현재 고총고분만의 축조기술로 알려진 것 중에서 제형분으로 소급될 가능성이 있으나, 자료의 미비로 인해 더 이상의 추론은 어렵다.

3) 고대사회의 변동

영산강유역 고분 연구에 있어서 주목해야 할 또 하나의 자료는 방대형분의 출현이다. 다장제형분이라는 전통적·보수적인 색채가 아닌 다소 생소한 1인 피장자 중심의 고총고분 등장이다. 또한 제형분의 목관·옹관이나 서남해안 고분의 수혈식 구조와 다른 횡방향(수혈계 횡구식)의 묘·장제가 처음 선보임으로써 이전에 축조 전통이 없었던 새로움을 표현하였다. 이는 5세기 중엽에 출현한 영암 옥야리 방대형 1호분으로 대표된다.

영암 옥야리 방대형 1호분은 길이 30m, 너비 26.3m에 최소 높이 3.05m(정지층 상면기준) 이상 규모로 축조된 고총고분이다(그림 61). 특히 고총고분은 대상부 중앙에 수혈계 횡구식 석실에 묻힌 1인 피장자를 위해 축조되었다는 점에서 다장 풍습 전통과는 완전히 이질적이다. 분구는 철저하게 기획축조 되었으며 분정부에 구축묘광을 마련한 후 석실과 동시 완성하였다. 분구 사면에 소형 석곽과 옹관이 추가장되어 다장 전통을 계승하였다. 방대형분에 대해 목관과 옹관을 주매장시설로 사용한 현지집단의 기본적인 분형으로 이해한 견해[333]도 있지만, 배장된 석곽과 옹관은 분정부에 들어가지 못한다[334]는 점에서 제형분의 다장 풍습과는 차이가 있다. 수혈계 횡구식석실과 부장유물 같은 보호시설은 그 출자가 재지, 백제, 왜, 가야 지역의 요소들을 복합

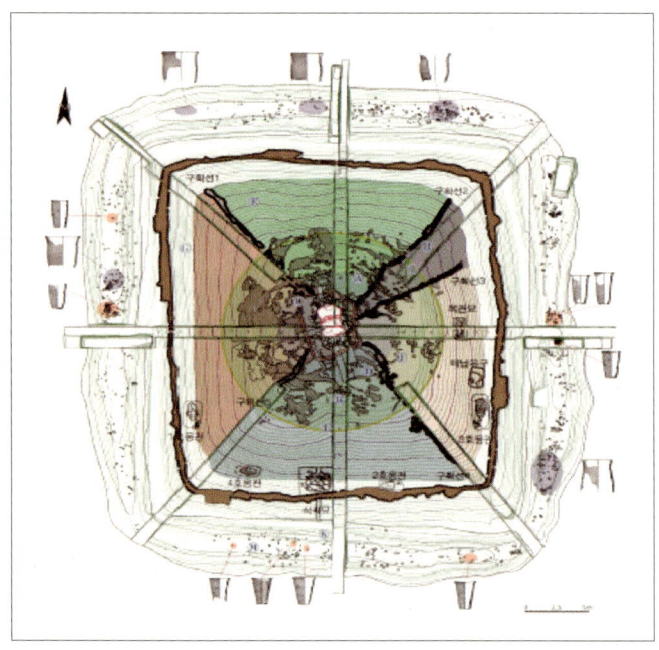

그림 61 영암 옥야리 방대형 1호분(국립나주문화재연구소 2014)

---

333 김낙중, 2014, 「방형·원형 고분의 축조기술」, 『영산강유역 고분 토목기술의 여정과 시간을 찾아서』, 대한문화재연구원, p.34~40.

334 이영철, 2014a, 「백제의 지방지배-영산강유역 취락자료를 중심으로-」, 『2014 백제사 연구 쟁점 대해부』, 제17회 백제학회 정기발표회, p.127.

적으로 내포하고 있다. 고분의 외형적 요소는 물론이고 보호시설에서도 낯선 의미가 확인된다. 옥야리 방대형 1호분은 영산내해로 들어서는 입구[335]를 선택하였다는 점 또한 지정학적 위치에서 중요한 메시지를 가지고 있다고 판단된다.

고분은 보호시설 내용을 중심으로 피장자의 성격과 지위를 논의하는 경향이 짙지만, 분형은 피장자의 출신과 계통을 확인시킬 수 있는 중요한 외형적 요소이다. 특히 고총고분이 축조되는 시기에 고분의 형태와 규모의 공력 차이는 피장자의 위상을 가늠할 수 있는 지표가 된다. 고총고분은 단순히 규모의 대소를 구분하기 위한 선택이 아니다. 축조 집단의 위상과 출자의 차별성을 일반 구성원이나 외부 세력에게 상징적으로 가시화시킨 결과물로써 의미를 가진다.

4세기에 유행하던 다장 풍습의 제형분은 분형을 통해 축조세력의 권위를 가시화하기 위한 수단이 되지는 못하였다. 분구 높이가 낮고 성토 방법 또한 소위 '막쌓기'식으로 주구 내부 공간에 묘역을 조성하였다. '선(先)분구 후(後)매장'이라는 제형분의 분구는 전통적인 혈연공동체적 사회에서 동일 가계의 복수 피장자를 묻기 위한 공간 확보라는 기능적 측면을 강조한 것이기에 고총고분과 본질에서 다르다.

영암 옥야리 방대형 1호분은 구획성토(區劃盛土)라는 기획 개념을 가지고 시작되었으며, 마지막 공정에서 수혈계 횡구식석실을 함께 분구를 완성하였다. 이러한 고총고분 신(新) 축조공법은 이전의 현지 사회 고분 축조기술에서는 찾아볼 수 없다. 또한 분구 외연을 따라 재지형의 원통형토기를 수립하여 고총고분이라는 상징성을 극대화시켰다. 수혈계 횡구식석실이나 부장유물에서 드러나듯이 생전에 다원적 관계를 주도할 수 있었던 피장자의 위상과 역할은 매우 중대했다. 특히 고총고분은 이전 단계의 집단 무덤인 옥야리고분군과는 이격된 새로운 구역을 선택하였다는 점은 상당한 의미를 갖는다.

분형이 방형을 띠는 고분은 한강유역과 금강유역에서 한성기에 가장 성행하였는데, 동일한 분형을 고대화(高大化)시킨 옥야리 방대형 1호분의 축조 주체는 백제 중앙과 밀접한 관계를 가진 자였다. 5~6세기 백제의 중앙과 지방, 지방과 지방 사이에서 이루어진 묘제교류 중 특히 방형분이라는 공통적 묘제 채택은 중앙과 지방, 지방과 지방 사이의 정치적 결속을 확

---

[335] 고분 지근거리에 국가에서 고려때부터 개항기까지 바다에 제의를 행했던 우리나라 3대 해신지인 남해당지가 자리한다는 점도 입지의 중요성을 설명한다.

인하고 과시하는 의례의 산물로 보기도 한다.[336]

영암 옥야리 방대형 1호분 축조 이후 영산강 유역 지역단위체에서는 고총(고분) 축조와 관련해 새로운 사회 변화가 일어난다. 기존 제형 고분을 지속하는 지역단위체와 더불어 새롭게 출현한 방대형 고총고분 내지는 원형 고분을 채용하는 지역단위체들이 출현한다.[337]

더불어 동일한 분형 속에서도 규모나 내용이 뚜렷한 격차를 보이는 일종의 위계화 현상이 동시 다발적으로 전개되었다. 방대형과 원대형 고총고분은 매장주체부의 종류나 부장유물 등의 요소에서 다원적 출자를 보여주었다.

5세기 중엽 이후 출현한 방대형이라는 새로운 분형에 초점을 두고 살펴보면, 나주 신촌리 9호분과 복암리 3호분은 방대형분의 최고 정점에 위치해 있으며, 다음으로 무안 고절리고분, 함평 중랑고분 정도의 위계를 설정할 수 있다. 또한 중·소형급으로는 무안 맥포리고분과 덕암·구산리고분, 나주 대안리 방두·횡산고분, 장성 대덕리고분 정도가 그 하위에 놓을 수 있다. 그렇다면 각 지역에서 앞 다투어 방대형분을 채택한 이유는 무엇일까? 지역 집단을 대표하는 주도 세력들이 자신의 권위와 위세를 표출하기 위한 새로운 매개체로 인식하였기 때문이다. 지역 집단마다 복수의 중·소형급 방대형 고분이 축조되면서 내부 사회의 집단별 계층화를 시도하는 사회적 분위기가 형성되었다(그림 62). 방대형분의 규모 차이는 분구 축조에 동원된 노동력과도 상관된 것으로써, 중소형급과 고총고분 간에 9배 이상의 차이가 드러난 점도 피장자 집단의 위상을 가늠하는 척도가 된다.

기존 제형분이 중촌규모 이상의 단일 취락 구성원만으로 축조 가능한데 비해, 방대형 고총고분은 평균 1,853인[338]의 인력이 투입되어야 한다. 이 수치는 중촌이나 대촌 규모의 단일

---

336 우재병, 2014, 「5~6세기 묘제의 연속과 단절로 본 백제 서남부지역의 정치적 동향」, 『선사와 고대』42, 한국고대학회.
이영철, 2014a, 「백제의 지방지배-영산강유역 취락자료를 중심으로-」, 『2014 백제사 연구 쟁점 대해부』, 제17회 백제학회 정기발표회, p.127.
이영철, 2015, 「영산강유역 고대 취락 연구」, 목포대학교 박사학위논문, p.268~269.

337 이영철, 2014a, 「백제의 지방지배-영산강유역 취락자료를 중심으로-」, 『2014 백제사 연구 쟁점 대해부』, 제17회 백제학회 정기발표회, pp.125~128.
이영철, 2015, 「영산강유역 고대 취락 연구」, 목포대학교 박사학위논문, pp.267~271.

338 한옥민, 2010, 「분구 축조에 동원된 노동력의 산출과 그 의미」, 『호남고고학보』34, 호남고고학회, p.123.

Ⅴ. 고분 변천을 통해 본 영산강유역 고대사회

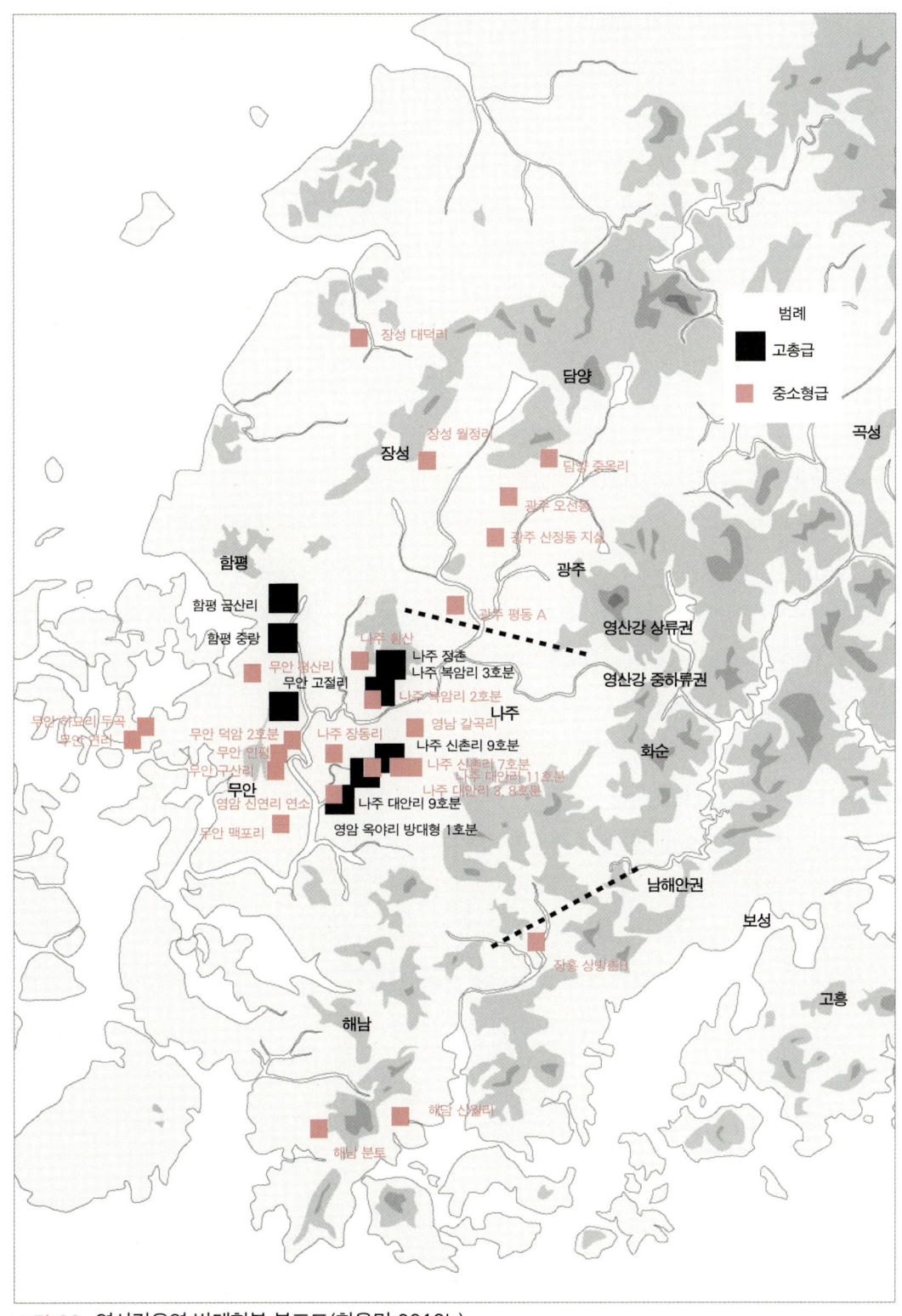

그림 62 영산강유역 방대형분 분포도(한옥민 2019b)

취락 구성원만으로는 불가능하다. 적어도 9개소의 중촌·대촌 취락 구성원이 참여해야 가능하다. 함평천의 경우, 본류와 지류(학교천·무안천)에 위치한 대부분의 취락 구성원들이 동원된다는 의미로 이해할 수 있다. 결국, 고총고분을 축조한다는 것은 지역사회 속에서 적잖은 파장을 가져온 상징적 기념물로써 이해할 필요가 있는 것이다. 단순히 분형이 커진다는 현상의 변화에 국한되지 않고, 축조집단의 범위의 확대에 따른 피장자의 성격 변화에 주목해야 한다. 이 같은 분구 자료의 변화는 당시 지역사회의 변동을 의미하는 것으로 이해된다. 피장자나 축조집단의 성격이 이전과는 다른 권력이나 권위를 바탕으로 재편되었음을 보여주는 것이다.

그렇다면 그 배경은 어디에서 구해야 할까? 내부적인 동력의 발전 속에서 가능한 결과물로 받아들어야 할지, 외부적인 지원과 협조 속에서 완성된 결과물로 이해해야 할지가 문제이다. 여기에서는 이 부분과 관련해 결론은 유보하고자 한다. 고분 자료의 혁신적 변화와 관련된 주체를 직접 밝히는 문제보다는 왜, 지역사회가 고총고분이 출현하면서 급격히 변모하기 시작했는가를 확인하는 것이 중요하다고 판단되기 때문이다. 주목해야 할 점은 고총고분의 출현에 따른 지역사회가 어떻게 재편되었는가를 규명하는 것이라 본다. 5세기 전후로 보다 복잡해져 간 한반도 남부지역과 일본열도 간의 정치적 혼란기에 영산강유역 지역사회는 어떻게 대응해갔는가를 밝히는 문제가 중요하다.

고총고분의 출현에 뒤이어 한성백제가 함락되고 전방후원형이라는 새로운 분형이 영산강유역 각지에 축조되는 배경 또한 이 지역사회를 구성해 갔던 재지세력들의 선택적 변화 속에서 찾아야 할 것이다. 한성백제의 몰락은 영산강유역 재지세력들에게는 또 하나의 기회를 제공해주는 사건이었다. 백제 국가의 영역확장에 따른 영향력의 증대로 자체 동력을 잃어 가던 영산강유역 지역사회 입장에서는 지역적 정체성과 독자적 문화를 재건할 수 있는 시간이 주어졌다. 상류지역의 재지세력들이 그와 같은 사회적 배경 속에서 전방후원형분을 채용하였다는 주장[339] 또한 동일한 맥락에서 이해할 수 있다.

---

[339] 최성락·김성미, 2012, 「원통형토기의 연구현황과 과제」, 『호남고고학보』42, 호남고고학회, p.153.

4) 분구묘 인식 재고

고분을 인식하는데 있어 상당수의 연구자들은 '영산강유역 고분은 분구묘이다'라고 보는 것이 최근의 연구 경향이다. 분묘기의 무덤에 대해 주구토광묘, 주구묘, 방형 주구, 장방형주구, 원형 주구, 마제형 주구 등으로 지칭했고, 고분기는 매장주체부에 따라 목관고분, 옹관고분, 석곽분, 석실분으로, 분형에 따라 제형분, 이형분, 방대형분, 원대형분, 전방후원형분(장고분) 등 다양하게 불러왔다. 현재는 이들 무덤들이 '분구묘'로 통칭되는 상황이다.

영산강유역에서 목관고분은 고총고분이 등장하기 이전까지 재지계의 대표 묘제라 할 수 있다. 목관고분은 분구(봉분)의 형태가 사다리꼴이고 봉분에 다수의 목관을 매장하고 있어 다른 지역에서는 찾아볼 수 없는 독특한 고분이다. 그런데 일부 연구자들은 이를 분구묘로 부르면서 마한의 무덤임을 강조하고 있다. 이와 같이 고분을 바라보는 시각에 따라 연구자의 인식이 달라지고, 그 결과 전혀 다른 해석으로 연결될 수 있으므로[340] 이에 대한 검토가 필요한 시점이라 본다.

우리 학계에서 분구묘의 용어 출발은 1980년대[341]이나 자료 한계로 크게 주목되지 못했다. 이후 2000년에 들어서서 고분의 축조 방식에 따라 봉토묘와 분구묘로 이분[342]되면서 연구가 본격화되었는데, 봉토분은 '선매장후봉토'이고, 분구묘는 '선분구후매장'으로 규정되었다. 이후에도 연구[343]가 연속되면서 어느덧 익숙한 묘제 명칭으로 받아들여지게 된 듯하다.

---

340 최성락, 2014, 「영산강유역 고분연구의 검토Ⅱ」, 『지방사와 지방문화』17권 2호, 역사문화학회, p.8.

341 강인구, 1984, 『삼국시대 분구묘 연구』, 영남대학교 민족문화연구소, pp.25~36.

342 이성주, 2000, 「분구묘의 인식」, 『한국상고사학보』32, 한국상고사학회, pp.79~90.

343 성정용, 2000, 「백제 한성기 저분구분 석실묘에 대한 일고찰」, 『호서고고학』3, 호서고고학회, p.3.
　 최완규, 2000, 「호남지역 마한 분묘 유형과 전개」, 『호남고고학보』11, 호남고고학회, p120.
　 임영진, 2002, 「전남지역의 분구묘」, 『동아시아의 주구묘』, 호남고고학회, pp.55~56.
　 최병현, 2002, 「주구묘·분구묘 소관-최완규교수의 전북지방 주구묘 토론에 붙여」, 『동아시아의 주구묘』, 호남고고학회, pp.47~48.
　 김낙중, 2006, 「분구묘의 전통과 영산강유역형 주구」, 『나주 복암리 3호분』, 국립나주문화재연구소, p.359.
　 이택구, 2008, 「한반도 중서부지역 마한 분구묘」, 『한국고고학보』66, 한국고고학회, p.51.

분구묘는 많은 연구자로부터 문제점이 지적되고 있다. 대체로 용어 및 개념 문제, 분구와 봉토 구분의 유효성 문제, 고총고분에 대한 평가절하 문제 등 고분 본체를 손상시킨다는 비판이다. 분구묘보다는 분구분,[344] 주구분·구획분[345]을 쓸 것이 제안되기도 하였다. 최성락[346]에 의해 분구묘에 대한 종합적인 검토가 이루어졌는데 분구묘와 봉토묘가 본질적인 차이가 없다고 하였다. 호남지역 고분의 가장 큰 특징은 분구묘 원리보다 多葬 풍습임을 지적하였다.

분구묘의 자료 검토 결과 크게 2가지의 문제점이 발생된다. 하나는 현재 통용되는 분구묘라는 개념 속에서 발생된 해석상의 오류를 들 수 있다. 다른 하나는 영산강유역 고분이 일반적으로 '선분구후매장'또는 '지상식을 지향하는 무덤'방식이라는 결론으로 유도하는 방향인데, 이를 지침으로 삼으려는 연구가 꾸준히 늘고 있다는 경향성이다.[347] 분구묘로 지칭되는 무덤에서 가장 근본적인 특징인 선분구조성후매장을 하기 위한 되파기 흔이 없다는 지적[348]이 있었다. 실제 고분 자료에서 분구묘로 분류되는 것 중에는 분구묘 개념에 위배되는 자료가 상당수 존재한다.

영산강유역 고분이 분구묘라는 인식의 출발점이 되는 묘제는 제형분이다. 이를 주구묘로 지칭하면서 중심매장시설의 조성이 선분구후매장 방식, 지상식 구조라고 보아왔다. 이 개념대로라면, 분구와 최초 피장자를 담은 중심매장시설이 어떤 방식으로 조성되는지가 관건이다. 기왕의 인식과 다르게 초축 분구의 중심매장시설이 지하식 구조[349]임이 밝혀졌으나, 분

김승옥, 2009, 「분구묘의 인식과 시공간적 전개과정」, 『한국 매장문화재 조사연구방법론』5, 국립문화재연구소, p272.

344 이훈, 2006, 「서산 부장리고분과 분구묘」, 『분구묘·분구식 고분의 신자료와 백제』, 제48회 전국역사학대회 고고학부 발표자료집, p.24.

345 김용성, 2006, 「소위 분구묘·분구식 고분의 개념과 관련된 의문」『분구묘·분구식 고분의 신 자료와 백제』, 제48회 전국역사학대회 고고학부 발표자료집, pp.115~116.

346 최성락, 2007a, 「분구묘의 인식에 대한 검토」, 『한국고고학보』62, 한국고고학회, pp.122~126.

347 한옥민, 2016, 「축조공정을 통해 본 영산강유역 제형분구의 성격과 의미」, 『한국상고사학보』91, 한국상고사학회, p.43.

348 최성락, 2007a, 「분구묘의 인식에 대한 검토」, 『한국고고학보』62, 한국고고학회, pp.123~125.

349 이정호, 1999, 「영산강유역의 고분 변천과정과 그 배경」, 『전남의 고대문화』, 학연문화사, p.113.
성낙준, 2000, 「영산강유역의 옹관고분의 성격」, 『영산강유역 고대사회의 새로운 조명』, 역사문

V. 고분 변천을 통해 본 영산강유역 고대사회

구묘 연구자들은 중심매장시설 구조에 대한 정확한 검토를 생략한 채 지상식 또는 지상식을 지향하는 구조로 추정해왔다. 즉 분구 높이가 낮은 관계로 정지층 내지는 구지표면 일부를 굴착함으로써 성토부의 아래층인 구지표층이나 기반층을 침해한 것으로 설명하였다.[350]

필자는 이 견해에 대해 회의적이다. 왜냐하면 유구 토층도에서 생토층-정지층(구지표층)-성토층- 표토층까지 분구 층위가 확인된 것 중에서 아직까지 되파기 흔을 뚜렷하게 보이는 중심매장시설은 존재하지 않기 때문이다. Ⅲ장에서 살펴보았듯이, 나주 용호 12호분 목관묘·화순 용강리 1-1호 목관묘·함평 향교 1호분 목관묘 등이 모두 지하식이다. 따라서 분구묘 연구자들은 중심매장시설의 축조공정을 정확히 이해하지 않고, 추가매장시설에서 보이는 지상식이나 되파기 흔적에 근거하여 개념 설정을 했던 것임을 짐작할 수 있다. 이는 분구묘 개념 설정이 어디에서부터 오류가 시작되었는지를 여실히 보여주는 대목이라 하겠다.

영산강유역의 고분을 이해하는데 있어 다장 풍습을 주요한 특징으로 꼽을 수 있다. 특히 추가매장시설이 조성 방식까지 변형시키면서 동일 분구에 같이 묻히려 했던 일분다장(一墳多葬)의 배경을 밝히는 것이 중요할 것이다. 우선 장제형분은 제형에 비해 분구 외형이 길어지고 피장자가 단수에서 복수로 늘어난다. 분형이 장제형으로 변화된 것은 다장 풍습을 이어가기 위한 방안이라는 것은 이미 논의된 내용이지만, 1차 분구의 최초 피장자의 프로세스를 2차 분구의 최초 피장자도 그대로 따르고 있다는 점에 주목할 필요가 있다. 함평 만가촌 13호분이 대표적이다. 1차·2차 중심매장시설이 모두 지하식이며, 분구와 매장이 동시에 이루어졌다는 공통점이 있듯이 추가매장시설간에도 지상식과 되파기 방식이라는 점이 공통된다. 이를 분구묘라는 대명제로 이해하기보다는 다장이라는 필요의 공동성에서 발생된 현상으로 이해하는 것이 타당하다.

다시 말하면 지하식 구조는 중심매장시설을 안치하기 위한 것이고, 지상식 구조는 추가

화학회, p.81.
최성락, 2007a, 「분구묘의 인식에 대한 검토」, 『한국고고학보』62, 한국고고학회, p.123.
국립나주문화재연구소, 2009, 『나주 화정리 마산고분군·대안리 방두고분』, p.155.
김낙중, 2011, 「분구묘와 옹관분」, 『동아시아의 고분문화』, 서경문화사, p.79.

350 김승옥, 2011, 「중서부지역 마한계 묘제의 성격과 발전」, 『분구묘의 신지평』, 전북대학교 고고문화인류학과 BK21사업단 국제학술대회, p.132.
임영진, 2011a, 「영산강유역권 분구묘 특징과 몇 가지 논쟁점」, 『분구묘의 신지평』, 전북대학교 고고문화인류학과 BK21사업단 국제학술대회, p.160.

매장시설을 안치하기 위해 고안된 방식임을 염두해야 한다. 그동안 분구묘 연구자들은 중심 매장시설이 확인되지 않는다는 이유로 동일 분구상에 존재하는 다수의 추가매장시설의 축조공정을 적용하여 이해했던 것 같다. Ⅲ장에서 보았듯이 중심매장시설은 미굴광의 묘광, 지하식, 목관을 선택하고 있어 좀처럼 성토층에서 확인되기 어려운 정황을 가졌다. 그렇다고 제형분의 축조공정을 추가매장시설로 파악해서는 안 될 것이다. 분구묘 연구자들은 축조공정이라는 과정적 의미를 생략한 채, 추가매장시설이 들어선 후 최종적으로 완성되어진 결과적 의미에 초점을 맞춘 듯하다. 추가매장시설의 축조공정 역시 소중한 자료이나, 무덤의 주피장자인 중심매장시설이 지니는 의미를 평가절하해서는 안 된다.

영산강유역의 고분은 제형분이 2세기 후반~5세기 중엽까지 유행한 이후, 영암 옥야리 방대형 1호분을 필두로 고총고분이 본격적으로 조영된다. 일본에서는 분구묘 개념이 넓은 의미에서 분구를 가진 모든 야요이시대 무덤을 지칭하고,[351] 고훈시대에도 주구묘, 토광묘, 석관묘 등이 존재하기는 하나 이는 고분, 즉 전방후원분보다는 하위의 무덤으로 인식되고 있다.[352] 이런 문제점을 감안하여 분구식고총, 高墳丘(분구고총)으로 부를 것이 제안되기도 하였지만 어색함은 마찬가지이다. 현형대로 고총고분에 대해 모두 분구묘의 원리로 총칭되어진다면, 고총고분의 의미가 훼손될 수밖에 없다. 분구묘의 용어가 고분의 하위 개념으로 쓰고 있기 때문에 문제가 없다[353]고 방과할 것이 아니다. 분구묘의 최전성기는 고총고분 단계에 들어와 완성된다는 인상이 매우 짙다는 것은 심각한 문제라고 본다.

분구묘 개념의 출발점인 제형분에서 우리는 무엇을 이야기할 수 있을까를 생각해보아야 한다. '다장 매장'풍습 이외에 '선분구'나 '지상식'이라는 요소를 논하기 어렵다는 점을 염두할 필요가 있다. 특히 '다장'이라는 현상도 선분구나 지상식이라는 요소도 최초 완성된 분구와 관련해 적용할 수 있는 특징이 아님을 분별해야 한다. 그럼에도 불구하고 연구자들은 초축된 분구에도 이와 동일한 분구묘 개념과 사회적 의미를 부여하려고 한다. 제형분의 선행연구를 볼 때, 초축 분구와 완성 분구를 구별 없이 함께 취급하고 있는데, 이는 다장이라는 장

---

351 都出比呂志, 1979, 「前方後圓墳出現期の社會」, 『考古學研究』26-3.

352 최성락, 2007a, 「분구묘의 인식에 대한 검토」, 『한국고고학보』62, 한국고고학회, p.121.

353 임영진, 2011a, 「영산강유역권 분구묘의 특징과 몇 가지 논쟁점」, 『분구묘의 신지평』, 전북대학교 고고문화인류학과 BK21사업단 국제학술대회, p.159.
최병현, 2011, 「한국 고분문화의 양상과 전개」, 『동아시아의 고분문화』, 서경문화사, p.12.

V. 고분 변천을 통해 본 영산강유역 고대사회

법에 기인할 뿐 선분구나 지상식과 같은 요소로는 설명할 수 없다. 선분구나 지상식이라는 요소는 분구가 고대화된 고총 단계에서는 당연한 현상이기 때문이다.[354] 분구묘의 일차적 개념에 부합되지 않는 자료가 존재하는 한 용어 사용은 작위적이라는 비판을 피하기 어렵다.

현행처럼 영산강유역을 포함한 호남지역의 삼국시대 고분을 분구묘로 지칭하는 것은 적절하지 못하다. 이러한 문제를 해결하기 위한 방안으로는 우선 무덤과 관련된 용어의 개념을 명확히 하여야 하고, 무덤의 명칭은 매장주체부를 중심으로 붙여야 한다[355]는 데에 필자도 동의한다. 무덤을 조성하는 주된 목적이 피장자가 영면할 수 있도록 흙이나 돌을 이용하여 묻어 놓은 것이므로 축조 원리에 주목하여 생성된 분구묘를 무덤 명칭으로 사용하는 것은 부적절하다고 본다.

---

354 한옥민, 2016, 「축조공정을 통해 본 영산강유역 제형분구의 성격과 의미」, 『한국상고사학보』91, 한국상고사학회, p68.

355 최성락, 2007a, 「분구묘의 인식에 대한 검토」, 『한국고고학보』62, 한국고고학회, p.128.

VI. 결론

영산강유역 고분은 죽음의 공간과 삶의 공간을 분리코자 분구 외연에 주구를 두르고 피장자를 현실과 차폐했던 기념물로써 의미를 갖는다. 고분은 크게 외부 요소와 내부 요소로 나눌 수 있다. 전자는 분구·주구가 있고, 후자는 매장시설·부장유물이 해당된다. 분구라는 외부 요소에 초점을 둘 때 영산강유역에서는 기원전 2세기 단독의 주구토광묘로 출현한 후, 분구의 수평·수직 확장을 통한 다장의 매장풍습이 보편화되어가는 특징이 있다. 무덤의 피장자는 목관-옹관-석실(곽) 등에 담아 제형-방대형-원대형-전방후원형 등의 분구 속에 안치하였다.

이 글은 고분 분구 자료의 검토를 통해 마한·백제시대에 축조된 영산강유역 고분의 성격을 확인하고, 당시 고대사회의 모습이 어떤 과정 속에서 변천하였는지를 파악한 것이다. 이를 정리하면 다음과 같다.

기원전 2세기를 전후한 시기는 분구를 갖춘 무덤이 조성되기 시작하는데 고분과 외형적으로 동일한 요소를 갖추었다. 평면형태가 장방형인 분구를 쌓고 그 변을 따라 밀폐형 주구를 두른 '주구토광묘'가 성립된다. 무덤의 조성과 관련해 중요한 사실은 1인 피장자를 위한 분구 축조가 시작되었다는 것이며, 주검의 공간을 별도로 분리한 주구의 구획이다. 따라서 무덤에 묻힌 피장자의 사회적 위치는 최소 집단 내에서 우월적 지위를 가진 자의 출현으로 볼 수 있다. 다만, 피장자의 지위가 구성원간의 계층화가 완성된 단계의 사회상을 반영한다고 보기는 어렵다.

한편, 주구토광묘의 상한은 광주 외촌 3호 토광묘의 존재를 주목할 수 있다. 외촌은 영광 군동 18호처럼 단독묘로 존재, (추정)장방형 주구, (추정)밀폐형 주구, 지하식의 매장구조, 매장주체부-주구와 일정한 비례 등 맥락의 동질성을 보이므로 주구(토광)묘로 이해할 수 있다. 또한 청동기시대의 관내 부장 전통이 유지되는 가운데 유경식석검이 출토된 점을 고려한다면 군동 18호보다 이른 기원전 3세기경으로 소급될 가능성이 있다.

기원후 2세기에 들어서면 분형은 방형에서 짧은 사다리꼴로 점차 변화된다. 초기에는 양단변에 주구가 없는 '방형'의 평면형태로 시작되다가 단변 한쪽이 개방되고 미부로 가면서 좁아드는 '제형'으로 변화한다. 제형이라는 분형이 갖추어진 시점은 2세기 후반경에 시작된다. 방형(ll자형) 주구는 주구 간 일정 거리를 유지하는 인접조영이 되지만, 제형으로 변화되면서 주구를 서로 공유하면서 중복조영된다. 다만, 이러한 분형 변화는 고분의 외부 요소에

Ⅵ. 결론

한정된다. 목관묘 선호, 지하식 구조, 박장 풍습 등과 같은 내부 요소는 이전의 모습을 그대로 유지하고 있다.

3세기부터 5세기 중엽까지는 제형분이 영산강유역에서 가장 보편화된 고분 유형으로 축조된다. 제형분은 영산강유역 문화권에 포함된 서남해 전역으로 확산되는데, 분포 범위는 전북 서남부의 고창·김제로부터 전남 동남부의 고흥반도까지 해당된다. 출현 당시 마제형이나 단제형을 띤 미부(尾部) 개방형(開放形)이 유행하다가 4세기 중엽부터 미부 밀폐형(密閉形)인 장제형으로 변화된다(영산강유형 고분 성립기). 이 변화는 다장 풍습에서 비롯된 결과로 이해된다. 장·단축의 비율을 인지한 계측적 기획 결과보다는 다장 전통을 이어가려는 매장 풍습에서 불가피한 묘역 조성이라는 묘·장제적 관점으로 볼 수 있다.

제형분의 분구 축조는 소위 '막쌓기 방식'으로 이루어지며, 많지 않은 노동력을 들여 짧은 기간에 조성될 수 있는 기념물 성격으로 완성되었다. 따라서 고분의 분구는 축조집단의 묘역임을 알리는 표지적 기념물이라는 제한된 의미로 평가할 수 있다.

영산강유역에서 전통적 묘·장제로서 제형분이 확산 유행하던 5세기 전반, 서남해안 연안에 소위 '왜계고분'이라 주장된 남해안지역 고분이 출현하면서 변화가 감지된다. 남해안지역 고분은 재지사회의 묘·장제적 풍습과 이질적인 요소를 담고 있으며, 한시적 조영이라는 점에서 기존 사회에 미친 영향은 매우 미미했던 것으로 판단된다.

영산강유역 지역사회의 독자적 묘제였던 제형분의 묘·장제 풍습이 변모하기 시작한 것은 5세기 중엽 이후부터이다. 5세기 중엽, 영산강유역에 고총고분이 등장한다. 고총고분 출현은 외부 요소인 분형과 규모 정도를 통해 출자와 위계를 표현하기 시작한 새로운 사회의 도래를 의미한다. 초현한 자료는 영암 옥야리 방대형 1호분이다. 분형은 제형이 아닌 방대형분으로 조성하였다. 여기에는 이전에 없었던 고난도의 토목기술(성토재, 구획성토 등)이 적용되었다. 영산강유역 고대사회는 옥야리 방대형분 축조 이래로 대·중·소급의 방형분을 급속히 확산 조영하는데, 이는 새로운 변화에 적응코자 한 각 집단들의 의지에서 비롯된 것으로 추정된다.

5세기 후엽에는 원(대)형분이 영산강 상류권에 출현한 후 점차 중·하류지역까지 확대된다. 나주 반남의 덕산리·신촌리를 제외하면 대부분 매장주체시설이 목관이나 석곽·석실 계통임을 알 수 있다. 원대형분 채용 배경은 고총고분 출현 이후 개방화된 사회 일면에서 찾을 수 있을 것이다. 동일 묘역군에서 방대형분, 원대형분으로 나누어지고, 제형분에서 원(대)형분으로 전환하고, 방대형에서 전방후원형과 중소형의 원(대)형분을 선택한 양태들을 보이고 있다. 이는 한성 함락 이후, 정세가 불안정해진 한반도 서남부 지역의 분위기를 반영한 결과로 이해된다.

　　6세기를 전후한 시기는 전방후원형분의 출현으로 주목되는데 백제 웅진기에 집중된다. 기왕의 논의는 재지계와 구분되는 성격의 고분으로 이해되어 왔으나 함평 마산리 표산고분처럼 제형분으로부터 연속되고 있는 점 등은 별개의 주체로 이해하려는 시각에 재고를 필요로 한다. 필자는 재지 고분과의 조영 선상에서 연속된다는 점에서 함평 표산고분의 경우는 현지인일 가능성이 높다고 본다. 반면, 광주 월계동고분은 이시야가타(石屋形) 석관을 사용한 피장자의 경우 왜인일 가능성이 타진되고 있기도 하다. 이렇듯 전방후원형분의 출현 배경이 동일하지 않는 현상과 관련해서 영산강유역에 기반을 둔 재지세력들이 새로운 변화에 대응하는 전략방식이 각기 달랐음을 방증해준다. 최근 조사된 나주 가흥리 신흥고분 또한 분형에서 전방후원형이라는 분구를 인식하였을 가능성이 제시되었다는 점을 보아도, 새로운 묘·장제적 요소의 유입 주체를 외부인으로 이해하려는 견해는 숙고할 필요가 있다.

　　이상에서 보듯이 영산강유역 고대사회는 제형분의 오랜 전통과 그 기반을 바탕으로 변화를 조화롭게 이루어나갔다. 고총고분 출현 이후 전개된 국제 정세의 변화 속에서 성립된 다원적 관계망(백제-가야-일본열도)을 바탕으로 정치적·문화적 독자성을 유지한 것이다. 다장 풍습과 옹관의 성행, 이 지역만의 독특한 제형분의 유행 등은 정체성을 보여주는 것이며, 방대형분·원대형분·전방후원형분 등과 같은 분형의 다양성은 고대사회의 해체가 아니라 오히려 적응전략의 '역증거'가 되는 결과로 이해할 필요가 있을 것이다.

::參考文獻

〈論文〉

韓國語

강봉룡, 1999, 「영산강유역 고대사회와 나주」, 『영산강유역의 고대사회』, 학연문화사.

강봉룡, 2000, 「영산강유역 고대사회 성격론」, 『영산강유역 고대사회의 새로운 조명』, 역사문화학회.

강인구, 1984, 『삼국시대 분구묘 연구』, 영남대학교민족문화연구소.

강인구, 1994, 「주구토광묘에 관한 몇 가지 문제」, 『정신문화연구』56, 한국정신문화연구원.

경기문화재단, 2007, 『화성성역의궤 건축용어집』.

高田貫太, 2014, 「영산강유역 왜계고분의 출현과 동향」, 『영산강유역 고분 토목기술의 여정과 시간을 찾아서』, 대한문화재연구원.

국립문화재연구소, 2001, 『한국고고학사전』, 학연문화사.

권오영, 1986, 「초기백제의 성장과정에 관한 일고찰」, 『한국사론』15.

권오영, 1997, 「고대의 나주」, 『나주 마한문화의 형성과 발전』, 전남대학교박물관.

권오영, 2000, 「고대 한국의 상장의례」, 『한국고대사연구』20, 한국고대사학회.

권오영, 2011, 「喪葬制와 묘제」, 『동아시아의 고분문화』, 중앙문화재연구원 편.

권오영, 2014, 「토목기술과 도성조영」, 『삼국시대 고고학개론』1, 진인진.

권오영, 2015, 「마한 분구묘의 출현 과정과 조영 집단」, 『마한 분구묘의 기원과 발전』, 마한연구원.

권택장, 2014, 「고흥 야막고분의 연대와 등장배경에 대한 검토」, 『고분을 통해 본 호남지역의 대외교류와 연대관』, 국립나주문화재연구소.

권택장·이건용·이진우, 2013, 「고흥 야막고분 발굴조사」, 『2013년 유적 조사발표회 발표자료집』, 한국고고학회.

Geert Hofstede(차재호·나은영 역), 1995, 『세계의 문화와 조직』, 학지사.

김규정, 2013, 「호남지역 청동기시대 취락 연구」, 경상대학교 박사학위논문.

김기섭, 2000, 『백제와 근초고왕』, 학연문화사.

김기옥, 2014, 「경기지역 마한 분구묘의 구조와 출토유물」, 『경기지역 마한 분구묘 사회의 비교 검토』, 마한연구원.

김기웅, 1991, 『고분』, 대원사.

김길식, 2009, 「고분」, 『한국고고학전문사전-고분편-』, 국립문화재연구소.

김낙중, 2006, 「분구묘의 전통과 영산강유역형 주구」, 『나주 복암리 3호분』, 국립나주문화재연구소.

김낙중, 2007, 「영산강유역 대형옹관묘의 성립과 변천과정」, 『영산강유역 대형옹관 연구 성과와 과제』, 국립나주문화재연구소.

김낙중, 2008, 「영산강유역 초기횡혈식석실의 등장과 의미」, 『호남고고학보』29, 호남고고학회.

김낙중, 2009a, 『영산강유역 고분 연구』, 학연문화사.

김낙중, 2009b, 「부장품」, 『한국고고학전문사전-고분편-』, 국립문화재연구소.

김낙중, 2012, 「영산강유역 고대 사회의 성장과 변동 과정-3~6세기 고분자료를 중심으로-」, 『백제와 영산강』, 학연문화사.

김낙중, 2014, 「방형·원형 고분 축조기술」, 『영산강유역 고분 토목기술의 여정과 시간을 찾아서』, 대한문화재연구원.

김낙중, 2015a, 「마한 제형분구묘의 성립 과정과 의미」, 『마한 분구묘의 기원과 발전』, 마한연구원.

김낙중, 2015b, 「백제고고학사」, 『한국의 고고학사』Ⅰ, 한국상고사학회.

김도헌 2001, 「고대의 철제농구에 대한 연구-김해·부산지역을 중심으로-」, 부산대학교 석사학위논문.

김동숙, 2009, 「분구」, 『한국고고학전문사전-고분편-』, 국립문화재연구소,

김승옥, 2001, 「금강유역 송국리형 묘제의 연구-석관묘·석개토광묘·옹관묘를 중심으로-」, 『한국고고학보』45, 한국고고학회.

김승옥, 2009, 「분구묘의 인식과 시공간적 전개과정」, 『한국 매장문화재 조사연구방법론』5, 국립문화재연구소.

김승옥, 2011, 「중서부지역 마한계 묘제의 성격과 발전과정」, 『분구묘의 신지평』, 전북대학교 고고문화인류학과BK21사업단 국제학술대회.

김영심, 1997, 「백제의 지방통치체제 연구」, 서울대학교 박사학위논문.

김영심, 2000, 「영산강유역 고대사회와 백제」, 『영산강유역 고대사회의 새로운 조명』, 역사문화학회 국제학술심포지움.

김영희, 2003, 「호남지방 분구묘의 군집형태 검토」, 『연구논문집』3, 호남문화재연구원.

김영희, 2004, 「호남지방 주구토광묘의 전개양상에 대한 고찰」, 목포대학교 석사학위논문.

김영희, 2014, 「제형 고분 축조기술」, 『영산강유역 고분 토목기술의 여정과 시간을 찾아서』, 대한문화재연구원.

김윤우, 2004, 「마한의 시말에 관한 소고」, 『경기 향토사학』9.

김용성, 1998, 『신라 고총과 지역집단-대구·경산의 예』, 춘추각.

김용성, 2006, 「소위 분구묘·분구식 고분의 개념과 관련된 의문」, 『분구묘·분구식 고분의 신자료와 백제』, 제48회 전국역사학대회 고고학부 발표자료집.

김원용, 1988, 『한국고고학개설』제3판, 일지사.

김장석, 2009, 「호서와 서부호남지역 초기철기~원삼국시대 편년에 대하여」, 『호남고고학보』33, 호남고고학회.

김정기·김동현, 1974, 「Ⅳ. 고분의 구조」, 『천마총 발굴조사 보고서』, 문화재관리국.

김주성, 1997, 「영산강유역 대형옹관묘 사회의 성장에 대한 시론」, 『백제연구』27, 충남대학교 백제연구소.

吉井秀夫, 1997, 「횡혈식석실분의 수용양상으로 본 백제의 중앙과 지방」, 『백제의 중앙과 지방』, 충남대학교백제연구소.

노중국, 1987, 「마한의 성립과 변천」, 『마한·백제문화』10, 원광대학교 마한·백제문화연구소.

노중국, 1988, 『백제 정치사 연구』, 일조각.

노중국, 2000, 「토론요지」, 『영산강유역 고대사회의 새로운 조명』, 역사문화학회.

노중국, 2012, 「문헌 기록을 통해 본 영산강유역-4~5세기를 중심으로-」, 『백제와 영산강』, 학연문화사.

都出比呂志(고분문화연구회 역), 2011, 『왕릉의 고고학』.

Mike Parker Pearson(이희준 역), 2009, 『죽음의 고고학』, 영남문화재연구원 학술총서 5, 사회평론.

문안식, 2013, 「백제의 전남지역 마한 제국 편입 과정」, 『전남지역 마한 제국의 사회 성격과 백제』, 백제학회 국제학술회의.

박대재, 2009, 「박찬규, 문헌을 통해서 본 마한의 시말에 대한 토론요지문」, 『백제와 마한』, 제3회 백제학회 정기발표회, 백제학회.

박순발, 1999, 「백제의 남천과 영산강유역 정치체의 재편」, 『한국의 전방후원분』, 충남대학교출판부.

박순발, 2001, 『한성백제의 탄생』, 서경사.

박순발, 2003, 「웅진 사비시기 백제의 영역에 대하여」, 『고대 동아세아와 백제』, 충남대학교 백제연구소.

박승규, 2010, 「목관묘의 구조와 토층」, 『목관묘 조사연구법』, 한국문화재 조사연구기관협회.

박영훈, 2009, 「전방후원형 고분의 등장배경과 소멸」, 『호남고고학보』32, 호남고고학회.

박중환, 1997, 「전남지역 토광묘의 성격」, 『호남고고학보』6, 호남고고학회.

박진일, 2003, 「변·진한사회 형성기의 토기문화」, 『변진한의 여명』, 국립김해박물관.

박찬규, 2001, 「백제의 마한사회 병합과정 연구」, 『국사관논총』95.

박찬규, 2009, 「문헌을 통해서 본 마한의 시말」, 『백제와 마한』, 제3회 백제학회 정기발표회, 백제학회.

박천수, 2006, 「3~6세기 한반도와 일본열도의 교섭」, 『한국고고학보』61, 한국고고학회.

박형열, 2014, 「영산강유역 3~5세기 고분 변천」, 동국대학교 석사학위논문.

서성훈, 1987a, 「영산강유역 옹관묘의 일고찰」, 『삼불김원용교수퇴임기념논총』, 일지사.

서성훈, 1987b, 「영산강유역 옹관묘를 통해 본 전남지방의 고분문화」, 『전남고문화의 현황과 전망』, 국립광주박물관 광주박물관회.

서성훈·성낙준, 1986, 「Ⅴ. 살핌」, 『영남 내동리 초분골고분』, 국립광주박물관.

서현주, 2006, 『영산강유역 고분 토기 연구』, 학연문화사.

서현주, 2010, 「영산강유역 옹관묘 출토 토기에 대한 검토」, 『옹관』, 국립나주문화재연구소.

서현주, 2012, 「영산강유역 토기문화와 백제화 과정」, 『백제와 영산강』, 학연문화사.

서현주, 2013, 「백제의 서남방면진출-고고학적 측면-」, 『근초고왕 때 백제 영토는 어디까지였나』, 한성백제박물관.

성낙준, 1982, 「영산강유역 옹관묘의 연구」, 전남대학교 석사학위논문.

성낙준, 1983, 「영산강유역의 옹관묘 연구」, 『백제문화』15, 공주사범대학 백제문화연구소.

성낙준, 1993, 「원삼국시대의 묘제」, 『전라남도지』2권, 전라남도지편찬위원회.

성낙준, 1996, 「영산강유역의 원·방형 분구」, 『호남지역 고분의 분구』, 호남고고학회 제4회 학술대회.

성낙준, 1997, 「옹관고분의 분형」, 『호남고고학보』5, 호남고고학회.

성낙준, 1998, 「나주 반남면 금동관의 성격과 배경에 대한 토론요지」, 『나주지역 고대사회의 성격』, 목포대학교박물관.

성낙준, 2009, 「마한 옹관묘의 시종」, 『한국의 고대 옹관』, 국립나주문화재연구소.

성정용, 2000, 「백제 한성기 저분구분과 석실묘에 대한 일고찰」, 『호서고고학』3, 호서고고학회.

성정용, 2010, 「중·서남부지역의 목관묘」, 『목관묘 조사연구법』, 한국문화재조사연구기관협회.

성정용, 2011, 「목관묘와 목곽묘」, 『동아시아의 고분문화』, 서경문화사.

성춘택, 2015, 「한국 구석기고고학사 시론」, 『한국의 고고학사』Ⅰ, 한국상고사학회.

신대곤, 2001, 「영산강유역의 전방후원형분」, 『과기고고연구』7, 아주대학교박물관.

신동조·박정욱, 2013, 「부산 연산동 고총고분의 조사방법과 축조기술」, 『삼국시대 고총고분의 축조기술』, 진인진.

안승주, 1975, 「백제 고분의 연구」, 『백제문화』7·8합집.

안승주, 1983, 「백제옹관묘에 관한 연구」, 『백제문화』15집.

안춘배, 1985, 「한국 옹관묘에 관한 연구」, 『부산여대논문집』18집.

呂智榮, 2002, 「중국의 위구묘」, 『동아시아의 주구묘』, 호남고고학회.

연민수, 2011, 「영산강유역 전방후원분 피장자와 그 성격」, 『한반도의 전방후원분』, 학연문화사.

오동선, 2008, 「호남지역 옹관묘의 변천」『호남고고학보』30, 호남고고학회.

오동선, 2009, 「羅州 新村里 9號墳의 築造過程과 年代 再考 - 羅州 伏岩里 3號墳과의 비교 검토」, 『한국고고학보』73, 한국고고학회.

오동선, 2011, 「호남지역 제형분의 변천」, 『분구묘의 신지평』, 전북대학교 고고문화인류학과 BK21사업단 국제학술대회.

오동선, 2014, 「전남지역 마한 분구묘의 구조와 출토유물」, 『한국고고학의 신지평』(자유패널 1분과 : 마한 분구묘 사회의 비교 검토), 제38회 한국고고학전국대회.

우재병, 2013, 「5~6세기 백제의 중층적 묘제교류와 그 정치적 상호작용」, 『한국사학보』53, 고려사학회.

유태용, 1999, 『문화란 무엇인가』, 학연문화사.

윤대준, 2002, 「4~5세기 영산강유역 마한비정설에 대한 검토」, 한국정신문화연구원 석사학위논문.

윤효남, 2003, 「전남지방 3~4세기 분구묘에 대한 연구」, 전북대학교 석사학위논문.

이나경, 2012, 「중부지역 출토 낙랑계토기 연구」, 서울대학교 석사학위논문.

이남석, 2002, 『백제의 고분문화』, 서경.

이남석, 2011, 「경기·충청지역 분구묘의 검토」, 『분구묘의 신지평』, 전북대학교 고고문화인류학과 BK21사업단 국제학술대회.

이도학, 1995, 『백제 고대국가 연구』, 일지사.

이도학, 2003, 『살아있는 백제사』, 휴머니스트.

이범기, 2015, 「영산강유역 고분 출토 철기 연구」, 목포대학교 박사학위논문.

이병도, 1959, 『한국사-고대편-』, 을유문화사.

이병도, 1976, 『한국고대사연구』, 박영사.

이성주, 2000, 「분구묘의 인식」, 『한국상고사학보』32, 한국상고사학회.

이성주, 2014, 『토기제작의 기술혁신과 생산체계』, 학연문화사.

이양수, 2003, 「지석묘사회에서 목관묘사회로-변·진한의 사회발전-」, 『변진한의 여명』, 특별전 도록.

이영문·신경숙, 2009, 『세계유산 고창 고인돌』, 고창군·동북아지석묘연구소.

이영철, 2001, 「영산강유역 옹관고분사회의 구조 연구」, 경북대학교 석사학위논문.

이영철, 2004, 「옹관고분사회 지역정치체의 구조와 변화」, 『호남고고학보』20, 호남고고학회.

이영철, 2005, 「영산강유역의 원삼국시대 토기상」, 『원삼국시대 문화의 지역성과 변동』, 한국고고학회.

이영철, 2008, 「탐진강유역 마한·백제 취락구조와 변화상」, 『탐진강유역의 고고학』, 호남고고학회.

이영철, 2011, 「호남지역 취락의 변천과 지역단위체의 성장」, 『호남지역 삼국시대의 취락유형』, 한국상고사학회.

이영철, 2011, 「영산강유역권 분구묘 특징과 몇 가지 논쟁점에 대한 토론요지」, 『분구묘의 신지평』, 전북대학교 고고문화인류학과 BK21사업단 국제학술대회.

이영철, 2012, 「영산강 상류지역의 취락변동과 백제화 과정」, 『백제와 영산강』, 학연문화사.

이영철, 2014a, 「백제의 지방지배-영산강유역 취락자료를 중심으로-」, 『2014 백제사 연구 쟁점 대해부』, 제17회 백제학회 정기발표회.

이영철, 2014b, 「나주 가흥리 신흥고분의 대외교류상과 연대관」, 『고분을 통해 본 호남지역의 대외교류와 연대관』, 국립나주문화재연구소.

이영철, 2014c, 「고대 취락의 제사」, 『호남지역 선사와 고대의 제사』, 호남고고학회.

이영철, 2015, 「영산강유역 고대 취락 연구」, 목포대학교 박사학위논문.

이정호, 1996, 「영산강유역 옹관고분의 분류와 변천과정」, 『한국상고사학보』22, 한국상고사학회.

이정호, 1999, 「영산강유역이 고분변천과정과 그 배경」, 『영산강유역의 고대사회』, 학연문화사.

이정호, 2001, 「전남 서부지역의 최근 조사성과-고분을 중심으로-」, 『전남의 역사와 문화』, 한국대학박물관협회 제45회 추계학술발표회.

이정호, 2003, 「영산강유역의 옹관고분」, 『전남의 역사와 문화』, 목포대학교박물관.

이정호, 2010, 「출토유물로 본 영동리고분세력의 대외관계」, 『6~7세기 영산강유역과 백제』, 국립나주문화재연구소·동신대학교문화박물관.

이정호, 2011, 「영산강유역의 고분과 그 변천에 대하여」, 『영·호남의 고대묘제- 낙동강·영산강유역을 중심으로-』, 창원대학교박물관.

이정호, 2012, 「영산강유역의 백제고분」, 『백제고분의 새로운 인식』, 호서고고학회·호남고고학회.

이정호, 2013a, 「고분으로 본 전남지역 마한 제국의 사회 성격」, 『전남지역 마한 사회와 백제』, 백제학회.

이정호, 2013b, 「영산강유역의 백제 고분」, 『백제 고분의 새로운 인식』, 호서·호남고고학회 합동 학술대회.

이정호, 2014, 「신안 배널리고분의 대외교류상과 연대관」, 『고분을 통해 본 호남 지역 대외교류와 연대관』, 국립나주문화재연구소.

이주헌, 2006, 「토론 요지」, 『분구묘·분구식 고분의 신자료와 백제』, 제48회 전국역사학대회 고고학부 발표자료집.

이택구, 2008, 「한반도 중서부지역 마한 분구묘」, 『한국고고학보』66, 한국고고학회.

이택구, 2011, 「일본열도 분구묘의 구조와 양상」, 『분구묘의 신지평』, 전북대학교 고고문화인류학과 BK21사업단 국제학술대회.

이호형, 2004, 「중서부지역 주구토광묘 연구」, 공주대학교 석사학위논문.

이훈, 2003, 「주구토광묘에 대한 소고」, 『국립공주박물관기요』3, 국립공주박물관.

이훈, 2006, 「서산 부장리고분과 분구묘」, 『분구묘·분구식 고분의 신자료와 백제』, 제48회 전국역사학대회 고고학부 발표자료집.

이희준, 1997, 「신라 고총의 특성과 의미」, 『영남고고학』20, 영남고고학회.

임영진, 1990, 「석실분의 수용과정」, 『전남문화재』3집, 전라남도.

임영진, 1996, 「나주 복암리 3호분의 옹관석실」, 『한국고고학전국대회발표요지』, 한국고고학회.

임영진, 1997a, 「나주지역 마한문화의 발전」, 『나주 마한문화의 형성과 발전』, 전남대학교 박물관.

임영진, 1997b, 「전남지역 석실봉토분의 백제계통론 재고」, 『호남고고학보』6, 호남고고학회.

임영진, 1997c, 「영산강유역의 이형분구 고분 소고」, 『호남고고학보』5, 호남고고학회.

임영진, 2000, 「마한의 소멸과정에 대한 고고학적 고찰」, 『호남고고학보』12, 호남고고학회.

임영진, 2002, 「전남지역의 분구묘」, 『동아시아의 주구묘』, 호남고고학회.

임영진, 2007, 「마한 분구묘와 오월토돈묘의 비교 검토」, 『중국사연구』51.

임영진, 2009, 「영산강유역 마한사회의 해체」, 『마한 숨쉬는 기록』, 국립전주박물관.

임영진, 2010a, 「침미다례의 위치에 대한 고고학적 고찰」, 『백제문화』43.

임영진, 2010b, 「영산강유역 옹관묘 사회의 연구사적 검토」, 『옹관』, 국립나주문화재연구소.

임영진, 2011a, 「영산강유역권 분구묘의 특징과 몇 가지 논쟁점」, 『분구묘의 신지평』, 전북대학교 고고문화인류학과BK21사업단 국제학술대회.

임영진, 2011b, 「고흥 길두리 안동고분의 발굴조사성과」, 『고흥 길두리 안동고분의 역사적 성격』, 전남대학교박물관.

임영진, 2012, 「3~5세기 영산강유역권 마한 세력의 성장 배경과 한계」, 『백제와 영산강』, 학연문화사.

임영진, 2013, 「호남지역 삼국시대 고고학 연구의 현황과 과제」, 『호남고고학회 20년, 그 회고와 전망』, 21회 호남고고학회 학술대회.

임영진, 2014, 「전남지역 마한제국의 사회성격과 백제」, 『전남지역 마한 제국의 사회성격과 백제』, 학연문화사.

임영진, 2015, 「한·중·일 분구묘의 비교 검토」, 『마한 분구묘의 기원과 발전』, 마한연구원.

임영진·조진선, 2000, 『전남지역 고분 측량보고서』2, 전라남도.

임영진·조진선·김민구·박영재·임동중·조규희, 2013, 『유적·유물로 본 마한』, 전남대학교 인류학과 BK21사업단.

林留根, 2015, 「중국 토돈묘의 기원과 발전」, 『마한 분구묘의 기원과 발전』, 마한연구원.

임지나, 2013, 「영암 자라봉고분의 조사 방법과 축조기술」, 『삼국시대 고총고분 축조기술』, 진인진.

전덕재, 2000, 「삼국시기 영산강유역의 농경과 마한사회」, 『영산강유역 고대사회의 새로운 조명』, 역사문화학회.

전용호·이진우, 2013, 「영암 옥야리 방대형고분의 조사방법과 축조기술」, 『삼국시대 고총고분 축조기술』, 진인진.

전종국, 1997, 「마한의 형성과 변천에 관한 고찰」, 『한국 고대의 고고와 역사』, 학연문화사.

정기진, 2000, 「영산강유역 옹관묘의 변천과 장제」, 목포대학교 석사학위논문.

정기진, 2001, 「영산강유역 옹관묘의 변천과 장제」, 『지방사와 지방문화』제4권 2호, 역사문화학회.

정인성, 2012, 「한강 하류역의 한식계 토기」, 『중부지역 원삼국시대 외래계 유물과 낙랑』, 숭실대학교박물관.

정일·최미숙, 2013, 「강진 양유동취락의 특징과 고대사적 의미」, 『호남고고학』45, 호남고고학회.

조근우, 2007, 「나주 복암리 고분의 석실분 도입 배경과 성격」, 『영산강유역 고대문화의 성립과 발전』, 학연문화사.

조민수, 2008, 『건축시공기술사 용어해설』, 예문사.

조영현, 2011, 「고흥 길두리 안동고분의 축조구조」, 『고흥 길두리 안동고분의 역사적 성격』, 전남대학교박물관.

조현종·박중환·최상종, 1996, 「전남의 토광묘·옹관묘」, 『전남의 고대묘제』, 목포대학교박물관.

천관우, 1991, 『가야사 연구』, 일조각.

최몽룡, 1988, 「반남고분군의 의의」, 『나주 반남고분군』, 국립광주박물관.

최몽룡, 1997, 「나주지역 고대문화의 특성」, 『나주 마한문화의 형성과 발전』, 전남대학교박물관.

최몽룡, 2013, 「마한-연구 현황과 과제-」, 『마한·백제문화-故전영래교수 추모 특집-』, 마한·백제문화연구소.

최병현, 2002, 「주구묘·분구묘 소관-최완규교수의 전북지방 주구묘 토론에 붙여」, 『동아시아의 주구묘』, 호남고고학회.

최병현, 2011, 「한국 고분문화의 양상과 전개」, 『동아시아의 고분문화』, 서경문화사.

최성락, 2002, 「삼국의 성립과 발전기의 영산강유역」, 『한국상고사학보』37, 한국상고사학회.

최성락, 2004, 「전방후원형 고분의 성격에 대한 재고」, 『한국상고사학보』44, 한국상고사학회.

최성락, 2006, 「영산강유역의 고대문화」, 『우리 역사로의 초대』, 목포대학교박물관.

최성락, 2007a, 「분구묘의 인식에 대한 검토」, 『한국고고학보』62, 한국고고학회.

최성락, 2007b, 「복암리 3호분의 분형과 축조과정」, 『영산강유역 고대문화의 성립과 발전』, 학연문화사.

최성락, 2009, 「영산강유역 고분연구의 검토」, 『호남고고학보』33, 호남고고학회.

최성락, 2013, 「고고학에서 본 침미다례의 위치」, 『백제학보』9, 백제학회.

최성락, 2014, 「영산강유역 고분연구의 검토 Ⅱ」, 『지방사와 지방문화』제 17권 2호, 역사문화학회.

최성락·김성미, 2012, 「원통형토기의 연구현황과 과제」, 『호남고고학보』42, 호남고고학회.

최성락·김민근, 2015, 「영산강유역 석곽분 등장과정과 그 의미」, 『지방사와 지방문화』제18권 2호, 역사문화학회.

최영주, 2015, 「마한 방대형·원대형 분구묘의 등장 배경」, 『마한 분구묘의 기원과 발전』, 마한연구원.

최완규, 1996a, 「익산 영등동 주구묘」, 『제39회 전국역사학대회 발표요지』, 한국고고학회.

최완규, 1996b, 「전북지방 고분의 분구」, 『호남지역 고분의 분구』, 호남고고학회 제4회 학술대회.

최완규, 2000, 「호남지역 마한분묘 유형과 전개」, 『호남고고학보』11, 호남고고학회.

최완규, 2002, 「전북지방의 주구묘」, 『동아시아의 주구묘』, 호남고고학회.

한국고고학회, 2006, 『분구묘·분구식 고분의 신자료와 백제』, 제48회 전국역사학대회고고학부 발표자료집.

한국고고학회, 2014, 『한국고고학의 신지평』, 제38회 한국고고학전국대회.

한옥민, 2000, 「전남지방 토광묘 연구」, 전북대학교 석사학위논문.

한옥민, 2001, 「전남지방 토광묘 성격에 대한 고찰」, 『호남고고학보』13, 호남고고학회.

한옥민, 2003, 「전남지역 토광묘」, 『전남의 고대문화』, 학연문화사.

한옥민, 2010, 「분구 축조에 동원된 노동력의 산출과 그 의미」, 『호남고고학보』34, 호남고고학회.

한옥민, 2014, 「전남지역 마한 분구묘 사회의 연구 성과와 과제」, 『한국고고학의 신지평』, 제38회 한국고고학전국대회.

한옥민, 2015, 「전남지역 마한 분구묘 사회의 연구성과와 과제」, 『마한 분구묘 비교 검토』, 학연문화사.

한옥민, 2016, 「축조공정을 통해 본 영산강유역 제형분구의 성격과 의미」, 『한국상고사학보』91, 한국상고사학회.

한옥민, 2018, 「영산강유역 원형분의 출현 배경과 의미」, 『야외고고학』33, 한국매장문화재협회.

한옥민, 2019a, 「고고자료로 본 마한의례」, 『삼한의 신앙과 의례』, 국립김해박물관.

한옥민, 2019b, 「영산강유역 방대형분의 출현과 축조 배경」, 『호남고고학보』62, 호남고고학회.

홍보식, 2004, 「영산강유역의 삼국시대 고분문화의 성격과 추이」, 『밖에서 본 호남고고학의 성과와 쟁점』, 호남고고학회.

홍보식, 2013, 「고총고분의 봉분 조사 방법과 축조기술」, 『삼국시대 고총고분 축조기술』, 진인진.

홍보식, 2015, 「석관」, 『한국고고학전문사전-고분 유물편-』, 국립문화재연구소.

外國語

Collingwood, R.G, 1939, *An Autobiography, Oxford,* Oxford University Press.

Cohen, S, 1987, *Folk Devils and Moral Panics*, The Creation of the Mods and Rockers, new edn, Oxford: Blackwell.

Croce, Benedetto, 1941, *History as the Story of Liberty*, Engl. transl.

Williams, Robin, 1971, *Change and Stability in Values and Value Systems*, In Stability and Social Change, ed. Bernard Barber & Alex Inkeles, Boston.

東潮, 1995, 「榮山江流域と慕韓」, 『展望考古學』, 考古學研究會40週年 記念論集.

都出比呂志, 1979, 「前方後圓墳出現期の社會」, 『考古學研究』26-3.

藤田憲司, 2016 『邪馬台國とヤマト王權』, えにし書房.

朴天秀, 1998, 「韓國の墳丘墓」, 『東アジア墳丘墓研究會發表文』, 大阪大學.

松木武彦, 2002, 「日本列島における大形墳墓の出現」, 『동아시아의 大形古墳의 出現과 社會變動』, 國立文化財研究所.

俞偉超, 1996, 「方形周溝墓」, 『季利考古學』54, 雄山閣.

青木敬 2009, 「古墳築造の研究-墳丘からみた古墳の地域性-」, 八一書房.

胡繼根 2013, 「中國的汉土墩墓」 『全南地域 馬韓 諸國의 社會性格과 百濟』, 百濟學會.

黃建秋 2010, 「土墩墓及相關問題分析」, 『6~7世紀 榮山江流域과 百濟』, 國立 羅州文化財研究所 開所 5周年 紀念 國際學術大會.

〈報告書 및 圖錄〉

경희대학교박물관, 1974, 『영암 내동리 옹관묘 조사보고』제2책.

국립가야문재연구소, 2016, 『고령 지산동고분군 518호분 발굴조사보고서』.

국립공주박물관, 1995, 『하봉리』Ⅰ.

국립광주박물관, 1986, 『영암 내동리 초분골고분』.

국립광주박물관, 1988, 『나주 반남고분군』.

국립광주박물관, 1990, 『영암 만수리 4호분』.

국립광주박물관, 1996, 『광주 명화동고분』.

국립광주박물관, 2009, 『해남 용두리고분』.

국립광주박물관, 2012, 『광주 명화동고분』.

국립김해박물관, 2003, 『변진한의 여명』, 특별전 도록.

국립중앙박물관, 1992, 「천안 청당동 제3차 발굴조사보고서」, 『고성패총』.

국립중앙박물관, 1993, 「천안 청당동 제4차 발굴조사보고서」, 『청당동』.

국립나주문화재연구소, 2009, 『나주 화정리 마산고분군·대안리 방두고분』.

국립나주문화재연구소, 2012, 『영암 옥야리 방대형고분 제1호분』.

국립나주문화재연구소, 2014, 『영암 옥야리 방대형고분Ⅱ-제1호분 발굴조사보고서-』.

국립나주문화재연구소, 2017, 『나주 복암리 정촌고분』.

국립문화재연구소, 2001, 『나주 신촌리 9호분』.

국립박물관, 1963, 「영암 내동리 옹관묘」, 『울릉도』.

국립부여문화재연구소, 1998, 『당정리』.

국립중앙박물관, 1992, 「천안 청당동 제3차 발굴조사보고서」, 『고성패총』.

국립중앙박물관, 1993, 「천안 청당동 제4차 발굴조사보고서」, 『청당동』.

국립중앙박물관, 1995, 「천안 청당동유적 1단계 조사보고」, 『청당동』Ⅱ.

국립중앙박물관, 1998, 『한국고대국가의 형성』, 특별전 도록.

대한문화재연구원, 2012, 『무안 덕암고분군』.

대한문화재연구원, 2015, 「고창 칠암리 전방후원형고분 발굴조사 성과 보고」(유인물).

대한문화재연구원, 2017, 『담양 중옥리 서옥고분군-4호분·12호분-』.

동북아지석묘연구소, 2011, 『화순 용강리유적』.

동신대학교문화박물관, 2014, 『해남 만의총 1호분』.

동신대학교문화박물관, 2015, 『신안 안좌면 읍동·배널리고분군』.

동아세아문화재연구원, 2008, 『함안 도항리 6호분』.

목포대학교박물관, 1991, 『영암 옥야리고분』.

목포대학교박물관, 1999, 『무안 인평고분군』.

목포대학교박물관, 2000, 「나주 대안리 10호분 시굴조사」, 『자미산성』.

목포대학교박물관, 2001a, 『영광 군동유적』.

목포대학교박물관, 2001b, 『함평 월야 순촌유적』.

목포대학교박물관, 2002, 『무안 고절리고분』.

목포대학교박물관, 2010, 『해남 신월리고분』.

문화재관리국, 1974, 『천마총 발굴조사보고서』.

영해문화유산연구원, 2012, 『곡성 대평리유적』.

우리문화재연구원, 2014, 『창녕 교동과 송현동 고분군-제1군 7호분 및 주변고분-』.

전남대학교박물관, 1999, 『복암리고분군』.

전남대학교박물관, 2002, 『나주 덕산리 고분군』.

전남대학교박물관, 2003, 『광주 월계동 장고분』.

전남대학교박물관, 2004, 『함평 예덕리 만가촌 고분군』.

조선고적연구회, 1940, 「羅州潘南面古墳の調査」, 『昭和十三年古蹟調査報告』.

조선총독부, 1920, 『大正六年度古蹟調査報告』.

호남문화재연구원, 2003, 『나주 용호고분군』.

호남문화재연구원, 2004, 『함평 향교고분』.

호남문화재연구원, 2005, 『광주 외촌유적』.

호남문화재연구원, 2007, 『담양 서옥고분군』.

호남문화재연구원, 2008, 『광주 산정동유적』.